GÜTERSLOHER
VERLAGSHAUS

Luise Schottroff

Die Gleichnisse Jesu

Gütersloher Verlagshaus

Bibliografische Information der Deutschen Nationalbibliothek

Die Deutsche Nationalbibliothek verzeichnet diese Publikation in der
Deutschen Nationalbibliografie; detaillierte bibliografische Daten sind im
Internet über https://portal.dnb.de abrufbar.

 Entdecken Sie mehr auf
www.gtvh.de

4. Auflage, 2015
Copyright © 2005 by Gütersloher Verlagshaus, Gütersloh,
in der Verlagsgruppe Random House GmbH München

Umschlaggestaltung: Init GmbH, Bielefeld, unter Verwendung des Bildes »Die Bergpre-
digt« von Wladimir Jegorowitzsch Makowski, 1892, © der Bildvorlage: akg-images
Satz: SatzWeise GmbH, Trier
Druck und Einband: Books on Demand GmbH, Norderstedt
Printed in Germany
ISBN 978-3-579-05200-7

www.gtvh.de

Den Studierenden, Kolleginnen und Kollegen
der Pacific School of Religion

Inhalt

Teil I
Sehen lernen

Teil II
Sozialgeschichtliche Gleichnisauslegung
Überlegungen zu einer nichtdualistischen Gleichnistheorie

Teil III
Jesus, der Gleichniserzähler
Die Gleichnisse im literarischen Zusammenhang
der Evangelien

Anhang

Vorwort

Dieses Buch hat eine lange Vorgeschichte. Über Jahre haben mein Mann, Willy Schottroff, Professor für Altes Testament in Frankfurt, und ich einen sozialgeschichtlichen Kommentar über die Gleichnisse Jesu geplant. Nach seinem Tod 1997 verlor ich den Mut, das Buch zu schreiben. Später dann habe ich versucht, an unsere gemeinsame Arbeit anzuknüpfen und im Herbst 2002 ein Seminar über die Gleichnisse Jesu angeboten.

Und so ist dieses Buch während meiner Zeit als »Visiting Professor of New Testament« an der Pacific School of Religion/Graduate Theological Union in Berkeley, California/USA, in den Jahren seit 2001 entstanden. Ich schulde dieser Institution, den Studierenden, den Kolleginnen und Kollegen großen Dank. Diese Zeit war ein Geschenk für mich. Besonders möchte ich mich bei Delwin Brown, Professor für Systematische Theologie und Dekan der Pacific School of Religion, bedanken. Er hat mich großartig unterstützt und ermutigt. Ich danke von Herzen Andrea Bieler, Professorin für Liturgiewissenschaft an der Pacific School of Religion, für ihre Freundschaft und andauernde, fast tägliche Teilhabe an diesem Projekt. Jedes Gleichnis, das ich zu verstehen suchte, wurde zu einer Überraschung für mich, die ich ihr gleich erzählen musste. Ich danke Sean Burke, Promotionsstudent der Graduate Theological Union im Fach Neues Testament. Wir haben zusammen Kurse unterrichtet, vor allem zweimal einen Kurs über die Gleichnisse Jesu. Ohne ihn wäre dieses Buch nicht entstanden. Seine theologische Klarheit hat mich bereichert und fähig gemacht, den Bann der allegorisierenden Deutung der Gleichnisse zu durchbrechen. Ich schreibe meine Texte mit der Hand, es geht einfach nicht anders. Meine Freundin Ute Ochtendung in Kassel hat aus meinen vollgekritzelten Blättern ein ansehnliches Buch gemacht. Ich bin ihr zu großem Dank verpflichtet, denn diese Arbeit war weitaus mehr als nur technische Unterstützung einer altmodischen Zettelschreiberin, es war Umsicht, Mitdenken und Zuverlässigkeit, die mich immer wieder gestärkt hat.

Ich danke Claudia Janssen, Privatdozentin für Neues Testament in Marburg, für das kontinuierliche theologische Gespräch, in dem wir uns befinden. Es bedeutet Bereicherung und Herausforderung für mich. Seit Jahren trägt mich die Zusammenarbeit mit den »Paulinen«, zu denen sie, Marlene Crüsemann, Bielefeld, und Beate Wehn, Kassel, gehören, und dem »Heidelberger Arbeitskreis«. Sozialgeschichtliche Bibelauslegung, die die hermeneutischen Fragen bedenkt, die unsere gewalttätige Welt christlicher Theologie stellt, ist unser gemeinsames Projekt. Stellvertretend für viele aus dem »Heidelberger Arbeitskreis« nenne ich Frank Crüsemann, Professor für Altes Testament, Bielefeld, und Rainer Kessler, Professor für Altes Testament, Marburg. Diese Zusammenarbeit in Deutschland hat nicht aufgehört, als ich nach Berkeley ging. Ich bin tief dankbar dafür.

Viele feministische Exegetinnen der Graduate Theological Union haben mich während meiner Arbeit in Berkeley begleitet. Avaren Ipsen, Promotionsstudentin im Fach Neues Testament, Anne Wire und Mary Ann Tolbert, Professorinnen für Neues Testament, möchte ich besonders nennen, weil sie mir das Gefühl gaben, theologisch und menschlich beheimatet zu sein. Ich danke Annemarie Oesterle für die geduldige und selbstlose Korrekturarbeit am Manuskript dieses Buches. Diedrich Steen, Lektor des Gütersloher Verlagshauses, hat das Manuskript gründlich und fachkundig gelesen, was für mich eine wichtige Unterstützung auf dem Wege zu diesem Buch war.

Es ist eine kostbare Erfahrung, von einem Netz von Freundschaft getragen zu werden. Ich danke allen, die dieses Netz für mich bilden, auch wenn ich nicht alle hier erwähnen kann.

Berkeley, im November 2004   *Luise Schottroff*

Einleitung

Dieses Buch über die Gleichnisse Jesu folgt einer sozialgeschichtlichen Methode, die hermeneutisch einem neuen Paradigma von Theologie verpflichtet ist, einem Paradigma von Theologie, das sich seit etwa 1970 aus christlichen Bewegungen heraus entwickelt hat: aus Befreiungs- und Friedensbewegungen in unterschiedlichen Kontexten, aus feministischen Bewegungen, aus jüdisch-christlichen und interreligiösen Dialogen. Alle diese Bewegungen verstehen ihre Theologie als kontextuell. Das heißt, sie reflektieren bewusst den gesellschaftlichen Kontext, in dem Theologie entsteht, und die Perspektive, mit der auf theologische Inhalte und die biblische Tradition geblickt wird.

Dieses neue Paradigma von Theologie ist mit einer christlichen Lebenspraxis unter den Bedingungen eines wachsenden Militarismus und stärker werdenden ökonomischen Imperialismus der dominanten westlichen Welt verbunden. Theologie und christliche Lebenspraxis in diesem Sinne sind so unterschiedlich wie die verschiedenen Kontexte und doch nah miteinander verwandt. Diese Verwandtschaft entsteht aus dem »hermeneutischen Privileg der Armen« (Miguel De la Torre). Es verlangt von einer Nutznießerin des westlichen Reichtums, sich in der Umkehr der Reichen zu üben, die ein wichtiges Thema biblischer Texte ist. Die Suche nach einer christlichen Lebenspraxis in der Gegenwart bringt die historische Frage nach der christlichen Lebenspraxis in vergangenen, auch in biblischen Zeiten hervor. So wird in diesem Buch der neutestamentliche Text nicht nur geistesgeschichtlich, sondern auch vor allem *sozialgeschichtlich* verortet und auf die mit ihm verbundene Lebenspraxis hin befragt.

In der Bibelauslegung sind kontextuelle Theologien in der Regel auch an dem ersten Kontext, dem historischen, interessiert, stellen also sozialgeschichtliche Fragen. Die historischen und textanalytischen *Methoden* – ich benutze bewusst den Plural –, mit denen ich arbeiten werde, stammen aus der Forschungsgeschichte der Historischen Kritik und verschiedenen Versionen der Textanalyse, wobei ihre Ergebnisse immer hermeneutisch zu analysieren sein werden. Ich werde, wo immer möglich, auf Ergebnissen des literary criticism und seiner Spielarten aufbauen, da ich wie er die Gleichnisse als Bestandteil des literarischen Kontextes – der jeweiligen Evangelien also – verstehe. Ich halte jedoch das Sterbeglöckchen für die Historische Kritik, das in Nordamerika gelegentlich laut geläutet wird, für eine irreführende Musik. Die Historische Kritik liefert immer noch Methoden und Exegesen auch im Rahmen textanalytischer Methoden. Sie werden oft als die selbstverständliche und richtige Leseweise übernommen, sollten aber bewusst unter hermeneutischen Fragestellungen kritisiert werden.

Viele exegetische Werke, gerade auch Bücher zu den Gleichnissen, leiden an einer Überfrachtung durch Methodenerklärung. Ich möchte die Erläuterung meiner Methode deshalb nicht an den Anfang des Buches stellen, sondern in die Mitte, nachdem die Leserinnen und Leser schrittweise im Vollzug einiger Auslegungen mit Methoden und Hermeneutik bekannt gemacht wurden. So wird die Erläuterung der Methode nicht übermäßig viel Platz beanspruchen und aus Textauslegungen erwachsen können.

Die *Eschatologie* der Evangelien in ihrer textlichen Endgestalt – so also, wie sie in der Überlieferung vorliegen – ist oft als Ergebnis des Umgangs im frühen Christentum mit der so genannten »Parusieverzögerung« gedeutet worden: Danach ist die Eschatologie der Evangelien aus dem Versuch entstanden, das Problem des Ausbleibens der unmittelbaren Ankunft Christi zu lösen. Ich halte dieses Denkmuster, das aus einer so genannten »Naherwartung« der ersten christlichen Generationen das Problem der Parusieverzögerung konstruiert, um damit die Eschatologie des Neuen Testaments zu begründen, für eine Erfindung der westlichen Bibelwissenschaft, die dringend einer hermeneutischen Kritik bedarf. Sie basiert auf dem Konzept linearer Zeitvorstellungen und auf einem religiösen Dualismus, der »diese Weltzeit« und »jene Welt/Gottes Königtum *(basilea tou theou)*« einander gegenüberstellt. Das jedoch ist nicht die Quelle christlicher Lebenspraxis der frühen Gemeinden. Ihre Gottesbeziehung ist die zu einem Gott, der bereits nahe ist, dessen Königtum nahe herbeigekommen ist, um die Sprache der synoptischen Evangelien zu benutzen. Über Gott reden heißt darum – damals wie heute – eschatologisch reden. Darum ist das Ziel jeder Einzelauslegung dieses Buches eine Deutung aus der Perspektive eschatologischer Hoffnung auf das Kommen Gottes (»Nähe Gottes«) und die Gerechtigkeit, die allem Unrecht und aller Gewalt ein Ende setzt.

Für die Interpretation von Gleichnissen der Jesustradition versucht dieses Buch darum eine – neue – *nichtdualistische Gleichnistheorie* zu entwickeln. Dualistisch sollten Gleichnistheorien genannt werden, in denen der Inhalt der Gleichniserzählung, die oft »Bild« im Unterschied zur »Sache« genannt wurde, keine eigene theologische Relevanz hat. Die Erzählung, das »Bild«, wird dabei nur als Hilfsmittel zur Verdeutlichung der eigentlichen »Sache« verstanden. Die Gleichnisse erzählen dagegen tatsächlich vom Leben der Menschen zur Zeit des Römischen Reiches, und die Darstellung ihres Lebens enthält eine eigene unmittelbare Botschaft, die gehört werden will. Außerdem enthält sie Verbindungen, Brücken zu einer dazugehörigen Gleichniserklärung, die vom Verhältnis des Volkes Gottes zu Gott spricht, z. B. mit dem Hinweis, den Inhalt der Gleichniserzählung mit Gottes Königtum zu vergleichen. Die Evangelien des Neuen Testaments enthalten Hinweise auf mündliche Antworten, die während des Vorlesens von der hörenden Gemeinschaft erwartet werden können. Ich verstehe die Gleichnisse aus ihrem jeweiligen literarischen Kontext, dem jeweiligen Evangelium, heraus. Die Gleichnisse sind Teil eines Kommunikationsprozesses, der *Mündliches und Schriftliches* enthält, auch wenn der mündliche Dialog nur noch erahnt werden kann. Ich habe einen kurzen Anhang an dieses Buch angefügt (nach Kapitel III), in dem ich meine Methode, die Gleichnisse Jesu zu lesen, kurz zusammenfasse.

Der Anstoß, dieses Buch zu schreiben, kam von Studierenden der Pacific School of Religion/Graduate Theological Union in Berkeley. Sie hatten Predigterfahrung und Predigtvorhaben. Sie hatten die Erfahrung, wie schwierig es ist, über Gleichnisse zu predigen, in denen von raffgierigen, reichen Grundbesitzern, Sklavenhaltern und brutalen Königen erzählt wird, die dann als Repräsentanten Gottes verstanden werden sollen. So wurde mir klar: Nein, der König in Mt 22,2 »ist« nicht Gott, repräsentiert auch nicht Gott im Gleichnis, auch wenn eine lange und starke Auslegungstradition die Gleichnisse so verstanden hat. Die Studierenden waren und sind aus diesem Grunde an der Entstehung dieses Buches interessiert. Dafür bin ich ihnen dankbar.

Am Schluss des Buches findet sich ein Literaturverzeichnis, das für die in Anmerkungen oder im Text erwähnte Literatur die vollständigen Angaben bietet. Am Schluss der einzelnen Abschnitte gebe ich jeweils einige wenige Literaturhinweise (»Literatur zur Vertiefung«), die geeignet sind, Aspekte des hier Vorgetragenen zu vertiefen. Englische Zitate bleiben nur dort ohne Übersetzung ins Deutsche, wo sich der Sinn auch aus dem Zusammenhang ergibt.

**Teil I
Sehen lernen**

Ich möchte in einem ersten Teil sechs Gleichnisse und die so genannte »Gleichnistheorie« nach Markus 4 auslegen: Das Gleichnis vom Pharisäer und Zöllner, Lk 18,9-14, scheint mir besonders geeignet, um die grundlegende Problematik einer »ekklesiologischen« Lektüre von Gleichnissen und ihrer Überwindung zu entfalten. Für alle folgenden Gleichnisauslegungen werde ich dann die »ekklesiologische« Auslegungstradition und eine Alternative dazu – eine eschatologische Deutung – in meiner Auslegung eigens thematisieren.

Nach Lk 18,9-14 werde ich das Gleichnis von den Winzern Mk 12,1-12, das Gleichnis von den törichten und klugen jungen Frauen Mt 25,1-13 und das vom großen Gastmahl Mt 22,1-14 besprechen. Nach der vorherrschenden Auslegungstradition wird Gott in diesen Texten entweder vom Weinbergbesitzer, der mordende Pächter vernichtet, oder von dem König, der Gäste tötet, oder von dem Bräutigam, der die »törichten« jungen Frauen vom Heil ausschließt, repräsentiert. Diese Deutungstradition zwingt Ausleger und Auslegerinnen, eine Horrorgeschichte als Evangelium zu verstehen. Ist Gott tatsächlich einem König zu vergleichen, der seine Gäste umbringt?

Ich schließe die Parallele zum Gastmahlgleichnis nach Lukas (Lk 14,12-24) an, weil sie einen beleidigten Gastgeber zum Repräsentanten Gottes zu machen scheint – eine Variante eines der Hauptprobleme für die Gleichnislektüre: Sollen Erzählungen über die Willkür und Brutalität von Machthabern als Gleichnis für Gott gelesen werden?

Die Beziehung zur Tora ist für ein erneuertes Verständnis der Gleichnisse Jesu grundlegend. Für die Erläuterung dieser Beziehung wähle ich Lk 13,1-9, das Gleichnis vom unfruchtbaren Feigenbaum, und die »Gleichnistheorie« nach Mk 4,1-20.

Auf der Grundlage dieser Textauslegungen werde ich dann im zweiten Teil mein theoretisches Konzept von sozialgeschichtlicher Bibelauslegung und der Deutung von Gleichnissen erläutern. Ich stelle bewusst meine Gleichnistheorie nicht an den Anfang, weil diese Theorie aus der Auslegung entwickelt werden soll. Der historische Zusammenhang, in den die Gleichnisse Jesu gehören, ist die nachbiblische jüdische Gleichniskultur. Vor allem von ihr gilt es zu lernen, wie die Gleichnisse Jesu zu verstehen sind.

1. Das Gleichnis vom Pharisäer und Zöllner.
Lukas 18,9-14

Übersetzung

9 Dann sprach er aber auch zu Leuten, die von sich selber überzeugt waren, gerecht zu sein, und die die anderen verachteten, mit diesem Gleichnis: 10 Zwei Menschen gingen zum Tempel hinauf, um zu beten; der eine ein Pharisäer, der andere ein Zöllner.

11 Der Pharisäer stand für sich und betete: Gott, ich danke dir, dass ich nicht so bin wie die übrigen Menschen, die rauben, Unrecht tun, Ehen brechen – oder auch wie dieser Zöllner. 12 Ich faste zweimal in der Woche, ich verzehnte alle Einnahmen. 13 Der Zöllner stand am Rande und wollte nicht einmal die Augen zum Himmel erheben. Er schlug sich an die Brust und sprach: Gott, versöhne dich mit mir Sünder. 14 Ich sage euch, dieser Mensch ging gerechtfertigt hinunter nach Hause und jener nicht.

Denn alle, die sich selbst erhöhen, werden erniedrigt werden, und die, die andere nicht zu beherrschen suchen, werden erhöht werden.

Sozialgeschichtliche Analyse

Vor der Zerstörung des 2. Tempels in Jerusalem im Jahr 70 n. Chr. wurde die pharisäische Lebensweise von einer relativ überschaubaren Gruppe von Männern und Frauen gepflegt. Sie hatten keine politische Macht. Sie waren im Volk beliebt, weil sie die jüdische Tradition und die Tora ernst nahmen und alltagsnah zu deuten und zu leben versuchten. Sie waren es, die die Gemeinschaft um den häuslichen Esstisch als gottesdienstliche Gemeinschaft anzusehen lehrten. Der Umgang mit Nahrung und Geschirr, die Arbeit von Frauen für die Aufrechterhaltung des Lebens war für die Pharisäer und Pharisäerinnen religiöses Handeln. Nach der Tempelzerstörung in einer Zeit, in der alle Institutionen jüdischen Lebens durch römische Gewalt mehr oder weniger zerstört worden waren, war die pharisäische Tradition des Lehrens und Lebens eine Kraft, die ein Überleben des Volkes möglich machte. Nun nannten sich die Lehrer der Tora in dieser Tradition allerdings nicht mehr Pharisäer und Pharisäerinnen. Aus dieser Zeit, nach 70 n. Chr., dürften die meisten antipharisäischen Texte der Evangelien stammen. In den Evangelien werden zwei Zeitebenen übereinander projiziert: die Zeit, als Jesus noch lebte, und die Zeit, zu der die Texte in ihrer Endgestalt erzählt und geschrieben wurden. In den Angriffen Jesu auf pharisäische Gruppen spiegelt sich eher diese späte Zeit, wenn diese Angriffe voraussetzen, dass die Pharisäer Macht über das Volk haben. Ein Beispiel dafür ist Mt 23,2: Pharisäer und Pharisäerinnen haben Lehrautorität im Volk, aber ihnen wird vorgeworfen, ihre Schriftauslegung selbst nicht zu befolgen. Das Bild des Pharisäismus in den Evangelien ist durchaus differenziert und sollte nicht verallgemeinernd mit dem Konzept »die Gegner« Jesu gelesen werden.

Der Pharisäer in Lk 18,9-14 ist in der christlichen Auslegungs- und Wirkungsgeschichte dieses Textes als Beweis für einen exklusiven Pharisäismus angesehen worden, der alle nichtpharisäisch lebenden jüdischen Menschen verdächtigt, die Tora nicht zu halten. So wurde das Gebet des Pharisäers verstanden. Der Einleitungsvers (V. 9) wurde als Jesu Angriff auf pharisäischen Exklusivismus angesehen. Diese Vorstellung eines selbstgerechten Pharisäismus steht im Widerspruch zu den außerneutestamentlichen Quellen (Sanders 1992), aber auch im Widerspruch zu dem Gleichnis selbst.

Das Gleichnis ist sehr sorgfältig in Parallelen aufgebaut: Es wird berichtet, wie der Pharisäer sich einzeln und damit sichtbar hinstellt, und parallel dazu, dass der Zöllner in einiger Entfernung, vielleicht am Rande der betenden Versammlung im Tempel, dasteht und sich an die Brust schlägt. Parallel zu dieser Geste der Trauer und Reue kann eine Geste der Verachtung beim Pharisäer für den Zöllner, die implizit in den Worten »oder auch wie dieser Zöllner« zum Ausdruck kommt, vermutet werden. Das Selbstbewusstsein des pharisäischen Dankgebetes steht der Verzweiflung des Zöllners gegenüber, der die Augen nicht zu Gott erheben will und nur ein kurzes Sündenbekenntnis und die Bitte um Gottes Erbarmen ausspricht. Der Zöllner verhält sich wie eine Frau, die weiß, dass ihr nur der Platz am Rande zukommt. Diese Parallelität der literarischen Struktur hat Konsequenzen für die Interpretation. Wird der Pharisäer als typischer Repräsentant des Pharisäismus angesehen, müsste der Zöllner auch als Repräsentant der Zollbediensteten angesehen werden. Das aber wird zu Recht nicht angenommen. Das Gleichnis ist also keine Beispielerzählung, die am Beispiel zeigen will: So sind alle Pharisäer. Die Parallelität des Pharisäers und des Zöllners führt zu einer anderen Deutung. Beide verhalten sich so, wie es typischerweise von ihnen nicht erwartet wurde. Vom Pharisäer hätten die Zuhörenden sorgfältige Gesetzestreue erwartet und vom Zöllner, dass er überhaupt nicht zum Gebet in den Tempel geht, da er ohnehin ein notorischer Gesetzesübertreter ist. Die implizite Erwartung, die sich auf den Pharisäer richtet, setzt gerade ein großes Ansehen der pharisäischen Bewegung voraus. *Sogar* einem Pharisäer unterläuft es, so selbstgerecht zu beten und das Gebot der Nächstenliebe zu übertreten. V. 9 kritisiert nicht den Pharisäismus als solchen, sondern Leute, die sich selbst für gerecht ansehen und die übrigen verachten. In Lk 16,15, einem anderen Vorwurf gegen Pharisäer, geht es nicht um Exklusivität, sondern um heimliche Geldgier, die Lukas auch kaum allen Pharisäern vorwirft (s. dazu unten z. St.). Der Pharisäer in Lk 18,10-14 verkörpert also Selbstgerechtigkeit, die selbst einem Pharisäer unterläuft. Der Text dokumentiert durchaus nicht pauschal pharisäischen Exklusivismus, sondern steht im Einklang mit den außerbiblischen Quellen einer positiven Bewertung des Pharisäismus.

Das Gebet des Pharisäers ist übertrieben in seiner Darstellung der Selbstgerechtigkeit. Der Pharisäer verachtet pauschal alle anderen Menschen als gesetzesuntreu und verhält sich im Gebet offen diskriminierend gegen den Zöllner. Solche Übertreibung im Gleichnis will unmissverständlich klar machen, was Selbstgerechtigkeit bedeutet. Sie will den kritischen Blick der Hörenden auf sich selbst fördern. Wo ist mir und uns solche Selbstgerechtigkeit unterlaufen, die die anderen zu »anderen« macht, die vor Gott und Menschen weniger wert sind als »wir«? Das Gleichnis kritisiert den abwertenden Dualismus von »ich/wir« und »die anderen«. Das »Gleichnis« erzählt eine fiktive Geschichte mit erzählerischen Zuspitzungen. Der abwertende Dualismus von »uns, den Guten« im Gegensatz zu den »anderen«, den Bösen, ist ein Grundmuster religiösen und politischen Denkens. Er rechtfertigt Gewalt gegen Völker und Einzelne. Durch die Auslegung von neutestamentlichen Gleichnissen hat das Christentum zu solchem gewalttätigen Dualismus beigetragen. Dieses dualistische Denkmuster aber wird im Gleichnis kritisiert.

Der Zöllner gehört zu der Gruppe der Zollbediensteten, die außerordentlich unpopulär waren, weil sie überall präsent waren, um Reisenden, kleinen Händlern, Markt- und Straßenverkäuferinnen, Fischern und Fischerinnen Geld für Standrechte, Fischereierlaubnis, Aufenthalt in einer Stadt u. ä. abzunehmen. Oft waren diese Angestellten von Zollunternehmern flüchtige Sklaven und andere Heimatlose[1], die froh sein konnten, diese Arbeit zu finden, die ihnen vielleicht sogar die Möglichkeit bot, einiges Geld für sich selbst illegal abzuzweigen. Im lukanischen Kontext wird auch ein »Oberzöllner« erwähnt, der solche Bediensteten einstellt und von ihnen profitiert, legal und illegal (Lk 19,1-11). Zöllner und Zöllnerinnen[2] galten als notorische Gesetzesuntreue (s. nur Mt 5,45.46 par.), die den heidnischen und sündigen jüdischen Menschen gleichzusetzen sind. Auch in Lk 18,9-14 wird vorausgesetzt, dass der Zöllner gesetzesuntreu ist und nur durch tätige Reue sein Verhältnis zu Gott in Ordnung bringen kann. Die aktive Praxis, die zur Um-

---

1. Sozialgeschichtliches Material zu Zöllnern, Zöllnervergehen und Zöllnerverachtung bei L. Schottroff, in: L. Schottroff; W. Stegemann 1981, 16-24.
2. Zu Zöllnerinnen s. L. Schottroff 1994, 128, Anm. 110.

kehr gehört, wird hier nicht erwähnt (anders Lk 19,8), aber sie kann im jüdischen Kontext als selbstverständlich bekannt vorausgesetzt werden.

»Ekklesiologische« Deutung

Die Auslegungstradition, die das Gebet des Pharisäers als Darstellung einer generellen Kritik am Pharisäismus ansieht, hat tiefe Wirkungen in christlichen Vorstellungen vom Pharisäismus und vom Judentum hinterlassen. Bis in die postchristliche Alltagssprache hinein hat sich das Wort »pharisäisch« als Bezeichnung für Unaufrichtigkeit und Selbstgerechtigkeit durchgesetzt. In der christlichen Exegese nach 1945 hat sich langsam Vorsicht gegenüber dieser Deutungstradition ausgebreitet. Ich möchte zwei Beispiele dafür diskutieren und im Dialog mit diesen Auslegungen eine grundsätzliche Anfrage an christliche Gleichnisinterpretation stellen.

François Bovon (2001)[3] kritisiert explizit die »antisemitische Lektüre« dieses Textes (209). Seine Deutung: Der Text biete Polemik, eine Karikatur des Gegners, die durchaus auch im Munde Jesu vorzustellen sei (210). Der Text sei ein Angriff, »der auf der Grundlage von zutreffenden Elementen (dem beruhigenden Wissen um die Erwählung und den Schutz Gottes, dem Stolz, die moralischen Werte eingehalten zu haben) den Text in einen unfreundlichen, ja verletzenden Vergleich kippt« (209). Der Zöllner sei gerechtfertigt und nicht der Pharisäer (zu V. 14a). Der Zöllner habe, ohne gute Werke zu tun, genau das getan, was Gott von ihm erhofft habe (215). Bovon sieht also den Text als Karikatur an, die aber doch polemisch den Punkt trifft: das Bewusstsein der Erwählung und den Stolz, die moralischen Werte eingehalten zu haben. Dem pharisäischen Bewusstsein steht die Rechtfertigung des Sünders – ohne gute Werke – kritisch entgegen. Also doch: Es geht um den religiösen Irrweg des Pharisäismus generell. Bovon ist ein Gefangener der traditionellen antipharisäischen/antijüdischen Deutung, obwohl er es nicht sein will. Es ist für ihn klar, dass der pharisäische Weg nicht zum Heil vor Gott führt. Ich kritisiere an dieser Deutung nicht die Annahme, die Darstellung des Pharisäers sei Karikatur, nur die Bewertung dieser Karikatur als zutreffende Charakterisierung des Pharisäismus.

R. Alan Culpepper[4] (1995) versteht V. 9 als an Glaubende, Jünger und die Pharisäer gerichtet; sie sind alle für Stolz und Selbstgerechtigkeit anfällig. Besonders V. 14 verbiete es den Lesern, die Parabel auf eine Gruppe allein zu beziehen. Sie müssen sich der pharisäischen Haltung in ihren eigenen Herzen stellen (341). Dann liest er V. 10-13 ohne die Rahmenverse. Durch

3. F. Bovon 2001, 200-218.
4. R. A. Culpepper 1995, 340-343.

die Parabel selbst seien die Zuhörenden gezwungen, die Entscheidung zu fällen, die V. 14a explizit macht. Er kommentiert das Gebet des Pharisäers im Bezugsrahmen der pharisäischen Bewegung. Es sei ein Gleichnis über eine Gottesbeziehung, die sich auf Werke gründet und dabei andere verachtet (343).

Durch die Verallgemeinerung der Selbstgerechtigkeit auch auf christliche Menschen versucht Culpepper, die Identifizierung des Pharisäismus mit Selbstgerechtigkeit zu vermeiden. Doch anschließend bleibt er dann doch bei der Vorstellung vom Pharisäismus als religiöser Haltung, die sich auf Werke gründet und andere verachtet.

Warum ist die antipharisäische Deutung so zäh und offensichtlich unüberwindbar?

Der Grund scheint darin zu liegen, dass die Gegenüberstellung von Pharisäer und Zöllner als Gegenüberstellung zweier sich widersprechender theologischer Konzepte gelesen wird: Werkgerechtigkeit versus »sola gratia«, die Gnade Gottes, die durch Werke des Menschen nicht erworben werden kann und muss. Diese beiden theologischen Konzepte werden implizit oder explizit dem Christentum bzw. dem Judentum/Pharisäismus zugeordnet. Die Vermeidungsstrategie (das Gleichnis sei eine polemische, aber zutreffende Karikatur bei Bovon; der Pharisäer in uns allen sei gemeint bei Culpepper) verhindert nicht, dass das Gleichnis mit impliziten Zuordnungen »wir« versus »die anderen«; »Gnade« versus »jüdische Werkgerechtigkeit« gelesen wird. Das darin zum Ausdruck kommende Dominanzkonzept eines Dualismus von Christentum/Kirche gegenüber dem Judentum/Pharisäismus wird nicht grundsätzlich kritisch befragt. Er muss aber bewusst gemacht und kritisiert werden. Ich nenne diese Deutungstradition, die die christliche Lektüre des Neuen Testaments immer noch weitgehend bestimmt, »ekklesiologisch«, weil ihre zentrale Bezugsgröße eine christliche Dogmatik im Sinne einer Lehre der vorhandenen Kirche ist. Ich setze das Wort »ekklesiologisch« in Anführungszeichen, weil ich nicht grundsätzlich Kirche als Bezugsgröße für die Bibellektüre kritisiere, aber ein triumphalistisches Verständnis von Kirche im Sinne eines dominanten »Wir« in Abgrenzung zu den »Anderen«, vornehmlich verkörpert in Pharisäismus und Judentum, ablehne.

Die »ekklesiologische« Lektüre von Gleichnissen hat nicht nur kirchliche Dominanz legitimiert, sondern mit ihrer Gegenüberstellung von Gut und Böse und der Gleichsetzung des Guten mit dem »wir« politische Bedeutung erlangt. Sie trägt zur Legitimation von Gewalt in der heutigen westlichen Welt bei. Ich halte eine Überwindung dieser Auslegungstradition für notwendig.

Eschatologische Deutung

Wenn ich versuche, eine Gleichnislektüre zu überwinden, die das Gleichnis als in Bilder eingekleidete kirchliche Dogmatik liest, brauche ich grundsätzlich einen anderen Zugang zu den Gleichnissen der Jesustradition. So verstehe ich dieses Gleichnis als Teil eines dialogischen Prozesses zwischen Jesus (sei es der historische oder der des Lukas, darauf komme ich zurück) und der ihn hörenden Gemeinschaft der Glaubenden. Diese hörende Gemeinschaft der Glaubenden, die in allen Evangelientexten implizit vorausgesetzt wird, ist nicht als eine Hörerschaft, die zu einem intellektuellen Urteil herausgefordert ist, zu verstehen (so bei Culpepper, wenn sie selbst im Sinne von V. 14 urteilen soll). Die hörende Gemeinschaft sieht sich in Beziehung zu Gott, dem kommenden Gott, der richten und Gerechtigkeit schaffen wird. Gottes Gericht und Gottes Reich sind die Zukunft, auf die die Hörenden hoffen. Die Stunde ihres Hörens ist die Stunde des großen »Jetzt«. Jetzt ist die Zeit zu hören und zu verstehen, das heißt umzukehren und an Gottes Reich zu bauen.

Dieses Gleichnis konfrontiert die hörende Gemeinde mit der Macht der Sünde. Der Pharisäer, der so sehr um die Tora bemüht ist, übertritt, ohne es zu wollen und zu wissen, das Gebot der Nächstenliebe. Der Zöllner, von dem alle wissen, dass er von Berufs wegen ein notorischer Übertreter der Tora ist, wird in dieser Stunde zum Lehrer des Pharisäers im Rahmen der Gleichniserzählung und zum Lehrer der hörenden Gemeinde. So wird den Hörenden zugemutet, einem Lehrer zu folgen, der eigentlich als notorischer Betrüger und Wegelagerer angesehen wird. Das Gleichnis erwartet eine Antwort. Diese Antwort kann in diesem Fall das Gebet des Zöllners aufnehmen und fortsetzen: »Gott sei mir gnädig nach deiner Güte, und tilge meine Sünden nach deiner großen Barmherzigkeit. Wasche mich rein von meiner Missetat, und reinige mich von meiner Sünde … Erfreue mich wieder mit deiner Hilfe, und mit einem willigen Geist rüste mich aus« (Ps 51,3-4.14).

Es ist oft darüber nachgedacht worden, wie sich dieses Gleichnis zur Theologie des Paulus verhält. Die Analyse der Sünde als Macht, vor der niemand sicher sein kann, ist in der Tat dieselbe wie die des Paulus: »Wenn du dich aber jüdisch zu sein definierst und auf die Tora vertraust und dich Gottes rühmst und den Willen Gottes kennst … und darauf vertraust, den Weg für die Blinden zu finden und ein Licht zu sein für die, die in Finsternis sind … Du belehrst andere und lehrst dich selbst nicht? Du verkündest: Ihr sollt nicht stehlen – und stiehlst? … durch die Übertretung der Tora entehrst Du Gott« (Auszug aus Röm 2,17-24). Auch Paulus sollte nicht »ekklesiologisch«, sondern »eschatologisch« gelesen werden. Eine »ekklesiologische« Lektüre des Paulus würde hier von der falschen Lehre der Werkgerechtigkeit des Judentums und der richtigen Gnadenlehre des Christentums sprechen.

Eine eschatologische Lektüre des Paulus versteht die hörende Gemeinschaft aus ihrer Beziehung zum Kommen Gottes, der allein über »richtig« und »falsch« richten wird. Die Antwort der hörenden Gemeinde ist: Jetzt ist die Stunde der Anerkenntnis unserer Verstrickung in den Tod und es ist die Stunde, Gott zu danken für die Befreiung durch den Messias Jesus. Für Paulus bedeutet die Befreiung, mitten im Tod die Tora als Wegweisung zu haben und nach ihr leben zu wollen und zu können. Die hörende Gemeinde antwortet mit Gebet zu Gott und mit einem Leben nach der Tora.

Die eschatologische Lektüre des Gleichnisses bedient sich einer anderen Sprache als der der Beschreibung von theologischen Vorstellungen in Aussagesätzen, z. B. »Gott will nicht den Tod des Sünders«. Die Sprache der Hörenden ist die Sprache der Beziehung zu Gott: Du willst nicht, Gott, dass wir den Tod, den die Sünde über uns bringt, sterben. Du willst, dass wir leben und deinen Willen tun. Sei uns gnädig. Die Sprache des Gebetes bedeutet, dass die Entscheidung über wahr und falsch allein Gottes Sache bleibt. Das Beten und Hören schafft eine offene Situation; und der nächste Schritt für die Hörenden und Betenden ist klar: das Tun der Tora.

Das Gleichnis Lk 18,9-14 wird als Gegenüberstellung von Werkgerechtigkeit und »sola gratia«, Rechtfertigung aus Glauben ohne Werke, gelesen. Und tatsächlich sagt der Zöllner nichts über seine Taten der Reue. Doch Lk 19,8, die Taten der Reue des Oberzöllners Zachäus, sollten die Frage stellen helfen, ob die Taten der Reue deshalb nicht erwähnt werden, weil sie selbstverständlich sind. Das Bekenntnis »Gott sei mir Sünderin gnädig« kann nicht folgenlos bleiben. Gottes Freispruch, den das Gebet der hörenden Gemeinde lobt, bindet die Kräfte der Menschen los, dass sie das Leben miteinander neu gestalten und nicht nach den Gesetzen der Sünde leben.

Wie sind im Zusammenhang einer eschatologischen Deutung dieses Gleichnisses die Rahmenverse zu lesen? Jesus (der lukanische, der historische – das lasse ich jetzt noch undiskutiert) spricht als prophetische Stimme Gottes: »Ich sage euch, er ging gerechtfertigt in sein Haus und jener nicht« (V. 14). Er hätte auch sagen können: »Heute ist in diesem Haus Heilung geschehen« (Lk 19,11). Jesus spricht als Stimme Gottes die Heilung, die Gott will, aus, und lässt sie Wirklichkeit werden. Eschatologisch gelesen könnte die Antwort darauf nur sein: »Ich danke dir, Gott, hilf mir auf meinem Weg« und nicht: »Jetzt habe ich ausgesorgt und bin fein heraus«. »Wer sich selbst erhöht, wird erniedrigt werden, und wer sich selbst erniedrigt, wird erhöht werden« (V. 14b) ist ein Satz eschatologischen Rechts, nicht moralischer Lebenstüchtigkeit. Eschatologisches Recht meint im Kontext der Evangelien, dass die Herrschaft von Menschen über Menschen (sich selbst erhöhen) vor Gottes Augen ein Unrecht ist. Der Weg der Gerechtigkeit öffnet sich, wenn Herrschaftsstrukturen aufgebrochen werden. Das geschieht dort, wo die Glaubenden das Leben der Erniedrigten in Solidarität teilen. Wer die

Erniedrigten sind, darüber spricht Jesus in den Evangelien in jedem seiner Worte.

Und V. 9? Der gibt die Richtung an, in die das Gleichnis weisen will: den Triumphalismus verhindern, dass Menschen als selbstverständlich ansehen, dass sie vor Gott im Recht sind, und die anderen verachten. Oder anders: V. 9 sagt, dass das Gleichnis davon sprechen will, aus der Beziehung zum kommenden Gott zu leben. Das Gleichnis ist eine Einladung an die, die einsam auf sich selbst vertrauen, umzukehren auf den Weg des Lebens.

Das Gebet des Pharisäers steht in der Tradition jüdischer und christlicher Lasterkataloge, die die Sünden der nicht-jüdischen Welt benennen, s. z. B. bei Paulus Röm 1,28-32.[5] Doch diese Lasterkataloge sind nicht so gemeint, dass sich ihre Verkünder und Verkünderinnen an die Stelle Gottes setzen. Paulus spricht das deutlich aus:»Ist es denn meine Aufgabe, die draußen zu richten? Solltet ihr nicht die richten, die drinnen sind? Die draußen wird Gott richten. Entfernt den Bösen aus eurer Mitte« (1 Kor 5,12f.). Gottes eschatologisches Gericht ist nicht Sache der Gemeinde, wohl aber die Aufgabe, in der Gemeinde die Gemeinschaft der Heiligen aufzubauen. Das bedeutet konkret, die Lebensweise»der Welt«, derer»draußen«, nicht zu kopieren. In den rabbinischen Parallelen danken die Betenden Gott, dass sie im Lehrhaus sitzen dürfen und nicht in den Theatern und Zirkussen und bei den Bewohnern der großen Städte, unter denen es Raub, Unzucht und andere Zerstörungen gibt[6]. Es geht in diesen Texten um die Gestaltung des eigenen Lebens, das der Tora folgen soll und nicht den Gesetzen der»Welt«, wie Paulus sie nennt. Der Pharisäer im Gleichnis benutzt diese Tradition »ekklesiologisch« oder triumphalistisch, um die hier benutzten Termini aufzugreifen, während Paulus und die rabbinischen Parallelen sie eschatologisch verstehen. Das Gebet des Pharisäers ist in der Tat eine absichtliche Karikatur dieser Tradition, die ihren *Missbrauch* sichtbar macht.

Das altmodische Wort»Sünde« hat sich viel Missverständnisse aufladen lassen müssen. Da ist das Missverständnis, das Neue Testament verstehe vor allem Sexualität als Sünde. Auch die Individualisierung und Verinnerlichung der Vorstellung von Sünde ist ein Missverständnis. So erscheint Sündenvergebung als Heilung der individuellen und innerlich gefühlten Last – unabhängig von der Frage nach den Taten der Menschen, ihren Möglichkeiten und Begrenzungen. Die Sünde der Täter und das Leiden der Opfer werden in dieser theologischen Tradition verschwiegen, worauf vor allem K. Stendahl und E. Tamez hinweisen. Das altmodische Wort»Sünde« ist unverzichtbar. In diesem Gleichnis wie vor allem bei Paulus erscheint die Sünde als Meisterin des Manipulierens. Sie verwandelt unter der Hand selbst einen

---

5. Beispiele aus der rabbinischen Literatur in Billerbeck II, 240f.
6. S. die Sammlung Billerbeck II, 240.

toratreuen Pharisäer in einen Menschenverächter. Ihre Macht, die Tradition der Tora, die Nächstenliebe, den Menschen zu entwinden, ist tückisch. Diese tückische Macht, die nach Paulus die ganze Menschheit zu beherrschen versucht, zerstört menschliche Gemeinschaft auch unter Verwendung religiöser Tradition. Davon erzählt das Gleichnis selbst mit Absicht und davon erzählt die antijüdische »ekklesiologische« Deutungstradition ohne Absicht. Sie läuft in die Falle, vor der das Gleichnis zu warnen versucht: Ich danke dir, Gott, dass ich nicht so bin wie dieser Pharisäer.

Literatur zur Vertiefung

E. P. Sanders 1990, 1992 – Anthony J. Saldarini 1988 – Elsa Tamez 1994 – Krister Stendahl 1978

Eigene Vorarbeiten

Luise Schottroff 1973

2. Das Gleichnis von den Winzern und der Gewalt. Markus 12,1-12

Übersetzung

1 Und er begann, zu ihnen in Gleichnissen zu reden: Ein Mensch pflanzte einen Weinberg, umgab ihn mit einem Zaun, grub eine Kelter, baute einen Turm und übergab ihn Landarbeitern und zog fort.

2 Zur entsprechenden Zeit schickte er einen Sklaven zu den Landarbeitern, damit er von ihnen einen Teil der Früchte des Weinbergs erhalte.

3 Und sie ergriffen ihn, prügelten ihn und schickten ihn mit leeren Händen weg.

4 Und wieder schickte er zu ihnen einen – anderen – Sklaven; und jenen schlugen sie auf den Kopf und schändeten ihn.

5 Und er schickte einen anderen; und sie töteten ihn – und viele andere, die einen prügelten sie, die anderen töteten sie.

6 Er hatte noch einen geliebten Sohn. Ihn schickte er als Letzten zu ihnen, weil er sich sagte: Sie werden sich an meinen Sohn nicht herantrauen.

7 Jene Landarbeiter sagten zueinander: Dieser ist der Erbe. Los, lasst uns ihn töten, und das Erbe wird uns gehören.

8 Sie ergriffen ihn, töteten ihn und warfen ihn aus dem Weinberg hinaus.

9 Was wird der Besitzer des Weinbergs tun? Er wird kommen und die Landarbeiter umbringen und den Weinberg anderen geben.

10 Kennt ihr das Schriftwort nicht: Der Stein, den die Bauleute verworfen haben, ist zum Eckstein geworden?

11 Durch Gott ist das geschehen, und es ist wunderbar in unseren Augen.

12 Und sie wollten ihn verhaften, fürchteten aber das Volk. Sie wussten nämlich, dass er das Gleichnis gegen sie gesprochen hatte. Und sie verließen ihn und gingen fort.

Sozialgeschichtliche Analyse

Das Gleichnis erzählt von einem gewalttätigen Konflikt zwischen einem Großgrundbesitzer und den Pächtern seines Weinbergs. Sozialgeschichtliche Forschungen (M. Hengel 1968; W. Schottroff 1999) haben gezeigt, dass das Gleichnis in allen Details mit der Lebenswirklichkeit der Landwirtschaft Palästinas zur Deckung zu bringen ist. Es ist also nicht angebracht, literarische Motive oder allegorisch bedeutsame Fremdkörper zur Erklärung der Gleich-

Naturalabgaben bringende Pächter vom Fries der Westseite der Igeler Säule bei Trier.

niserzählung heranzuziehen. Ob sie dennoch vorliegen, kann erst nach der sozialgeschichtlichen Untersuchung gefragt werden.

Der Großgrundbesitzer hat durch seine Sklaven und Sklavinnen einen Weinberg neu anlegen lassen – mit Zaun, Kelter und (Wacht-)Turm. Der Text über die Anlage des Weinbergs nimmt ausführlich auf Jes 5,2 (LXX) Bezug, ist dabei aber wirklichkeitsgetreu. Der Besitzer kann eine größere Rendite von der Verpachtung eines fertig ausgestatteten Weinbergs erwarten als von der Verpachtung von Ackerland. Es ist anzunehmen, dass der neue Weinberg aus dem Land besteht, das zuvor in kleineren Parzellen in bäuerlicher Subsistenzwirtschaft genutzt wurde. Verarmung durch Verschuldung war gerade bei kleineren Bauern häufig. Es ist auch möglich, dass die neuen Pächter des Landes die Vorbesitzer sind, die von den neuen Herren gern unter Vertrag genommen wurden. Jedenfalls war das Land auch zuvor schon bewirtschaftet, denn unbewirtschaftetes fruchtbares Land ist zu dieser Zeit in Palästina nicht anzunehmen. Der Besitzer verpachtet den neuen Weinberg also an sachkundige Winzer und geht außer Landes. Großgrundbesitzer pflegten das standesgemäße Leben in größeren Städten dem Leben auf dem Land vorzuziehen. Columella, ein römischer Schriftsteller dieser Zeit, gibt in seinem Handbuch für Großgrundbesitzer den Rat, wenn der Besitzer nicht bei seinem Land leben wolle, keinesfalls das Gut durch Sklaven, Sklavinnen und eine Aufseherfamilie bewirtschaften zu lassen. Er empfiehlt, wie es hier geschieht, das Land zu verpachten[1]. Über den Vertrag zwischen Besitzer und Pächtern wird im Gleichnis nichts berichtet, aus dem Folgenden geht aber hervor, dass eine Teilpacht in Naturalien vereinbart war.

Als der Zeitpunkt der ersten Traubenernte in dem neuen Weinberg gekommen war, also vermutlich nach fünf Jahren[2], schickt der Besitzer nach-

1. Columella 1976, I.7.7; W. Schottroff 1999, 188; dort auch Informationen zur Teilpacht.
2. W. Schottroff 1999, 169, Anm. 16. J. S. Kloppenborg Verbin 2000, 129 f. lehnt diese Deutung ab: Das Gleichnis hätte sonst erwähnen müssen, dass der Besitzer

einander mehrere Sklaven, die die Teilpacht abholen und vermutlich im Interesse des Besitzers möglichst gewinnbringend verkaufen sollen. Wir hören von drei einzelnen Sklaven und danach von mehreren weiteren Sklaven, die nicht mehr einzeln benannt werden (V. 5). Die Pächter reagieren mit sich steigernder Gewalt. Der erste Sklave wird geschlagen und ohne Pachtertrag weggeschickt. Der zweite Sklave wird auf den Kopf geschlagen und »geschändet«, vermutlich vergewaltigt. Der dritte Sklave wird getötet. Von den weiteren Sklaven wird nur pauschal gesagt: »Einige töteten sie, einige schlugen sie«. Der Besitzer schickt schließlich als Letzten seinen einzigen Sohn. Hier wird der Besitzer sogar wörtlich zitiert: »Sie werden ihn respektieren«, nicht wagen, ihn zu schlagen oder zu töten. Auch dieser Zug der Erzählung gibt Sinn in der sozialen Situation, die beschrieben wird. Der Sohn ist anders als die Sklaven »im privatrechtlichen Sinn voll handlungsfähige(r) Vertreter seines Vaters, der gegebenenfalls auch in der Lage war, die Besitzansprüche seines Vaters auf dem Klageweg vor den örtlichen Gerichten geltend zu machen«[3]. Die Gewalt steigert sich weiter. Die Pächter töten den Sohn und schänden seinen Leichnam, den sie nicht bestatten, sondern aus dem Weinberg hinaus auf freies Feld werfen, das heißt den wilden Tieren und Vögeln zum Fraß überlassen. Einen Toten nicht zu bestatten bedeutet in dieser Zeit äußerste Gewalt und Inhumanität und eine unüberbietbare Entehrung. Die Pächter versprechen sich von der Ermordung des Sohnes und Erben, dass niemand mehr da ist, der sie noch von dem Land vertreiben könnte. Sie hoffen darauf, de facto, wenn auch nicht de iure, in den Besitz des Landes zu kommen. Columella kennt offensichtlich vergleichbare Fälle: »Wer nämlich entfernte oder gar überseeische Ländereien kauft, der verzichtet zugunsten seiner Sklaven, als ob diese Erben wären, auf sein Vermögen, und zwar, was noch schwerer wiegt, schon zu Lebzeiten«[4]. Der Weinbergbesitzer jedoch kommt schließlich selbst. Die Erzählung steigert die Grausamkeit des Geschehens durch die Frage an die Zuhörenden: »Was wird der Herr des Weinbergs tun?« »Er wird kommen und die Pächter vernichten und den Weinberg anderen Pächtern geben« (V. 9).

Die Steigerung der physischen Gewalt, an der sich schließlich auch der Besitzer beteiligt, steht in der Erzählung im Vordergrund. Es ist ein entsetzliches Blutbad geschehen. Warum die Pächter den Pachtzins nicht abgeliefert haben, wird nicht erzählt. Konflikte zwischen Landbesitzern und Päch-

in den ersten Jahren der Pflanzung, bevor sie Frucht trägt, Löhne an die Pächter bezahlt hat. Doch das Gleichnis übergeht diese Zeit, weil sie für die Erzählung nebensächlich ist.
3. W. Schottroff 1999, 191.
4. Columella 1976, I.1.20; W. Schottroff 1999, 192; rabbinisches Material bei K. Snodgrass 1983, 38 f.

tern waren vorprogrammiert und bekannt[5]. Die Pachtbeträge waren so hoch, dass die Pächter nicht in der Lage waren zu liefern. Oder sie hatten schlechte Erträge, die sie für das eigene Überleben und das ihrer auf dem Lande mitarbeitenden Frauen und Kinder schon verbraucht hatten. Dass Schuldner oft unfähig waren, Schulden zu bezahlen, ist in den synoptischen Evangelien ein Dauerthema; es ist *der* brennende soziale Konflikt in dieser Zeit. Die Gewalt der Pächter spiegelt die wirtschaftliche Aussichtslosigkeit der verarmenden bäuerlichen Bevölkerung und den Hass auf die neuen Herren. Von Zinsverzicht und Schuldenerlass, beides wichtige jüdische Traditionen der Tora, hören wir hier nichts. Es wird nichts darüber gesagt, ob der neue Besitzer Jude ist oder nicht. Jedenfalls spielt die Tora für ihn offensichtlich keine Rolle. In der Jesustradition wird nachdrücklich der vollständige Schuldenerlass eingefordert (Lk 6,35; Mt 5,42; Mt 6,12 par.). Gott wird mit einem Gläubiger verglichen, der Schulden erlässt (Mt 6,12 par; Lk 7,41-43). In diesem Gleichnis wird davon berichtet, wie die Verschuldung die Betroffenen zu gewalttätigen Menschen voller Hass macht. Es besteht kein Grund, die Sendung der Sklaven allegorisch (Sendung von Propheten durch Gott) oder den Sohn christologisch zu deuten. Selbst dass er des Vaters »geliebter« Sohn ist, bleibt im Bilde erklärbar; er ist der einzige Sohn und Erbe. Der Bezug auf Jes 5 in V. 1 jedoch legt die Deutung des Weinbergs auf Israel nahe. Die selbstverständliche Deutung des Weinbergbesitzers auf Gott, die die Auslegungstradition bis auf wenige Ausnahmen beherrscht, muss jedoch grundlegend in Frage gestellt werden, wenn wir die sozialgeschichtliche Analyse des Textes ernst nehmen. Der Weinbergbesitzer handelt wie ein Widerpart Gottes, er tut das Gegenteil dessen, was der Gott der Tora und des Vaterunsers will und selbst tut.

Wir haben also eine fiktive und dennoch wirklichkeitsbezogene Erzählung vor uns, die durch V. 1 – das Zitat aus Jesaja – auf Israel als Weinberg Gottes bezogen ist. Da die traditionelle Deutung durch allegorische Auslegung der einzelnen Personen und Geschehnisse zustande kam, steht die Tatsache, dass das Gleichnis, sozialgeschichtlich betrachtet, eine zugespitzte exemplarische Situation aus dem Leben des jüdischen Volkes dieser Zeit erzählt, zu solch einem allegorisierenden Vorgehen in Widerspruch. Die traditionelle Allegorisierung nimmt das soziale Geschehen nicht ernst.

Der abschließende Rahmen dieses Gleichnisses (V. 10-12) bietet jedoch einen anderen Zugang zu seiner Deutung. Ich möchte zunächst die beiden Parallelüberlieferungen bei Matthäus und Lukas in die Deutung einbeziehen. Sie sind in der abschließenden Rahmendeutung dem Text bei Markus verwandt, bieten aber deutlich eigenständige Varianten gerade des Schlusses. Die Beobachtung der abschließenden Gleichnisrahmung kann Aufschluss

---

5. M. Hengel 1968, 26 f.; W. Schottroff 1999, 189.

geben über den Horizont, in dem sich die Deutung bewegt – auch bei Markus.

Ich füge hier die Übersetzung der Matthäusversion (21,33-46) bei.

33 Hört ein anderes Gleichnis: Da war ein Mensch, ein Grundbesitzer, der pflanzte einen Weinberg und umgab ihn mit einer Mauer, grub in ihm eine Kelter und baute einen Turm – und übergab ihn Landarbeitern und zog fort.

34 Als die Zeit der Früchte nahte, schickte er seine Sklaven zu den Landarbeitern, um seine Früchte in Empfang zu nehmen.

35 Und die Landarbeiter ergriffen seine Sklaven, den einen schlugen sie, den anderen töteten sie, den nächsten steinigten sie.

36 Noch einmal schickte er andere Sklaven, mehr als die ersten, und sie machten es mit ihnen genauso.

37 Später schickte er seinen Sohn zu ihnen, weil er der Meinung war: Sie werden sich an meinen Sohn nicht herantrauen.

38 Die Landarbeiter jedoch, als sie den Sohn sahen, sagten sich: Er ist der Erbe. Los, wir wollen ihn töten und sein Erbe übernehmen.

39 Und sie ergriffen ihn, warfen ihn aus dem Weinberg hinaus und töteten ihn.

40 Wenn nun der Besitzer des Weinbergs kommt, was wird er mit jenen Landarbeitern machen?

41 Sie sagten zu ihm: Er wird die Bösen auf böse Art vernichten, und der Weinberg wird anderen Landarbeitern gegeben werden, die ihm die Früchte zu ihren Zeiten abliefern werden.

42 Jesus sagt zu ihnen: Habt ihr nie in den Schriften gelesen: Der Stein, den die Bauleute verworfen hatten, ist zum Eckstein geworden. Durch Gott ist er dazu geworden, und es ist wunderbar in unseren Augen.

43 Deshalb sage ich euch: Das Königtum Gottes wird euch weggenommen werden und einem Volk gegeben werden, das die Früchte des Königtums tut.

44 Und wer auf diesen Stein fällt, wird zerquetscht werden, und auf wen er fällt, den wird er zermalmen.

45 Und als die Hohenpriester und Pharisäer seine Gleichnisse hörten, verstanden sie, dass er über sie redete.

46 Und sie beabsichtigten, ihn zu verhaften, fürchteten aber die Volksmenge, denn die hielt ihn für einen Propheten.

Die Parallelversionen zum Winzergleichnis bei Matthäus und Lukas (Lk 20, 9-19 – hier nicht übersetzt) bleiben im Rahmen der sozialgeschichtlichen Situation, die bei Markus geschildert wird. In der knapperen Version des Lukas fällt auf, dass die Pächter die Sklaven zwar verletzen, aber nicht töten.

Sie ermorden den Sohn. Doch wird auch hier von der Steigerung der Gewalt erzählt. Bei Matthäus wird der Sohn außerhalb des Weinbergs getötet. Wichtig sind in der Matthäusversion vor allem die Abweichungen von Markus am Schluss des Gleichnisses. Die Frage des Erzählers Jesus»... was wird der Besitzer mit jenen Bauern machen?« beantworten die Zuhörenden (V. 41), Menschen aus der Volksmenge. Als Zuhörende werden zwar in V. 45 Hohepriester und Pharisäer genannt (vgl. 21,23 Hohepriester und Älteste des Volkes), doch die geschilderte Situation setzt voraus, dass Jesus im Tempel eine Volksmenge lehrt (21,23). Die Volksmenge ist auch bei Matthäus Adressatin der Gleichnisrede Jesu (13,34-35). Die feindselige Führung des Volkes versteht Jesu Gleichnisrede als Kritik an ihrem Handeln, fürchtet aber die Volksmenge (V. 46). In V. 43 werden die Führungsleute direkt angeredet:»Das Königtum Gottes wird euch weggenommen werden ...«. Ihr habt das Volk der Gewalt von innen und von außen überlassen. Gott wird sich von euch abwenden. Das Halten der Tora allein entscheidet über die Zugehörigkeit zum Reich Gottes. Die Früchte des Königtums werden»getan«, sagt V. 43. Dieses *poiein*/tun wechselt die Ebene der Sprache. V. 41 sprach vom Abliefern der Früchte im Rahmen der Erzählung des Gleichnisses, V. 43 vermischt die Sprache der erzählten Geschichte aus dem Alltag mit der Redeweise über die Tora, die es zu»tun« gilt.»Volk« sind diejenigen, die die Tora halten, jüdische und heidnische Menschen (28,16-20). Wer das gewesen sein wird, wird Gottes Gericht entscheiden (25,31-46). So kann 21,43 eschatologisch gelesen werden[6]. Alle Zuhörenden stehen vor der Aufgabe, jetzt die Tora zu tun, auch die Hohenpriester und Pharisäer. V. 43 ist über Jahrhunderte als feierliche Verwerfung Israels und Übergabe der Verheißung an die Heidenkirche gelesen worden. Das ist eine»ekklesiologische« Lektüre. Dem Matthäusevangelium und seiner Gottesvorstellung ist jedoch nur eine eschatologische Lektüre dieses Verses angemessen. In V. 44 schließt der Erzähler Jesus ein weiteres Logion an, das die Metapher»Stein« benutzt. V. 44a scheint auf den Stein des Anstoßes Jes 8,14f. anzuspielen (hebräischer Text: Gott selbst ist der Stein des Anstoßes für sein Volk, anders LXX). V. 44b wird auf den Stein anspielen, der nach Dan 2,34.44f. auf die Füße des Metallstandbildes fällt, das die mächtigen Weltreiche verkörpert:»Da wurden miteinander zermalmt Eisen, Ton, Kupfer, Silber und Gold und wurden wie Spreu auf der Sommertenne und der Wind verwehte sie« (Dan 2,35). Das griechische Verb in V. 44b bezieht sich ebenfalls aufs»worfeln«. Durch die Anspielung auf Dan 2 sagt dieser Vers: Das mächtige Römische Reich wird zerstreut werden und der

---

6. Eine eschatologische Deutung von Mt 21,43, die die immer noch verbreitete antijudaistisch-ekklesiologische Lektüre überwindet, ist zu finden bei N. Wendebourg 2003, 233; J. H. Jones 1995, 389. S. dazu auch Teil III zu Mt 21,43 (21,23-22,14).

Wind wird seine Trümmer verteilen, so dass keine Spur bleibt. Denn Rom verkörpert das Imperium in dieser Zeit, der Zeit Jesu und der Zeit der Gemeinden, aus denen das Matthäusevangelium kommt. Diese politische Prophetie in V. 44, die Verheißung eines Volkes, das die Tora tut (V. 43), legt es nahe, den »Stein, den die Bauleute verworfen haben«, als Metapher für die Leiden des Volkes, dargestellt in dem brutalen Geschehen, das den Weinberg Gottes betrifft (V. 33-42), zu lesen. So wäre V. 33-45 auf das Geschick Israels in der politischen Gegenwart und der Zukunft Gottes bezogen.

Bei Lukas beantwortet zwar auch wie vermutlich bei Markus der Erzähler Jesus die Frage nach der Reaktion des Weinbergbesitzers: »Er wird kommen und diese Landarbeiter vernichten und den Weinberg anderen geben«. Aber nach der Antwort protestieren die Zuhörenden: »Das darf nicht geschehen!« (Lk 20,17). Der Protest des Volkes (V. 16b, s. V. 9), das von Jesus angeredet wird, macht deutlich, dass Lukas das Gleichnis auf die Situation des Volkes bezogen wissen will. Ihm droht die Gewalt des Landbesitzers (V. 16a) und ihm gilt die Verheißung V. 17. Diese Varianten im Matthäus- und Lukasevangelium zeigen, wie selbstverständlich es war, diese Gleichnisse als Teil eines Dialogs zu verstehen. Darauf komme ich in meiner Deutung zurück. Der Blick auf den abschließenden Rahmen des Gleichnisses im Matthäus- und Lukasevangelium zeigt, dass die christologische Allegorisierung des Sohnes im Gleichnis und des »Steines« in der Rahmung in Frage zu stellen ist. – Ebenso wie die sozialgeschichtliche Analyse die Identifizierung dieses gewalttätigen Weinbergbesitzers mit Gott problematisch macht – um das Mindeste zu sagen.

Das Buch von William R. Herzog (1994) ist auf diesem Hintergrund als Durchbruch durch eine lange und verhängnisvolle Deutungstradition von Gleichnissen zu verstehen. Herzog bricht die Identifizierung der reichen Weinberg- und Sklavenbesitzer mit Gott auf. Der reiche Weinbergbesitzer, der außer Landes geht, ist für ihn kein Bild für Gott, sondern Teil des Gleichnisbildes. Herzog versteht die Gleichnisbilder unter Aufnahme des Konzepts »Pädagogik der Unterdrückten« von Paulo Freire als »codifications«. Damit meint Freire z.B. ein Bild/eine Fotografie, die die Wörter ins Bild setzen, die die Unterdrückten selbst benutzen, um ihre Weltsicht auszudrücken. Diese »codifications« werden dann von den Armen als »teacher-learner« aufgeschlüsselt in einem Prozess, der von »social description« zu »social analysis« geht[7]. Für die Auslegung von Mk 12,1-12 bedeutet

---

7. W. R. Herzog 1994, 21. Ohne Bezug auf Herzog entwickelt W. E. Arnal 2000 eine ähnliche Deutung für eine hypothetische, nicht allegorisierende Urform des Gleichnisses, die im Thomasevangelium, Logion 65, vorliege: Das ursprüngliche Gleichnis erzählte vom klassenbewussten Widerstand der Pächter gegen die Landbesitzer.

das die Kodifizierung/Verschlüsselung eines Klassenkonfliktes. Herzog betont in seiner sozialgeschichtlichen Analyse die Enteignung der eigentlichen Erben des Landes, die zu abhängigen Pächtern gemacht werden. Für Herzog endet das Gleichnis mit der offenen Frage V. 9:»Was wird der Besitzer des Weinbergs tun?«. Für die Zuhörenden sei es klar, dass diese Revolte vergeblich ist. Das Gleichnis stellt die Ansprüche der neuen Herren auf Erbe und Besitz in Frage. Mit der Einsicht in die Vergeblichkeit der Gewalt der Pächter könne die Frage entstehen: Gibt es andere Wege, unsere Forderungen geltend zu machen?

Herzogs Ansatz, den Weinbergbesitzer in diesem Gleichnis und andere vergleichbare Gleichnisgestalten nicht als Bilder Gottes zu verstehen, ist von unschätzbarem Wert für die Gleichnisinterpretation. Kritisch sehe ich seinen Ansatz an zwei Punkten: (1) Er geht in seiner Interpretation von rekonstruierten Gleichnissen Jesu aus, die von späteren allegorisierenden Elementen der Evangelisten zu befreien sind – ähnlich wie J. Jeremias 1965 das tut. Demgegenüber sehe ich die Notwendigkeit, die vorhandenen Texte in ihrem literarischen Kontext zu lesen, ohne irgendwelche Textrekonstruktionen vorzunehmen. (2) In seiner Gleichnisinterpretation unterscheidet Herzog zwischen der Kodifizierung (Gleichnisbild) und der darauf folgenden Entschlüsselung und sozialen Analyse. Ich lese die Gleichnisse als transparente fiktive Erzählungen über das wirkliche Leben, die die Zuhörenden lehren zu»sehen« im vollen Sinne des Wortes: den Gott Israels und Gottes Handeln in dieser zerstörten Welt zu erkennen (s. unten zur Gleichnistheorie).

Das Ende des Gleichnisses (Mk 12,9) ist im Kontext der Geschichte Israels im 1. Jahrhundert n. Chr. auf Krieg und Kriegsgefahr zu beziehen. Die harte ökonomische Ausbeutung der Bevölkerung durch Rom und jüdische Widerstandsversuche haben dazu geführt, dass das jüdische Land in dieser Zeit entweder ein Land in Angst vor dem drohenden Krieg oder im Leiden durch Krieg und seine Folgen ist. Das gilt sowohl für die Lebenszeit Jesu als auch für die Zeit der messianischen Gruppen in seiner Nachfolge nach seinem Tod. Mt 22,7 erzählt in einem Mahlgleichnis:»Da wurde der König zornig und schickte seine Heere und vernichtete jene Mörder und verbrannte ihre Stadt«. Wann dieser Satz gesprochen und geschrieben wurde, ist nicht festzustellen. Er kann eine nachträgliche Weissagung des bereits Geschehenen sein (vaticinium ex eventu) oder eine Weissagung auf den befürchteten und bevorstehenden Krieg. Er ergab Sinn zur Lebenszeit Jesu und zur Zeit der Entstehung des Matthäusevangeliums. Ähnliches gilt für die Kriegserfahrungen, die in Mk 13,7.8.14-20 und den Parallelen bei Matthäus und Lukas erkennbar sind. Die politische Befürchtung wird auch vom Hohenpriester in Joh 11,48 ausgesprochen:»... die Römer werden kommen und uns diesen

Ort und die Existenz als Volk wegnehmen«. Das Gleichnis Mk 12,1-12 parr. spricht von dem Hass, der aus der ökonomischen Ausbeutung durch auswärtige Großgrundbesitzer entsteht, von der Gegengewalt der Opfer und von der Übermacht Roms. Diese Themen sind in dem Werk des Josephus über die Zeit vor dem Krieg 66-70 n. Chr. so präsent wie hier. Die Opfer ökonomischer Gewalt werden zu Mördern, ihr Handeln ist ohne jede Perspektive. Sie stehen im Zentrum der Erzählung. Sie misshandeln und ermorden vor allem Sklaven, die selbst schon Opfer ökonomischer und physischer Gewalt sind. Das Gleichnis erzählt von vielschichtigen Gewalterfahrungen in verdichteter Form.

»Ekklesiologische« Deutung

Für die Auseinandersetzung mit der »ekklesiologischen« Deutungstradition wähle ich die Interpretation von Joachim Jeremias (1947, leicht verändert 1965). Sie ist für die 2. Hälfte des 20. Jahrhunderts die einflussreichste Auslegung gewesen[8], die bis heute nachwirkt. Jeremias unterscheidet eine allegorische Version des Gleichnisses, wie sie bei den Evangelisten vorliegt, von einem ursprünglichen Jesusgleichnis. Die allegorische Deutung beziehe die Pächter auf Israels Regenten und Führer, die Boten auf die Propheten, den Sohn auf Christus; die Bestrafung der Pächter sei die Verwerfung Israels durch Gott und die »anderen«, denen der Weinberg nun gehört, sind die Heidenkirche (68). Das ursprüngliche Jesusgleichnis habe V. 1-8 umfasst, allerdings ohne die Bezüge auf Jes 5 in V. 1 und ohne den V. 5b. Dieses Jesusgleichnis sei in allen Details realitätsgetreu, auch in der Sendung des Sohnes. Es spiegele »die revolutionäre Stimmung der galiläischen Bauern gegen die landfremden Großgrundbesitzer, wie sie der in Galiläa beheimatete Zelotismus geweckt hatte« (72). Was aber ist der ursprüngliche Sinn des Gleichnisses? »Es will wie so viele andere Gleichnisse Jesu die Darbietung der Frohbotschaft an die Armen rechtfertigen. Ihr, die Pächter des Weinbergs und Führer des Volkes, habt nicht gewollt, habt Widersetzlichkeit gegen Gott auf Widersetzlichkeit gehäuft! Auch den letzten Gottesboten weist ihr ab! Das Maß ist voll! Darum wird Gottes Weinberg ›anderen‹ gegeben (Mk 12,9), bei denen ... nach Analogie der verwandten Gleichnisse ... an die *ptochoi* zu denken sein wird« (74). Jeremias behauptet, das Jesusgleichnis nicht als Allegorie zu deuten, dennoch tut er es. Der letzte Gottesbote sei Jesus. Die »Widersetzlichkeit« der »Führer« Israels gegen Gott wird bei Jeremias nicht erläutert, aber auf die Abweisung von Gottesboten bezogen. Für

8. J. Jeremias 1965. Der Einfluss dieses Buches reicht weit über die Gleichnisdeutungen hinaus, in denen es zitiert wird, s. dazu T. Oldenhage 2002 passim.

ihn ist es selbstverständlich, dass Gott der Weinbergbesitzer ist. Mk 12,9 wird von Jeremias eigentlich nicht zum alten Jesusgleichnis gerechnet (72), taucht hier aber dennoch auf. Der einzige inhaltliche Unterschied zur von Jeremias für nachjesuanisch erklärten allegorischen Deutung ist, dass die »anderen« nicht die Heidenkirche, sondern die Armen sind. Die Armen sind nach Jeremias die »Sünder«, die Buße tun (125 f. vgl. 132 u. ö.). Aber die Adressaten der Gleichnisse sind für Jeremias die Frommen, die »zu gut von sich selbst denken«. Ihnen gegenüber rechtfertigt Jesus seine Frohbotschaft und klagt sie an. Jeremias' Sprache erhält immer wieder einen scharfen emotionalen Ton, wenn er über die Anklage Jesu gegen Israel oder Gruppen in Israel spricht. Das Buch ist 1947 geschrieben. Tania Oldenhage zeigt überzeugend, wie sehr diese Anklage »Jesu« gegen das jüdische Volk oder jüdische Gruppen implizit Vorwürfe gegen das europäische Judentum zu Beginn des Dritten Reiches enthält, das nicht sachgemäß auf die drohende Katastrophe reagiert habe. Hier ist zudem festzuhalten, dass Jeremias eine »ekklesiologische« und allegorische Deutung für das alte Jesusgleichnis ablehnt, sie dann aber doch voll durchführt. Die Armen und Sünder machen »die Knechtsgestalt der Heilsgemeinde« aus (145). Die Frohbotschaft an die Armen ist zugleich eine Anklage gegen das jüdische Volk oder die jüdische Führung und implizit eine triumphalistische Darstellung der Kirche in der Gestalt des Evangeliums für die Sünder. Er deutet das Gleichnis auf die Abweisung Jesu (= Sohn) und auf Gott (= Weinbergbesitzer).

Die Zähigkeit dieser Deutungstradition verdeutliche ich an einem Aufsatz von Edward H. Horne von 1998[9]. Er sieht die Moses-Tradition sozialer Gerechtigkeit als Zentrum des Konfliktes Jesu mit der Jerusalemer Tempelführung an. Die Tempelautoritäten beanspruchen, die legitimen Interpreten Moses' zu sein. Jesus bestreitet ihnen das. Zu ihnen spricht Jesus und bietet ihnen im Gleichnis die Identifikation mit den Pächtern an, obwohl sie sich als reiche Landbesitzer mit dem reichen Landbesitzer im Gleichnis identifizieren wollen. Sie müssen diese ironische Drehung in Jesu Gleichnis als Angriff auf die Legitimität ihrer Führung verstehen. »Jesus hat sie angeklagt, versagt zu haben ... und aufrührerisch gegen Gott zu sein in ihrem Wunsch, Gottes Sohn zu ermorden« (113; Übersetzung L. S.). Alle Elemente der ekklesiologisch-allegorischen Deutung sind erhalten: die Pächter als jüdische Führung, der Sohn Gottes, den sie ermorden wollen; die Kirche als Erbin des Weinbergs taucht zwar nicht explizit auf, aber die legitime Deutung der Moses-Tora liegt in der Hand Jesu. Damit ist der Bezug zur Kirche implizit gegeben.

9. E. H. Horne 1998.

Eschatologische Deutung

In Mk 12,10-11 schließt Jesus ein Schriftzitat aus Ps 118 an:»Der Stein, den die Bauleute geworfen haben, ist zum Eckstein geworden«. In Apg 4,11 und 1 Petr 2,4.7 wird dieser Psalmvers christologisch auf die Verurteilung und Auferstehung Jesu gedeutet. Dort ist der Vers zugleich auf die Rettung des Volkes bezogen (Apg 4,12; 1 Petr 2,9.10). Dieser Psalmvers hatte vor der Entstehung des Neuen Testaments schon eine Geschichte als Hoffnungstext für das leidende jüdische Volk, vergleichbar den Liedern über den Gottesknecht in Deuterojesaja. Die antijudaistische Lektüre dieses Psalmwortes spricht dem jüdischen Volk das mit diesen Schrifttraditionen verbundene Heil ab. Die neutestamentlichen Texte jedoch haben mit der Auferstehung Jesu in diesen Bildern das von der betenden Gemeinde erhoffte Heil für das Volk Israel und die Welt vor Augen. Das»Heil« (Apg 4,12), das»in keinem anderen« ist als in Jesus, dem Messias, ist das für das Volk ersehnte Heil (vgl. nur Lk 1,68 ff.). Auch im Markusevangelium ist es das leidende Volk *(ochlos)*, das Jesus umringt und über das er sich erbarmt (Mk 6,34; 8,2). Dieses Volk wird das Heil erfahren, wenn nur noch Gott König ist. Das Zitat aus Ps 118 in Mk 12,10-12 sollte nicht mit der exklusiven, antijudaistischen Christologie gelesen werden, sondern im Licht seiner jüdischen Deutungsgeschichte. David ist im Targum der Stein, den die Bauleute dahinten ließen und der zum König wurde.»Von JHWH ist das geschehen«, haben die Bauleute gesagt.»Das ist wunderbar vor uns«, haben die Söhne Isais gesagt.»Diesen Tag hat JHWH gemacht«, haben die Bauleute gesagt ...[10]. David ist die Verkörperung des Geschickes des erniedrigten Volkes, das von Gott erhöht und befreit wird. Die messianische Lektüre von Ps 118, wenn man sie so nennen will, sollte das Heilsgeschehen nicht vom Geschick des Volkes trennen, weder im Targum noch im Neuen Testament. Da der Targum den Psalm mit verteilten Stimmen liest, was in Ps 118 selbst schon angelegt ist (s. Ps 118,2 ff.), ist für Mk 12,10-12 zu überlegen, ob nicht V. 11 vom Volk *(ochlos)*, das als anwesend gedacht ist, gesprochen wird:»Das ist von Adonaj geschehen«.»Es ist ein Wunder vor unseren Augen«. Die Verwandlung des leidenden Volkes ist schon mit den Augen der Hoffnung zu sehen – mitten in der Erniedrigung des Volkes durch Verschuldung und Gewalt – erlittene und begangene Gewalt.

Eine eschatologische Lektüre von Mk 12,1-12 sieht die zuhörende Gemeinde, das Volk und Jesu Anhängerschaft, als Gegenüber des kommenden

---

10. Targum Psalm 118, 22-29; Billerbeck I, 876; A. A. Milavec 1989, 108; J. D. M. Derrett 1978, 62.

Gottes. Gottes Gericht wird zeigen, wer die »lebenden Steine« sind[11], das heilige Volk Gottes. Es wird das Volk Gottes sein, das Gottes Willen getan hat. Im Zusammenhang mit dem Gleichnis heißt das, es wird das Volk sein, das nicht mit Hass und Gewalt auf Roms Ausbeutung reagiert, sondern das gemeinsam und gewaltlos für die Zukunft arbeitet. Die Tradition gewaltlosen Widerstandes im jüdischen Volk ist das unausgesprochene, aber klare Gegenkonzept zu der Gewalt der Pächter. Josephus erzählt viel vom gewaltlosen Widerstand des jüdischen Volkes in der Zeit vor dem Krieg 60-70 n. Chr.[12]. Mit diesem Gleichnis werden bei Markus und Matthäus jüdische Führungsgruppen angeredet. Ihnen wird politisches Versagen vorgeworfen (Mt 21,45; Mk 11,27; 12,12; vgl. Lk 20,19). Die Kritik an der politischen und religiösen Führung des jüdischen Volkes leistet das Gleichnis als Ganzes. Der Vorwurf ist nicht speziell, dass der Sohn ermordet wird, sondern dass das Volk lebt »wie Schafe, die keinen Hirten haben« (Mk 6,34 u. ö. Zitat aus Num 27,17). Die Führungsgruppen haben nicht verhindert, dass die Verschuldung der ländlichen Bevölkerung diese katastrophalen Ausmaße angenommen hat. Diese Eliten sind nicht in den Pächtern abgebildet. Die allegorische Deutung der Pächter auf die Angeredeten, bei Markus sind es die Hohenpriester, Schriftgelehrten und Ältesten (11,27; 12,12), ist in der christlichen Auslegungsgeschichte eine Bastion des Antijudaismus. Sie enthält zudem die Schwierigkeit, dass es fragwürdig erscheint, warum sich Leute mit politischer Macht ausgerechnet in den verschuldeten und mordenden Pächtern wiedererkennen sollen. In einer Auslegung von 1991 habe ich diese Identifikation der Pächter mit Führungsleuten noch aus der Auslegungstradition übernommen, wenn auch mit Unbehagen. Diese Auslegungstradition ist überwindbar. Sie ist nicht vom Text vorgegeben, sondern vom christlichen Vorwurf, das jüdische Volk oder die Führung des Volkes sei am Christusmord schuldig. Das Volk ist anwesend. Eine explizit aktive Rolle hat das Volk in der Lukasversion. Jesus richtet hier das Gleichnis an das Volk (20,9). Es sagt, »das darf nicht geschehen«, dass der Weinberg anderen gegeben wird (20,16). Und Jesus schaut das Volk an, als er die Verheißung aus Ps 118 zitiert (20,17).

Das Gleichnis deutet in allen drei Versionen, die sich in den Evangelien finden, die Gegenwart: Es ist die Stunde der Umkehr für die politische Führung und für diejenigen im Volk, die mit Hass und Gewalt auf die eigene Ohnmacht reagieren. Die Schrift kann der antwortenden Gemeinde eine Stimme verleihen. Durch die Sünde des Volkes wird das Land unrein, »darum haltet meine Satzungen« (Lev 18,24-30). Gottes Weinberg, der in Jes 5

11. Ich nehme hier das Bild aus 1 Petr 2,5 auf, das dort im Zusammenhang mit Ps 118,22 entwickelt wird.
12. Materialsammlung bei R. A. Horsley 1987.

verwüstet wird, »ist das Haus Israel … Er wartete auf Rechtsspruch, siehe da war Rechtsbruch« (Jes 5,7). Die kollektive Sünde des Volkes, die das Land verunreinigt und gefährdet[13], muss jetzt beendet werden, so dass Gott wieder mitten im Volk wohnen kann. Der heilige Weinberg ist verunreinigt, seine Heiligkeit zerstört, aber Gottes Treue wird dem Volk aufhelfen. Mk 12,1-9 ist unter gleichnistheoretischem Aspekt betrachtet wiederum eine Erzählung aus dem Leben. Dass es um das Leben des Volkes Israel geht, ist durch den Bezug auf Jes 5 in V. 1 von Beginn an klar. Doch auch der »Weinberg« ist keine Metapher, die unabhängig von der Geschichte der Felder und Weinberge des Landes verstanden werden kann. In diesem einen Weinberg verdichtet sich die Geschichte des Volkes in der Erzählung. Die Deutung der fiktiven Erzählung 12,1-9 wird durch den Bezug auf Jes 5,1.2 in Mk 12,1 und durch Mk 12,10-12 vom Text selbst vorgegeben. Es geht um Israel und seine Befreiung (V. 10.11) aus dem in der Erzählung zugespitzt dargestellten Leiden an erlittener und selbst verübter Gewalt.

Mk 12,1-12 bei Tania Oldenhage

Tania Oldenhage setzt die Kritik des christlichen Antijudaismus bereits voraus. Die Generation ihrer exegetischen Lehrer und Lehrerinnen habe sie bereits weitgehend geleistet. In ihrem Buch ist dafür ihre Auseinandersetzung mit Milavec 1989 typisch. Milavec hat für Mk 12,1-12 die Analyse des Antijudaismus in der Auslegungstradition und eine neue Verortung des Gleichnisses Mk 12,1-12 in der jüdischen Tradition erarbeitet. Für Tania Oldenhage ist die »ekklesiologische« Lektüre insofern schon überwunden, als die Kritik der antijudaistischen Auslegungstradition ihr schon selbstverständlich ist. Aber damit ist für sie noch nicht das Ziel einer von ihr angezielten Post-Holocaust-Hermeneutik erreicht. Sie kritisiert die Arbeit von Milavec 1989, der mit seiner Kritik am Antijudaismus in der Auslegung von Mk 12,1-12 im Rahmen historisch-kritischen Denkens bleibe. Für ihn sei der Antijudaismus bei J. Jeremias oder der bei Joh. Chrysostomus, dem Kirchenvater des 4. Jahrhunderts, strukturell gleichzusetzen. Der Holocaust sei bei Milavec nur ein »temporal marker« (65). Milavec hoffe, in Mk 12,1-12 einen unschuldigen jüdischen Text im Neuen Testament zu finden. Dieser Zugang sei vielleicht nützlich, um den christlichen Antijudaismus zu erkennen, bleibe aber ungeeignet, z. B. Joachim Jeremias' Unfähigkeit zu trauern zu erkennen (65.67).

J. Jeremias überschreibt das Kapitel, in dem er Mk 12,1-12 behandelt, »Im Angesicht der Katastrophe«. Damit meint er Jesu Predigt als dringenden

---

13. Zu dieser Tradition s. J. Klawans 2000.

Mahnruf gegenüber dem jüdischen Volk zu kennzeichnen, das blind in seine Katastrophe rennt. Jeremias wolle, sagt Oldenhage, über das Judentum zur Zeit Jesu reden, aber faktisch rede er 1947 über die jüdischen Menschen in Deutschland vor 1938:»Warum habt ihr das drohende Unheil nicht erkannt?«Jeremias' Sprache, die er Jesus in den Mund legt, sei die Sprache der Unfähigkeit zu trauern im Nachkriegsdeutschland. Während ich der Analyse von J. Jeremias durch Oldenhage zustimme, möchte ich auf ihre Kritik an Milavec noch einmal zurückkommen.

Tania Oldenhages eigene Deutung von Mk 12,1-12 lässt bewusst den literarischen Kontext beiseite. Sie versteht die Gleichniserzählung selbst als Poesie. In der Gewalt der Pächter erkennt sie die Gewalt der Nazischergen, die Gewalt auf Gewalt häufen, als sie das unvergleichbare Verbrechen der Massenermordungen jüdischer Menschen in Europa begehen.

Tania Oldenhages eigene Deutung geht von einem Erlebnis aus: 1992 hat sie in einem Gottesdienst in Süddeutschland den Evangelientext Mk 12,1-12 vorgelesen. Ihr waren nicht nur die antijudaistischen Assoziationen unangenehm, ihr Unbehagen reichte tiefer. Dieses Unbehagen lasse sich mit den Methoden der historischen Kritik nicht analysieren (142). Eine Methode, die die poetische Kraft des Textes erfasst, sei jedoch dazu in der Lage: der literary criticism, z. B. Paul Ricoeurs, in Verbindung mit einer Post-Holocaust-Hermeneutik.

Ricoeur versteht Gleichnisse als metaphorische Erzählungen, die in der Lage sind, den Zuhörenden ein neues Sehen der Welt zu eröffnen.»Der Zug, der uns einlädt, die narrativen Strukturen zu überschreiten, ... ist ... das Element der Extravaganz, das die ›oddness‹ der Erzählung ausmacht, weil es das ›Außergewöhnliche‹ mit dem ›Gewöhnlichen‹ vermischt« (Ricoeur 1975, 97; Oldenhage 142; Übersetzung L. S., zu Ricoeur s. auch Teil II.2). Für Ricoeur liegt die»Extravaganz« in Mk 12,6 vor. Kein vernünftiger Landbesitzer würde so töricht sein, den eigenen Sohn solchen gewalttätigen Pächtern auszusetzen. Oldenhage sieht den ungewöhnlichen Zug des Gleichnisses an anderer Stelle als Ricoeur.»Der Realismus der Geschichte bricht ... lange vor der Entscheidung des Landbesitzers, seinen einzigen Sohn zu schicken, zusammen.« Die Gewalt der Pächter sei von Anfang an ein außergewöhnlicher Zug.»Die Pächter weigern sich nicht einfach nur, mit dem Einsammler zusammenzuarbeiten, sie ergreifen und schlagen ihn« (143). Am Anfang des Gleichnisses begegnen wir nach Oldenhage der vertrauten Welt des»business«, der die Eruption der Gewalt der Pächter ein Ende bereitet. Das Gleichnis erinnerte Tania Oldenhage an den Holocaust, weil es Poesie ist, – viel machtvoller als beschreibende Sprache das könnte (144). Zwei Bedeutungsebenen seien ineinander verwickelt: die des Antijudaismus und die der poetischen Vergegenwärtigung von Gewalt in der Gewalt der Pächter, in T. Oldenhages Kontext der Gewalt des Holocaust.

Das Buch von Oldenhage halte ich für grundlegend für eine Weiterentwicklung exegetischer Wissenschaft. Zwei entscheidende neue Schritte führen über bisherige Kritik am Antijudaismus hinaus: (1) Die Kontextualisierung wissenschaftlicher Exegese mit Hilfe von Holocaust Forschung. Wer über Bibelauslegung schreibt, spricht nicht nur über das Judentum beispielsweise z.Zt. Jesu, sondern auch über jüdische Menschen nach dem Holocaust; (2) Eine Kritik am Antijudaismus christlicher Bibelauslegung und die Rekonstruktion eines nicht-antijudaistischen historischen Bibeltextes kann die christliche Bibel nicht in einen Stand der Unschuld versetzen. Ihr jahrhundertelanger mörderischer Missbrauch kann durch historische Rekonstruktion nicht ungeschehen gemacht werden. Diese Gewaltgeschichte, die mit den Texten verbunden bleibt, muss immer wieder öffentlich benannt werden, damit die Texte neu zur Quelle christlichen Glaubens werden können.

Diese grundlegenden Einsichten des Buches von Oldenhage möchte ich nicht durch Kritik schmälern. Doch meine ich – anders als Oldenhage – dass eine Überwindung des Antijudaismus durch eine neue historische und theologische Auslegung der Bibeltexte selbst möglich und notwendig ist.

So richtig Oldenhages Kritik an einer Exegese ist, die zwar den Antijudaismus kritisiert, aber bei dem Versuch der Rekonstruktion eines noch nicht antijudaistischen Neuen Testaments stehen bleibt, so wenig überzeugend ist ihre Ablehnung solcher historischen Arbeit. Solche historische Arbeit an Texten des Neuen Testaments bleibt notwendig, auch wenn sie deutlicher, als dies bei Milavec der Fall ist, reflektieren sollte, wie ein christlicher Gebrauch neutestamentlicher Texte *nach* ihrem Missbrauch aussehen könnte.

Die Deutung des Textes durch Oldenhage möchte ich zudem sozialgeschichtlich und methodisch kritisieren. Ob ein bestimmter Aspekt eines Gleichnisses eine »Extravaganz« im Sinne von Ricoeur und Oldenhage ist, ist eine sozialgeschichtliche Entscheidung. Allerdings nehmen weder Ricoeur noch Oldenhage eine sozialgeschichtliche Untersuchung vor. Oldenhage hält die Ausgangssituation in Mk 12,1 für die »vertraute Welt des business«, für das Normale, Gewöhnliche, dem das Ungewöhnliche, in diesem Fall die Gewalt der Pächter, gegenübersteht. So ist das ebenfalls gewalttätige Unrecht des Weinbergbesitzers und seinesgleichen – ohne dass T. Oldenhage es beabsichtigt – zur friedlichen Normalität geworden. Die Pächter bleiben die Schuldigen, seien sie Verkörperungen des jüdischen Volkes oder der Nazischergen. Gewiss stellt das Gleichnis sie nicht als unschuldig dar, sondern als Opfer von ökonomischer Gewalt, die mit vergeblicher und extrem blutiger Gewalt zurückschlagen und sich mit den falschen Mitteln »out of all proportion« (Oldenhage 144) zu wehren versuchen.

Der sozialgeschichtliche Hintergrund kann aber nicht als *eine* mögliche Wahrnehmung eines poetischen Textes neben anderen angesehen werden.

Historische Arbeit ist für mich ein Akt der Solidarität mit Menschen auch über Jahrhunderte hinweg. Ich teile mit Tania Oldenhage und den meisten Ansätzen von Befreiungstheologie und feministischer Theologie das Anliegen der Kontextualisierung von Theologie und theologischer Wissenschaft.

Doch meine ich, zwischen dem ersten Kontext (der Zeit Jesu oder der Evangelien) und dem zweiten Kontext (der Gegenwart der Auslegerinnen und Ausleger) müsse ein inhaltlicher Zusammenhang bestehen. Poesie kann nicht bedeuten, in derselben Sprache die tödliche christliche Anklage gegen Juden zu hören und die Tritte der Nazischergen, die jüdische Menschen quälen und ermorden. Poesie kann auch nicht bedeuten, ein Unrecht, das der Text deutlich beschreibt, zu übergehen. So macht man das Leiden der bäuerlichen Bevölkerung im ersten Jahrhundert unsichtbar, ohne es zu wollen. Wie also kann eine Post-Holocaust-Hermeneutik dieses Textes aussehen? Ich muss in der Auslegung über das Leiden der bäuerlichen Bevölkerung, über ihre Wut und die Irrwege ihrer Wut reden. Ich muss über die Geschichte der antijudaistischen Auslegung dieses Textes sprechen und darüber, dass die Hingabe der Pächter an die Gewalt im heutigen Kontext mehrschichtige Assoziationen weckt: an die Gewalttaten der Nazis und die christliche Mitschuld durch Antijudaismus; an die Ausbeutung der bäuerlichen Bevölkerung vieler Länder durch Konzentration des Landes zu Großgütern; an die Verschuldung der Länder des Südens, die diese knebelt. Eine Hierarchie der Katastrophen (welche ist die wichtigste?) kann dabei nur hinderlich sein. Der Holocaust war ein unvergleichliches Verbrechen. Die Bereicherung des Westens auf Kosten der Länder des Südens ist eine Katastrophe, die in der Tradition der Ausbeutung steht, über die Mk 12,1-12 redet. Eine Predigt über diesen Text muss den Antijudaismus, der immer noch im christlichen Bewusstsein verankert ist, aufzuarbeiten suchen und damit Stellung zum Holocaust aus der eigenen Perspektive beziehen. Aber sie kann dann durchaus ihren Schwerpunkt in der Frage der Schulden und Bereicherung auf Kosten anderer haben: die Katastrophe, über die der Text redet und die immer größere Ausmaße annimmt, je perfekter die Globalisierung fortschreitet.

Im Blick auf die Methoden der Historischen Kritik und des Literary Criticism, die Tania Oldenhages Ausgangspunkt sind, ist für mich die Alternative: entweder die Fehler der Historischen Kritik oder Fortentwicklung des Literary Criticism, eine Engführung. Es stimmt, dass die Historische Kritik, wie sie besonders in Deutschland betrieben wurde, nachdrücklich eine Kontextualisierung verhindert hat. Als wissenschaftlich galt, die Gegenwart zu verschweigen (s. nur die zutreffenden Analysen von T. Oldenhage). Es stimmt, dass der Literary Criticism demselben Fehler aufgesessen ist trotz der Absicht, die Texte für die Gegenwart zum Sprechen zu bringen. Aber die notwendige Kontextualisierung kann durch eine Weiterentwicklung von Geschichtswissenschaft, von Literary Criticism oder von beidem gleichzeitig geschehen. Die so genannten Methoden sind zweitrangig gegenüber den hermeneutischen Entscheidungen: ob ich einen Bibeltext im heutigen gesellschaftlichen Kontext lese und welche Analyse ich für den heutigen und den historischen Kontext anwende.

Literatur zur Vertiefung

Martin Hengel 1968 – William R. Herzog II 1994 – Tania Oldenhage 2002 – Willy Schottroff 1999

Eigene Vorarbeiten

Luise Schottroff 1999

3. Die geschlossene Tür.

Matthäus 25,1-13

Übersetzung

1 Dann wird das Reich der Himmel mit der Wirklichkeit in der folgenden Geschichte über zehn junge Frauen verglichen werden: Sie nahmen ihre Fackeln und gingen hinaus, um dem Bräutigam zu begegnen.
2 Fünf von ihnen waren naiv und fünf schlau.
3 Denn die naiven nahmen ihre Fackeln, aber kein Öl mit sich.
4 Die schlauen jedoch nahmen Öl in den Gefäßen mit ihren Fackeln mit.
5 Als der Bräutigam auf sich warten ließ, wurden sie alle müde und schliefen ein.
6 Mitten in der Nacht ertönte Geschrei: Da ist der Bräutigam. Geht hinaus, um ihm zu begegnen.
7 Da wachten diese jungen Frauen alle auf und machten ihre Fackeln zurecht.
8 Die naiven sagten zu den schlauen: Gebt uns von eurem Öl, denn unsere Fackeln verlöschen.
9 Die schlauen antworteten: Dann wird es bestimmt nicht für uns und euch reichen. Geht lieber zu den Händlern und kauft welches für euch.
10 Während sie weggingen, um einzukaufen, kam der Bräutigam, und die fertig vorbereiteten gingen mit ihm zur Hochzeitsfeier, und die Tür wurde geschlossen.
11 Später kamen die übrigen jungen Frauen und sagten: Herr, Herr, öffne uns.
12 Er aber sagte: Das sage ich euch: Ich kenne euch nicht.
13 Seid wach, denn ihr kennt weder Tag noch Stunde!

Sozialgeschichtliche Analyse

Die zehn jungen Frauen heißen im Text *parthenoi*/Jungfrauen. Damit sind junge Frauen, in der Regel von 12 bis 12 1/2 Jahren gemeint, die als heiratsfähig angesehen werden. Mit diesem Wort ist ihr Status in der patriarchalen Gesellschaft bezeichnet: Sie sind im Angebot auf dem Heiratsmarkt, der in der Regel von den Vätern der Mädchen und den potenziellen Ehemännern bestimmt wird. Die Aufgabe der jungen Frauen ist es, sich als gute zukünftige Ehefrau zu präsentieren. Und darum geht es in dieser Geschichte.

Das Wort *parthenos* ist in der späteren kirchlichen Entwicklung in einem anderen Sinn benutzt worden. Es wurde zur Bezeichnung ehefrei lebender Frauen. Darüber hinaus erhielt das Wort den Sinn von Jungfräulichkeit als Ablehnung von Sexualität. Diese christliche Wortgeschichte hat die spätere Deutung des Gleichnisses ebenso beeinflusst wie spätere Vorstellungen von Jungfrauengeburt das Wort Jungfrau geprägt haben. Im Neuen Testament jedoch wird das Wort wie hier und in der Erzählung über Maria, die Mutter Jesu (Mt 1,23; Lk 1,27), als Bezeichnung der für die Ehe bestimmten jungen Frau ohne bisherige sexuelle Beziehung gebraucht[1].

Die Mischna erzählt:»Rabban Simon ben Gamliel berichtete: Es hat in Israel keine fröhlicheren Tage gegeben als den fünfzehnten Ab und den Versöhnungstag. An ihnen zogen die Töchter Jerusalems in weißen Kleidern hinaus, und zwar in geborgten, um diejenigen, die keine besaßen, nicht zu beschämen, weshalb auch alle Kleider ein Reinigungsbad erforderten. Die Töchter Jerusalems zogen also hinaus und führten in den Weingärten Reigentänze auf. Und was sangen sie dabei? ›Jüngling, erhebe die Augen und betrachte, was du dir wählst. Richte deinen Blick nicht auf Schönheit, richte deinen Blick auf Familie. Trügerisch ist Anmut und eitel ist Schönheit; eine gottesfürchtige Frau, nur sie ist des Lobes wert. Und es heißt auch: Gebet ihr von der Frucht ihrer Hände, es rühmen sie in den Toren ihre Werke‹« (mTaan 4,8). Die Worte der Töchter Jerusalems sind teilweise aus Spr 31,30.31 entnommen. Im babylonischen Talmud werden ihre werbenden Worte abgewandelt:»Die Schönen unter ihnen sprachen: Schauet nur auf Schönheit, denn bei der Frau ist Schönheit die Hauptsache. Die Patrizierinnen unter ihnen sprachen: Schauet nur auf die Familie, denn die Frau ist nur wegen der Kinder da. Die Hässlichen unter ihnen sprachen: Nehmet euren Kauf hin um des Himmels willen, dass ihr uns aber mit Goldstücken bekränzt«. Der Talmud fügt auch hinzu:»Wer keine Frau hatte, ging da hin« (bTaan 31b). In Mt 25,1-13 ist eine Hochzeit die Gelegenheit, bei der sich junge Frauen auf dem Heiratsmarkt präsentieren, nicht ein Fest in den Weinbergen. Doch die Selbstdarstellung der Frauen[2] ist vergleichbar. In Mt 25,1-13 geht es darum, dass sie ihre Tüchtigkeit beim Bedienen der Fackeln vorführen: Die weisheitliche Tradition der tüchtigen Frau und des Lobes der Fleißigen klingt auch hier an:»Lässige Hand macht arm; aber der Fleißigen Hand macht reich. Wer im Sommer sammelt, ist ein kluger Sohn« (Spr 10,4.5).»Sie merkt, wie ihr Fleiß Gewinn bringt; ihr Licht verlischt

---

1. J. R. Wegner 1988, 21-23.27-28.221.
2. T. Ilan 1995, 83 interpretiert diese Tradition als Zeugnis für »the freedom to choose one's marriage partners«, die in den ärmeren Schichten verbreiteter gewesen sei. Ich sehe jedoch anders als Tal Ilan in dieser Tradition nicht, dass hier die Frauen ihre Partner wählen können.

des Nachts nicht« (Spr 31,18). »Eine vernünftige *(phronime)* Tochter kriegt einen Mann; aber eine Tochter, die sich schändlich aufführt, bleibt sitzen, und sie macht ihrem Vater Kummer« (Sir 22,4). Die Gegenüberstellung von »schlauen« *(phronimoi)* und »dummen« *(morai)* jungen Frauen lehnt sich ebenfalls an diese weisheitliche Tradition an[3]. In Mt 25,1-13 unterscheiden sich die Schlauen von den Dummen durch ihre Umsicht und vielleicht auch ihren Fleiß. Die Dummen waren sorglos und nicht ausreichend vorbereitet. Dass sie sich in einer Konkurrenzsituation gegeneinander sehen, macht der ausführliche Dialog zwischen beiden Gruppen deutlich. Die Konkurrenzsituation spielt in der Version des babylonischen Talmud ebenfalls eine Rolle: Die Schönen verweisen auf ihre Schönheit, die Frauen aus guter Familie auf ihre Herkunft. Die Gegenüberstellung der guten und der schlechten Frau ist ein Erziehungs- und Unterdrückungsinstrument, das sich nicht nur in der Bibel findet, sondern in vielen patriarchalen Gesellschaften.

Der Bräutigam in Mt 25,1-13 hat die Aufgabe, Sprecher des gesellschaftlichen Urteils über die dummen Frauen zu sein: »Ich kenne euch nicht«. Für die dummen Frauen ist die Tür geschlossen. Dass eine Hochzeitsfeier die Prüfungssituation für die Mädchen ist, liegt nahe. Dass die Braut in der Geschichte unwichtig ist, darf nicht verwundern. Es geht um die jungen Frauen. Die Details der Erzählung sind deutlich, wo es um sie geht. Sie warten vermutlich im Haus der Braut auf das Ereignis, dass der Bräutigam, umgeben von Freunden und Gästen, die Braut in feierlichem Zuge in sein Haus führt, wo dann auch gefeiert wird. Es ist viel über die Lampen und die Hochzeitsbräuche diskutiert worden, aber fast gar nicht[4] über die soziale Realität junger Frauen, um die es hier geht. Ich kann für die Details über die Fackeln und die Hochzeitsbräuche auf vorliegende Arbeiten verweisen[5].

Aus welcher Perspektive ist das Gleichnis erzählt? V. 1 gibt in einer Art Überschrift[6] die patriarchale Perspektive an: die Scheidung der guten zukünftigen Ehefrau von der schlechten bei Gelegenheit einer Hochzeit. Diese Perspektive wird auch beibehalten. Die Weigerung der schlauen Frauen, ihr Öl zu teilen, wird nicht kritisiert. Sie sollen ihre Tüchtigkeit beweisen. Doch die unausgesprochene Kritik ist dennoch hörbar: Wo bleibt die nachbarliche Solidarität? Da braucht gar nicht das Nächstenliebegebot bemüht zu werden, um zu zeigen, dass, gemessen an der biblischen Tradition der Gestaltung der Beziehungen von Menschen, die schlauen Frauen sich unsolida-

3. Dazu s. C. Maier 1998, 208-220.
4. Ausnahme von dieser Regel: V. Balabanski 2002, 71-97.
5. Materialsammlung zu Hochzeitsbräuchen Billerbeck I, 1926, 500-517. Zu den Fackeln s. besonders U. Luz 1997, 469-471.
6. Einleuchtend dazu U. Luz 1997, 467.

risch verhalten und sich der gesellschaftlich erwarteten Konkurrenzsituation unterwerfen. Die für die erzählte Situation einer Hochzeit übertriebene Schlussszene jedoch zeigt, dass hier etwas Furchtbares geschieht. Die Zukunft ist verschlossen, jedenfalls die Zukunft, die nach Meinung fast aller Menschen in patriarchalen Gesellschaften die einzige Zukunft für ein junges Mädchen ist: einen tüchtigen Mann zu finden. In der Auslegungsgeschichte findet sich öfter die verwunderte Überlegung, dass bei einer Dorfhochzeit ja kaum Gäste, die zu spät kommen, so hart behandelt werden würden. Das ist sicher richtig. Die Schlussszene zeigt das hässliche Gesicht, die harte Realität einer Gesellschaft, die Frauen über ihre Anpassung, Unterwerfung und die Ehe definiert. Innerhalb der Erzählung selbst sind der Dialog der Frauen und die Schlussszene so dargestellt, dass sie kritische Fragen wecken müssen: Warum sind die schlauen Frauen so unsolidarisch, warum ist ein vergleichsweise kleiner Fehler der dummen Frauen, nämlich dass sie kein Öl dabeihaben, so folgenreich, warum ist die Tür geschlossen, warum hört sich die Rede des Bräutigams wie ein Todesurteil an?[7] Die Erzählung bringt die Situation von Mädchen auf dem Heiratsmarkt vor Augen und zwar so, dass kritische Fragen entstehen müssen.

7. Der Bräutigam bekräftigt seine Aussage durch vorangestelltes *amen* wie oft Jesus in den Evangelien. Die bisherige Forschungsdiskussion über Jesu Bekräftigungsformel geht davon aus, dass es keine jüdischen Parallelen zu dieser Formel der Selbstbestätigung gibt, nur (reichlich bezeugten) responsorischen Gebrauch von *amen*, das die Rede eines Gegenübers bestätigt. Die Stilisierung der Rede des Bräutigams wird darum als Argument für die Allegorisierung des Gleichnisses gesehen: Hier rede nicht ein menschlicher Bräutigam, sondern der eschatologische Menschensohnrichter. Doch solch ein individueller Sprachgebrauch, eine Sondersprache Jesu, die noch dazu christologisch gefüllt sein soll, ist aus grundsätzlichen methodischen Erwägungen heraus problematisch. Der allegorische Charakter dieses Verses kann damit nicht erwiesen werden, eher dass die Erzähler dieser Parabel den selbstbestätigenden Gebrauch von *amen* für dieses feierliche soziale Todesurteil im Munde eines Gleichnisbräutigams für verwendbar gehalten haben (vgl. Lk 14,15: »ich sage euch«). Eta Linnemann hat zu Recht die Annahme eines allegorisierenden Textes für Mt 25,1-13 bestritten: »Es wird aber auch gegen die Parabel eingewandt, dass ›eine Fülle von Einzelzügen des Gleichnisses‹ aus dem Vorgang einer natürlichen Hochzeit nicht zu erklären ist. Man muss jedoch unterscheiden zwischen dem, was dem Regelfall nicht entspricht, und dem, was die Grenzen des Möglichen überschreitet« (190). Ich füge hinzu: Das gilt umso mehr, als hier eine Hochzeitsfeier der Rahmen ist, um den unterdrückerischen Dualismus der Trennung von guten und bösen, schlauen und dummen Frauen in seiner Härte erkennbar zu machen.

»Ekklesiologische« Deutung

Die ekklesiologische Deutung ist die Regel. In ihr werden richtiges und falsches Verhalten explizit oder implizit bestimmten Gruppen zugeschrieben. Das Urteil über die dummen Frauen ist in diesem Deutungstyp schon gefallen. Die Tür ist verschlossen.

Ich wähle als ein Beispiel eine Deutung, die in diesem Rahmen bleibt, aber doch Unbehagen bei ihr empfindet: die von Ulrich Luz. Er rechnet mit einer ursprünglich auf den historischen Jesus zurückgehenden Parabel fast ohne allegorische Elemente, die in der in Mt 25,1-13 vorliegenden Form aber voller Allegorien ist: Der Bräutigam ist der wiederkommende Christus, die Hochzeit Heilszeit Gottes. In V. 10 »häufen sich christliche Metaphern« (476). Die geschlossene Tür bedeutet das eschatologische Gericht. Der Fehler der dummen Frauen auf der Ebene der Gemeindedeutung oder der des »Matthäus« ist, dass sie kein Öl haben, das bedeutet: keine guten Werke tun (477). In der möglicherweise auf Jesus zurückgehenden Parabel repräsentiert der Bräutigam Gott. »Wer nicht vorbereitet ist, kann diesen Kairos der Freude auch verpassen!« (473) »Die Teilnahme an der Heilszeit der Gegenwart Jesu« ist verspielt worden von den dummen Frauen (473). An die Matthäusfassung richtet Luz eine kritische Frage: »An diesen Jesus muss man die Frage stellen, ob in seiner Geschichte Gottes Liebe noch das letzte Wort hat« (492). Doch er relativiert die Frage wieder: Die dummen Frauen haben den heiligen Gott nicht ernst genommen (492). Luz ordnet sich mit erkennbarem Unbehagen der »ekklesiologischen« Deutungstradition unter. Doch auch in der Deutung der rekonstruierten Jesusparabel sprengt Luz den Rahmen dieser Deutung nicht auf. Der Bräutigam/Gott verurteilt die dummen Frauen, weil sie sich Jesus gegenüber falsch verhalten haben.

Vicky Balabanski stellt die kritischen Fragen unnachgiebiger. Sie versteht zu Recht die Weigerung der klugen Frauen als Mittäterschaft (complicity) im Patriarchat/Kyriarchat (73). Und dem Bräutigam sollten feministische Leserinnen eigentlich antworten: »Ich kenne dich nicht« (78). Sie sieht die Verwurzelung der Ethik des Gleichnisses in einer weisheitlichen binären Gegenüberstellung. Sie unterscheidet zwischen einer beziehungsorientierten Sophia-Ethik und der *phronimos*-Ethik des Gleichnisses, die aus der Perspektive einer befreienden Ethik zurückgewiesen werden muss (82). Sie versteht die Frauen als Hochzeitsgäste und als Jungfrauen im oben bereits beschriebenen Sinne (»nubility«, »sexual availability« 84). Aus einer patriarchalen/antiken Perspektive würde das Gleichnis zunächst als Witz auf Kosten beider Frauengruppen gehört werden. Aber schließlich haben selbst die dummen Frauen das Ziel erreicht, wenn auch etwas später. V. 12 jedoch, die Ablehnung des Bräutigams, macht dem Spaß plötzlich ein Ende. Die männlichen Zuhörer hatten sich mit dem Bräutigam identifiziert, aber nun fragen sie sich: Könnte uns das auch passieren, was den dummen Frauen geschieht? Ist Gott so unberechenbar? Frauen, die damals diese Geschichte gehört hätten, hätten den Druck wahrgenommen, zur Gruppe der »klugen« Frauen zu gehören. Vielleicht hätten sich auch einige mit den dummen identifiziert. In beiden Fällen hätten sie nicht Jesu Befreiungsbotschaft gehört, sondern Unterdrückung und Entwertung. Für eine heutige Zuhörerschaft seien diese Perspektiven, die man für antike Zuhörerschaften ausmachen kann, nicht übernehmbar. »Der Bräutigam kann für uns nicht Jesus Christus, den Befreier, symbolisieren«. »Wenn wir zulassen, dass die geschlossene Tür das letzte Wort hat, dann haben wir das Zwei-Wege-Paradigma akzeptiert, das die Welt in eine Reihe von binären Unterscheidungen einteilt« (96). Aber im Matthäusevangelium werde die Tür vor Jesu Grab geöffnet (Mt 27,60) und im Johannesevangelium sagt Jesus: »Ich bin die Tür« (Joh 10,9). Nur wenn die Tür auch für die Marginalisierten, die Dummen, geöffnet wird, kann uns diese Tradition den Blick auf Christus freigeben (97). »Wenn die Tür geschlossen bleibt, dann ist Christi Gegenwart verborgen unter denen, die draußen sind« (97). Hier wird von einer feministischen Perspektive aus ähnlich konsequent wie bei Herzog (s. zu Mk 12,1-12) die Gleichniserzählung ethisch befragt und kritisiert. Hinter diese Fragestellung kann ich nicht mehr zurückgehen. Die allegorische Deutungstradition dieses Gleichnisses macht den Repräsentanten gesellschaftlichen Unrechts, den Bräutigam, zur göttlichen Figur und korrumpiert damit das Evangelium. Meine Kritik richtet sich jedoch auf das von V. Balabanski vorausgesetzte Verständnis von Eschatologie. Sie versteht das Gleichnis als einen präskriptiven Text, der die Welt in gut und böse, in drinnen und draußen teilt. Die »insider« sind die Schlauen, so kann Christus nur bei den Dummen bleiben, die »outside«, die ausgeschlossen bleiben. Es sei denn, die Tür wird geöffnet. Hier wird eine Botschaft der universalen Liebe Gottes vorausgesetzt, die verfügbar und vorhanden ist, nichts fordert und keine Grenzen setzt. Es ist das westliche Evangelium, die Liebesbotschaft einer Kirche, die niemand ausschließen möchte. Die Tür des Heiles ist geöffnet und alle sind drinnen, ohne fragen zu müssen, ob ihr Heil auf Ungerechtigkeit beruht und vielleicht nur der religiöse Ausdruck ihres westlichen Wohlstands ist. Diese Deutung ist eine Variante der ekklesiologischen Deutung, die zwar die Aufteilung in drinnen und draußen beendet, aber nicht mehr ernst nimmt, wie viele Menschen in der Welt vor verschlossenen Türen stehen, weil sie unter Armut und Gewalt leiden. Oder ohne Bild gesprochen: Diese allgemeine Liebesbotschaft Jesu kann diejenigen nicht erreichen, die unter Gewalt und Unrecht leiden, die Mehrheit der Menschen in der heutigen Welt. Ihnen hilft es nicht, wenn Gottes unterschiedslose Gnade verkündet wird. Sie bleibt die Gnade für diejenigen, die schon am Tisch beim Hochzeitsmahl sitzen, die Zugang zu Nahrung, medizinischer Versorgung und Bildung haben. Die Botschaft vom Gericht und von der Gerechtigkeit Gottes, die zwischen Tätern und Opfern zu unterscheiden weiß, ist für die Jesustradition grundlegend.

Eschatologische Deutung

Eine allegorische Lektüre kann den Text dieses Gleichnisses nicht in den Stand der Unschuld erheben: Es ist eine Geschichte, die von gesellschaftlicher Unterdrückung, ja Gewalt redet. In der gesellschaftlichen Realität hätten die Menschen vielleicht über die hässlichen oder dummen Mädchen gelacht, tatsächlich aber wäre dieses Lachen so etwas wie ein soziales Todesurteil. Der Bräutigam bringt es in zugespitzter Form zum Ausdruck. Es ist eine trostlose Geschichte. Die Auslegungstradition hat auf Kosten der dummen Mädchen die klugen Mädchen zur Metapher für rechtes Verhalten vor Gott gemacht, in ihnen gleichsam die Frohe Botschaft gefunden. Dieser Weg ist für mich wie für Vicky Balabanski nicht mehr gangbar. Die als Gleichnis erzählte Geschichte wird als Botschaft über Frauen gehört, auch wenn die Ausleger und Auslegerinnen sie nur als »Bild«, als Steinbruch für eine Übertragung auf eine andere Ebene benutzen. In der Deutung oder Anwendung des Gleichnisses darf die Botschaft des »Bildes« nicht vernachlässigt werden.

Mt 25,1-13 als Teil der eschatologischen Rede Jesu (Mt 24.25)

Wo also, wenn überhaupt, ist die Frohe Botschaft zu finden? Das Gleichnis endet so hart, dass zu fragen ist, ob es Protest hervorrufen will. Der Erzähler, Jesus, fügt eine Aufforderung an, die deutlich nicht mehr im Bild bleibt: »Bleibt also wach, denn ihr wisst den Tag nicht und nicht die Stunde« (V. 13) – wartet auf Gottes Kommen und Gottes Himmelreich (vgl. Mt 24,42; 25,1). Diese Aufforderung passt zum Bild, in dem der Bräutigam zu einer Zeit kommt, die nicht vorhersehbar ist. Sie passt jedoch ebenso auch nicht zum Bild, weil in der Erzählung auch die schlauen Frauen einschlafen, der Schlaf also nicht der Fehler der dummen Frauen sein kann. Die Aufforderung »bleibt wach« wiederholt sich in Jesu eschatologischer Rede Mt 24,1-25,46 der Sache nach mehrfach: 24,42.44 vgl. 24,36.50 (innerhalb des Gleichnisbildes). Die Einzelstücke der eschatologischen Rede Jesu sind inhaltlich miteinander verknüpft – nicht nur mit der wiederkehrenden Wachsamkeitsforderung. Am Beginn des Gleichnisses von der verschlossenen Tür steht eine Zeitangabe: »… dann wird das Königtum Gottes zehn jungen Frauen zu vergleichen sein« (Mt 25,1). Diese Zeitangabe verknüpft dieses Gleichnis mit der gesamten Rede, in der »tote/dann« 17 Mal begegnet (Mt 24,9.10.14.16.21.23.30.30.40; 25,1.7.31.34.37.41.44.45). Dabei sind erzählerisch bedingte Verwendungen des Wortes (25,7.34.37.41.44.45) von einer eschatologisch qualifizierten Zeitangabe zu unterscheiden. Jedenfalls ist diese sich wiederholende Zeitangabe für das Verständnis dieses Gleichnisses und der Eschatologie dieser Rede von Belang. Ich halte die Eschatologie dieser Rede auch für das Verständnis der Eschatologie Jesu/des historischen Jesus für relevant. Dieses Thema kann jedoch erst im weiteren Verlauf dieses Buches bedacht werden.

In Mt 24.25 werden Zeiten unterschieden: die Zeit des Endes (*telos* 24,6.13.14) und die Zeit des Beginns der Wehen V. 8. In V. 3 fragen die Jüngerinnen und Jünger Jesus: »Sag uns, wann wird das (die Zerstörung des Tempels in Jerusalem, s. 24,2) geschehen und was ist das Zeichen deiner Ankunft *(parusia)* und des Endes der Weltzeit *(aion)*«? Auch hier werden zwei Zeiten unterschieden: die Zeit der Zerstörung des Tempels und die Zeit der Ankunft Jesu als Menschensohn zum Gericht (s. 24,30.31.39.42.44.31-46). Das ist der letzte Akt vor dem »Ende« der Weltzeit. Das »Ende« ist das Königtum Gottes, wenn Gott alles in allem (1 Kor 15,28) sein wird. Die Zerstörung des Tempels gehört zu den Ereignissen, die den »Beginn der Wehen« des Endes ausmachen – ebenso wie irreführende Heilsboten (24,5.11.24-28), Krieg (24,6.7.16-21.40.41), Hungersnöte und Erdbeben (24,7), politische Verfolgung der angeredeten Jüngerschaft mit Hinrichtungen (24,9) und die innere Zerstörung der christlichen Gemeinde (24,10.12) durch erkaltete Liebe, Gesetzlosigkeit und Verrat an die Behörden. Zu dem Geschehen vor dem Ende gehört aber auch die weltweite Verkündigung des Evangeliums (24,14). Die gesamte Menschenwelt wird die Botschaft hören und sich in Trauer (über die eigenen Taten) an die Brust schlagen (24,30), wenn sie den Menschensohn kommen sieht. Der Menschensohn wird die Auserwählten aus allen Enden der Erde zusammenholen (24,31) und dann Gericht halten über Gerechte und Ungerechte (25,31-46). Die Zeit des Beginns der Wehen wird auch als Zeit der Generation Noahs, die Zeit der Generation vor der großen Flut, gedeutet (24,37-39). Das »Ende« wird herbeigesehnt, nicht gefürchtet. Gott wird dann allein König sein (24,14; 25,1.34). In Gottes Gericht wird zuvor alles Unrecht, das den geringsten Geschwistern Jesu angetan wurde, bestraft werden, und die Gerechten erhalten ewiges Leben (25,46). Die Perspektive auf diese beiden Zeiten, des Beginns der Wehen und des Endes als des Beginns weltweiter Gerechtigkeit, bestimmt die Gegenwart der Angeredeten. Sie fragen sehnsüchtig nach dem Ende, sie ertragen Verfolgung, Krieg und alle anderen Schrecken, die dem Ende vorangehen (24,13). Sie werden von Jesus getröstet, dass Gott eine weltweite Zerstörung verhindern wird (24,22), und sie hören die Verheißung, dass das Ende dieser Weltzeit, das Ende des Leidens bald kommt (24,34), noch in dieser Generation. Der kommende Gott ist schon nahe vor den Türen (24,33). Die Hoffnungszeichen sind erkennbar (24,32-34) wie der Saft in den Zweigen des Feigenbaumes im Frühling und seine neuen Blätter. Die

Zeit, in der sich die Türen zu Gottes Reich öffnen, ist nahe. Die furchtbaren Ereignisse, die zu dem »Beginn der Wehen« gehören, sind zum Teil schon Gegenwart, zum Teil nahe Zukunft. Der Text lässt in dieser Frage absichtlich manches unbestimmt. Die Hörenden werden die Ereignisse, wenn sie geschehen, zu deuten wissen. Jesus hat sie vorausgesagt (24,25). Die Glaubenden wissen, dass sie notwendig sind (24,6), aber dass Gott mächtiger ist als diese Schrecken. Die eschatologischen Zeitangaben »tote/dann« beziehen sich auf das Kommen des Menschensohnes (24,14.30), aber auch auf die Ereignisse am Beginn der Wehen (z. B. 24,9.10.16).

Die Vorstellung der Zeit in dieser Eschatologie ist nicht darauf gerichtet, ein stimmiges Szenario für die Endzeit zu entwerfen, sondern den Hörenden zu helfen, ihre Gegenwart aus der Beziehung zum Kommen Gottes heraus zu verstehen. Die Hörenden sollen gestärkt werden, die Hoffnung aufrechtzuerhalten, dass das Unrecht ein Ende haben und nur noch Gerechtigkeit auf dieser Erde herrschen wird. Es ist eine offene Gegenwart, in der alle Stämme der Erde Zeit zur Umkehr haben. Wer die Auserwählten und wer die Ungerechten sein werden, das steht noch nicht fest. Der Menschensohn und Gott der Vater werden Richter sein – und niemand sonst. Die Angeredeten sind also gerade nicht identisch mit denen, die das ewige Leben zugesprochen bekommen. Die Gegenwart ist Zeit der Sehnsucht, des widerständigen Ausharrens und der Bewährung.

Die eschatologische Deutung der Zeit wird missverstanden, wenn wir sie mit dem heute gängigen linearen Zeitverständnis deuten. Zukunft ist hier die Nähe Gottes, ist sein weltweites Königtum in Gerechtigkeit, nicht eine Zeit, die in Stunden, Tagen und Jahren immer so weiter geht. Hier geht nichts immer so weiter[8]. Die Katastrophen und die Ungerechtigkeit werden ein Ende haben. Diese Eschatologie deutet die Gegenwart der Hörenden aus der Beziehung zu Gott. »Nähe« ist ein Beziehungswort, nicht ein Wort, das mit Vorstellungen linearer Zeit aufgeschlüsselt werden kann.

»Dann wird das Königtum Gottes zehn jungen Frauen zu vergleichen sein« (25,1). Es ist nicht das »dann« des Endes, sondern das »dann« des Beginns der Wehen. Das Geschehen, das im Gleichnis erzählt wird, deutet die Gegenwart als Zeit des bevorstehenden Endes – wie das »dann« in 24.40.41 oder 24,9.10.14.16 usw.

Das Gleichnis»bild« und die Schrecken dieser Weltzeit

In verdichteter Form erzählt das Gleichnis von einem anderen Aspekt der Schrecken der Gegenwart. Aber es ist ein Gleichnis, nicht Weissagung einer Katastrophe wie z. B. die Kriegsweissagung. Ich möchte, um das Gleichnis

---

8. Zu diesem Verständnis von Eschatologie und Zeit s. Teil II,1.

als Gleichnis zu verstehen, die Deutung der gegenwärtigen Menschheit als Flutgeneration (24,37-39) mit der Deutung der Gegenwart im Gleichnis von der verschlossenen Tür (25,1-13) zusammenbringen. In 25,1 wird darauf hingewiesen, dass es um das Vergleichen der Geschichte im Gleichnis mit dem Königtum Gottes geht. Das Gleichnis hat also zwei Ebenen, die wahrgenommen, gesehen und gehört werden sollen und zur Veränderung des Lebens der Angeredeten führen sollen. Die Gleichniserzählung bewegt sich auf derselben Ebene wie die verdichtete Beschreibung der Flutgeneration. Einmal wird die Gegenwart mit Hilfe der Menschheitsgeschichte der Bibel gedeutet. Ihr seid wie damals die Flutgeneration blind und wollt nicht hören. Ihr setzt euer Leben mit Essen und Ehen ungerührt fort, als würde die Welt immer so weitergehen[9]. Im Gleichnis dann wird ebenso eine gesellschaftliche Realität als Unrecht beschrieben. Aber hier wird eine zweite Ebene ins Spiel gebracht: Gottes Königtum. Wenn die Hörenden verstehen, wahrhaft sehen und hören (vgl. die so genannte Gleichnistheorie Mt 13,13-17), erkennen sie im Gleichnis Gottes Handeln. Das Gleichnis macht mit seinen Verdichtungen und Zuspitzungen die jetzige Weltzeit transparent für Gottes Gerechtigkeit. Innerhalb der Gleichniserzählung gibt es kein Zeichen der Hoffnung – bis zum bitteren Ende. Ebenso wie es im Verhalten der Flutgeneration kein Zeichen der Hoffnung gibt. Gott wird diesem Unrecht ein Ende bereiten, sagt 24,39. Das Unrecht ist selbst Zeichen des Endes, Zeichen des nahen Königtums Gottes. Die Gleichnisse Mt 24,45-51; 25,1-13; 14-30 im Rahmen der eschatologischen Rede Mt 24.25 wollen Gegenwartserfahrungen in die Geschichte der Zeit Gottes einordnen. Sie machen die Katastrophen der Gegenwart durchsichtig für Gottes Gerechtigkeit, die die Letzten zu den Ersten machen wird. Das »Vergleichen«, von dem 25,1 spricht, meint ein Lernen, ein Verstehen, das Hören mit neuen Ohren und ein Sehen mit neuen Augen. Diese verdichteten Geschichten aus dem Leben, die Gleichnisse, sollen das Verstehen Gottes leicht machen, damit alle hören, lernen und »vergleichen« können. Das »Vergleichen« ist selbst ein eschatologisches Geschehen, nicht ein formaler intellektueller Vorgang. Es geschieht in der Stunde der Umkehr. Die geschlossene Tür charakterisiert diese Weltzeit, die zu Ende geht. Die hörende Gemeinde erkennt die Zeichen der Zeit.

Das Gleichnis erzählt von der Zeit jetzt vor dem Kommen Gottes. Es vergleicht nicht ein Geschehen mit dem Königtum Gottes als Zustand, sondern erzählt im Gleichnis von den Menschen zu der Zeit, in der Gott kommt, um König zu werden. Dass eine solche Gleichniseinleitung nicht meint, das Königtum Gottes sei zehn jungen Frauen zu vergleichen, ist alte exegetische Tradition[10]. Dass »Königtum Gottes« nicht einen Zustand bedeutet, ist

---

9. Zu diesem Text s. L. Schottroff 1994, 228-256.
10. J. Jeremias 1965, 99-102. Allerdings hat Jeremias *homoioun* als gleichsetzen,

ebenfalls exegetische Tradition[11]. Gottes Kommen zur Befreiung, sein Königtum, ist ein Hoffnungsgeschehen, das die Menschenwelt in ihrem Elend sichtbar macht. Die Hörenden sollen ihre Welt mit Gottes Königtum vergleichen und Hoffnung schöpfen, dass Gott die Welt erneuert. Diejenigen, die hören und sehen können, werden verwandelt, sie wachen auf, sie bleiben wach, sie erkennen Jesus in den leidenden Brüdern und Schwestern (Mt 25,31-46).

Gleichnisse erwarten eine Antwort. Zu ihr fordert Jesus am Schluss des Gleichnisses auf: »… bleibt wach …«. Die letzte Szene im Gleichnisbild lässt die Hörenden in einer düsteren Situation zurück. Die Tür für die jungen Mädchen ist verschlossen:»Ich kenne euch nicht«. Die Antwort der Hörenden kann nur sein: Aber wir kennen euch und nehmen euch auf. Diese Tür ist nicht verschlossen. Wir haben noch die Zeit, die Gewalt zu beenden.

Es ist durchaus vorstellbar, dass in der Anwendung des Gleichnisses auf die gegenwärtige Situation der Hörenden auch über die geschlossene oder geöffnete Tür im Sinne einer metaphorischen Rede über Gottes Gericht nachgedacht wird[12]. Offb 3,7-13 enthält solche Metaphorik. »So spricht der Heilige, der Wahrhaftige, der den Schlüssel Davids hat. [Gott] schließt auf – und niemand kann verschließen. Gott verschließt und niemand kann öffnen. Ich kenne deine Werke, siehe, ich habe vor dir eine Tür geöffnet, die niemand schließen kann. Klein ist deine Kraft, und doch hast du mein Wort bewahrt und hast meinen Namen nicht verleugnet«. Die hörende Gemeinde wird ermutigt, nach der Tora zu leben. Aber sie steht vor Aufgaben, an denen sie auch scheitern kann. Die Möglichkeit, dass Gott die Tür verschließen wird, gehört zum Evangelium.

Das Gleichnis endet nicht mit einer Zustandsbeschreibung, sondern mit einer Aufforderung (V. 13). Die Hörenden können in ihr auch Gottes Versprechen hören. Die hörende Gemeinde weiß, was sie zu tun hat. Sie kann wach werden und erkennen, dass jetzt noch Zeit ist, nach Gottes Willen zu handeln. Diese Eschatologie spekuliert nicht darüber, wer im Gericht vor verschlossenen Türen stehen wird oder wer gerettet werden wird. Sie öffnet die Gegenwart, verwandelt sie in eine Zeit des Hörens und Handelns.

Literatur zur Vertiefung

Vicky Balabanski 2002 – Ulrich Luz 1997

nicht als vergleichen verstanden, wie meist in der christlichen Gleichnisdeutung, s. dazu Teil II.
11. Zum Verständnis des Königtums Gottes s. zu Mt 22,1-14.
12. Zur Frage einer Metapher »geschlossene« Tür s. unten Teil II,3.

4. Politik mit Zuckerbrot und Peitsche.
Matthäus 22,1-14

Übersetzung

1 Und Jesus fuhr fort und sprach wieder zu ihnen in Gleichnissen.

2 Die gerechte Welt Gottes ist mit der Wirklichkeit in der folgenden Geschichte von einem Menschenkönig zu vergleichen, der ein Hochzeitsmahl für seinen Sohn veranstaltete.

3 Und er schickte seine Sklaven, um die Eingeladenen zum Hochzeitsmahl zu rufen, und sie wollten nicht kommen.

4 Da schickte er noch einmal andere Sklaven und sagte: Richtet den Eingeladenen aus: Hört her! Ich habe mein Mahl vorbereitet, meine Stiere und die gemästeten Tiere sind geschlachtet, und alles ist bereit. Kommt her zum Hochzeitsfest.

5 Sie aber gingen weg, ohne sich beeindrucken zu lassen, einer zu seinem eigenen Ackerland, ein anderer zu seinen Geschäften.

6 Die übrigen Eingeladenen überwältigten die Sklaven des Königs, misshandelten sie und töteten sie.

7 Da wurde der König zornig und schickte seine Truppen und vernichtete diese Mörder und verbrannte ihre Stadt.

8 Dann sagte er zu seinen Sklaven: Das Hochzeitsmahl ist vorbereitet, doch die Eingeladenen waren es nicht wert.

9 Geht zu den Stadtausgängen der Straßen und ladet alle, die ihr findet, zum Hochzeitsmahl ein.

10 Und diese Sklaven gingen hinaus auf die Straßen und sammelten alle ein, die sie fanden, böse und gute. Und der Hochzeitssaal war gefüllt mit Menschen, die zu Tisch lagen.

11 Der König kam herein, um die zu Tisch Liegenden zu besichtigen, und sah dort einen Mann, der trug keine der Hochzeit angemessene Kleidung.

12 Und er sagte zu ihm: Mein Lieber, wie bist du hier hereingekommen ohne festliche Kleidung? Der aber blieb stumm.

13 Da sagte der König zu seinen Bediensteten: Bindet ihm Füße und Hände zusammen und werft ihn hinaus an einen Ort, an dem absolute Finsternis herrscht. Dort wird er schreien und vor Todesangst mit den Zähnen knirschen.

14 Gott ruft alle Völker, aber das schwächste liebt er besonders.

Sozialgeschichtliche Analyse

Ein König veranstaltet ein großes Fest anlässlich der Hochzeit seines Sohnes. Ob hier an einen römischen Kaiser oder einen seiner Repräsentanten in den von Rom beherrschten Gebieten gedacht werden soll, bleibt offen. Herrscherliche Gastmähler waren ein Mittel der imperialen Politik[1]. In den Evangelien wird ein Gastmahl des Herodes Antipas erwähnt, bei dem Johannes der Täufer hingerichtet wird (Mt 14,3-12 parr.). Die rabbinischen Gleichnisse erzählen kritisch und mit vielen Details von den Gastmählern des »Königs«[2]. Die allegorische Auslegungstradition sollte nicht den klaren Blick auf die Geschichte verstellen, die hier erzählt wird.

Der Herrscher verfügt über absolute Macht. Er allein diktiert, was zu geschehen hat. Einige der zum Gastmahl geladenen Gäste werden nur kurz charakterisiert: »Der eine ging zu seinem eigenen Ackerland, der andere an sein Geschäft« (V. 5). Ich analysiere bewusst die Version im Matthäusevangelium getrennt von ihrer Parallele bei Lukas, berücksichtige also hier nicht die Ablehnungsgründe der Erstgeladenen bei Lukas. Die Charakterisierung der Erstgeladenen bei Matthäus lässt an etablierte Untertanen des Königs denken, an einigermaßen wichtige Leute, die seine Politik in ihrem Einflussbereich auszuführen haben. Sie lehnen die Einladung, die ihnen zuvor schon mitgeteilt worden war[3], im entscheidenden Augenblick ab. Die Sklaven des Königs, die sie auffordern, zum Gastmahl zu kommen, hören ihre Ablehnung. Der König schickt eine zweite Gruppe von Sklaven, die Gäste zu holen, mit der einladenden Botschaft: »Ich habe mein Mahl vorbereitet, meine Stiere und die gemästeten Tiere sind geschlachtet und alles ist bereit. Kommt zur Hochzeit« (V. 4). Diese zweite Einladung ist sehr persönlich formuliert: mein Mahl, ich habe vorbereitet, meine Stiere. Alle wissen, dass er selbst die Arbeit nicht hat tun müssen, die Sklavinnen und Sklaven haben das Riesenmahl für vielleicht mehr als hundert Personen vorbereitet. Aber der persönliche Stil und die Tatsache der zweiten Einladung zeigen, dass der König den Ablehnenden deutlich macht, dass sie mit ihrer Ablehnung den Herrscher brüskieren. Seine zweite Aufforderung klingt einladend und bedrohlich zugleich. Einige der Geladenen lehnen erneut ab und gehen ihren Geschäften nach. Eine größere Gruppe der Eingeladenen jedoch beschimpft und tötet die Sklaven des Königs. Das ist politischer Aufruhr. Die Ablehnung der Einladung durch die geladenen Gäste stellt die Herrschaft des Königs in Frage. Der König reagiert mit militärischen Mitteln: Die Stadt der Aufrührer wird verbrannt, und die »Mörder« (V. 7) werden vernichtet. Es wird in der Aus-

---

1. L. Friedländer 1964, Bd. 1, 98-103; Bd. 2, 381 f.
2. Umfangreiche Materialsammlung: I. Ziegler 1903.
3. Dazu s. z. B. L. Schottroff 1987, 200, Anm. 21.

legungstradition diskutiert, ob hier auf die Zerstörung Jerusalems im Jahre 70 n. Chr. Bezug genommen ist. Das ist möglich. Es ist aber auch zu bedenken, dass Rom nicht nur dieses eine Mal einen imperialen Krieg gegen eine Stadt geführt hat. Diese politische Erfahrung wird mit angesprochen. Der König lädt sich nun andere Gäste ein:»Geht zu den Stadtausgängen der Straßen[4] und ladet alle ein, die ihr findet«. Die Gäste von den Straßen werden dann noch charakterisiert:»böse und gute«. Es sind jetzt nicht mehr die Männer der städtischen Elite, sondern politisch unwichtige beliebige Leute. Ob die»Straßen« als Aufenthaltsort der Bettler und Obdachlosen gedacht sind, ist nicht wirklich deutlich. Hat die Zweiteinladung irgendeinen politischen Sinn aus der Perspektive des Königs? Dass er die Erstgeladenen beschämen und aussperren will, leuchtet nicht recht ein. Die meisten von ihnen sind ja umgebracht worden. Römische Kaiser und andere imperiale Repräsentanten haben immer wieder auch Gastmähler für die mittellose städtische Unterschicht veranstaltet. Zieglers Sammlung einschlägiger rabbinischer Gleichnisse trägt zu Recht die Überschrift:»panem et circenses« (311). Oft war zu solchen Gastmählern die ganze Stadtbevölkerung eingeladen[5]. Kaiser luden Klienten zum Essen ein:»Mächtiger Freundschaft Frucht ist – ein Essen. Das rechnet dein ›König‹ an ... Drum wenn es ihm beifällt, nach zwei Monden zum Mahl den vergessnen Klienten zu laden, weil sonst unten am Tisch ein Platz leer bliebe, so sagt er: ›Essen wir mal zusammen‹. O Ziel aller Wünsche! Was will man mehr?« (Juvenal, 5. Satire 10ff.). Die Armen bekommen dann nur minderwertige Nahrungsmittel, während der Gastgeber edle Speisen serviert bekommt. Die die Tische bedienenden Sklaven benehmen sich hochmütig gegenüber den armen Gästen (60ff.).»Jener hat recht, wenn er mit euch so umspringt«, sagt Juvenal.»Dahin kommt's noch, dass du den Dummkopf spielst, der den kahlen Schädel den Ohrfeigen bietet und schwere Prügel bezieht: dann bist du des Mahls und des Gastgebers würdig!« (170ff.). Die Gastmähler wurden von den Kaisern durch Spitzel überwacht, die aufpassen sollten, wer etwa offen und kritisch politisch redete[6].

Die Atmosphäre solcher Gastmähler, wie Mt 22,1-14 sie im Blick hat, möchte ich mit einer Geschichte Senecas beschreiben. Sie hilft, die Plausibilität von Mt 22,1-13 zu verstehen, gerade auch der Schlussszene. Caligula hatte den Sohn eines Ritters hingerichtet in dem Moment, als der Vater um das Leben des Sohnes bat.»... um dennoch nicht völlig unmenschlich ge-

---

4. Ich verstehe mit W. Bauer s. v. und Liddell-Scott s. v. das Wort»*diexhodos*« als die Stelle, an der Wege/Straßen durch eine beengte Passage nach draußen führen, also als die Stadtausgänge verschiedener Straßen.
5. I. Ziegler 1903, 321; J. Marquardt 1975, 208; L. Friedländer 1964, Bd. 1, 98.
6. L. Friedländer 1964, Bd. 1, 258.

genüber dem Vater zu handeln, lud er ihn an diesem Tage zu Tische. Pastor kam, sein Gesicht zeigte keinen Vorwurf. Es ließ ihm der Kaiser einen halben Liter servieren und setzte neben ihn einen Wächter: es hielt der Arme durch, nicht anders, als wenn er seines Sohnes Blut tränke. Salböl und Kränze schickte [Gaius] und befahl zu beobachten, ob er sie nehme: er nahm sie.

An diesem Tage, an dem er den Sohn begraben, vielmehr, an dem er ihn nicht begraben hatte, lag er bei Tische als hundertster Gast und schlürfte Getränke, kaum angemessen den Geburtstagen seiner Kinder, der gichtkranke alte Mann, ohne unterdessen eine Träne zu vergießen, ohne den Schmerz mit irgendeinem Zeichen hervorbrechen zu lassen: er speiste, als habe er mit der Bitte für den Sohn Erfolg gehabt. Du fragst, warum? Er hatte noch einen zweiten«[7].

Das Gleichnis erzählt nicht, woher der Gast das »hochzeitliche Gewand«, also saubere, festliche Kleidung, hätte haben sollen. Es wird vorausgesetzt, dass auch die Leute, die von den Straßen geholt wurden, entsprechend angezogen sein sollten. Entweder weil sie Zeit zur Vorbereitung ihrer Kleidung bekommen haben – oder weil der König entsprechende Kleidung verteilt hat. Von beidem wird in rabbinischen Gleichnissen erzählt[8]. Der König kontrolliert die Gäste wie Caligula den unglücklichen Vater. Er versteht die Tatsache, dass ein Gast nicht festlich gekleidet ist, als beabsichtigte Missachtung des Mahles. Er lässt diesen Gast in ein Verlies sperren und in der Dunkelheit, vermutlich ohne Wasser und Nahrung, sterben. In Mt 8,12 wird die »absolute Finsternis«, in der »Heulen und Zähneknirschen sein wird«, als Bild für die »ewige Strafe« (Mt 25,46) benutzt, die durch das Gottesgericht diejenigen trifft, die ungerecht und lieblos gelebt haben (Mt 25,31-46), auch wenn sie aus dem Volk Gottes, Israel, kommen (Mt 8,12). Der Ort der Schmerzen und Dunkelheit nimmt seine Anschauung jedoch von den Verliesen der Paläste, in denen grausame Strafen vollstreckt wurden. Eine Zusammenstellung grausamer Strafen, die Kaiser an ihren Söhnen vollzogen, findet sich in Zieglers Sammlung von Königsgleichnissen[9].

Ignaz Ziegler, ein Rabbiner, hat 1912 eine Sammlung von rabbinischen Königsgleichnissen herausgegeben, in der er diese Gleichnisse in den historischen Kontext der römischen Kaiserzeit stellt. Mit den rabbinischen Gleichnissen lässt sich eine detaillierte und kritische Geschichte vieler Aspekte der römischen Kaisergeschichte herstellen. Auch Samuel Krauss[10] hat die römische Kaisergeschichte, wie sie sich in rabbinischen Quellen, darunter vielen

---

7. Seneca, De ira XXIII, 3-4; Übersetzung M. Rosenbach 1969.
8. I. Ziegler 1903, 323.325; Billerbeck 1965, 878.
9. I. Ziegler 1903, 404-407. Zu Privatgefängnissen s. auch J.-U. Krause 1996, 59-63.
10. S. Krauss 1914/1972.

Gleichnissen, spiegelt, für eine wichtige Forschungsaufgabe gehalten. Beide sind jedoch nicht an der Bedeutung dieser rabbinischen Gleichnisse für die jüdische Toraauslegung oder die jüdische Gottesvorstellung interessiert. Dennoch möchte ich auf die Relevanz ihrer Quellensammlungen für die sozialgeschichtliche Analyse der Gleichnisse Jesu und für das Verständnis des Königtums Gottes hinweisen. Zieglers knappe Bemerkungen zum Gottesverständnis nehme ich als Ausgangspunkt für die Frage, wie das Königtum Gottes und die Kaiser- oder Herrschaftsgeschichte, die in Königsgleichnissen beschrieben wird, miteinander zusammenhängen. Er versteht die rabbinischen Gleichnisse als »die beliebteste Form der Predigt wie der homiletischen Discussion« (XXI). »So natürlich und allgemein aber der Gebrauch des Gleichnisses in der Rede auch war, originell und kühn war die Wahl, in Königsgleichnissen zum Volke zu sprechen« (XXII). Diese Kühnheit der »Agadisten« sieht er darin, dass sie »der kaiserlichen Macht die göttliche überordnen« (XXIII). Bis 135 n. Chr. habe es nur vereinzelte Königsgleichnisse gegeben, danach aber »je mehr der Principat zur Despotie sich entwickelte, je größer seine Machtentfaltung wurde, umso zahlreicher wurden die Gleichnisse« (XXIII). Die Volkstümlichkeit der Gleichnisse sieht er in ihrem Bezug zur »Wirklichkeit« (XXIII). »Eine unerläßliche Voraussetzung für die Wirksamkeit eines Gleichnisses ist die Mitthätigkeit des Zuhörers, der das gegebene Bild augenblicklich in seinem Geiste ausgestalten und fortbilden imstande sein muß« (XXIII.XXIV). Er fragt sich, woher die »Agadisten« solch eine intime Kenntnis von Details der Kaisergeschichte hatten, vor allem aber, woher die jüdische Masse des Volkes so genau Bescheid wusste. Seine Antwort: Der römische Statthalter in Cäsarea und andere Mächtige hätten den kaiserlichen Hof imitiert. »Die Gelehrten schilderten das Leben und Treiben in dem Kreise der hohen römischen Würdenträger, nur setzten sie statt der verschiedenen Beamtentitel den ›König‹« (XXVI, der Satz ist im Original gesperrt gedruckt).

Es sind die Schrifttradition des Ersten Testaments, die Gott als König versteht, und die kritische Sicht der Prediger und des Volkes auf die römische Herrschaft, die in den Königsgleichnissen zusammenkommen. Die Königsgleichnisse bzw. andere Herrschaftsgleichnisse Jesu sind also frühe Zeugnisse dieser jüdischen Rede über Gott und über die römische Herrschaft in Gleichnisform. Wenn der Begriff »Königtum Gottes« auftaucht oder ein Gleichnis von einem mächtigen Mann erzählt wird, sind die Inhalte der Schrift, die von Gott als König, Vater und Herrscher reden, für die Redenden und Hörenden präsent. Es ist dabei klar und selbstverständlich, dass Gottes Königtum mächtiger und anders ist als das der Herrscher, die in den Gleichnissen dargestellt werden. Die andere Qualität der Macht Gottes wird gelegentlich benannt, aber immer vorausgesetzt. Die Unterscheidung eines »Menschenkönigs« vom göttlichen König (*anthropos basileus* Mt 18,23; 22,2; vgl. 20,1) deutet auf diesen Abstand. Billerbeck (I, 797 und 730 f.) notiert zu dieser Unterscheidung eines menschlichen Königs von Gott als König rabbinische Reflexionen zum Unterschied zwischen einem König »von Fleisch und Blut« und Gott: Gottes Ewigkeit, Gottes ewiger Zorn unterscheidet sich von der Sterblichkeit und dem darum begrenzten Zorn eines Königs von Fleisch und Blut[11], Könige wollen zuerst gepriesen werden, dann erst folgen ihre Wohltaten, bei Gott ist es umgekehrt[12]. Für die Gleichnisinterpretation bedeutet diese implizite oder explizite Unterscheidung, dass von Fall zu Fall überlegt werden muss, worin der Unterschied zu Gott in der Darstellung eines menschlichen Königs oder Mächtigen zu sehen ist. Das gilt auch für rabbinische Gleichnisse, die ihre homiletische Anwendung auf Gott an ein Detail im Gleichnis mit »So« anschließen. Eine Gleichsetzung des Verhaltens des Königs mit Gottes Verhalten widerspricht der jüdischen Gottesvorstellung und der langen Geschichte der Herrschaftskritik im Judentum. Auch abgesehen von Gleichnissen wird die Bezeichnung »König« für Gott mit dem Bewusstsein verwendet, dass hier ein Wort aus der Welt der Menschen benutzt wird und Gott mitnichten einem »König« gleichzusetzen ist.

Der Begriff »basileia thou theou« ist auf dem Hintergrund der jüdischen Bezeichnung Gottes als König immer als politische und herrschaftskritische Rede von Gott zu verstehen. »Gott ist freilich auch jetzt schon Israels König. Aber er übt sein Königtum nicht in vollem Umfange aus, hat vielmehr zeitweilig sein Volk den heidnischen Weltmächten preisgegeben, um es zu züchtigen wegen seiner Sünden. In dem herrlichen Zukunftsreiche aber nimmt er selbst wieder das Regiment in die Hand. Daher heißt es im Gegensatz zu den heidnischen Weltreichen das Reich Gottes ... Es ist das Reich, welches nicht von irdischen Mächten, sondern vom Himmel regiert wird.«[13] Diese alte Deutung des Begriffs »basileia thou theou« durch Emil Schürer ist weitgehend noch aktuell, auch wenn das Wort »Zukunftsreich« nach meinem Verständnis dieser Eschatologie (dazu s. o. zu Mt 25,1-13) zu problematisieren ist.

11. Jochanan b. Zakkai zugeschrieben in b Ber 28b = Billerbeck I, 1926, 730 f. R. Sugranyes de Franch 1946, 26-29 will die Wendung *anthropos basileus* anders verstehen: ein gewisser (*quidam*, un certain) König. Sprachlich ist das möglich, doch das kritische Bewusstsein dieser Texte für die Differenz zwischen Gott und einem Gleichniskönig deutet in die Richtung der rabbinischen Formel eines Königs »von Fleisch und Blut«.

12. Weitere Beispiele für die explizite Unterscheidung bei Billerbeck I, 730; S. Krauss, Monumenta Talmudica V,1,60; vergleichbar ist die Unterscheidung eines menschlichen Vaters vom »Vater in den Himmeln«. Dazu G. F. Moore 1954, 204; U. Luz 2002, 444.

13. E. Schürer, Bd. 1, 628 f.; s. auch G. F. Moore 1954, 401. O. Camponovo 1984 bietet eine gute Information über das ersttestamentliche und nachbiblisch-jüdische Material.

Zur weiteren Erläuterung möchte ich ein rabbinisches Gleichnis heranziehen, das auf den ersten Blick diesem Verständnis des Königtums Gottes zu widersprechen scheint, ein Gleichnis von den Feinden eines Königs[14].

»Gleichnis von den schlechten Gästen«

PesK 3B (Mb I 36)
Parallele: ShirR 8,12; zu 8,14 (II 82b). ›Denk daran, was Amalek dir angetan hat‹ (Dtn 25,17). Ein anderer Vers sagt: ›Den Edomiter darfst du nicht abweisen, denn er ist dein Bruder, den Ägypter darfst du nicht abweisen‹ (Dtn 23,8). ›Ägypten soll zur Wüste, Edom zur verödeten Steppe werden‹ (Joel 4,19). Dtn 23,8 hat aufgrund von Joel 4,19 für Israel seinen verpflichtenden Charakter verloren. Der Gleichniserzähler gibt den heilsgeschichtlichen Grund dafür an.

Rabbi Lewi sagte: Womit ist das zu vergleichen?	
Gleich einem König,	So findest du:
der ein Mahl gab.	
Er hatte zwei Feinde;	Nach allen Bosheiten Ägyptens und Edoms gegen Israel
er lud sie ein	
und sagte zu den Tischgenossen:	befahl Gott:
Empfangt diese meine Feinde	›Den Edomiter darfst du nicht abweisen,
mit Achtung.	denn er ist dein Bruder; den Ägypter darfst du nicht abweisen‹ (Dtn 23,8).
So taten sie.	
Nach dem Mahle	Die (Ägypter und Edomiter) machten sich daran,
nahmen sie eiserne Äxte	
und schlugen im Palast des Königs	sein Haus zu zertrümmern.
alles kurz und klein.	
	Es heißt nämlich:
	›Denk, Ewiger, an die Edomiter‹ (Ps 137,7).

14. Pes K 3B C. Thoma; S. Lauer 1986, Nr. 13, 123 f.; I. Ziegler 1903, Nr. LI, 185; zitiert in der Übersetzung und Anordnung des Textes bei Thoma/Lauer: linke Spalte fortlaufend das Gleichnis; rechte Spalte die anschließende Erklärung.

	Und es steht auch geschrieben:
	›Ägypten bot die Hand‹ (Klgl 5,6).
Da sprach der König zu ihnen:	
Habe ich nicht genug für euch getan,	
dass ich befohlen habe,	
euch Ehre anzutun?	
Ihr aber schlagt in meinem Palast	
alles kurz und klein.	
Und ihr schätzt die Ehre nicht,	
die ich euch erwiesen habe.	
	Da sagten die Israeliten:
	Herr der Welt,
	sieh, was jene uns angetan haben,
	von denen geschrieben steht:
	›Den Edomiter darfst du nicht abweisen,
	denn er ist dein Bruder‹!?
	Der Heilige, gelobt sei er, sagte:
Er ließ sie hinausführen	
und einander gegenüber	Einander gegenüber
aufhängen.	sollt ihr sie aufhängen[3]!
	Es heißt nämlich:
	›Ägypten soll zur Wüste,
	Edom zur verödeten Steppe werden‹ (Joel 4,19).
	Darum heißt es: ›Denk daran‹
	(Dtn 25,17).«

Es drängt sich auf, dieses Gleichnis in den meisten seiner Details allegorisch zu lesen: König = Gott; zwei Feinde = Ägypten und Edom; Tischgenossen = Israel etc. So wird es von den Herausgebern auch aufgeschlüsselt (125), allerdings unterscheiden sie zwischen Analogien mithilfe von Vergleichen und Bildworten bzw. Allegorien (24.25). Doch sehen sie Einzelelemente in Analogie zwischen dem Gleichniskorpus und der Anwendung (= *Hiddus*/Neues, Neuheit, das mithilfe des Gleichnisses gelehrt wird). Sie verstehen also solche Gleichnisse als theologische Metaphernkomposition und drücken dies in der hier wiedergegebenen Anordnung des Textes auch aus. Wenn das Gleichnis so gelesen wird, wird der historische Gehalt des »Korpus« nebensächlich, da ja der König als »Akteur für Gott« (29) verstanden wird. Doch was wird hier von diesem König erzählt? Er lädt zwei Feinde ein und lässt sie von der Gruppe beim Mahl ehren. Es wird nichts über seine Motive gesagt.

Nach dem Mahl schlagen die Feinde die Inneneinrichtung des Palastes kurz und klein. Aus der abschließenden Rede des Königs geht hervor, dass er durch die Ehrung versucht hat, die Feinde zu gewinnen. Er deutet das Verhalten der Feinde als Ablehnung auch seiner Ehrung der Feinde: Ihr schätzt die Ehrung nicht, die ich euch erwiesen habe. Er lässt beide Feinde hinrichten, wobei die Hinrichtungsart vielleicht als besonders brutal und als Demonstration ihrer Verschwörung (»einander gegenüber«) verstanden wird. In der anschließenden (hier parallel angeordneten) Deutung wird Gottes-Geschichte mit Israel erzählt. Gott gebietet Israel: »Den Edomiter darfst du nicht abweisen, denn er ist dein Bruder« (zweimal zitiert in der Anwendung). Das Volk Israel beklagt sich bei Gott, weil Ägypten und Edom versucht haben, Israel, Gottes Haus, zu zerstören. Da hebt Gott sein Gebot, die Feinde als Brüder zu behandeln, auf, indem er den Hinrichtungsbefehl des Königs aus dem Gleichniskorpus wiederholt und damit Joel 4,19 erläutert. So wird Edoms und Ägyptens Verwüstung eine Folge des Zornes Gottes sein. Thoma und Lauer sehen nur eine »geringfügige Diskrepanz zwischen Bild und Gemeintem« (124), weil die Feinde in der Anwendung auch Feinde Israels sind, nicht nur des Königs wie im »Bild«. Ich möchte dieser Deutung widersprechen. Das »Bild« ist aus der römischen Herrschaftsgeschichte genommen und die Anwendung aus der Geschichte Gottes mit Israel. Beide Seiten des Gleichnisses erzählen eine völlig unterschiedliche Geschichte. Sie sind durch einige Brücken miteinander verbunden. Die Gottesgeschichte erläutert vor allem Gottes Zorn und Vernichtungsweissagung über Edom und Ägypten. Die Gleichniserzählung versucht, die Vernichtungsweissagung Gottes zu erklären. Es besteht eine Brücke zwischen der Erzählung (Zorn des Königs) und der Gottesgeschichte (Zorn Gottes über Edom und Ägypten trotz Dtn 23,8). Doch in der Gottesgeschichte geht es um das Volk Gottes, das in der Königsgeschichte keine Parallele hat. Gott handelt zugunsten seines Volkes; der König jedoch handelt im Interesse seiner Herrschaft. Die Zuhörenden kennen beide Erfahrungszusammenhänge. Es wäre eine Verkennung Gottes, den König in der Gleichniserzählung mit Gott gleichzusetzen. Es ist sinnvoll und notwendig, die Gleichnis»bilder« historisch aufzuschlüsseln, wie I. Ziegler es tat[15]. Erst auf dieser Grundlage sind Kö-

15. Thoma/Lauer kritisieren Ziegler auf der Grundlage einer enthistorisierenden literaturwissenschaftlichen Theorie. »Er (Ziegler) konnte nicht verstehen, dass die rabbinischen Gleichnisse ähnlich wie die ntl. Gleichnisse übernommen oder neu konstruierte Einheiten mit der ›dramatischen Qualität‹ der Fiktionalität‹ sind (Via, Gleichnisse). Als solche sind sie kein adäquater Reflex gesellschaftlich-historischer Zustände« (69). Was wird hier unter »adäquat« verstanden? Sowohl die rabbinischen Gleichnisse als auch die Gleichnisse der Jesustradition sind Reflex gesellschaftlich-historischer Zustände. Welcher Art dieser Reflex ist, ist durch Einzelanalyse zu klären. Zur Gleichnistheorie s. u.

nigsgleichnisse interpretierbar. Das Wort »König« für Gott muss vor allem auf dem Hintergrund der Geschichte des »Königtums« Gottes, wie sie in der Schrift erscheint, gelesen werden und in den aktuellen historisch-politischen Kontext des jeweiligen Textes gestellt werden.

»Ekklesiologische« Deutung

Johannes Chrysostomos (gestorben 407) hat eine ausführliche Homilie[16] über Mt 22,1-14 hinterlassen, die alle Elemente der »ekklesiologischen« Auslegungstradition enthält. Er liest das Gleichnis allegorisch. Der König ist für ihn so selbstverständlich mit Gott gleichzusetzen, dass er diese Gleichsetzung nicht weiter kommentiert. Ebenso selbstverständlich sind die Erstgeladenen »die Juden«, die Zweitgeladenen »die Heiden«. Das Gleichnis versteht er als Weissagung der Heils- und Unheilsgeschichte durch Jesus, den Herrn. Es bezieht sich für Chrysostomus auf die Zeit nach Jesu Tod, da im vorangehenden Weingärtnergleichnis (Mt 21,33-44) bereits Jesu Tod vorausgesetzt werde (21,39). Der Schwerpunkt seiner Homilie liegt auf der Ausmalung der Schuld des jüdischen Volkes: »Die härteste Strafe hätten sie verdient (wegen der Ermordung Jesu), und doch ladet er sie noch zur Hochzeit ein und zeichnet sie besonders aus. ... Gibt es wohl eine abscheulichere Undankbarkeit, als dass sie sich weigern, zur Hochzeit zu kommen, an der sie geladen sind?«[17] »Weil sie sich weigerten zu erscheinen und sogar die Boten umbrachten, so steckt der Herr ihre Städte in Brand und entsendet seine Heere, um sie zu vernichten. In diesen Worten weissagt Christus, was später unter Vespasian tatsächlich geschah, ...; darum ist es auch er (= Gott) selbst, der strafend gegen sie einschreitet. Die Belagerung erfolgte daher auch nicht unmittelbar, sondern erst vierzig Jahre später ... Gott offenbarte dadurch seine Langmut« (384). Chrysostomos' Trennung von Realität und Gemeintem für die Einzelelemente ist so radikal, dass er darüber spekuliert, dass die Braut zugleich die Braut des Sohnes und des Vaters ist. Von seinem heilsgeschichtlichen Ansatz her müsste er eigentlich die Braut mit der Kirche – und damit eigentlich mit den Zweitgeladenen identifizieren. Doch er bricht diese Spekulation ab. Sein Hauptinteresse liegt auf der Schuld der Juden und danach anhand von Mt 22,11-13 auf der Erziehung der »bereits Gläubigen zu einem ordentlichen Lebenswandel« (387). Diejenigen, die das Hochzeitsgewand wirklich tragen, sind für ihn die christlichen Mönche. »Höret es ihr Frauen, höret es ihr Männer. Nicht goldgewirkte Kleider, die

---

16. Johannes Chrysostomus, Commentarius in sanctum Matthaeum Evangelistam PG 57.58; Übersetzung J. C. Baur, 4 Bde., 1915/16 (BKV I/23.25.26.27).
17. Übersetzung J. C. Baur, Bd. 3, 381 f.

euch äußerlich schön machen, sind euch vonnöten, sondern Kleider, die euch innerlich schmücken« (388). Diese Auslegung zeigt, dass dieses Gleichnis und viele andere Gleichnisse zum mächtigen Instrument der theologischen Vernichtung des jüdischen Volkes geworden sind. Entscheidend für diese Exegese ist die Gleichsetzung des Königs mit Gott. Gott selbst hat das römische Heer als sein Heer gegen jüdische Städte geschickt.

Die von Chrysostomos vorausgesetzte Gleichnistheorie und heils-/unheilsgeschichtliche Gleichnisdeutung bestimmt die Bibelauslegung bis in die Gegenwart – unabhängig von der wissenschaftlichen Methode, mit der das Neue Testament und die Gleichnisse gelesen werden.

Eschatologische Deutung

Das Gleichnis vom Gastmahl des Königs soll mit dem Königtum Gottes verglichen werden, sagt die Gleichniseinleitung. Das Gleichnis endet mit einem Jesuswort: »Denn viele sind berufen, wenige aber sind auserwählt« – so die traditionelle Übersetzung. Die traditionelle Interpretation dieses Jesuswortes bezieht ihren Inhalt aus der allegorischen Deutung des vorangegangenen Gleichnisses: »Sowohl für Israel als auch für die Heidenkirche« gelte, »dass alle eingeladen, nur einige aber gerettet werden«[18]. Diese Deutung macht stutzig, weil berufen zu sein, aber nicht auserwählt, hier eine negative Bedeutung hätte: Die meisten der von Gott Berufenen wären die, die *nicht* gerettet werden. Das passt nicht zu dem neutestamentlichen Gebrauch des Wortes *kalein*/berufen, das eher mit dem Auserwähltwerden gleichbedeutend ist, jedenfalls keinen Kontrast zwischen beiden Weisen der Heilszuwendung Gottes erlaubt (s. Offb 17,14 und den paulinischen Gebrauch von *kletos* und *eklektos*). Diese Deutung passt auch nicht in die Geschichte der Vorstellungen von Auserwählung und Berufung im Ersten Testament[19].

Das Jesuslogion Mt 22,14 passt nicht zum Gleichnis selbst, ebenso wenig wie Mt 25,13 zu Mt 25,1-12 (s.o.). Es vernachlässigt die Abfolge der zwei Einladungen und es gibt im Gleichnis keinen Anhaltspunkt für eine Gruppe von »wenigen«.

Im Ersten Testament und im nachbiblischen und rabbinischen Judentum wird immer wieder über die Völker der Welt und das erwählte Volk Israel nachgedacht. »Denn du bist ein heiliges Volk für Adonaj, deinen Gott. Adonaj, dein Gott, hat dich erwählt zum Volk des Eigentums aus allen Völkern, die auf Erden sind.

18. U. Luz z. St.; ähnlich viele Kommentare.
19. Überblicksinformation in: TRE Bd. 10 s.v. Erwählung I, Altes Testament (H. Seebaß).

Nicht hat Adonaj euch angenommen und erwählt, weil ihr größer wärt als alle Völker; denn du bist das kleinste unter allen Völkern. Sondern weil er euch geliebt hat und damit er seinen Eid hielte ... Darum hat er euch herausgeführt mit mächtiger Hand und hat dich erlöst von der Knechtschaft, aus der Hand des Pharao ...« (Dtn 7,6-8).»Aus allen Vögeln, die du geschaffen, die eine Taube dir berufen, aus allen Tieren, die du gebildet, das eine Schaf ersehen, aus allen Völkern, deren so viel ist, das eine Volk dir erworben und das Gesetz, das du unter allen ausgesucht, hast du dem Volke, das du begehrt hast, verliehen. – Jetzt aber, Herr, weshalb hast du das Eine den Vielen preisgegeben ... dein einziges Eigentum unter die Vielen zerstreut?« (4 Esr 5,26-28). Hier klagt der Prophet die Erwählung des Volkes Israel ein, die in der Lebensrealität des Volkes nicht zu erkennen ist: Es lebt zerstreut im Römischen Reich, der Macht der römischen Herrschaft preisgegeben. Das 4. Buch Esra stammt etwa aus derselben Zeit wie das Matthäusevangelium, der Zeit nach der Zerstörung des Jerusalemer Tempels im Jahre 70 n. Chr. Im Achtzehnbittengebet für die Festtage heißt es: »Du hast uns aus allen Völkern erwählt, uns geliebt, uns dein Wohlgefallen gezeigt und uns über alle Nationen erhöht. Du hast uns durch deine Gebote geheiligt. Du, unser König, hast uns hin zu deinem Dienst geführt und uns genannt nach deinem großen und heiligen Namen«.[20] Im Ersten Testament und im nachbiblischen Judentum gibt es eine starke Tradition des »Universalismus«[21], d. h. der Hoffnung für das Heil aller Menschen, aller Völker, in deren Mitte das kleine Israel lebt. Dass alle Völker von Gott berufen sind, das Leben zu wählen – ebenso wie Israel –, ist auch der Inhalt von Mt 22,14.

Im Midrasch zum Hohenlied wird darüber nachgedacht, dass Israels Erwählung für die Völker nicht die Verwerfung durch Gott bedeutet; Gott habe vielmehr zu den Völkern der Welt gesagt, »daß sie Buße tun sollten u. daß er sie (dann) unter seine Flügel nahebringen werde«[22]. In diese jüdische Tradition fügt sich Mt 22,14 vollständig ein: Gott ruft alle Völker,»die vielen« und er liebt das schwächste unter den Völkern. Seine Liebe zu dem einen kleinen Volk, den»wenigen« im Verhältnis zum Rest der Welt, schließt die anderen Völker nicht vom Heil aus. Die Erwählung bedeutet für Israel, sich durch das Halten der Tora für Gott als heilig zu erweisen. Das häufig zu findende Missverständnis, Mt 22,14 meine Heil für eine kleine elitäre Gruppe und Verwerfung des Restes der Welt, sollte eine Übersetzung des Logions

---

20. Übersetzung bei F. Dexinger, Artikel Erwählung II. Judentum, in: TRE Bd. 10, 190. Hebräischer Text und Übersetzung: W. Heidenheim 1892, 81. Für weiteres nachbibliches Material s. Billerbeck III, 293 f.; I, 397 f.

21. Materialzusammenstellung E. C. Park 2003, 9-20.

22. Billerbeck III, 293 f.

vermeiden. Ich übersetze also: »Gott ruft alle Völker, aber das schwächste liebt Gott besonders«. Mt 22,14 ist traditionell »ekklesiologisch« gelesen worden und sollte eschatologisch gelesen werden.

Im Zusammenhang des Gleichnisses fordert dieses Logion, das Gastmahl des Menschenkönigs und das Gastmahl Gottes zu vergleichen. Gott als König beruft alle Völker zum Mahl und liebt das schwächste. Die Antwort der hörenden Gemeinde könnte die oben zitierte Anrede Gottes aus dem Achtzehnbittengebet sein: »Du, unser König, hast uns zu deinem Dienst geführt …«. Und vor der Aufgabe, im Dienste Gottes für die Gerechtigkeit in der Welt zu arbeiten, stehen alle Völker gleichermaßen. Das Gebet lobt Gott für die Erwählung des schwächsten Volkes, aber es stellt die Betenden in die offene Situation: Gottes Richten steht bevor, jetzt ist die Stunde der Tora. Die Redegattung von Mt 22,14 ist nicht die richterliche Feststellung des Heils der Wenigen und des Unheils der Vielen, sondern der Lobpreis Gottes, der berufen und erwählt hat und so die Vielen und die Wenigen vor ihre Aufgabe stellt. Das Gastmahl des Menschenkönigs spricht auch vom »berufen«, einladen, *kalein*. Aber die Einladung dient imperialen Zwecken und endet in Mord, Krieg und Dunkelhaft. »Aber Gott verfährt nicht also« – wird im Anschluss an ein rabbinisches Gleichnis gesagt[23]. Das Gleichnis Mt 22,1-14 erzählt von imperialer Gastmahlpolitik und imperialer Gewalt. Über Gottes Geschichte mit Israel und den Völkern nachzudenken, zeigt den Kontrast in voller Schärfe. Mt 22,1-14 wie Mt 25,1-13 redet von Gott nicht per analogiam, sondern e contrario. Gottes Handeln ist mit dem imperialer Politik und Gewalt nicht verwechselbar, gerade wenn beide Königtümer verglichen werden.

In den literarischen Kontext von Mt 22,1-14 lässt sich diese Interpretation gut einfügen. Jesus hält eine öffentliche Rede im Tempel, bei der er immer wieder kritisch auf die Hohenpriester, Pharisäer und Ältesten (21,23) bzw. die Hohenpriester und Pharisäer (21,45) Bezug nimmt. Das Volk ist anwesend, und die Hohenpriester und Ältesten wagen nicht, dem Täufer (21,25-27) oder Jesus (21,45) öffentlich abzusprechen, dass sie Propheten sind, oder Jesus verhaften zu lassen. Ihnen wird vorgeworfen, die Tora nicht zu tun (21,28-32) und zuzulassen, dass das Volk Gewalt in seiner Armut anwendet und von mächtigerer Gewalt bedroht ist (21,33-45 s. dazu oben). Die sich steigernde Gewalt von beiden Seiten im sozialen Konflikt um Ackerland ist das Thema von 21,33-45. Die sich steigernde Gewalt im politischen Konflikt, in dem römische Herrschaft sich durchsetzt, ist das Thema von 22,1-14. Die Parallelität des Weinberggleichnisses und des Gleichnisses vom Hochzeitsmahl des Königs in der Erzählung von der Gewalt, die auf Gewalt antwortet, ist unübersehbar. Ein Teil der sich gegen den »König«

---

23. Pesiqta de Rab Kahana 99a (Billerbeck I, 869).

auflehnenden Eingeladenen bringt die Sklaven des Königs um. Er antwortet mit militärischer Gewalt und tötet die Mörder und »ihre Stadt«. Die abschließende Erzählung von der Gewalttat des »Königs« gegen einen einzelnen Gast wirkt wegen ihrer Grausamkeit als weitere Steigerung der Brutalität dieses Königs.

Das Volk ist Opfer dieser sozialen und politischen Gewalt, Opfer mit blutigen Händen. Die Verheißung Gottes für dieses Volk und für alle Völker wird von Jesus der Gewalt entgegengesetzt: Der Stein wird zum Eckstein, das Wunder der Rettung ist nahe. Die Völker und das Volk sind von Gott »berufen« (V. 14). Dass nach dieser Gleichnisrede Pharisäer, die offensichtlich auch anwesend waren, direkt die politische Frage nach den Kopfsteuern für Rom an Jesus stellen bzw. stellen lassen (22,16), passt zu dem hochpolitischen Gleichnis 22,1-14.

Literatur zur Vertiefung

Ignaz Ziegler 1903

5. Der beleidigte Gastgeber.

Lukas 14,12-24

Übersetzung

12 Er sprach zu dem, der ihn eingeladen hatte: Wenn du ein Frühstück oder Abendessen veranstaltest, rufe nicht deinen Freundeskreis, auch nicht deine Geschwister, auch nicht deine Verwandten, auch nicht reiche Nachbarn, damit sie dich nicht ebenfalls einladen und du eine Gegenleistung bekommst.

13 Vielmehr wenn du ein festliches Essen veranstaltest, rufe die Armen, die Behinderten, Lahmen und Blinden.

14 Und du wirst glücklich sein, weil sie nichts haben, um dir Gegenleistungen zu erbringen. Deine Belohnung wirst du nämlich bei der Auferstehung der Gerechten erhalten.

15 Jemand von den Gästen hörte das und sagte zu ihm: Glücklich ist, wer das Brot im Königtum Gottes isst.

16 Er aber antwortete: Ein Mensch veranstaltete ein großes Gastmahl und lud viele Leute ein.

17 Und er schickte seinen Sklaven zur Stunde des Gastmahls, um die geladenen Gäste aufzufordern: Kommt, es ist schon fertig vorbereitet.

18 Und sie begannen auf einmal alle, sich zu entschuldigen. Der erste sagte: Ich habe einen Acker gekauft und muss unbedingt rausgehen, um ihn zu besichtigen. Ich bitte dich, mich zu entschuldigen.

19 Der nächste sagte: Ich habe fünf Gespanne Rinder gekauft und bin auf dem Weg, um sie zu prüfen. Ich bitte dich, entschuldige mich.

20 Und ein weiterer sagte: Ich habe eine Frau geheiratet, und deshalb kann ich nicht kommen.

21 Der Sklave kam und meldete diese Botschaften seinem Herrn. Da wurde der Hausherr zornig und sagte zu seinem Sklaven: Geh sofort auf die breiten Straßen und in die Gassen der Stadt und bringe die Armen, die Behinderten, Blinden und Lahmen hier herein.

22 Der Sklave sagte danach: Herr, was du befohlen hast, ist geschehen. Aber es ist noch Platz.

23 Da sagte der Herr zu dem Sklaven: Gehe hinaus auf die Wege und an die Mauern und zwinge sie hineinzukommen, damit mein Haus voll werde.

24 Ich sage euch, niemand von jenen Männern, die eingeladen waren, wird mein Gastmahl kosten.

Sozialgeschichtliche Analyse

Die entscheidende sozialgeschichtliche Frage ist, ob die zweite Einladung der Armen und Kranken politisch anders zu bewerten ist als die Einladung der Menschen von den Straßen in Mt 22,8-10. Dort ist diese Einladung nicht als Unterstützung der Armen gemeint. Der Text sagt nichts davon. So wird die Einladung in den sozialgeschichtlichen Zusammenhang der öffentlichen Gastmähler römischer Repräsentanten gestellt werden müssen (s. o.). Sie waren nicht als Armenunterstützung gemeint[1]. Hendrik Bolkestein hat in einer umfassenden Untersuchung von »Wohltätigkeit und Armenpflege im vorchristlichen Altertum« (1939) eine scharfe Trennung zwischen der römischen und griechischen Kultur einerseits und der jüdischen und ägyptischen Kultur andererseits vertreten. Auf diesem Hintergrund ist also zu fragen, ob das Handeln des *Oikodespotes*/Hausherrn in Lk 14,21 in den Rahmen der jüdischen Tradition von Liebestätigkeit gehört und darum von Mt 22,8-10 grundsätzlich zu unterscheiden ist. Für die These, dass es um das Recht der Armen im Sinne der Tora Israels geht, sprechen Lk 14,12-14 und die parallele Benennung der Gäste in Lk 14,21. Eine gewisse Skepsis wird durch V. 23.24 und den Zorn des Gastgebers V. 21 geweckt[2]. Denn hier erscheint die Einladung der Armen als Einladung von Ersatzgästen, die den Erstgeladenen demonstrieren soll, dass es auch ohne sie geht. Durch diese Schilderung des Verhaltens des Gastgebers entsteht auch eine Spannung zu 14,12-14. In 14,12-14 wird ganz klar an Stelle einer klassenbezogenen Gastmahlpolitik, wie sie im ganzen Mittelmeerraum – auch in Israel[3] – in der Oberschicht selbstverständlich war, eine Mahlpolitik vertreten, die Gastmähler für Arme als Armenunterstützung und als Konsequenz des Rechtes der Armen nach der Tora[4] ansieht. Trotz der Schwierigkeit, die die Figur des »Menschen« und »Hausherrn« im Gleichnis bereitet, ist durch den unmittelbaren Kontext Lk 14,12-14 und den Gesamtkontext des Lukasevangeliums klar, dass in diesem Rahmen ein solches Recht der Armen gemeint ist. Die Gleichniserzählung wird vom literarischen Kontext her eindeutig interpretiert, obwohl sie selbst nicht eindeutig ist.

Im Lukasevangelium wird eine radikale Sozialpolitik für Israel und das

---

1. H. Bolkestein 1967, 264.270.338 f.366.370 ff.
2. E. Haenchen 1968, Bd. 2, (133-155) 154: »Der Gott, den Jesus verkündet, wendet sich nicht deshalb den Armen zu, weil die Reichen ihn verschmähen«. Er zweifelt deshalb daran, ob das Gastmahl-Gleichnis auf Jesus zurückzuführen ist.
3. L. Schottroff 1987, 200, Anm. 19.
4. H. Bolkestein 1967, 56-66; F. Crüsemann 1992, 424; P. F. Esler 1987, 194 betont zu Recht den Zusammenhang der geforderten Praxis mit der Eschatologie: »Salvation for Luke is not a purely eschatological reality, for within the Christian community it begins here and now«.

Christentum aus den Völkern entworfen. Menschen, die in der Lage sind, Kredite zu vergeben, sollen Kredite vergeben und dabei bereit sein, nicht nur – wie es die Tora fordert – auf Zinsen zu verzichten, sondern sogar auf die Rückzahlung des Kredites (Lk 6,34.35)[5]. Die Kluft zwischen den Reichen und den Armen wird im Lukasevangelium als Katastrophe für die Reichen beschrieben. Sie werden auf die Tora verwiesen (Lk 16,31). Jesus, der Messias, ruft das Erlassjahr Gottes aus in seiner Schriftauslegung in Nazareth (Lk 4,16-21)[6]. Ich nenne hier nur einige Aspekte des Armenevangeliums nach Lukas, das für die Deutung von Lk 14,12-24 grundlegend ist. Die Gastmähler der Obdachlosen, Bettler und Behinderten, die in den Häusern der Wohlhabenden anstatt der üblichen Feste mit Menschen der gleichen Klasse stattfinden sollen, setzen nach »Lukas« Jesu Mahlpraxis fort. In Lk 15,1-3 wird auf einen anderen Aspekt der Mahlpraxis Jesu verwiesen und Jesus erzählt drei Gleichnisse über sie (Lk 15,4-32). Die Mahlzeiten mit Sündern und Sünderinnen feiern die messianische Gemeinschaft (s. zu Lk 15,11-32). Die Gastmähler Jesu mit Sünderinnen und Sündern und den Armen, die neue Mahlpraxis wohlhabender Menschen, die Jesus nachfolgen, und die Mahlpraxis der christlichen Gemeinden (Apg 2,42-45; 4,32-35), zu der die Eucharistie gehört, bedeuten Speisung der Hungrigen, Verwirklichung von Solidarität innerhalb des Volkes Gottes und Erfahrung des Königtums Gottes. Dies ist der Deutungshorizont für das Gastmahlgleichnis, der durch die vorangestellte Rede Jesu über die neue Mahlpraxis unmissverständlich klar wird. Das Gleichnis selbst jedoch bleibt in der Gestalt des Gastgebers missverständlich. Es leuchtet nicht ein, dass sein Interesse, den Saal zu füllen und die Erstgeladenen auszuschließen, die Erfüllung der Mahnung Jesu, die Armen einzuladen, ist. Darin ist das Gleichnis der talmudischen Geschichte vom Zöllnersohn verwandt[7]:

»Zwei Fromme waren in Askalon; sie aßen gemeinsam, sie tranken gemeinsam, u. sie beschäftigten sich gemeinsam mit der Tora. Der eine von ihnen entschlief, u. es wurde ihm nicht der (letzte) Liebesdienst erwiesen (niemand geleitete ihn zu Grabe). Es starb der Sohn des Zöllners Ma'jan, u. die ganze Stadt feierte (von der Arbeit), um ihm den (letzten) Liebesdienst zu erweisen. Da fing jener (überlebende) Fromme an, sich zu grämen; er sprach: Wehe, den Hassern Israels (= den gottlosen Israeliten); dieser (der entschlafene Fromme) hat eine Sünde begangen, u. er ist ihr dadurch entgangen (durch sein einsames Begräbnis ist seine Schuld gesühnt); u. jener hat ein gutes Werk getan, u. er ist ihm dadurch entgangen (mit seinem feierlichen Begräbnis hat er seinen Lohn dahin). Welche Sünde hatte jener Fromme begangen? Es sei ferne, daß er je in seinem Leben eine (schwere) Sünde begangen hätte; aber einmal hat er die

---

5. Dazu L. Schottroff 2003.
6. Dazu M. Crüsemann; F. Crüsemann 2000.
7. pChag 2,77d, 38 = pSanh 6,23c, 26; zitiert nach Billerbeck II, 231 f.

Kopf-T^{e}phillin früher als die Hand-T^{e}phillin angelegt. Und welches gute Werk hatte der Sohn des Zöllners Ma'jan getan? Es sei ferne, daß er je in seinem Leben ein (wirklich) gutes Werk getan hätte; aber einmal veranstaltete er ein Frühmahl für die Ratsherren (seiner Stadt), u. sie kamen nicht, um davon zu essen. Da sagte er: So mögen es die Armen essen, damit nichts umkomme (so nach pSanh 6,23^c). Einige aber sagen: Er war über den Markt gegangen, u. dabei entfiel ihm ein Brot; ein Armer sah es u. nahm es an sich, u. er sagte ihm deshalb kein Wort, um sein Angesicht nicht zu beschämen. Nach einigen Tagen sah jener Fromme (in einem Traumgesicht) den Frommen, seinen Genossen, wie er sich erging in Gärten, unter Baumanlagen, an Wasserquellen. Auch sah er den Sohn des Zöllners Ma'jan, wie er seine Zunge an den Rand eines Flusses legte; er wollte das Wasser erreichen, aber er erreichte es nicht«.

Hier wird der beleidigte Gastgeber nicht zum Helden hochgelobt, was für Lk 14,15-24 solange geschieht, wie der Gastgeber als Repräsentant Gottes gedeutet wird.

Der im lukanischen Gleichnis abschließend berichtete feierliche Ausschluss der Erstgeladenen durch den Gastgeber (Lk 14,24), den er an alle Anwesenden richtet (»Ich sage euch ...«), bleibt im Rahmen der erzählten Geschichte von der Enttäuschung eines wohlhabenden Gastgebers. Lk 14,24 sollte nicht als Logion Jesu gelesen werden. Jesu Meinung erfahren die Zuhörenden oder Lesenden in Lk 14,13. Der unbekannte Gast (Lk 14,15), der die Gäste in Gottes Königtum glücklich preist, sagt das Richtige, aber unvollständig: Er hätte noch auf die Notwendigkeit für die Reichen, nach der Tora zu leben, die Armen zum Zentrum ihres Lebens zu machen, verweisen müssen.

Die Gleichniserzählung beschreibt die Armen als Obdachlose, die auf allen Straßen, den schmalen und den breiten, zu finden sind (Lk 14,21). Auch mit der zweiten Einladung der Ersatzgäste werden die Leute von »Straßen und Mauern«, den Umfriedungen der Häuser der Wohlhabenden, geholt. Das sozialgeschichtliche Material über die Armut der Menschen, die auf den Straßen der Städte leben, ist reichlich vorhanden[8]. In der jüdischen Tradition der Wohltätigkeit, besser der Praktizierung des Rechtes der Armen, gibt es auch die Einladung an Arme zu den Mählern in die Häuser derer, die Häuser haben, nicht nur der Reichen[9]: »Dein Haus sei weit geöffnet und mögen Arme deine Hausgenossen sein« (Aboth 1,5). Die jüdischen Quellen sprechen auch davon, wie manche Gastgeber die Armen trotzdem schlecht behandeln. Dass die jüdische Gastfreundschaft für Arme den Rah-

---

8. L. Friedländer 1964, Bd. 1, 160; vgl. Apg 3,2; Lk 16,19.
9. Materialsammlung bei H. Bolkestein 1967, 412f.; Billerbeck II, 1961, 206f.; S. Krauss 1972, Bd. 3, 56. Auch die oben bereits erwähnte talmudische Geschichte vom Zöllnersohn pSanh 6,23^c Billerbeck II, 1961, 23ff. gehört in diese Tradition.

men einer Almosenpraxis sprengt, die die Hausbesitzer unverändert lässt, wird auch daran deutlich, dass von Frauen berichtet wird, die gegen den Willen ihrer Männer Arme zu Tisch laden[10].

Die Ersteinladung der Gäste aus der gleichen Klasse (14,12.18-20) wird im Gleichnis durch deren Absagen kommentiert. Ihre Absagen sind für den Gastgeber beleidigend – ein häufiges Thema in antiker Gastmahlliteratur[11]. Die Inhalte der Absagen zeigen die erstgeladenen Gäste als wohlhabende Hausherren, die dem Gastgeber im Rang gleichkommen: Sie haben eigenes Land oder eigenes Vieh. Ihre Absagen charakterisieren sie als Hausherren, die einem großen patriarchalen Haushalt vorstehen.

Es gibt eine literarische Tradition im Neuen Testament, die solche patriarchalen Haushalte charakterisiert. Die lukanische Version (Lk 17,27-28) des eschatologischen Logions Jesu über die Generationen vor der Katastrophe lautet: »sie aßen, sie tranken, sie heirateten und wurden geheiratet« (Noahgeneration); »sie aßen, sie tranken, sie kauften, sie verkauften, sie pflanzten, sie bauten« (Lotgeneration). In der Matthäusversion heißt es über die Noahgeneration: »sie aßen und tranken, sie heirateten und gaben in die Ehe« (Mt 24,38). Hierher gehört auch die Distanzierung von patriarchalen Strukturen in 1 Kor 7,29-31: »die Frauen haben, sollen leben als hätten sie nicht, die Weinenden, als weinten sie nicht, die sich freuen, als freuten sie sich nicht, und die kaufen, als besäßen sie nicht; und die die Welt benutzen, als brauchten sie sie nicht; denn die Gestalt dieser Welt geht zu Ende.« Es sind die Strukturen des patriarchalen Haushalts, wie sie auch in den so genannten Haustafeln erscheinen. Der historische Paulus nennt sie Strukturen dieser Welt, die ein Ende haben werden. In den christlichen Gemeinden seiner Zeit und darüber hinaus wurde versucht, diese Strukturen, die als menschenunterdrückend angesehen wurden, zu verändern[12]. Die Orientierung am Erhalten und Mehren des Besitzes und an der patriarchalen Ehe mit ihrer Instrumentalisierung von Frauen, Sklaven und Sklavinnen gab dem Zusammenleben der Menschen eine Richtung, die sie von Gott entfernte. In den nachpaulinischen Briefen des Neuen Testaments zeigt sich dann, wie der patriarchale Haushalt wiederum als Lebensorientierung auch vieler christlicher Gemeinden durchgesetzt wird. Im Lukasevangelium wird wie bei Paulus die Struktur des patriarchalen Haushaltes klar kritisiert: »Sorgen um die Dinge des täglichen Lebens« (21,34 vgl. 8,14).

Die Gleichniserzählung vom großen Gastmahl im Lukasevangelium ist, wie die sozialgeschichtliche Analyse zeigt, die in sich plausible Geschichte

---

10. Material H. Bolkestein 1967, 413; L. Schottroff, DienerInnen 1994, 231 f. Zur Problematik des Wortes »Almosen« in diesem Zusammenhang s. u. zu Lk 16,1-13.
11. L. Schottroff, Gleichnis 1987, 200 f. mit Anm. 22.
12. Ausführlich dazu L. Schottroff 1994, Kapitel IV,2.

eines jüdischen wohlhabenden Hausherrn, der seinesgleichen einlädt. Er wird von den Geladenen durch deren Absagen brüskiert. Ihre eigenen Aufgaben in ihren Häusern sind ihnen wichtiger. Aus Zorn lädt er die Armen von den Straßen ein. Die Erzählung enthält Zuspitzungen und Übertreibungen, wie in solchen Gleichniserzählungen üblich, aber sie verdeutlichen, was die Geschichte erzählen will: die tiefe Kränkung durch die Absage *aller* Gäste und die Wut des Hausherrn, der sein Haus bis zum letzten Platz mit Armen füllt und am Schluss erklärt: Nie mehr lade ich den Kreis der Geschäftsfreunde, Nachbarn und Verwandten ein! Im Unterschied zu der Version des Gastmahlgleichnisses im Matthäusevangelium bewegt sich die Geschichte im jüdischen Milieu und der Tradition jüdischer Armenwohltätigkeit, wenn auch ohne jede Idealisierung. Der Vorspann in der Rede Jesu 14,12-14 wertet diese Geschichte dennoch als Verdeutlichung dessen, was Jesus als neue Mahlpraxis einschärft. Die Wohlhabenden sollen nicht ihresgleichen einladen, sondern die Armen. Sowohl diese Forderung als auch die kritische Sicht auf die tatsächliche Praxis des Rechtes der Armen gehört in die jüdische Tradition. Der Gastgeber ist nicht als metaphorische Darstellung Gottes anzusehen. Auch sonst will die Geschichte nicht als Kette von Metaphern gelesen werden, sondern als Geschichte aus dem Leben, fiktiv und wirklichkeitsnah zugleich.

Beide Gleichnisversionen (Mt 22,1-10; Lk 14,16-24) benutzen ein vergleichbares Gerüst für die Erzählung. Sie spielen in unterschiedlichem Milieu, dem der Repräsentanten römischer Herrschaft bei Matthäus und dem eines jüdischen wohlhabenden Mannes bei Lukas. Wie in der den Evangelien vorausliegenden Tradition (Logienquelle, historischer Jesus) das Gleichnis erzählt wurde, ist nicht mehr zu rekonstruieren[13].

»Ekklesiologische« Deutung

Durch die bisherigen Gleichnisanalysen ist die Struktur der ekklesiologischen Deutungstradition inzwischen so klar, dass ich hier nur kurz ihre Inhalte und daran anschließend ihre methodischen und hermeneutischen Grundlagen zusammenfasse. Als Textbeispiel nehme ich die Deutung von François Bovon (1996).

13. In einem Aufsatz von 1987 (s. o. Anm. 11) habe ich das Gerüst des Gleichnisses, das den unterschiedlichen Versionen Mt 22,1-10 und Lk 14,16-24 zugrunde liegt, für interpretierbar gehalten: als Einladung Gottes an die Armen. Deshalb habe ich diesen Satz auch für die Logienquelle angenommen. Diese Interpretation beruht auf der Deutung des Königs (Mt) und Hausherrn (Lk) auf Gott. Inzwischen habe ich die Metapherngläubigkeit der exegetischen Tradition aufgeben müssen.

Bovon versteht Lk 14,16-24 als Parabel, als eine Gleichniserzählung. Sie bewege sich auf zwei Ebenen. V. 24 sei Rede des Hausherrn und zugleich des lukanischen Christus, der über »sein Gastmahl«, das Reich Gottes, rede (503). Die traditionelle exegetische Alternative, das Gleichnis heilsgeschichtlich oder ethisch zu lesen, hält er für unzutreffend: »In Wirklichkeit ergänzen sich die beiden Lesarten: Der Text kritisiert Israel und seine Führer, die zuerst Eingeladenen, aber er öffnet sich darauf den verlorenen Schafen des Hauses Israel, das heißt den Armen und vom Leben Verletzten« (512 f.). Die zweite Einladung der Menschen von den »Wegen und Zäunen« auf dem Land sei als Einladung der Völker zu verstehen (507.513). Das Gottesvolk umfasse nun »– welch unerwartete Neuheit – Angehörige Israels und der Völker« (514). Doch V. 24 spricht von endgültigem Ausschluss. Bovon fragt: »Spricht er (Lukas) sich wirklich für die endgültige Verwerfung des störrischen Teils Israels aus? Ich hoffe, dass es nicht so sei« (515). Aber Israel oder seine Führer würden explizit nicht genannt. »Mehr noch, die Parabel ist keine Feststellung, sondern ein Gemälde. Sie bringt zum Nachdenken, ›nötigt‹ zum Dialog. ›Was soll ich tun?‹, fragen sich die jüdischen oder heidnischen Leser und Leserinnen.« Bovon nennt das Gleichnis ein »parabolische(s) Fresko, das teilweise allegorisch ist« (515). Den unerbittlichen Urteilsspruch in V. 24 will er als Bekehrungsruf verstanden wissen (516).

Die Deutung Bovons ist einerseits der heilsgeschichtlichen, »ekklesiologischen«, Deutung verhaftet, entwickelt aber andererseits eine Interpretation, die sie überwinden könnte. Trotz der Verurteilung, die für ihn in V. 24 vorliegt, stellt er das Gleichnis in den inhaltlichen Zusammenhang eines Evangeliums, das »nicht ›den Tod des Sünders‹« will, sondern »Bekehrung und Leben« (516). Er befreit sich damit von der allegorischen Lektüre des Verses 24 und stellt das Gleichnis in eine offene Dialogsituation. Er sieht, dass nirgendwo Israel und seine Führer explizit genannt werden, zieht aber nicht die Konsequenz, die allegorische Deutung der Erstgeladenen auf Israel/Israels Führung aufzugeben.

Methodisch wird durch diesen inneren Widerspruch klar, dass eine Gleichnistheorie, die Gleichnisse als Kette von Metaphern liest (Gastmahl = Gottes Reich; Einladung = Einladung ins Reich Gottes; wahrlich ich sage euch … = Urteilsspruch Christi) inhaltlich mit der heilsgeschichtlichen – oder, wie ich sie nenne, »ekklesiologischen« Deutung und deren Antijudaismus fest verknüpft ist. Ich habe selbst lange genug die Annahme, Gleichnisse seien partiell, wo sie einzelne Metaphern enthalten, als doppeldeutig zu lesen, geteilt. Erst durch viele rabbinische Gleichnisse und die sozialgeschichtliche Analyse der Gleichniserzählungen habe ich begriffen, dass diese metaphorische Lektüre den Gleichnissen nicht gerecht wird. Der Hausherr in diesem Gleichnis ist nicht eine implizite Darstellung Gottes, das Festmahl ist nicht eine implizite Darstellung des Reiches Gottes und V. 24 bleibt im

Rahmen der Erzählung. Es spricht nicht Christus, sondern ein fiktiver Gastgeber, der wütend ist. Gottes Festmahl ist in der jüdischen Tradition (z. B. Jes 25,6-8[14]) ein großes Thema, das auch in den synoptischen Evangelien dauernd präsent ist – und so auch implizit hier. Gottes Festmahl ist anders als dieses Mahl eines beleidigten Gastgebers. Den Unterschied auszudrücken, ist den Hörenden oder Lesenden aufgetragen. 14,24 kann nicht mit der lukanischen Vision des Königtums Gottes vereinbart werden. Das Lukasevangelium kämpft um die Umkehr derer, die Jesu Botschaft und Praxis ablehnen (s. den nächsten Abschnitt und Kapitel III).

Eschatologische Deutung

Dass das Gleichnis auf Gottes Reich bezogen werden soll, ist durch V. 15 klar. Aber der glückliche Ausruf des namenlosen Gastes im Hause einer pharisäischen Autoritätsperson (14,1) wird durch das Gleichnis korrigiert. Wie die Zuhörenden reagiert haben könnten, bleibt offen. Sie sind durch den Vorspann (14,12-14) bereits auf die Tora und ihre Vorstellung vom Recht der Armen verwiesen worden. Die Gastmähler, zu denen die Armen und Behinderten eingeladen werden, sind nicht metaphorisch gemeint. Das Lukasevangelium will christliche Gemeinden auf eine radikale Deutung der Tora und ihres Armenrechtes verweisen. Dass Gastmähler zum Ort der Solidarität gemacht werden sollen, bedeutet, dass der Hunger in der Bevölkerung die Öffnung der Häuser derer, die genug Essen haben, erfordert. Damit werden die Gastgeber zu Geschwistern der Armen. Weil die Erfahrung, gemeinsam mit den Armen Volk Gottes zu sein, durch das gemeinsame Essen möglich wird, ist solch ein Festessen als Beginn des Reiches Gottes verstanden worden. Falls die Zuhörenden trotz V. 12-14 noch gefragt haben, »Was sollen wir tun?«, ist das Gleichnis ein Wink mit dem Zaunpfahl: Etwas anders als bei dem beleidigten Gastgeber in der lukanischen Version des Gleichnisses sollten ihre Feste schon aussehen. Im lukanischen Gesamtwerk wird immer wieder auf Erfahrungen von Gemeinden mit Mahlgemeinschaften Bezug genommen. Die zum Mahl Versammelten erkennen den auferstandenen Christus, als er das Brot segnet und verteilt (24,30f.). »Sie erhielten Anteil an der Nahrung mit Freudenrufen und Schlichtheit des Herzens und lobten Gott« heißt es (Apg 2,46f.). Hier sollen die Mahlgemeinschaften in ihrer grundlegenden Bedeutung für das Leben der ersten Gemeinden charakterisiert werden. Die Freudenrufe sind vom Geist Gottes bewirkter Ausdruck des Glücks, das das Königtum Gottes für Erde und

---

14. Zum endzeitlichen Festmahl s. G. F. Moore II, 1954, 364 f.; J. Priest 1992, 222-238.

Himmel bedeuten wird und schon bedeutet. Die Erfahrung des Teilens der Nahrung – und der wirtschaftlichen Ressourcen – mit den Armen bringt dieses Glück hervor ebenso wie die Nähe Gottes, die in diesen Mahlzeiten gefeiert wird.

Das Glück in der Nähe des kommenden Gottes Israels vereint jüdische Menschen mit »Heiden«, besser: Menschen aus den Völkern. Dass Gott auch Menschen nichtjüdischer Herkunft ruft, braucht nicht allegorisch aus dem Gleichnis herausgelesen zu werden. Die zweite Einladung der Lückenbüßer von den Wegen und Mauern wird häufig als Einladung der Heidenkirche interpretiert. Dass Gott alle Völker ruft, ist Tradition der Tora (s. o. zu Mt 22,14) und auch im Lukasevangelium von Beginn an klar (s. 2,32). Doch die Völker sind in den Lückenbüßern des Gleichnisses nicht im Blick. Sie sind Arme, die von einem arroganten Gastgeber als Lückenbüßer benutzt werden.

Die eschatologische Deutung, die das Gleichnis durch 14,12-15 erhält und die sich durch den literarischen Kontext des lukanischen Doppelwerks vertiefen lässt, erlaubt es, das Gleichnis nicht als Erzählung mit allegorischen Zügen (Bovon) oder als Kette von Metaphern zu lesen, sondern als eine Geschichte aus dem wirklichen Leben. Der beleidigte Hausherr praktiziert das Armenrecht der Tora nur halbherzig. Das Gleichnis kritisiert ihn und seinesgleichen. Die Absagen der erstgeladenen Gäste zeigen, wie rücksichtslos die Menschen durch die Strukturen der patriarchalen Haushalte werden. Auch dieser Gedanke hat Analogien im Neuen Testament (s. o.). Das Gleichnis als Ganzes, als Erzählung über das wirkliche Leben, nötigt die Zuhörenden, ihre Mahlpraxis und das Recht der Armen sorgfältig zu gestalten. Weil es eine fiktive Geschichte erzählt, wird niemand angeklagt oder mit Vorwürfen konfrontiert. Es öffnet den Weg zu einer Mahlgemeinschaft von Wohlhabenden und Armen, in der sie nicht Lückenbüßer sind, sondern ein Recht darauf haben, an den Freuden der Schöpfung, der Nahrung und der Gesundheit (s. 14,2-6) Anteil zu haben.

Literatur zur Vertiefung

Marlene Crüsemann; Frank Crüsemann 2000 – Hendrik Bolkestein 1967

Eigene Vorarbeiten

Luise Schottroff 1987

6. Eine Sprache für Hoffnung finden:
das Gleichnis vom unfruchtbaren Feigenbaum.
Lukas 13,1-9

Übersetzung

1 In dieser Stunde kamen Leute zu ihm, die ihm von galiläischen Menschen berichteten, deren Blut Pilatus mit dem Blut ihrer (Tier)opfer vermischt hatte.

2 Und Jesus antwortete und sagte ihnen: Denkt ihr, dass diese galiläischen Menschen sündiger waren als alle anderen in Galiläa, dass sie so etwas erleiden mussten?

3 Nein, ich sage euch, wenn ihr nicht umkehrt, werdet ihr alle ebenso zugrunde gehen.

4 Oder jene Achtzehn, auf die der Siloahturm fiel und sie tötete – denkt ihr, dass sie schuldiger waren als alle Menschen, die Jerusalem bewohnen?

5 Nein, ich sage euch, wenn ihr nicht umkehrt, werdet ihr alle ebenso zugrunde gehen.

6 Er erzählte nun dieses Gleichnis: Ein Mensch hatte einen Feigenbaum, der in seinem Weinberg eingepflanzt war. Und er kam und suchte Frucht an ihm und fand keine.

7 Da sagte er zu dem Winzer: Es sind schon drei Jahre, dass ich komme und Frucht an diesem Feigenbaum suche und nicht finde. Grab ihn aus. Warum soll er noch die Erde auslaugen?

8 Doch der (Winzer) antwortete ihm: Herr, lass ihn noch dieses Jahr, bis ich um ihn herum gegraben und Dünger geworfen habe.

9 Wenn er künftig Frucht bringt –; wenn nicht, wirst du ihn ausgraben.

Sozialgeschichtliche Analyse

Das Gleichnis vom unfruchtbaren Feigenbaum ist eng mit der vorangehenden Erzählung und den Jesusworten in 13,1-5 verbunden, die ihrerseits auf die vorangehende Rede Jesu zur Volksmenge (12,54-59) bezogen sind. In 12,54-59 geht es Jesus darum, dass das Volk die Zeit erkennt, den *kairos*, das, was jetzt zu tun ist (V. 56), das, was gerecht ist (V. 57). In 13,1 heißt es, »in dieser Zeit/*kairos*« kamen Leute zu ihm. Ich habe in meiner Übersetzung von Lk 13,1 das Wort *kairos* mit »Stunde« übersetzt, das mir eher anzuzeigen scheint, dass die als *kairos* qualifizierte Zeit gemeint ist; es ist die Stunde zu wissen, was zu tun ist, weil die Gegenwart richtig eingeschätzt wird. Aus den Ereignissen, die in Jerusalem geschehen sind, sollen die Menschen die Zeit, die Stunde erkennen, in der sie sich befinden, und Konsequenzen daraus ziehen. Das Gleichnis selbst ist also das Ende einer Rede Jesu zum Volk, während der einige Leute neueste Nachrichten von einem Mord im Tempel bringen (13,1). Die sozialgeschichtliche Analyse muss nicht nur die Gleichniserzählung berücksichtigen, sondern auch die politische Situation, auf die das Gleichnis eng bezogen ist.

Pilatus, so berichten einige Hinzukommende, hat eine Gruppe galiläischer Menschen im Tempelbezirk ermorden lassen, so dass ihr Blut sich mit dem der Opfertiere mischte. Von Pilatus, dem römischen Praefekten in Judaea von 26-36 n. Chr., werden viele brutale Unterdrückungsmaßnahmen berichtet[1]. Auch wenn keine davon direkt auf dieses Ereignis passt, die Nachricht ist nicht nur ein aus der Luft gegriffenes Gerücht über einen römischen Machthaber[2]. Die Ermordung von opfernden galiläischen Menschen durch römische Soldaten im Tempelbezirk bedeutete, dass eine Gruppe getötet wurde, die wie Jesus selbst von römischen Machthabern als politisch gefährlich eingestuft wurde. Zugleich waren der Ort und die Zeit der Ermordung eine beabsichtigte religiöse Provokation des ganzen jüdischen Volkes. Solche Provokationen werden auch bei Josephus von Pilatus berichtet: Er provozierte die Bevölkerung durch den Einmarsch von Truppen in Jerusalem mit dem Kaiserbild auf ihren Feldzeichen und durch Verwendung von Tempelgeldern für den Bau einer Wasserleitung[3]. Die Empörung über diese Provokation drückt sich in der Behauptung aus, Pilatus habe das Blut der Ermordeten mit dem der Opfertiere vermischt[4].

Jesus selbst fügt dieser Nachricht über eine frische Unterdrückungserfah-

1. J.-P. Lémonon 1981 legt Wert darauf, die Persönlichkeit des Pilatus vom Vorwurf der Blutrünstigkeit zu befreien (273), aber die Maßnahmen gegen Menschen, die Pilatus für politisch aufrührerisch hielt, beschönigt er nicht, s. etwa 203. Leider analysiert er Lk 13,1 nicht, weil der Text sich außerbiblisch nicht verifizieren lässt (134). Umfassende Untersuchung der historischen Quellen, die mit Lk 13,1 in Zusammenhang gebracht wurden, bei J. Blinzler 1957, 24-49. Er kommt zu dem Ergebnis,»dass die schlichte, untendenziöse, aber trotzdem oft verkannte, missdeutende oder als wertlos beiseite geschobene Notiz in Lk XIII 1 auch einer strengen historischen Kritik standhält« (49). Auch wenn ich nicht allen Einzelheiten seiner Rekonstruktion folge, halte ich wie er Lk 13,1 für eine zuverlässige historische Quelle.
2. K. E. Bailey 1983, 75.
3. Josephus, Bellum Jud. 2, 189-174; Antiquitates 18,55-59 und Bellum Jud. 2,175-177; Antiquitates 18,60-62; Analyse der Quellen bei J.-P. Lémonon 1981.
4. Parallelen zum Vermischen des Blutes werden bei J. Blinzler 1957, 28 f. diskutiert.

rung eine Erinnerung an ein wohl schon etwas zurückliegendes Unglück an: Achtzehn Menschen wurden von einem Turm am Siloahteich erschlagen. Über dieses Unglück gibt es außerhalb dieses Textes keine Quellen. Es ist durchaus möglich, dass der Turm im Zusammenhang mit der Wasserleitung, die Pilatus bauen ließ, stand.

In der Bewertung der Perspektive Jesu auf die beiden Gewalterfahrungen gibt es Diskrepanzen. Oft wird in der Auslegungsgeschichte die unpolitische Sicht Jesu betont. Er habe auf die Nachricht von der Bluttat des Pilatus nicht mit einer Verurteilung Roms reagiert, wie es die Anwesenden erwartet hätten. Außerdem habe er ein Unglück, ja ein Naturunglück[5] daneben gestellt. Jesus kritisiert eine mögliche Personalisierung der Ereignisse als Schuld der Betroffenen (V. 2.4). Er bewertet den Mord und das Unglück als Folge der Schuld des gesamten Volkes, zu dem er gehört (V. 3.5). Er zitiert die Tora hier nicht explizit, stellt sich aber inhaltlich in die Toratradition. Gott straft das Volk Israel, das Volk Gottes, das sich schuldig gemacht hat, als Ganzes: »Ihr sollt euch mit nichts dergleichen unrein machen. ... Das Land wurde dadurch unrein, und ich suchte seine Schuld an ihm heim, dass das Land seine Bewohner ausspie« (Lev 18,24-25)[6]. Vor allem »Götzendienst«, also Praktizierung von anderen Kulten, Sexualvergehen im Sinne von Leviticus 18 und Blutvergießen gelten als solche Verunreinigungen des Volkes als Ganzem[7]. Wenn Feinde in der Lage sind, dem Volk Schaden zuzufügen, ist es die Stunde der Umkehr. Jesu Ziel in diesem Abschnitt ist es erneut, wie in 12,54-59, die Volksmenge zum Erkennen der »Zeichen der Zeit« (Mt 16,2 in der Parallele zu Lk 12,56), des *kairos*, zu bringen. Diese Gewalterfahrungen sollen als Heimsuchung durch Gott für die Schuld des *ganzen* Volkes erkannt werden, als Zeichen drohenden Unheils. Es sollen daraus Konsequenzen gezogen werden: Umkehr. Alle sollen umkehren, alle sind gefährdet, das Volk Israel ist in Gefahr. Das Wort »alle« begegnet viermal in V. 1-5.

Die Gefahr für das Volk in V. 3.5 wird oft in der christlichen Exegese als das drohende endzeitliche *Gericht Gottes* über Israel gedeutet: wenn Israel nicht umkehrt. Oder noch allgemeiner: wenn die Menschen nicht umkehren, weil sie mit Gott nicht im Reinen sind. Doch solche theologischen Verallgemeinerungen sind unangemessen. »Werdet ihr alle zugrunde gehen« – dieser Satz war für jüdische Menschen im ersten Jahrhundert vor dem jüdisch-römischen Krieg Ausdruck der Befürchtung, dass dieser Krieg Roms kommt. Jesus befürchtete ihn (s. nur Mk 13,2 parr.), auch andere jüdische Lehrer sahen Vorzeichen der Tempelzerstörung schon 40 Jahre vor dem

5. D. Flusser 1981, 81.
6. Vgl. auch Jes 63,17-19; 4 Makk 17,20-22; Gebet des Azariah 14-16.
7. J. Klawans 2000, 26; 1995, 289.

Krieg[8] und Josephus bezeugt diese Befürchtung immer wieder[9]. Da die Evangelien ihre vorliegende Textgestalt nach diesem Krieg fanden, wird sehr häufig angenommen, bei Jesusworten über den drohenden Krieg handele es sich um *vaticinia ex eventu*, um rückdatierte Weissagungen des Krieges. Sicher fließt in diese Tradition nach dem Jahre 70 die Kriegserfahrung mit ein.

Jedoch ist ernst zu nehmen, dass sich schon eine Generation vor dem Krieg das jüdische Volk von einem brutalen militärischen Eingreifen römischer Truppen bedroht fühlte. Diese Drohung wurde ja auch von den Repräsentanten Roms klar genug ausgesprochen[10]. In Lk 13,1-5 spricht Jesus vom drohenden Krieg, den er in der Tradition der Tora als Strafe Gottes über die Sünde des Volkes deutet. David Flusser (1981) hat den Bezug von Lk 13,1-9 auf den Krieg besonders deutlich herausgearbeitet.»Wenn ihr nicht Buße tut, werdet ihr alle ebenso umkommen. Das ist weder eine allgemeine theologische Aussage noch ein eschatologisches Diktum. Schon der große Hugo Grotius hat erkannt, dass»da Jesus von der drohenden Katastrophe spricht, welche durch die Römer das ganze Volk treffen wird, und die fast unabwendbar ist«[11].

Für christliche Interpreten und Interpretinnen sind diese Jesustraditionen unlösbar mit ihrem antijudaistischen Missbrauch verbunden: der Behauptung der gerechten Strafe Gottes, die Israel in die Katastrophe geführt habe. Tania Oldenhage (2002) hat zu Recht auf die implizite Rechtfertigung des Holocaust in christlicher Rede nach 1945 über die drohende Katastrophe Israels hingewiesen[12]. Diese christliche Deutungstradition hat sich gleichzeitig über die Bedrohung des jüdischen Volkes in der realen Geschichte des ersten Jahrhunderts und die langen Leiden an den Folgen dieses Krieges hinweggesetzt.

Eine sozialgeschichtliche Analyse von Lk 13,1-5 erbringt also das Ergebnis, dass dieser Text auf den drohenden Krieg Roms gegen das jüdische Volk bezogen ist. Christliche Deutungsgeschichte hat diesen Bezug oft ausgeklammert und den Text auf das kommende Gottesgericht bezogen. Dabei wurde Israels Schuld aus der christlichen Perspektive von außen hervorgehoben und die Verankerung dieser Vorstellung in der Tora nicht erwähnt.

Ein sozialgeschichtlicher Blick auf das Feigenbaumgleichnis Lk 13,6-9 selbst erbringt, dass der Weinbergbesitzer ebenso wie jener in Mk 12,1-9

---

8. bJoma 39b; dazu O. Michel; O. Bauernfeind II, 2, 1969, 180.

9. S. nur die Diskussion über die Vorzeichen der Zerstörung in Bellum Jud. 6, 288-315.

10. S. z. B. Josephus, Bellum Jud. 2, 192-203.

11. D. Flusser 1981, 81. Er bezieht sich auf Hugo Grotius (1583-1645), Annotationes in Novum Testamentum, zu Lk 13,3.

12. S. dazu schon oben zu J. Jeremias (bei Mk 12,1-12).

parr. seinen Weinberg samt Feigenbaum verpachtet hat und, wie V. 7 zeigt, jährlich kommt, um die Frucht abzuholen. Er will den Baum fällen lassen, weil er am Ertrag interessiert ist. Der Pächter ist in der fiktiven kleinen Erzählung zunächst eine Nebenfigur, die die Befehle des Besitzers auszuführen hat. In V. 8 jedoch wird er zur Schlüsselgestalt von Hoffnung mitten in der Not des drohenden Krieges, da er im Gleichnis der drohenden Vernichtung widerspricht, sie aufhält. Dass unfruchtbare Bäume gefällt werden müssen, ist in dieser Zeit der wirtschaftlichen Not der Mehrheit der Bevölkerung selbstverständlich. Umso erstaunlicher handelt der Pächter. Aus der Sicht des Weinbergbesitzers geht es um seinen Profit, denn er gehört sicherlich nicht zu denen, die jedes Stück Erde nutzen müssen, um nicht zu hungern. Diese kurze sozialgeschichtliche Analyse der Gleichniserzählung kann an dieser Stelle genügen.

»Ekklesiologische« Deutung

Durch den Kommentar von Billerbeck ist eine christliche Deutungstradition in kommenden Generationen nahezu festgeschrieben worden: Jesus wende sich gegen eine jüdische Lehre und eine Meinung, die im jüdischen Volk seiner Zeit verbreitet war, »als ob ein besonderes Unglück, das über einen Menschen hereinbricht, zu bewerten sei als ein Beweis für das Vorliegen einer besonderen Schuld«[13]. Die Alternative Jesu dazu bleibt bei Billerbeck unausgesprochen, findet sich dann aber in Exegesen, die sich auf ihn berufen: Jesus lehre im Unterschied zu einer solchen jüdischen Lehre die Allgemeinheit der Sünde. Alle Menschen sind sündig und bedürfen der Buße und der Gnade Gottes. Ich bezeichne diese christliche Deutungstradition als »ekklesiologisch«, weil sie das christliche Selbstverständnis an die »bessere« theologische Lehre über Sünde bindet. So wird in der Gestalt Jesu eine überlegene theologische Lehre einer weniger wertvollen gegenübergestellt[14]. Ein christliches Dogma von der Allgemeinheit der Sünde und der entsprechenden Allgemeinheit von Buße und Gnade wird in dieser Auslegungstradition skizziert. Damit werden jedoch Worte Jesu, die auf eine konkrete Situation

---

13. Billerbeck II, 194.
14. Eine Zufallsauswahl von Exegesen, die diese Deutungstradition vertreten: »Nur daran soll man bei solchen Katastrophen denken, daß man selbst rechtzeitig Buße tut«, E. Klostermann 1929, 142; »far more important is the fact that all sinners face the judgment of God unless they repent«, J. H. Marshall 1978, 554; »their fate stands as a warning to everyone of the urgency of repentance«, J. M. Lieu 1997, 106; »Einer objektivierenden und desengagierten Lehre setzt er einen Glauben entgegen, der seine Fehler erkennt und sich zu Gott wendet«, F. Bovon 2, 1996, 376.

bezogen sind, enthistorisiert, zur allgemeingültigen theologischen Lehre gemacht.

Ich stelle zur Verdeutlichung meine Deutung dieser Verse einer »ekklesiologischen« Deutung gegenüber: Jesus kritisiert eine – möglicherweise von einigen Leuten in der Volksmenge vertretene – Deutung der schrecklichen Ereignisse als Folge der besonderen Schuld Einzelner. Damit kritisiert er nicht den Zusammenhang von Schuld und Strafe im Sinne der Tora, sondern die Anwendung dieser Toratradition auf diese Situation mit der Absicht, die Lage insgesamt zu individualisieren und zu verharmlosen. Auch für ihn ist der Zusammenhang von Schuld und Strafe Gottes klar, aber er zieht in dieser Situation andere Konsequenzen aus der Tora: Das Leben des ganzen Volkes ist gefährdet, nicht nur das Leben einzelner besonders Schuldiger. Es geht um das Erkennen der Stunde, der Gegenwart. Die Bedrohung wird verharmlost, wenn sie so personalisiert wird. Jesus versteht diese Ereignisse als »Zeichen der Zeit«. Die entlastende Deutung der Schrecken der Gegenwart als Unglück »der anderen« verhindert die Erkenntnis der Gefahr des drohenden Krieges, der furchtbar sein und das Volk zugrunde richten wird. Es ist die Tora, die Jesus empfangen hat und die er weitergibt, in einer solchen Situation nicht wegzusehen, sondern das eigene Volk als Ganzes zum Handeln zu bringen. Denn die »Umkehr«, die Jesus meint, findet nicht im Inneren der Einzelnen, sondern in der Gemeinschaft und in der Öffentlichkeit statt.

Die »ekklesiologische« Deutungstradition sieht Jesus als Lehrer einer zeitlosen Theologie selbst noch an dieser Stelle, in der es um die Erkenntnis des *kairos* geht, um die Zeit vor dem drohenden Krieg. Es ist ein grundsätzlicher Unterschied, die Allgemeinheit der Sünde als Wesen der menschlichen Existenz zu lehren, oder in einer konkreten Situation die Gefährdung des Volkes und die Rettung durch Umkehr aller prophetisch beim Namen zu nennen.

Eschatologische Deutung

Jetzt ist die Stunde der Umkehr, sagt Jesus in seinen Mahnworten 13,1-5 und im Gleichnis vom unfruchtbaren Feigenbaum. Jetzt ist die Stunde, in der der Weinbergpächter um Aufschub für den unfruchtbaren Baum bittet. Bedeutet solche Mahnrede zur Umkehr an die Adresse eines bedrohten Volkes nicht, »to blame the victim«? Rom hat eine bestens ausgerüstete moderne Armee, gegen die Jerusalem nicht lange wird verteidigt werden können. Jesus hat aus der Tora gelernt, dass es in solcher Situation nur einen Weg gibt: sich an die Gebote Gottes zu halten, nach der Tora zu leben. Wie der Prophet Jeremia sieht er die Ursache für die Gefahr in der Gesetzesübertretung des eigenen Volkes. Das bedeutet nicht, dass er die imperialistischen Interessen Roms, die zu solch einem Krieg führen, leugnet (s. Lk 22,25). Rettung aus der Gefahr bringt nur die Umkehr des eigenen jüdischen Volkes. Aber ist dieses Volk nicht nur Opfer einer Übermacht, von dem eigentlich nicht die Rettung erwartet werden kann?

Der eindrucksvolle Prophet Jesus ben Ananias, von dem Josephus erzählt[15], steht in derselben Tradition. Er beginnt mit seiner prophetischen Ankündigung des Untergangs Jerusalems vier Jahre vor dem Krieg. Er wiederholt seine Schreckensbotschaft immer wieder, unbeirrt, auch wenn er geschlagen wird. Er sagt nichts von Umkehr, doch ist sie der Sinn und das Ziel seines verzweifelten Schreiens. Er sagt auch nichts von einer letzten Frist. Und doch bringen sein Schreien und sein Leiden eine klare Botschaft: Ihr könnt noch etwas ändern, den drohenden Krieg aufhalten.

In der Lk 13,1 voraufgehenden Passage benutzt Jesus ein Gleichnis, um die Gnadenlosigkeit der politischen Situation zu verdeutlichen: »Warum urteilt ihr nicht von euch aus, was gerecht ist? Es ist so, als seiest du mit deinem Widersacher auf dem Weg zur Behörde. Gib dir unterwegs Mühe, von ihm loszukommen, damit er dich nicht vor den Richter zerrt, und der Richter dich dem Gerichtsvollzieher übergibt, und der Gerichtsvollzieher dich ins Gefängnis wirft. Ich sage dir, von dort wirst du nicht herauskommen, bis du auch den letzten Rest bezahlt hast« (Lk 12,58-59). Es ist die gnadenlose Situation, in der sich ein zahlungsunfähiger Schuldner gegenüber dem Gläubiger befindet[16], der Alptraum vieler Menschen in dieser Zeit. Eine Situation, in der die Schuldner versuchen müssen, irgendeinen Kompromiss mit dem Gläubiger zu schließen, sonst sitzen sie in Schuldhaft, bis ihre Familie sich finanziell ausgeblutet hat. Das ist es, was die Stunde geschlagen hat. So extrem und gnadenlos ist die Bedrohung. Aber es gibt eine Chance zu handeln: zu erkennen, was gerecht ist (12,57), umzukehren (13,1-9). Sowohl bei Jesus ben Ananias als auch in den Jesusworten und Jesusgleichnissen Lk 12,57-59; 13,1-9 wird eine politische Analyse der Situation des jüdischen Volkes vor dem Krieg der Römer sichtbar. Rom hat die Macht, den Krieg zu führen und ihn zu gewinnen, aber das Volk hat eine Chance zu handeln, eine letzte Frist.

Wie kann dieses Handeln aussehen? Jesus nennt keine Details, jedenfalls nicht an dieser Stelle. Seit Jeremia ist es klar, dass die Umkehr in dieser Situation bedeutet, die Tora Gottes zu befolgen, das, was gerecht ist (12,57). Die gigantische Kriegsmaschine des römischen Militärs bedroht das Land und vor allem Jerusalem – und diese Propheten sehen einen Ausweg, der

---

15. Josephus, Bellum Jud. 6, 300-315.
16. Zur Analyse der in Lk 12,57-59 genannten Instanzen, die den Schuldner bei seiner Schuld behaften, s. J. H. Marshall 1978.

Menschen des 21. Jahrhunderts nur seltsam vorkommen kann: Das Volk lebt nach der Tora und die Feinde werden ihm nichts anhaben können. Was geschieht in der Umkehr, der *metanoia/teschubah*? Die Armen teilen das Brot, sie heilen die Kranken im Volk, sie tun alles das, was Jesus und andere Toralehrer und -lehrerinnen sie lehren. Sie verwandeln sich aus bedrohten Opfern in handelnde Subjekte. Sie arbeiten an der Gerechtigkeit und dem Recht im Sinne der Tora.

Der Weinbergpächter in Lk 13,8 widerspricht dem Besitzer, der den Feigenbaum fällen lassen will. So wie damals Mose Gott widersprach, als Gott im Zorn das widerspenstige Volk preisgeben wollte (Ex 32,11-14)[17]. Das Gleichnis soll nicht allegorisch gedeutet werden mit der Frage, ist Jesus diesmal der Fürsprecher wie Mose? Oder: Repräsentiert der Weinbergbesitzer Gott? Diese Fragen sind unangemessen. Die Logik des Weinbergbesitzers ist von Profitdenken bestimmt. Die Gleichniserzählung sollte nicht als Steinbruch für Metaphern, sondern als fiktive und verdichtete Spiegelung gesellschaftlicher Erfahrungen gelesen werden.

Das Gleichnis gibt eine eschatologische Bestimmung der Zeit, des Jetzt. Es ist die Stunde, in der sich noch einmal die Tür öffnet, die schon verschlossen ist. Es ist die Stunde des Handelns und der Umkehr. In der jüdischen Welt wurden immer wieder Gleichnisse von Feigenbäumen erzählt. Und doch ist jedes anders. Dieses hier deutet die »Zeit« in der Sprache der Hoffnung, die der Weinbergpächter überraschenderweise gefunden hat: »Lass den Baum noch dieses Jahr ...« Der Gewalt einer imperialen Kriegsmacht wird hier die Hoffnung auf ein Volk entgegengesetzt, das die Kraft hat zur Gerechtigkeit, zur Umkehr zur Tora. Den Unterlegenen wird die Kraft zur Gerechtigkeit zugetraut und ihnen wird Handlungsfähigkeit zugesprochen. Die nicht im Text enthaltene, aber erhoffte Antwort der Volksmenge auf Jesu Rede lässt sich jedoch denken: »Es ist noch Zeit, gemeinsam umzukehren und alles zu tun, was Gott uns in der Tora aufgetragen hat – jetzt«.

Und nach dem jüdisch-römischen Krieg? Wie sind solche Ermutigungsgleichnisse gelesen worden, als die Zerstörung Jerusalems geschehen war und die Leiden des Volkes andauerten? Eigentlich gab es nun wirklich keinen Grund zur Hoffnung mehr. Aber aus der Geschichte Israels nach 70 n. Chr. ist bekannt, dass die Überlebenden nicht aufgegeben haben. Als das Lukasevangelium zu einem geschriebenen Text wurde, war der Krieg schon geschehen. Wie ist er in den Gemeinden, die dem Messias Jesus nachfolgten, verarbeitet worden? Traditionell wird in der christlichen Exegese angenommen, das frühe Christentum habe die Zerstörung Jerusalems als Strafe Gottes über Israel wegen Israels Ablehnung Jesu angesehen. Außerdem wird an-

---

17. Weiteres biblisches Material F. Bovon 2, 1996, 373, Anm. 16; Rabbinisches Material bei D. Flusser 1981, 83 f.

genommen, die christlichen Texte hätten Weissagungen der Zerstörung Jerusalems nachträglich Jesus in den Mund gelegt *(vaticinia ex eventu)*. Die Weissagungen können sehr wohl echte Prophetien sein. C. H. Dodd hat gezeigt, dass alle Weissagungen der Zerstörung Jerusalems im Lukasevangelium auf der Sprache der Septuaginta über die Zerstörung 587 v. Chr. beruhen[18], also durchaus auch vor dem Krieg gesprochen worden sein können. Es ist ein grundsätzlicher Unterschied, ob über das Leiden des Volkes Israel aus einer Außenperspektive oder aus einer Innenperspektive gesprochen wird. Damit meine ich: Wenn christliche Menschen, die nicht mehr in solidarischer Gemeinschaft mit dem jüdischen Volk leben, über die Zerstörung Jerusalems als Strafe Gottes reden, dann wollen sie damit die endgültige Verwerfung Israels durch Gott beweisen. Doch solange die Jesusbewegung auch nach Jesu Tod sich als Teil Israels verstand, auch wenn viele Menschen in ihr nichtjüdischer Herkunft waren, solange blieb die Sprache der Hoffnung für Israel erkennbar. Ich sehe im Lukasevangelium – wie in den anderen kanonischen Evangelien – noch nirgends die Veränderung der Schrifttradition über die Sünde Israels und Israels Umkehr zur Festschreibung der endgültigen Verwerfung Israels aus der Perspektive eines Christentums, das sich zum Erben Israels eingesetzt hat. Die Umkehr in Lk 13,1-9 ist eine Umkehr, die das Volk Israel als Volk Gottes bewahrt, und nicht eine Umkehr, die Bekehrung zum Christentum als einer vom Judentum getrennten Religion meint. Lukas 13,1-9 ist auch noch nach 70 n. Chr. solidarisch mit Israel gelesen worden.

Ich möchte einen Text des Kirchenvaters Tertullian[19] neben Lk 13,1-9 stellen, der diesen Unterschied zwischen solidarischer Rede über Israel und der Behauptung der Verwerfung Israels deutlich macht. Die Zerstörung Jerusalems wird jetzt als endgültiges Gottesgericht verstanden und die Möglichkeit einer Umkehr für das Volk Israel wird bestritten: »they failed to understand that the time that intervened between Tiberius and Vespasian was (a time for) repentance. So their land was made desolate, their cities burnt with fire, their country, strangers devour it in their presence … since the time, in fact, when Israel knew not the Lord, and the people would not understand him, but forsook him, and provoked the Holy One of Israel to indignation … proved that it was Christ whom they refused to hear, and therefore perished«. (Sie versagten und verstanden nicht, dass die Zeit zwischen Tiberius und Vespasian eine Zeit für ihre Umkehr war. Deshalb wurden ihre Äcker verwüstet, ihre Städte durch Feuer vernichtet, ihr Land in ihrer Gegenwart von Fremden verzehrt … Seit der Zeit, zu der Israel tatsäch-

---

18. C. H. Dodd 1947 zu Lk 19,42-44; 21,20.24.28.
19. Tertullian, adversus Marcionem III 23,3 f. Zitiert nach: Tertullian, Adversus Marcionem, hg. u. übers. von E. Evans, Oxford 1972.

lich Gott nicht kannte, und das Volk ihn nicht verstand, sondern ihn verließ und den Heiligen zu Entrüstung provozierte … Es erwies sich, dass es Christus war, den sie sich weigerten zu hören; und deshalb gingen sie zu Grunde. – Übersetzung L. S.)

Die eschatologische Deutung des Feigenbaumgleichnisses hat also die Hoffnung für das bedrohte Volk in ihrem Zentrum. Nach der Zerstörung Jerusalems durch die zwei jüdisch-römischen Kriege 66-70 n. Chr. und 132-135 n. Chr. ist die Stimme der Hoffnung nicht erloschen. Ich möchte ein rabbinisches Gleichnis dem Gleichnis von Lk 13,6-9 an die Seite stellen, das – mit anderem Gleichnisstoff – von dieser Hoffnung spricht und im Gleichnis, oder besser *maschal*, diese Stimme hörbar macht. Die Deutung dieses Gleichnisses ist mir von David Stern erschlossen worden[20]. Es ist Rabbi Eleazar b. Pedat zugeschrieben und findet sich in Klagelieder Rabba (ca. 4. Jahrhundert):

»Es heißt Ps. 79,1: ›Gesang Assaphs. Gott, die Völker dringen in dein Erbtheil.‹ Dieser Psalm sollte nicht die Ueberschrift … Gesang Assaphs, sondern … Weinen Assaphs, oder … Jammern Assaphs, oder … Klagelied Assaphs haben. Warum heisst es: … Gesang Assaphs? Es verhält sich damit wie mit einem Könige, welcher für seinen Sohn das Hochzeitsgemach herrichten, malen und prachtvoll verzieren liess. Als ihm sein Sohn aber Aerger verursachte, so trat der König in das Hochzeitsgemach, zerriss die Vorhänge, zerbrach die Stangen. Der Hofmeister des Prinzen aber schnitt sich eine Pfeife und spielte darauf. Man sprach zu ihm: Der König hat das Hochzeitsgemach seines Sohnes umgestürzt und du sitzest da und spielst? Er antwortete: Ich spiele deshalb, weil der König das Hochzeitsgemach seines Sohnes umgestürzt und nicht seinen Zorn über seinen Sohn ausgeschüttet hat. So wurde auch Assaph gefragt: Gott hat das Heiligthum und den Tempel zerstört und du sitzest da und singst? Ich singe, antwortete er, weil er seinen Zorn über Holz und Steine und nicht über Israel ergossen hat. Heißt es nicht also: ›Es geht ein Feuer in Zion aus und verzehret ihre Grundvesten.‹«[21]

Das *maschal* ist Teil der Antwort auf eine Frage, die Ps 79,1 betrifft: Warum heißt es dort: »Gesang Assaphs« und nicht »Weinen Assaphs«, wo es im Psalm doch um die Zerstörung des Tempels geht? Die Antwort wird in Klgl 4,11 gefunden: »Er hat in Zion ein Feuer angesteckt, das ihre Fundamente verzehrt hat«. Assaph singt aus Freude, weil Gott nur den Tempel, *nur* die Fundamente, *nicht* aber Zion selbst zerstört hat (Stern 1981, 273). Der Erzieher im Gleichnis singt im Angesicht der Zerstörung des Brautge-

---

20. D. Stern 1981; vgl. D. Stern 1991, 37-42.

21. D. Stern 1981 (vgl. 1991, 37-42) bietet zwei leicht unterschiedliche Versionen (nach der Edition S. Buber 1899 und den Standardeditionen von Klagelieder Rabba). Ich zitiere die deutsche Übersetzung der Version der Standardeditionen von A. Wünsche 1881 (1967), 140.

machs des Königssohnes, weil der König nur das Brautgemach, nicht aber den Königssohn vernichtet hat. Die Ursache für diese eigentümliche Exegese sieht Stern auf zwei Ebenen. Zunächst will der Text das Volk gegen christliche Deutungen der Zerstörung des Tempels und des schweren Schicksals der jüdischen Menschen verteidigen. Wir sind nicht vernichtet, Zion ist nicht zugrunde gegangen. Aber der Text spricht auch zu jüdischen Menschen, die Klgl 4,11 als Weissagung des weiterbestehenden Zorns Gottes, der das Volk zu vernichten droht, lesen könnten. So soll Klgl 4,11 als Quelle von Hoffnung gelesen werden können, »to counter the awesome despair Jews themselves felt after the Destruction« (Stern 1981, 274). Die fiktive Erzählung des *maschal* »provides a model for the activity of interpretation. Just as the pedagogue explains his paradoxical behavior, so the equally paradoxical logic of the interpretation itself – first of Asaph's singing in Ps. 79:1; then, of the exegesis of Lam. 4:11 – is also explained and thereby justified« (Stern 1981, 275). Das *maschal* gibt also ein Modell vor, wie die Schrift zur Quelle von Hoffnung werden kann.

Das Bild des Erziehers, der in den Trümmern sitzt und singt, bzw. die Flöte spielt, fügt der Praxis dieser Hoffnungsexegese ein Bild hinzu, das eindeutig und stark ist. Es wäre dem *maschal* nicht angemessen, nun zu allegorisieren: Der König ist Gott ... Seine Botschaft ist es nicht, Gott in der Gestalt eines gewalttätigen Königs darzustellen, der zuschlägt, wenn sein Sohn ihn ärgert. Auch hier wird von den Lesenden oder Hörenden eine Antwort auf das *maschal* erwartet: sich in Menschen zu verwandeln, die ihrem Gott so bedingungslos vertrauen, dass sie auch in den Trümmern beginnen, von der Hoffnung auf Gottes Heil zu singen.

Literatur zur Vertiefung

David Stern 1981.1991 – Josef Blinzler 1957 – David Flusser 1981 – Jonathan Klawans 2000

7. Vom Hören und Tun der Tora.
Markus 4,1-20

Übersetzung

1 Und wieder begann er, am See zu lehren. Und eine große Volksmenge versammelte sich bei ihm, so dass er in ein Boot steigen musste, das im See lag. Er setzte sich. Und alle Leute waren auf dem Land, am Ufer des Sees.

2 Und er lehrte sie vieles durch Gleichnisse und redete zu ihnen in seiner Lehre:

3 Hört! Seht, da ging ein Mensch hinaus, um zu säen.

4 Und es geschah beim Säen, dass eins an den Weg fiel; und die Vögel kamen und fraßen es.

5 Und ein anderes fiel auf Gestein, wo es nicht viel Erde hatte, und gleich ging es auf, weil es nicht die Tiefe der Erde hatte.

6 Und als die Sonne aufging, wurde es versengt und, weil es keine Wurzel hatte, verdorrte es.

7 Und ein anderes fiel in die Dornen. Und die Dornen wuchsen und erstickten es. Und es brachte keine Frucht.

8 Und andere fielen auf die gute Erde und brachten Frucht; sie gingen auf und wuchsen und sie trugen dreißigfach, sechzigfach und hundertfach.

9 Und er sprach: Wer Ohren hat zu hören, soll hören.

10 Und als er allein war, fragten ihn die, die um ihn waren mit den Zwölf, nach den Gleichnissen.

11 Und er sagte ihnen: Euch ist das Geheimnis des Königtums Gottes offenbart worden! Denen aber, die draußen bleiben, wird alles in Gleichnissen gesagt,

12 damit sie mit sehenden Augen sehen und doch nicht erkennen, und mit hörenden Ohren hören und doch nicht verstehen, damit sie nicht umkehren und ihnen vergeben wird.

13 Und er sagt zu ihnen: Ihr versteht dieses Gleichnis nicht, wie werdet ihr alle die Gleichnisse begreifen?

14 Der Säende sät das Wort.

15 Diese sind die am Wege: Bei ihnen wird das Wort gesät und sobald sie es hören, kommt der Satan sofort und nimmt das Wort weg, das in sie gesät ist.

16 Und diese sind es, die auf Gestein gesät werden: Wenn sie das Wort hören, nehmen sie es sofort mit Freude auf.

17 Aber sie haben keine Wurzel in sich, sondern sind oberflächlich. Wenn sie

dann unter Druck geraten oder wegen des Wortes verfolgt werden, kommen sie sofort zu Fall.

18 Und andere sind es, die in die Dornen gesät sind: Sie sind es, die das Wort gehört haben,

19 und die Sorgen der Weltzeit und der Trug des Reichtums und die Begierden nach allem anderen dringen ein und ersticken das Wort, und es wird unfruchtbar.

20 Und jene sind es, die auf die gute Erde gesät sind: Sie hören das Wort, nehmen es auf und tragen Frucht, dreißigfach, sechzigfach und hundertfach.

21 Und er sagte zu ihnen: Kommt etwa die Leuchte, damit sie unter den Scheffel oder unter das Bett gestellt wird? Nicht, dass sie auf den Leuchter gestellt wird?

22 Nichts ist verhüllt, das nicht offenbar werden soll; und nichts ist verborgen, das nicht bekannt werden soll.

23 Wer Ohren hat zu hören, höre.

24 Und er sagte ihnen: Seht zu, was ihr hört. Das Maß, mit dem ihr messt, wird euch zugemessen werden und mehr als das.

25 Wer hat, wird hoch beschenkt; und wer nicht hat, verliert noch alles.

...

33 Und in vielen solchen Gleichnissen sagte er ihnen das Wort, wie sie es hören konnten.

34 Ohne Gleichnis redete er nicht zu ihnen; wenn sie unter sich waren, erklärte er seinen Jüngerinnen und Jüngern alles.

Zum Aufbau

Ich verstehe Mk 4,1-34 als literarische Einheit, die in ihrem Zusammenhang gelesen werden soll. Den beiden Gleichnissen von der Saat und dem Senfkorn (Mk 4,26-29; 4,30-32) gebe ich nur der Übersichtlichkeit wegen ein eigenes Kapitel, lese sie aber im Zusammenhang von Mk 4,1-34.

Sozialgeschichtliche Analyse

Die sozialgeschichtliche Analyse ist hier sowohl für die Gleichnisbilder notwendig als auch für das Grundthema dieser Rede Jesu: das Hören des Wortes. Im Text wird gescheitertes Hören und gelungenes Hören zum Thema gemacht. Das gescheiterte Hören wird zunächst im Gleichnis besprochen (4,3-7); danach in einem Jesuswort mit Schriftzitat, das nur an die Jüngerinnen und Jünger gerichtet ist (4,11b-12). Auch die Gleichniserklärung (4,14-

19) und ein abschließendes Bildwort beziehen sich auf das gescheiterte Hören (4,25b). Das gelungene Hören ist ebenfalls in allen Teilen dieser Rede Jesu präsent: 4,8.11a.20.24.25a.34. Insgesamt ist die Rede als Aufforderung zu hören zu lesen, denn diese Aufforderung durchzieht sie: V. 3.9.23.24. Das Verstehen der Jüngerinnen und Jünger ist noch nicht das gelungene Hören, sie fragen nach der Bedeutung der Gleichnisse (4,10) und erhalten zusätzliche Erklärungen (4,13-20.34). Die Aufforderung zu hören gilt also der angeredeten Volksmenge, dem Kreis der Anhängerschaft Jesu und den Lesern und Leserinnen des Textes, bzw. denen, die Jesu Rede aus dem Munde späterer Prediger und Predigerinnen hören. Im Folgenden werde ich die Unterscheidung zwischen der im Text erzählten Situation Jesu und der der Adressaten und Adressatinnen des Textes nicht immer erwähnen, sie aber voraussetzen. Auf beiden Ebenen sind die Angeredeten zum Hören des Wortes aufgefordert.

Das gelungene Hören des Wortes

Das Wort (*logos* begegnet 8-mal in 4,14-20), das gehört werden soll, ist das Wort Jesu (4,33), in dem das Königtum Gottes von Gott selbst offenbart wird (4,11.21-22). Das Passiv *dedotai* in 4,11 lese ich als passivum divinum, als Umschreibung des Handelns Gottes. Jesus ist Lehrer des Wortes Gottes (4,2) und seine Gleichnisse sind Offenbarungen des Wortes Gottes. Birger Gerhardsson hat 1968 einen wichtigen Aufsatz zu diesem Text geschrieben, in dem er zeigt, dass das *Schema' Israel*/Höre Israel, das tägliche Gebet jüdischer Männer (und Frauen?), Grundlage von Jesu Lehre über das »Hören« darstellt[1].

Ich zitiere dieses Gebet hier in der abgekürzten Version[2] von Mk 12,29.30:

»Höre Israel, Adonaj, unser Gott, ist ein Einziger. Und du sollst Adonaj, deinen Gott, lieben mit deinem ganzen Herzen und deinem ganzen Leben und deinem ganzen Verstand und deiner ganzen Kraft« (Dtn 6,4.5). Bezugnahmen auf das *Schema' Israel* sehe ich sowohl in den Aufforderungen zum Hören als auch indirekt in den Versen, die vom Scheitern des Hörens sprechen (4,14-19). Es ist daraus zu folgern, dass das gelungene Hören eben das Hören ist, das das *Schema' Israel* meint: ein Hören, das den Einsatz der gesamten Person einschließt, das gelungene Leben in Beziehung zu Gott. Es ist

---

1. B. Gerhardsson 1968, 165-193. Dass Frauen, Sklaven und Kinder von der Rezitation befreit seien, sagt MBer 3,3.
2. Das *Schema' Israel* umfasst Dtn 6,4-9; 11,13-21; Num 15,(37-)41. *Zum Schema' Israel* s. Billerbeck IV, Exkurs 9; P. F. Bradshaw 2002, 39 f.; unten zu Lk 10,25-37 (Anm. 4).

also sozialgeschichtlich zu fragen, was im Sinne des Markusevangeliums ein solches Hören ist. In Mk 4 selbst wird das gelungene Hören nur im Bild dargestellt: in der überreichen Frucht der Samen, die auf gute Erde fallen (4,8.20). Doch erlaubt die Darstellung des Scheiterns in 4,14-19 den Umkehrschluss: Gelungenes Hören heißt, dem Satan zu widerstehen (4,14), nicht zu straucheln, wenn Druck und Verfolgung Existenz und Leben bedrohen (4,17), und sich die Lebensrichtung nicht von »dieser Weltzeit«, der Jagd nach Wohlstand und anderen Objekten der Gier bestimmen zu lassen (4,19). Im Kontext des Gesamtevangeliums werden diese Inhalte gelungenen Hörens, gelungenen Lebens vor Gott entfaltet. Im Sinne des Textes ist das Wort, auf das zu hören ist, die Tora Gottes. Jesus ist Lehrer des Wortes Gottes, er unterrichtet Menschen, wie die Tora heute, in der gegenwärtigen Situation, zu hören ist. Für den Reichen in Mk 10,17-22 heißt das, nicht nur nach dem Dekalog zu leben, sondern auch allen Besitz zu verkaufen und den Erlös den Armen zu geben (10,21). Mk 4,19 wie Mk 10,17-22 beruhen auf der kritischen Analyse der Geldwirtschaft, die als Herrschaft über Menschen und als Ursache von *pleonexia*/Habgier fundamental in nachbiblisch-jüdischer und frühchristlicher Tradition kritisiert wird[3]. Die Gemeinden, deren Erfahrungen im Markusevangelium zu Wort kommen, leiden unter der Zerstörungskraft der *pleonexia*, die Menschen hindert, mit dem Wort Gottes zu leben.

Mk 4,17 ist auf den Verfolgungsdruck bezogen, der im Markusevangelium durchweg thematisiert wird. In der Verfolgungsangst, die Petrus während Jesu Verhör erlebt, strauchelt er (14,67-72). Doch ist es für diejenigen, die das Markusevangelium hören und lesen, klar, dass die Jünger und Jüngerinnen, die in ihrer Todesangst vor römischer Verfolgung geflohen sind (Mk 14,50-52), doch zu Vätern und Müttern des Glaubens geworden sind.

Das Hören und Verstehen der Jüngerinnen und Jünger

In Mk 8,14-20 wird der Kampf der Jüngerinnen und Jünger um das Hören des Wortes in ihrer Situation noch einmal ausführlich thematisiert. Sie haben Augen, um zu sehen, dass fünf Brote für 5000 gereicht haben. Aber sie sehen dennoch nicht; sie haben Ohren, um zu hören, und hören dennoch nicht. »Ist euer Herz verhärtet?« fragt Jesus (8,17). Auf seine kritischen Fragen (s. auch 8,20) gibt es keine unmittelbare Antwort. Bis zum Schluss des Evangeliums (16,8) wird von der Angst und dem Versagen der Jüngerinnen und Jünger gesprochen. Und doch sind sie diejenigen, mit denen sich Lesende und Hörende identifizieren sollen. Das ist die Eigenart dieses Evangeliums, die in Matthäus und Lukas so nicht wiederzufinden ist. Die kritische

---

3. Materialsammlung und Analyse bei L. Schottroff 1986; s. auch unten zu Lk 16.

Frage Jesu in 4,13 »Wie werdet ihr alle die Gleichnisse begreifen?« fehlt in den Parallelen bei Matthäus und Lukas. Diese kritische Frage Jesu zweifelt nicht am Verstand seiner Jünger und Jüngerinnen, sondern an ihrer Kraft zu hören, zu verstehen, ihr Leben ganz nach Gottes Willen zu gestalten. Das Markusevangelium lässt eine Situation christlicher Gemeinden nach 70 n. Chr. erkennen, in der die Anhängerschaft Jesu sich extrem bedroht fühlt[4]. Ihr Lebensstil bringt ihnen Hass und Verfolgung ein. Sogar Familienmitglieder (13,9-13) liefern sie römischen Behörden aus.

In Mk 4,10-13 spricht Jesus dem weitesten Kreis der Jüngerschaft zu: »Euch ist das Geheimnis des Königtums Gottes offenbart worden«. Julius Kögel[5] hat diesen Satz »Jubelruf« genannt. Er ist z. B. Mt 13,16 (und Lk 10,23) vergleichbar: »Selig sind eure Augen, weil sie sehen, und eure Ohren, weil sie hören!«. Doch in 4,13 folgt die kritische Frage, ob sie überhaupt etwas sehen und hören werden. Diese Spannung ist nicht ein Selbstwiderspruch des Textes, sondern die Wahrheit des Lebens der Menschen, die im Markusevangelium erkennbar wird. Ihnen ist Gottes Königtum offenbart, aber sie müssen hart um das Hören und Tun des Wortes Gottes kämpfen.

Das gescheiterte Hören

Wer also sind »die draußen« (4,11)? Ihr Schicksal ist besiegelt. Es ist viel exegetische Mühe darauf verwendet worden, die Härte des Gedankens von Mk 4,12 und Jes 6,9-10 zu vermeiden. Doch sowohl der hebräische Text bei Jesaja als auch Mk 4,12 sind sprachlich eindeutig: Das Volk (Jesaja) bzw. die »draußen« (Markus) hören das Wort, aber sie wollen es nicht annehmen, sie wollen nicht danach leben. Sie sind Verhärtete, Verstockte[6]. Ihre Verhärtung ist göttliche Absicht (*hina* und *mepote* sind final zu lesen)[7]. Umkehr und Vergebung Gottes sind für sie ausgeschlossen. Ich will diesen Gedanken jetzt nur für Markus (nicht für Jesaja) diskutieren. Im Kontext des Markusevangeliums sind die »draußen« diejenigen, denen im Gottesgericht das endgültige Urteil gesprochen wird. Die Jünger und Jüngerinnen, deren Herz verhärtet sein könnte (4,13; 8,17), werden von Jesus zur Umkehr gerufen.

---

4. Analyse der Verfolgungssituation, die im Markusevangelium erkennbar wird, bei L. Schottroff 1990, 73-95.
5. J. Kögel 1915, 75 vgl. A. Jülicher I, 1910, 133.
6. Die Wortgruppe »Verstockung« etc. verdankt ihre theologische Karriere der Bibelübersetzung Luthers, der die vielfältige biblische Terminologie vereinheitlichte, s. dazu K. L. Schmidt; M. A. Schmidt, ThW V, 1024f.
7. Die umfangreiche exegetische Diskussion bezieht sich vor allem auf sprachliche Möglichkeiten, den Gedanken der Verstockungs*absicht* Gottes zu vermeiden und die Möglichkeit einer Umkehr offen zu halten. Auch schon die antike Übersetzungsgeschichte von Jes 6,9-10 ist von dieser Schwierigkeit beeinflusst.

Mk 4,1-34 ist diese Umkehrpredigt des Toralehrers Jesus und des Propheten Jesus, der ruft, dass jetzt die Zeit der Umkehr ist. »Die Zeit ist erfüllt, das Königtum Gottes ist nahe, kehrt um und glaubt dem Evangelium«; so fasst das Markusevangelium zu Beginn die Botschaft Jesu zusammen (Mk 1,14 f.). Sie richtet sich an das Volk, an die Jünger und Jüngerinnen, sie richtet sich an Menschen aus den Völkern wie die Syrophönizerin (Mk 7,24-30) und den römischen Centurio, der das Hinrichtungskommando leitet (Mk 15,39). Jetzt ist die Stunde *(kairos)* der Umkehr. Niemand ist ausgeschlossen vom Hören, der Ruf Gottes ist öffentlich (4,21.22). Das Licht steht auf dem Leuchter, nicht unter dem Bett. Aber mit dem Ruf zum Hören ist die klare Ankündigung verbunden, dass das Leben vor Gott auch endgültig misslingen kann. Das Gericht Gottes wird über diejenigen, die böse gehandelt haben (7,23), ein endgültiges Urteil sprechen. Sozialgeschichtlich betrachtet ist Mk 4,11-12 Ausdruck der Erfahrung mit Menschen, die es ablehnen, das *Schema' Israel* zu befolgen und die ebenso Jesu Ruf zur Umkehr ablehnen. Diese Erfahrung mit Menschen, die bei klarem Wissen das Wort Gottes ablehnen, wird hier gedeutet: Es ist Gottes Wille, dass so etwas geschieht, es ist nicht das Ende des Evangeliums, der guten Botschaft von Gott. Die Perspektive auf die »draußen« ist die des handelnden Gottes[8]. Gott wird das Urteil fällen – und niemand sonst. Jesus, die Seinen, das Volk, die Völker – für sie ist es die Zeit des Lehrens, des Rufens und des Hörens, der Umkehr. Die »draußen« ist hier ein eschatologischer Begriff. Die Erfahrung mit Menschen, die die Botschaft ablehnen, ist Gegenwart. Aber das Urteil über sie ist allein Gottes Sache. So erlaubt Mk 4,11-12 niemandem, einen anderen Menschen oder eine Menschengruppe als die »draußen« zu beurteilen.

Das gelungene Hören und das gescheiterte Hören – über beides kann nur Gott im Gericht urteilen. Jetzt ist der *kairos,* die Stunde der Umkehr und des Kämpfens um das wahre Leben nach Gottes Willen unter den Bedingungen von römischer Verfolgung, Geldwirtschaft und den sonstigen Lebensschwierigkeiten für unterworfene Völker im Römischen Reich. Jünger und Jüngerinnen sind in keiner anderen Situation als die Volksmenge, zu der Jesus

---

8. Dieser so genannte Determinismus rechtfertigt nicht Gewalt und Ungerechtigkeit, sondern tröstet diejenigen, die an ihr leiden: Gott wird durch das Unrecht nicht entmachtet. »In such situations of persecution, a theology of apocalyptic determinism functions to assure the hard-pressed faithful that their suffering does not signal a loss of divine control«, J. Marcus 1999, 307. Allerdings liegt es Marcus daran, dass im Text selbst der Determinismus nicht das letzte Wort behält, 307, vgl. 321, wo er Mk 4,25b beklagt. Doch die Verurteilung der Täter von Ungerechtigkeit im Gericht Gottes kann nicht von dieser Gottesvorstellung abgetrennt werden. Aber es ist Gottes Urteil, das in keiner Weise von Menschen vorausgenommen werden kann. Die an Ungerechtigkeit Leidenden werden von Hass und Rache befreit, indem sie die Gerechtigkeit ganz Gott anvertrauen.

predigt[9]. Auch der Volksmenge ist das Geheimnis des Königtums Gottes offenbart worden, auch ihr gilt der Jubelruf.

Warum gibt Jesus den Seinen dann noch eine zusätzliche Erklärung seiner Lehre (4,34 *epelyen*)? Diese zusätzliche Erklärung bringt ihnen keine Sonderoffenbarung, keine Privilegien für die Beziehung zu Gott. Sie bringt ihnen eine weitere Unterweisung des Toralehrers Jesu, wie z. B. die Jüngerbelehrung 10,10-12 zeigt. Diese *epilysis* ist auch nicht eine Auflösung der Gleichnisbilder in eine allegorische oder nichtbildliche Deutung, wie sehr oft angenommen wird.

In der bisher vorgetragenen sozialgeschichtlichen Analyse von Mk 4,1-34 habe ich einige exegetische Entscheidungen getroffen, die ich noch eigens benennen möchte, weil die meisten Exegesen dieses Textes in eine andere Richtung gehen.

Mk 4,10-12 wird fast ausnahmslos als eine Gleichnis»theorie« angesehen, nach der die Gleichnisse verhüllte Rede sind, Dunkelrede, die zusätzlicher Erläuterung bedarf. Gegen diese Deutungstradition haben Julius Kögel 1915[10] und Brad H. Young 1998[11] bisher ohne rechten Erfolg auf den klaren Text (Jes 6,9-10 und) Mk 4,12 hingewiesen. Die Gleichnisse ermöglichen das Hören und Sehen, aber sie werden hörenden Ohres und sehenden Auges abgelehnt. Gleichnisse sind nach Mk 4,11 und 4,33 gerade deshalb Jesu Methode zu lehren, weil sie gut zu verstehen sind[12].

Eine weitere exegetische Entscheidung betrifft das Verhältnis von Mk 4,3-8, dem Gleichnis vom Sämann, zu der Deutung dieses Gleichnisses in 4,14-20. Seit dem Ende des 19. Jahrhunderts wurde sehr oft das Gleichnis als »echtes« Jesusgleichnis und die Deutung als nachträglich und unangemessen allegorisch angesehen. Ich halte es nicht nur aus Gründen der literarischen Methode für notwendig, Mk 4,(13)14-20 als homogenen Bestandteil des Redeberichtes Mk 4,1-34 zu lesen, sondern auch im Blick auf die Geschichte

9. Darin sehe ich auch den Grund, warum die anscheinend separate Jüngerbelehrung erzählerisch so inkonsequent durchgeführt ist. Der Text setzt voraus, dass die Volksmenge ab V. 21 (?) wieder (?) anwesend ist, ohne zu erklären, wie die Situation von 4,10 mit 4,1-2 vereinbart werden soll.

10. J. Kögel 1915; L. Schottroff, Verheißung 1987.

11. B. H. Young 1998, 263.

12. Einer der Gründe für das Missverständnis, die Gleichnisse seien im Sinne von Mk 4,10-12.33.34 verhüllende Rede, ist die Deutung des Parallelismus in Mk 4,11 f. als Gegenüberstellung zweier Verkündigungsmethoden (1. in Gleichnissen, 2. ohne Gleichnisse bzw. mit Gleichnissen, die zusätzlich erklärt werden) oder als Gegenüberstellung von Offenbarung und Verhüllung, wobei *parabole* als Rätsel zu übersetzen sei. Der Parallelismus stellt aber zwei unterschiedliche Begegnungen mit der *einen* verständlichen Offenbarung dar: die Ablehnung (nicht sehen, nicht verstehen) und geschenkt bekommen *(dedotai)*.

jüdischer Gleichniskultur, sei sie mündlich oder schriftlich. Sie folgt nicht einer Gleichnistheorie, die zwischen Gleichnis und Allegorie unterscheidet. Zusätzlich zu fiktiven Erzählungen aus dem Leben von Königen, anderen Menschen und Lebewesen können in den *meschalim* der jüdischen Tradition auch sprachliche Symbole oder Metaphern verwendet werden. David Stern stellt die Unterscheidung von Allegorie und Gleichnis für die Jesustradition und die übrigen *meschalim* der jüdischen Tradition grundsätzlich in Frage und kritisiert die mit ihr verbundenen Voraussetzungen als unangemessen: »the terms allegory and parable, as they have figured in past scholarship, are simply not relevant to understanding the mashal and its tradition«[13]. Gelehrte wie Birger Gerhardsson[14] oder Brad H. Young[15] haben unter dem Eindruck der Geschichte jüdischer *meschalim* immer schon zu Recht die Parabeltheorie Jülichers und ihre Konsequenzen für das Verhältnis von 4,3-8 und 4,14-20 kritisiert. Mk 4,14-20 folgt keiner Gleichnistheorie irgendeiner Art. Innerhalb eines Satzes springt die Bedeutung der Bilder hin und her. Sind nun die Menschen der Same, ist das Pflanzengeschick das Geschick der Menschen, oder ist das Wort der Same, die Menschen der Boden und das Pflanzengeschick das Geschick des Wortes bei den Menschen? Inhaltlich ist der Sinn jedoch trotz dieser »Unordnung« (gemessen an irgendeiner Theorie) völlig klar. Das Geschick der Pflanzen ist das Geschick des Wortes bei den Menschen und damit auch deren Geschick. Es ist nicht sinnvoll, hier von einer Allegorie zu sprechen. Ich verstehe Mk 4,14-20 als Anwendung des Gleichnisses 4,3-8 auf die aktuelle Situation unter Aufnahme eines Teiles der Bildelemente des Gleichnisses. Im Blick auf die rabbinische Gleichniskultur kann Mk 4,14-20 dem *nimschal* verglichen werden, der »explanation or solution, usually beginning with the conjunction *kakh*, ›similarly‹, that accompanies virtually every mashal recorded in midrashic literature ... the mashal is to some extent allegorical. But the mashal is allegorical – or as I would prefer to call it, referential – only to the extent that it must allude to the ad hoc situation which gives it a concrete meaning«[16] (der »Erklärung oder Auflösung, die normalerweise mit der Konjunktion *kakh*, ›so auch‹ beginnt, die praktisch jedes Maschal begleitet, das in Midraschliteratur aufgezeichnet ist. ... das Maschal ist bis zu einem gewissen Grade allegorisch. Doch das Maschal ist allegorisch – oder wie es es lieber nennen würde, verweisend – nur bis dahin, dass es auf die ad hoc Situation anspielen muss, die ihm eine

---

13. D. Stern 1981, 164; D. Stern 1991, 16-18.
14. B. Gerhardsson 1968.
15. B. H. Young 1998, 252; D. Flusser 1981, 63.
16. D. Stern 1981, 165; 1991, 16-19. S. auch B. H. Young 1998, 270 zu Mk 4,14-20 als *nimschal*.

konkrete Bedeutung gibt« Übersetzung L. S.). Mk 4,14-20 leistet diese Verdeutlichung der konkreten Situation, auf die Mk 4,3-8 bezogen ist.

Die Entscheidung, in 4,10-12 nicht zwei Menschengruppen zu identifizieren (Jünger versus die »draußen«), sondern den Text eschatologisch zu lesen, werde ich in den folgenden Abschnitten weiter erläutern. Die Entscheidung, im Gleichnis und seiner Deutung nicht vier Typen von Menschen zu finden, sondern die Gegenüberstellung von gescheitertem und gelungenem Hören, hat nicht nur in meinem Verständnis dieser Texte als eschatologische Hoffnungstexte ihren Grund, sondern auch in meiner Beobachtung des literarischen Gefälles der Erzählung, das auf V. 8 und V. 20 als einen strahlenden Höhepunkt im Gegensatz zur vorangehenden Rede vom gescheiterten Hören zuläuft[17]. Auch der inhaltliche Zusammenhang mit dem *Schema' Israel* und seiner Vorstellung von gelungenem Hören spricht für diese Deutung. Sozialgeschichtlich betrachtet sprechen V. 3-7 und 14-19 nicht von unterschiedlichen Hörern/Hörerinnen des Wortes, sondern von verschiedenen Aspekten des Lebens, das sich im Markusevangelium spiegelt, von Verfolgung, von Druck und der Macht des Mammons in der Erfahrung jüdischer, judenchristlicher und heidenchristlicher Menschen vermutlich nach dem Krieg 66-70 n. Chr.

Die Gleichnisbilder – Das Säen und der Ertrag

Es gibt in der neutestamentlichen Forschung zum Sämannsgleichnis eine breite Diskussion darüber, dass die Saatverluste, die der Sämann hier in Kauf nimmt, darauf zurückzuführen seien, dass es im Palästina des 1. Jahrhunderts n. Chr. wie in der arabischen Landwirtschaft des 19. und 20. Jahrhunderts eine völlig unwirtschaftliche Anbaumethode gegeben habe: Die Leute hätten ungepflügten Boden besät und anschließend erst gepflügt, wobei Unkraut und Trampelpfade mit untergepflügt wurden. Gegen diese Theorie ist – obwohl sie sich unter Theologen hartnäckig hält – mit Kennern der antiken Anbaumethoden einzuwenden, dass eine solche verlustreiche Landwirtschaft bei der ausgefeilten Technik von Bodenverbesserung und Ertragssteigerung der antiken Landwirtschaft kaum denkbar ist[18], dass weiterhin das Säen auf ungepflügtem Boden, das bei arabischen Bauern des 19. und

---

17. Ausführlicher L. Schottroff 1985. B. H. Young 1998, 265-268 stellt Mk 4,3-8 in den Zusammenhang jüdischer Traditionen über vier unterschiedliche Arten von Toraschülern. Doch werden in Mk 4,1-20 nicht vier verschiedene Reaktionen auf das »Wort« beschrieben, sondern zwei. S. zur Sache auch H. K. McArthur; R. M. Johnston 1990, 182f.

18. K. D. White 1964.

20. Jahrhunderts beobachtet wurde, von Theologen wie Dalman[19] und Jeremias unter dem Einfluss des Sämanngleichnisses missdeutet wurde. Es gibt unbefangenere Darstellungen der arabischen Landwirtschaft am See Genezareth[20], die besagen, dass die Herbstsaat dann auf ungepflügten Boden gesät wird, wenn das Feld »nach dem letzten Frühlingsregen umgepflügt als Sommerungsfeld unbebaut liegengeblieben« ist oder zuletzt mit Sommerfrucht bestanden war, eine durchaus nicht unwirtschaftliche Methode.

Die Saatverluste sind zudem im Gleichnis auch gar nicht als sehr groß beschrieben; dieser Eindruck entsteht nur durch die breite Ausmalung der negativen Saatgeschicke. Die Saatverluste sind vielmehr (mit White) so zu erklären, dass bei der Knappheit guten Ackerbodens in Palästina bzw. im gesamten Mittelmeerraum der Antike auch bei bester Anbautechnik gewisse Saatverluste in Kauf genommen werden müssen. Das Sämannsgleichnis deutet auf eine minimale Feldgröße hin, die bei breitwürfigem Säen auch die Samenkörner auf dem Weg am Feldrand erklärt, der natürlich nicht mitgepflügt wird, wie dem Gleichnis selbst zu entnehmen ist. Es gibt auch archäologische Befunde für solche Miniaturfelder im Palästina des 1. Jahrhunderts n. Chr.[21] Die Disteln am Rande oder als Inseln im Acker (für beides gibt es Belege) und das Besäen von Stellen mit felsigem Untergrund deuten ebenfalls auf die Knappheit des Ackerbodens hin. Das Gleichnis dokumentiert also nicht eine unwirtschaftliche Anbaumethode, sondern die wirtschaftliche Notlage der Menschen im Palästina dieser Zeit, die noch das letzte kleine Stück Erde trotz felsiger Stellen bebauen müssen. In den Naturgleichnissen und Bildern der synoptischen Evangelien bestätigt sich im Übrigen immer wieder diese Beobachtung, dass die Natur aus der Perspektive von Menschen wahrgenommen wird, die ihr mit Anstrengung ihre Nahrung abgewinnen. Bäume, die keine Frucht tragen, werden abgeholzt und verbrannt, selbst die Sperlinge werden gegessen, und eine Naturwahrnehmung ohne ökonomische Grundlage gibt es kaum – abgesehen von der einen wichtigen Ausnahme Mt 6,25-33 par.

Noch für einen weiteren Aspekt des Gleichnisses muss nach dem Verhältnis von Gleichnisbild und Wirklichkeit gefragt werden: die reiche Fruchtbarkeit. Ich benenne hier nur mein Ergebnis, ohne die Diskussion im Einzelnen führen zu können. Es ist im Gleichnis an Fruchtbarkeit pro Saatkorn gedacht, die auch in anderen Texten zur Demonstration großer Fruchtbarkeit z. B. einer bestimmten Gegend benutzt wird. Die Staffelung (30-, 60-, 100fach) hat erzählerische Gründe. Der 100fache Ertrag pro Saatkorn ist auch sonst als überreiche, aber nicht märchenhafte Fruchtbarkeit belegt.

19. G. Dalman 1964, 194 f.
20. J. Sonnen 1927, 77 f.; vgl. auch U. Mell 1998, 82-109.
21. S. Applebaum 1977, bes. 365; J. F. Strange 1997, 46 f.

Das Gleichnis hält sich also im Rahmen der vorstellbaren Realität, wenn auch – was den reichen Ertrag angeht – nicht im Rahmen alltäglicher Erfahrung. Ein so reicher Ertrag ist ungewöhnlich, eine Ausnahme, die bestaunt wird.

»Wer da hat ...«

In Mk 4,25 wird ein Spruch, der die Logik der Zinswirtschaft beschreibt, auf das Hören des Wortes angewendet. In Mt 25,29 wird er dem reichen Mann in den Mund gelegt, der seine Sklaven zwingt, seinen Reichtum durch Wucher zu mehren. Dem dritten Sklaven, der sich verweigert hat, nimmt er das »anvertraute« Geld mit diesem Spruch wieder ab. Für die Verwendung des Spruches zur Charakterisierung von Geldwirtschaft gibt es antike Parallelen[22]. In Mk 4,25 wird dieser Spruch auf einen Gedanken angewendet, der sich in biblischer und rabbinischer Weisheit findet: Gott gibt Weisheit nur denen, die Weisheit besitzen:»Gib dem Weisen, so wird er noch weiser werden; lehre den Gerechten, so wird er in der Lehre zunehmen« (Spr 9,9 vgl. 1,5[23]). Diese Tradition dient der Ermutigung, immer weiter zu lernen. Sie enthält nichts von dem Zynismus des Spruches über die Geldwirtschaft, der dennoch in Mk 4,25 voll erkennbar ist.

Midrasch Qohelet 1,7 bietet eine interessante Parallele zu Mk 4,25, weil hier ebenfalls ein Beispiel aus der Geldwirtschaft benutzt wird, um einen weisheitlichen Gedanken zu verdeutlichen:»Eine Matrone fragte den R. Jose b. Chalaphta (um 150) u. sprach zu ihm: Was bedeutet: ›Er gibt Weisheit den Weisen u. Wissen den Einsichtigen‹ Dan 2,21? Hätte die Schrift nicht sagen sollen: Er gibt Weisheit den Nichtweisen u. Wissen den Nichteinsichtigen? Er antwortete: Ein Gleichnis. Wenn zu dir zwei Menschen kommen, um von dir Geld zu borgen, einer ist reich u. der andre ist arm, wem von ihnen leihst du, dem Reichen oder dem Armen? Sie sprach: Dem Reichen. Er sprach: Und warum? Sie antwortete: Wenn der Reiche mein Geld verliert, so hat er, wovon er bezahlen kann; aber wenn der Arme mein Geld verliert, wovon soll er mir zahlen? Er sprach zu ihr: Und wollen deine Ohren nicht hören, was du mit deinem Munde aussprichst? Wenn Gott Weisheit den Törichten gäbe, so würden sie sitzen u. davon sprechen in den Aborten u. Theatern u. Badeanstalten; allein Gott hat Weisheit den Weisen gegeben, u. diese sitzen u. sprechen davon in den Synagogen u. Lehrhäusern.«[24]

Die Weisheit soll nicht von Törichten missbraucht werden können, von Menschen, die nach der Logik des römischen Weltreiches leben – denn das

---

22. S. z. B. das Material bei J. Marcus 1999, 320.
23. Weiteres Material Billerbeck I, 660f.
24. Billerbeck I, 661.

besagt ihre Charakterisierung durch Aborte, Theater und Badeanstalten – den öffentlichen Errungenschaften des Weltreiches[25]. In Mt 7,6 (Perlen nicht vor die Säue zu werfen usw.) findet sich ein vergleichbarer Gedanke.

Was bedeutet es, dass in Mk 4,25 (und den Parallelen Lk 8,18 und Mt 13,12) und Midrasch Qohelet 1,7 die brutale Logik der Geldwirtschaft zur Verdeutlichung des Handelns Gottes mit den Menschen verwendet wird? Der Zynismus der Geldwirtschaft wiederholt sich ja gerade nicht in der Situation der Menschen, die das Wort Gottes hören und immer wieder hören und die weiter wachsen in ihrer Beziehung zu Gott (Mk 4,25). So entsteht wie bei manchen Gleichnissen (z. B. Mt 25,14-30), die die Brutalität der Geldwirtschaft beschreiben, eine Spannung zwischen Bildmaterial und Situation, auf die das Gleichnis bezogen ist. Diese Spannung führt zu einer doppelten Botschaft: Gott gibt denen, die hören, immer mehr – doch wie anders ist Gottes Logik als die der Geldwirtschaft. Dass die Angeredeten an der Geldwirtschaft und ihrem Widerspruch zu Gottes Wort leiden, ist ja gerade deutlich gesagt worden (Mk 4,19).

»Ekklesiologische« Deutung

Für das Sämannsgleichnis (Mk 4,3-8) sind zwei Deutungsmuster vorherrschend: die Deutung auf Jesus, den Sämann, oder die Deutung auf »viererlei Acker«, vier Typen von Menschen in ihrem Verhalten zum Wort. Beide Deutungsmuster sind auch als Gleichnisüberschriften in Bibelübersetzungen zu finden (»vom Sämann«; »vom viererlei Acker«).

In der Deutung auf Jesus wird Jesus als Urbild aller Prediger verstanden, deren Worte (»Samen«) auch Misserfolg haben. Diese Deutungen auf Redeerfahrungen mit Misserfolg und Erfolg variieren je nach Einschätzung der Bedeutung des Misserfolgs. »Der normale Erfolg des Wortes Gottes ist der Misserfolg« (Schniewind 1949)[26]. Ein Beispiel für eine Deutung, die den Misserfolg für nebensächlich hält, ist bei Weder 1978[27] zu finden. Einiges Wenige gehe zwar verloren, aber die Schilderung der Erfolglosigkeit stehe im Dienst der Darstellung des guten Ausgangs, »das meiste bringt ja Frucht«.

Eine Variante dieser Deutungtradition stellt einen christologischen Inhalt in den Vordergrund. Der Saatverlust im Gleichnis drücke die unumgängliche Gefährdung der Sendung Jesu aus. »Die Bejahung der gefährdeten Sendung aber ruht auf dem Wissen, dass in der Gefährdung, nicht nur trotz

---

25. Vgl. z. B. die Kritik an römischen Märkten, Brücken und Bädern bSabb 33b.
26. J. Schniewind 1949, 74.
27. H. Weder 1978, 108 f.

ihrer, der Sinn der Sendung sich durchsetzt« (Dietzfelbinger 1970)[28]. Auf der Grundlage einer literaturwissenschaftlichen Methode kommen Donahue und Harrington 2002[29] zu einem ähnlichen Ergebnis: »The manner in which the climactic verse (4:8) explodes, after the lull of the three previous verses, conveys the advent of the kingdom in Jesus' teaching and activity (1:14-15) as something that shatters the way by which life normally operates ...«. Die markinische Kreuzestheologie ist »das Geheimnis des Reiches Gottes« (4,11), »the paradox of God's will manifest in the cross of Jesus«. »Insider« im Sinne von 4,11 sind diejenigen, die diesen Willen Gottes akzeptieren, und »outsider« diejenigen, die ihn ablehnen; selbst »disciples (,) may become ›outsiders‹«.

Die Relevanz der Kreuzestheologie für das Markusevangelium ist klar, es ist jedoch zu fragen, welche Funktion die Kreuzestheologie in diesen christologischen Deutungen von Mk 4,3-8 bzw. 4,1-20 bekommt. Die Bejahung der Kreuzestheologie wird in ihnen zum Kriterium des wahren Hörens. Damit aber wird eine dogmatische Definition von Kirche in den Mittelpunkt der Interpretation gestellt. Der »context of Jewish rejection of Christian claims« ist für Donahue und Harrington der implizite Diskussionszusammenhang[30]. So führt diese Deutung eine ekklesiologische und kreuzestheologische Gegenüberstellung von Insidern und Outsidern, die eine lange christliche Geschichte hat, weiter. Die blinde Synagoge ist implizit das Gegenbild zu den Insidern, die das Kreuz Christi bejahen.

Die Deutung auf Jesus, den Sämann, und das Ausmaß seines Redeerfolges oder -misserfolges enthält dieselben Grundstrukturen. Nicht Gott entscheidet über das Hören und Handeln von Menschen, sondern ihr Ja oder Nein zur Predigt Jesu/christlichen Predigt.

Für die Deutung des Gleichnisses auf vier Menschentypen und ihr Hören nehme ich die Interpretation von Birger Gerhardsson als Beispiel. Sie ist ein – gemessen an der damaligen wissenschaftlichen Diskussion – besonders früher und hervorragender Versuch, Antijudaismus und eine »ekklesiologische« Lektüre zu überwinden. Er versteht die vier Saatgeschicke als Darstellung von vier überzeitlichen Hörertypen[31]. Das erfolgreiche Saatgeschick beziehe sich auf »the true members of the covenant«[32]. »But they are not referred to as any particular historical group, as ›the church‹ over against ›the synagogue‹ ... but as an existential category«[33]. Er versteht die insider

---

28. C. Dietzfelbinger 1970, 92.
29. J. R. Donahue; D. J. Harrington 2002, 144-146.
30. J. R. Donahue; D. J. Harrington 2002, 145.
31. B. Gerhardsson 1968, 175 (zu Mt 13,18-23), 181 zu Mk 4,13-20.
32. B. Gerhardsson 1968, 182 (vgl. 178).
33. B. Gerhardsson 1968, 179.

und die outsider als zwei Gruppen innerhalb Israels[34], die blinde Volksmenge im Gegensatz zu denen, die hören und tun[35]. Trotz seines bewundernswerten Versuches, Antijudaismus zu vermeiden, konstruiert er eine innerjüdische Gegenüberstellung zweier Gruppen, die der Struktur der traditionellen,»ekklesiologischen« Interpretation nachgebildet sind.

Die »ekklesiologische« Deutung ist unabhängig von historischer Methode und selbst bei hermeneutischem Misstrauen gegenüber dieser Deutung, wie bei Gerhardsson und auch bei Donahue und Harrington[36], der rote Faden, der diese und andere Exegesen von Mk 4,3-8 durchzieht und miteinander verbindet.

Ähnliches ist für Mk 4,10-12 festzustellen. Die traditionelle Auslegung verstand den Satz »Euch ist das Geheimnis des Königtums Gottes offenbart worden« (4,11) als Jubelruf, der die Jünger anredet – von Jüngerinnen war hier ohnehin nicht die Rede. Implizit oder explizit wurde der Jubelruf für die Jünger als Heilszusage für die christliche Kirche verstanden. Demgegenüber wurden »die draußen« als das jüdische Volk, das Gott verstockt hat, zur blinden Synagoge. Als ein Beispiel für solche Auslegung weise ich auf Kögel 1915 hin:»... die religiöse Erkenntnis Israels, das, was dem Volke bisher an göttlicher Offenbarung und religiösem Besitz geschenkt gewesen ist, ... Das geht ihm nun endgültig verloren.«[37]

In ihrer Dissertation von 1987 (1989 veröffentlicht) hat Mary Ann Beavis ihre Methode sorgfältig reflektiert. Sie kombiniert »literary criticism« mit einer »sociological« Methode, die das »social setting« des Markusevangeliums untersucht, in diesem Fall besonders den (jüdisch) hellenistischen Hintergrund von Erziehung und »literary culture«[38]. Durch ihre Beobachtungen, wie eng 4,10-12 mit dem gesamten Markusevangelium verflochten sind, und ihre Frage nach denen, die das Evangelium hören (»audience«), gelingt es ihr, die dualistische Gegenüberstellung Jünger/Kirche versus Israel/Synagoge aufzubrechen.»It is unlikely that a community ... concerned to preach the gospel to all nations (13.10) ... wished to hide its light under a bushel! The Marcan sect, which defined itself over and against society, had nevertheless to remain open to ›outsiders‹«[39]. Die Elemente von »Geheimnis« und »enigmatic parables« hält sie für propagandistisch geschickte literarische Mittel, das Publikum für Jesus zu gewinnen. »Like the other eso-

---

34. B. Gerhardsson 1968, 178.
35. B. Gerhardsson 1968, 174.179.
36. J. R. Donahue; D. J. Harrington 2002, 144 (»disturbing element is the determination and sectarian theology put on the lips of Jesus«).
37. J. Kögel 1915, 69.
38. M. A. Beavis 1989, 10.
39. M. A. Beavis 1989, 170f.

teric elements in Mark, the use of mystery terminology involves the reader in the story, encouraging him/her to see, hear, and understand the meaning of the life of Jesus«[40]. Doch auch für Mary Ann Beavis steht die Hörerschaft des Evangeliums als eine religiös selbstbewusste Gruppe da, die sich der kritisierten Jüngerschaft im Evangelium überlegen fühlt[41] und die erfolgreich Satan Widerstand leistet[42] »and of whom the son of man will not be ashamed on the last day«[43]. Sie bricht den Antijudaismus der exegetischen Tradition erfolgreich auf[44], aber an die Stelle der triumphierenden, allwissenden Kirche tritt ein triumphierendes, allwissendes »audience«, die Zuhörerschaft, das Publikum.

Joel Marcus 2000[45] hält Mk 4,11-12 für eine Gegenüberstellung Israels, das den Messias abgelehnt hat, zur markinischen Gemeinde. Gott hat Israel verworfen, sagt die Gemeinde. Aber das sei nicht das letzte Wort. In 4,21-22 werde die Wahrheit wieder offenbart und die Blindheit und Verurteilung behalte nicht das letzte Wort. Also steht Israel der Weg zur Umkehr wieder offen.

Ich diskutiere diese Deutungen hier nicht unter dem Gesichtspunkt ihrer exegetischen Plausibilität. Mir geht es darum, die Nachwirkungen der »ekklesiologischen« Deutungstradition zu erkennen. Bis auf die alte Deutung von Kögel 1915 habe ich neuere Deutungen gewählt, die hermeneutisches Unbehagen bei der traditionellen Deutung von 4,10-12 empfinden. Für Marcus ist Mk 4,10-12 exklusivistisch und deterministisch, aber durch Mk 4,21-22 relativiert. Für Beavis ist die Gegenüberstellung von Insidern und Outsidern nur scheinbar exklusiv, jedoch das Ziel des Markusevangeliums ist das Publikum, die Hörerschaft, die sich im Gottesgericht auf der sicheren Seite weiß. Ähnlich war das Ergebnis für Donahue und Harrington. Sie halten eine »ekklesiologische« Deutung aufrecht trotz des Unbehagens gegenüber dem Exklusivismus und Determinismus, den sie in Mk 4,10-12 sehen.

Die Reflexion der Methoden, mit denen die Texte untersucht werden, sollte um die hermeneutische Reflexion der Auslegungstradition ergänzt werden. Der innere Zusammenhang von Antijudaismus und triumphaler Ekklesiologie wird sonst auch dort nicht überwunden, wo der Antijudaismus vermieden wird. Es erweist sich als notwendig, den Antijudaismus explizit und mit allen seinen ekklesiologischen Konsequenzen zu diskutieren.

40. M. A. Beavis 1989, 172 f.
41. M. A. Beavis 1989, 97.
42. M. A. Beavis 1989, 151.
43. M. A. Beavis 1989, 98.
44. M. A. Beavis 1989, 150: »Elsewhere in the Gospel ›those about him‹ and ›those outside‹ are not absolutely rigid categories: a ruler of the synagogue can be faithful ...«.
45. J. Marcus 1999, 307.

Eschatologische Deutung

Brad Young 1998 stellt Mk 4,1-20 konsequent in den jüdischen Kontext. Er versteht das Sämannsgleichnis und seine Deutung in Analogie zu jüdischen Texten, die vier Typen von Toraschülern charakterisieren. Wichtiger noch ist, dass er wie Gerhardsson 1968 den Zusammenhang von Hören und Tun der Tora betont. Brad Young reflektiert nicht darüber, wie das richtige Hören und Tun der Tora im Sinne des Textes erkannt werden kann. Die Nachfolger und Nachfolgerinnen Jesu »hear the word and do it. They can understand the mystery because of their decision to obey. But for others the message is heard only in simple parables, so easy to understand but so difficult to put into practice«[46]. (Wie oben schon erwähnt: Young versteht die Gleichnisse nach 4,10-12 nicht als Dunkelrede, sondern als leicht verständliche Redeweise.) Durch das Tun der Tora werden die Geheimnisse Gottes verstanden. »The kingdom of heaven means that people can acknowledge his reign and receive the power to dedicate their lives to God«[47]. Ich möchte nur einige weitere Sätze hinzufügen: Und sie vertrauen auf Gott als ihre Zukunft und den gerechten Richter über die Taten der Menschen. Das Feld, das überreich Frucht bringt, ist ein Bild der Hoffnung angesichts einer Realität, die es schwer macht, Jüngerin oder Jünger Jesu zu sein, die Tora zu tun. Die sozialgeschichtliche Analyse der Situation der markinischen Gemeinde kann den kritischen Zustand der Jüngerschaft Jesu nach Markus erklären. So wird deutlich, warum der Kampf so hart ist, das Wort zu hören und zu tun.

Wie ist die Reaktion der Zuhörenden vorzustellen? Hinweise darauf sind die wiederholten Aufforderungen, zu hören, zu hören und zu sehen. Was gehört werden soll, und dass Hören und Tun zusammengehören, das ist aus der jüdischen Tradition allen Beteiligten, auch heidenchristlichen Menschen, vertraut. Doch wie hart es ist, zu hören und zu sehen, in einer Situation, wie sie in Mk 13 oder in der Gestalt des Petrus erkennbar wird, davon redet das Gleichnis und seine Deutung. In dieser Situation ist die Verheißung der Fruchtbarkeit Trost und Stärkung. Mk 4,24-25 sind zwar nicht das Ende dieser Rede Jesu nach Markus, aber die strahlende Verheißung: Gott wird euch beschenken, weit über das Maß hinaus, mit dem ihr selbst gemessen habt.

Im Kampf der Jünger und Jüngerinnen bei Markus, die in einer Welt leben, die es ihnen fast unmöglich macht, nach Jesu Wort, nach seiner Lehre der Tora zu leben, sehe ich eine erzählerische Parallele zur paulinischen Klage über die Macht der Sünde und seinem Vertrauen in die Liebe Gottes. Die inhaltliche Verwandtschaft, in die auch noch andere Texte, z. B. das 4. Buch

46. B. H. Young 1998, 268.
47. B. H. Young 1998, 276.

Esra, einzubeziehen sind, beruht nicht auf einer einheitlichen Lehre, sondern auf den vergleichbaren Erfahrungen jüdischer Menschen und ihrer heidenchristlichen Geschwister, die daran leiden, dass es schwer ist, unter den Bedingungen des Römischen Reiches nach der Tora zu leben.

Literatur zur Vertiefung

Birger Gerhardsson 1968 – Julius Kögel 1915 – Luise Schottroff 1987 (Verheißung) – Brad Young 1998

Eigene Vorarbeiten

Luise Schottroff 1987 (Verheißung); 1985; 1986

**Teil II
Sozialgeschichtliche Gleichnisauslegung
Überlegungen zu einer nichtdualistischen
Gleichnistheorie**

1. Mein Verständnis sozialgeschichtlicher Bibelauslegung im Rahmen kontextueller Theologien

Jede Bibelauslegung beruht auf hermeneutischen Voraussetzungen, die jedoch oft nicht explizit diskutiert werden, weil es für diese Diskussion lange weder eine wissenschaftliche noch eine kirchliche Tradition gab. Erst durch Befreiungstheologien ist die Benennung des eigenen gesellschaftlichen Kontextes derer, die Texte auslegen, zum Thema geworden. Allerdings hat sich die Anerkennung der methodischen Notwendigkeit dieser Reflexion nur in Randbereichen der wissenschaftlichen Auslegungspraxis durchsetzen können. Zudem hat sie, wo sie stattfindet, oft den Charme eines Einwanderungsformulars: weiß, weiblich, Mittelklasse, Westeuropäerin …

Diese Kontextualisierung der eigenen Interpretation ist nicht weitreichend genug, wie vor allem der feministische und jüdisch-christliche Diskurs gezeigt haben. In diesen Diskursen sind Denkvoraussetzungen ans Tageslicht gebracht worden, die meist schon über Hunderte von Jahren die christliche Bibelauslegung beeinflusst haben.

Ich sehe vier Felder von hermeneutischen Annahmen, die kritisch gesichtet werden müssen:

Die Ideologie einer christlichen *Überlegenheit* über andere Religionen, insbesondere das Judentum; *Dualismen* in unterschiedlichen Bereichen von Theologie; Annahmen, die christlichen Vorstellungen von *Schuld/Sünde* und menschlichem Leiden unter Gewalt zugrunde liegen; die Orientierung an einer »christlichen« Aufgabe, den gesellschaftlichen Status quo und seine *Herrschaftsstrukturen zu erhalten*.

Ich werde nun zunächst diese vier hermeneutischen Felder besprechen.

Überlegenheitsideologie

Die Voraussetzung, dass die christliche Religion allen anderen Religionen überlegen ist – und damit verbunden die Voraussetzung, dass »die Kirche« in den biblischen Texten das göttliche Heil zugesprochen bekommt, beherrscht die Bibelauslegung – wie sich auch oben bereits gezeigt hat. Nun werden vielleicht zu Beginn des 3. Jahrtausends n. Chr. viele christliche Menschen nicht mehr sagen wollen, dass das Christentum allen anderen Religionen überlegen ist, aber in der Bibelauslegung hält sich weiter die Vorstellung, dass Jesus in Mk 4,11 die Jüngerschaft und damit indirekt die Kirche anredet:»Euch ist das Geheimnis des Reiches Gottes gegeben«. Oder, um ein anderes Beispiel zu geben: Das Reich Gottes wird Israel weggenommen und der Kirche, dem Volk, das die Früchte (des Reiches Gottes) bringt, gegeben (Mt 21,43).

Selbst wenn solche »ekklesiologische« Deutung des Bibeltextes mit postmodernem Unbehagen ausgesprochen oder in einer abgeschwächten Form vorgetragen wird, sie beherrscht die Auslegung des Neuen Testaments immer noch. Daraus ist die Konsequenz zu ziehen, dass der implizite Machtanspruch, die Überlegenheitsbehauptung, reflektiert werden muss: weiß, weiblich, Mittelklasse, Westeuropäerin, christlich mit der Vorstellung, dass das Christentum anderen Religionen überlegen – oder eben nicht überlegen ist. Diese Kontextualisierung bedarf also zusätzlich der *expliziten* Kritik hermeneutischer Muster. Damit ist der erste Schritt zu ihrer Überwindung getan. Auf die zitierten Beispiele angewendet, gibt es dann zwei Möglichkeiten: Ich kann die Bibeltexte Mk 4,11; Mt 21,43 *selbst* als herrschaftslegitimierend beschreiben oder weite Bereiche ihrer *Auslegungstradition*. So entsteht die kritische Frage: Welche Herrschaft konnten denn das Markus- oder Matthäusevangelium legitimieren wollen? Gab es zu ihrer Zeit schon eine christliche Gruppe, die sich selbst als Empfängerin göttlichen Heils in Abgrenzung zu anderen Religionen, vor allem dem Judentum, verstand? Die »ekklesiologische« Auslegungstradition bzw. ihre Kritik, wenn sie den Text selbst als Ausdruck eines triumphalistischen religiösen Selbstbewusstseins kritisiert, setzt eine historische Annahme voraus: dass das Christentum zur Zeit der Entstehung der Texte sich vom Judentum getrennt habe. Eine Variante dieser Annahme ist es, wenn Jesu Botschaft selbst als bereits vom Judentum abgelöste Heilsverkündigung verstanden wird. Sozialgeschichtliche Bibelauslegung bedeutet im Blick auf die hermeneutische Voraussetzung, die der »ekklesiologischen« Auslegungstradition zugrunde liegt, dreierlei: 1. Explizite Kritik dieser hermeneutischen Voraussetzung; 2. Entwicklung einer hermeneutischen Alternative; 3. Begründung einer historischen Hypothese über die Entstehung der Jesusbewegung in Palästina und in der Diaspora als Bewegung innerhalb des Judentums und einer Hypothese über den Trennungsprozess von Christentum und Judentum. Die hermeneutische Alternative, mit der ich arbeite, ist die Deutung neutestamentlicher Texte als eschatologischer Texte[1]. Die Trennung vom Judentum ist aus meiner Sicht erst nach dem Ende des zweiten jüdisch-römischen Krieges 135 n. Chr. geschehen. Mit der Vertreibung der jüdischen Bevölkerung aus Jerusalem wurde auch das Jerusalemer Judenchristentum vertrieben, und damit verlor das Judenchristentum innerhalb des Heidenchristentums seine Bedeutung[2]. Das

---

1. Zu meinem Verständnis von Eschatologie s. den folgenden Abschnitt.
2. Dazu s. L. Schottroff 1995.

Judentum wurde nun christlicherseits weitgehend nur noch von außen betrachtet.

Durch den jüdisch-christlichen, den feministischen und den befreiungstheologischen Diskurs sind weitere hermeneutische Annahmen, die grundsätzlich auf gleicher Ebene wie die einer »ekklesiologischen« Annahme liegen, sichtbar geworden. Mir geht es in der nun folgenden Skizze darum, solche hermeneutischen Annahmen systematisch zusammenzufassen, so dass sich aus ihr Fragestellungen ergeben, mit denen christliche Theologien befragt werden können und Alternativen in kontextuellen Theologien/sozialgeschichtlicher Bibelauslegung entwickelt werden können.

Dualismen und Eschatologie

Ich verwende den Begriff »Dualismus« für Oppositionen, die Gewalt- oder Herrschaftsverhältnisse zum Inhalt haben und/oder mit hierarchischen Wertungen verbunden sind. Solche Dualismen, die westlichen philosophischen Traditionen und christlichen Theologien zugrunde liegen, sind z. B. Geist-Körper, Kultur-Natur, Geist-Materie, Seele-Körper, männlich-weiblich, agape-eros/Nächstenliebe/erotische Liebe etc. Sie werden in der Regel auf Platonismus und Hellenismus zurückgeführt, sollten aber eher mit Descartes in Zusammenhang gebracht werden[3].

Anthropologischer Dualismus beeinflusst die Bibelauslegung nahezu lückenlos in der Auslegung von 1 Kor 15,44. Das *soma pneumatikon* wird als »geistlicher Leib« (Lutherübersetzung) im dualistischen Gegensatz zum *soma psychikon* verstanden und damit als nichtkörperlicher »Leib«[4]. Dieser Dualismus wertet Sterblichkeit, Vergänglichkeit – und oft auch Geborenwerden – als Folge der Gottferne der Menschen, also als Unheilserfahrung.

Der anthropologische Dualismus ist mit einem Dualismus von Zeitbereichen verbunden: vor dem physischen Tod – nach dem physischen Tod. Auferstehung kann also von dieser hermeneutischen Vorgabe her keine Erfahrung – auch – *während* des Lebens von Menschen sein. Wer so etwas behauptet hat, wird als häretisch disqualifiziert, s. die Auslegungstradition von 1 Kor 15 und 2 Tim 2,18. Eine weitere Ausprägung des Dualismus von Zeitbereichen ist die Gegenüberstellung von »dieser Weltzeit« als Bereich des Unheils zur »Ewigkeit« als Bereich des Heils. So sind die meisten Deutungen neutestamentlicher Eschatologie auf einer dualistischen Wertung von Ge-

3. So schon J. A. T. Robinson 1957; ausführliche Analyse bei D. B. Martin 1995; R. Ammicht-Quinn 2000, 27-37. R. Ammicht-Quinn in: WBFTh 2002; H. Nagl-Docekal in: WBFTh 2002.
4. Dazu s. C. Janssen 2001.

genwart versus Zukunft aufgebaut und benutzen zudem die Vorstellung von *linearer Zeit* für ihr Konzept. So kam das Denkmodell Naherwartung und Parusieverzögerung zustande. Eine Überwindung der dualistischen Deutung von Eschatologie sehe ich bisher vor allem in der womanist theology[5]. Als theologische und philosophische Lehrende einer nichtdualistischen Eschatologie nenne ich daneben Ernst Bloch, Johann Baptist Metz, Jürgen Ebach und Rosemary R. Ruether[6]. Die Eschatologie des Neuen Testaments/ frühen Christentums verstehe ich als mythische Ausdrucksweise für eine Deutung der Gegenwart der Glaubenden in Beziehung zu Gott. Eschatologische Sprache ist Sprechen über Gott in Beziehung. Dass das Königtum Gottes nahe herbeigekommen ist, sollte nicht als Erwartung des Endes der Geschichte und auch nicht als Erwartung des Endes der Geschichte in absehbarer Zeit (= linearer Zeit) gedeutet werden. Der Satz Jesu Mk 1,15 ist vielmehr Ausdruck für die Grundlage jeder Gottesbeziehung: Gott ist nahe.

Eine Schwierigkeit für die Weiterentwicklung einer Eschatologie in diesem Sinne bedeutet es, dass im westlichen Christentum zwei dominante Wahrnehmungsmuster von christlicher Eschatologie sich als enorme Stolpersteine erweisen: das fundamentalistische Verständnis von Eschatologie und das der Bibelwissenschaft seit dem Ende des 19. Jahrhunderts. Die wissenschaftliche Deutung der neutestamentlichen Eschatologie seit dem Ende des 19. Jahrhunderts ist von dem als selbstverständlich angenommenen linearen Verständnis von Zeit bestimmt: Jesus erwartete das Reich Gottes in absehbarer Zeit. Seine Naherwartung wurde enttäuscht. Sie erwies sich als Irrtum. Spätere Generationen seiner Nachfolgegemeinschaft, die die Evangelien in der heute vorliegenden Gestalt prägten, standen deshalb vor der Notwendigkeit, mit der Dehnung der Zeit zu leben und die Parusieverzögerung zu erklären. Dieses Deutungsmuster ist so dominant, dass es auch heute noch den Hauptstrom Exegese des Neuen Testaments bestimmt, selbst wenn sich die Exegeten und Exegetinnen dezidiert von der Methode der Historischen Kritik distanzieren.

Das fundamentalistische Deutungsmuster wird vor allem in den USA von ultrakonservativen christlichen Gruppen benutzt, um die outsider mit Gottes Strafen zu bedrohen und den insidern das Bewusstsein der Erwählung zu predigen. Es wird also »ekklesiologisch« benutzt. Es findet auch Ein-

---

5. E. M. Townes 1995; J. M. Martin 1999.
6. E. Bloch 1980; J. B. Metz 1978; J. Ebach 1985.1998; R. R. Ruether 1985. In dieser Tradition stehen die Arbeiten von L. Sutter Rehmann 1995; C. Janssen 2003 und meine eigenen (z. B. L. Schottroff 1994, III, 3). Ebach hat immer wieder auf den Zusammenhang mit Walter Benjamin hingewiesen. Befreiungstheologische Ansätze der Deutung von Eschatologie gehören ebenfalls in diese Tradition, auf die hier nur hingewiesen werden kann.

gang in die politische Sprache der USA, z. B. in der Rede des Präsidenten 2002 über die »axis of evil«, die »Achse des Bösen«. Dieses Deutungsmuster ist in den USA so mächtig, dass es indirekt auch die Hermeneutik der liberalen Theologie beherrscht. Der nicht-eschatologische Jesus, Jesus der Weisheitslehrer und soziale Prophet, wie er vom »Jesusseminar«, besonders aber von Marcus Borg[7] vertreten wird, ist eine Umkehrposition zum Fundamentalismus. Eschatologie, die anderes bedeuten könnte als der Fundamentalismus behauptet, wird gar nicht erst in Betracht gezogen. So wird die Deutungshoheit des Fundamentalismus indirekt bestätigt, indem Jesus als nicht-eschatologisch verstanden wird.

Die Deutungstradition, an die ich hier anknüpfe, hat demgegenüber einen schweren Stand, gerade weil diese beiden dominanten Muster in Kirchen und Universitäten fest verankert sind. Doch gebe ich die Hoffnung nicht auf, dass diese Alternative endlich breiter wahrgenommen und in ihrer Relevanz erkannt wird.

Der anthropologische Dualismus ist Grundlage für christliche *Körperpolitik* in allen ihren Bereichen: Sexualethik, Abendmahlverständnis (der Leib Christi als Metapher) und Ökonomie, sofern nicht bewusst eine Ökonomie Gottes als mögliche Alternative in dieser Welt reflektiert wird. Der anthropologische und theologische Dualismus hat *dualistische Theorien von Religion, Symbol und Metaphern* zur Folge. In ihnen wird das Göttliche einem vom realen Leben menschlicher Körper abgetrennten Bereich zugeordnet.

Metaphern spielen in doppelter Hinsicht eine Rolle im dualistischen Gesamtgefüge. Metaphorisierung von Wörtern mit Realitätsgehalt entbindet von der Notwendigkeit sozialer und politischer Konsequenzen. So wird aus dem Evangelium der Armen ein Evangelium der »Armen«, derer, die vor Gott mit leeren Händen stehen. Neben solcher Metaphorisierung kann auch eine dualistische Gleichnis- oder Metapherntheorie die Lebenswelt der Menschen zur Nebensache erklären oder gar Herrschaft und Gewalt legitimieren. Der dritte Sklave im Gleichnis von den so genannten anvertrauten Talenten (Mt 25,14–30) ist dafür ein gutes Beispiel: Die Schärfe der Kritik an einer zerstörerischen Zins- und Geldwirtschaft, die dieser Sklave äußert, gilt als »frech«, denn die Geschichte, die das Gleichnis erzählt, wird als Kritik an Geld- und Zinswirtschaft nicht ernst genommen. Es sind ja nur Metaphern, es geht ja nur um Bildstoff. Die eigentliche Bedeutung des Gleichnisses liegt nach dieser Deutung in einer Aussage über Gottes Auftrag an Menschen, der nichts mit dem Bildstoff, der als Gleichnis erzählten fiktiven Geschichte, zu tun hat. So wird Gott durch den Sklavenbesitzer repräsentiert. Die im Gleichnis dargestellte Gewalt des Sklavenbesitzers wird implizit religiös legi-

7. M. J. Borg 1994.

timiert. Sozialgeschichtliche Bibelauslegung bedeutet in Hinsicht auf solche dualistischen Annahmen: 1. Kritik des Dualismus in den meist nicht thematisierten hermeneutischen Annahmen; 2. Entwicklung einer nicht-dualistischen hermeneutischen Alternative, einer Körpertheologie, einer Eschatologie. Sie ist zu verbinden mit einer Religions- und Metapherntheorie, die nicht einen Sonderbereich neben der Lebenswelt der Menschen für Religion und Gottesbeziehung konstruiert; 3. hat sozialgeschichtliche Bibelauslegung die Aufgabe, die fiktiven Erzählungen der Gleichnisse in ihrem Bezug zur Lebenswelt ernst zu nehmen und zentrale Inhalte, die durch Metaphorisierung entradikalisiert wurden, nicht-metaphorisch zu deuten. Es sind dies vor allem das »Evangelium der Armen« und der »Leib Christi«.

In diesem Buch arbeite ich also mit einer nicht-dualistischen Eschatologie und verstehe die Gleichnisse als Rede über das Königtum Gottes, das schon jetzt das Leben der Glaubenden verändert. Ich knüpfe an die Tradition einer nicht-dualistischen Deutung von Eschatologie an und sehe die Jesustradition in engem Zusammenhang mit der biblischen und nachbiblischen jüdischen Apokalyptik.

Die Aufarbeitung der jüdischen und frühchristlichen Eschatologie/Apokalyptik gelingt umso mehr, je mehr diese Tradition auch für heutige Theologie als relevant angesehen wird. Eine Deutung dieser Eschatologie aus der – vermeintlichen – Distanz der Religionswissenschaft bleibt auf der Ebene der mythologischen Vorstellungen und kann von ihrem Ansatz her nicht zu einer empathischen Wahrnehmung dieser Mythologie vordringen. Diese Mythologie ist Sprache über Gott, eine auch heute unersetzliche Sprache.

Schuld und Leiden

Das dritte Feld hermeneutischer Annahmen begegnet in christlichen Vorstellungen von Schuld/Sünde und menschlichem Leiden/Gewalterfahrungen. Ich sehe hier zwei Grundtendenzen: die Ontologisierung von Sünde/Schuld und Leiden und die Individualisierung. Sünde und Leiden, die angeblich zur conditio humana in dieser Welt gehören, werden damit gerechtfertigt und für unveränderbar erklärt. Theologische Sprache, die sich in generalisierenden Sätzen über »den Menschen« vor Gott äußert, ist unfähig, zwischen Täterschaft, Opfern und Mittäterschaft zu unterscheiden. Das hat dazu geführt, dass der Zuspruch der Sündenvergebung die westeuropäischen Täter und Täterinnen der Kolonialisierung von ihrer Schuld entband, ohne dass die Opfer gehört wurden. So blieb die Schuld im Dunkeln[8]. Über Sünde, Schuld und Leiden kann jedoch theologisch verantwortlich heute

---

8. K. Stendahl 1978; E. Tamez 1994.

nur noch geredet werden, wenn damit eine Analyse der gesellschaftlichen Gewaltverhältnisse verbunden ist. An die Stelle der generalisierenden theologischen Sprache tritt so eine kontextualisierte Theologie ohne Anspruch auf Allgemeingültigkeit und Überzeitlichkeit. Die Individualisierung der Gottesbeziehung hat verhindert, die kritische Kraft der Tradition der Gemeinde, die Leib Christi ist, zu entdecken. Besonders die Vorstellung von Sünde ist durch Ontologisierung und Individualisierung als Unterdrückungsinstrument von Sexualität und Widerstandskraft missbraucht worden. Da wir alle sündig sind, stehen wir vor Gott »mit leeren Händen«, und mit unserer Kraft ist ohnehin »nichts getan«.

So entsteht die Verwechslung von Glaube mit Passivität und Hinnahme von Unrecht, von Opferbereitschaft, die den Mächtigen das Handeln überlässt, mit Opferbereitschaft, die aktiv Partei ergreift. Die Identifizierung von Sexualität und Sünde hat Frauenkörper und Frauensexualität über Jahrhunderte bis hin zur gegenwärtigen Abtreibungsdiskussion zu unterdrücken geholfen. Gleichzeitig war sie ein mächtiges Instrument der Durchsetzung von Heterosexualität.

Sozialgeschichtliche Bibelauslegung hat hier die Aufgabe, 1. die verborgenen hermeneutischen Annahmen sichtbar zu machen; 2. eine hermeneutische Alternative zu entwickeln, das heißt in diesem Fall: die Kontextualisierung von Theologie in Geschichte und Gegenwart; 3. hat sie die Aufgabe, durch die Kontextualisierung biblischer Texte ihre befreienden oder unterdrückerischen Potentiale zu benennen – bezogen auf konkrete gesellschaftliche Verhältnisse damals und heute.

Die gesellschaftliche Analyse muss alle Gebiete, in denen Herrschaftsverhältnisse das Leben von Menschen bestimmen und zerstören, erfassen: Ökonomie, Geschlechterbeziehung, Kolonialisierung, Naturzerstörung, Versklavungen von Menschen (Rassismus), Sexualität. Modelle von Gesellschaftsanalysen sind auf ihre unausgesprochenen hermeneutischen Annahmen kritisch zu überprüfen und nur bedingt auf andere historische oder gegenwärtige Verhältnisse übertragbar, d. h. sie müssen am konkreten Material überprüft werden. Z. B. ist es ein historischer Fehler, für das Römische Reich mit der Annahme einer Mittelschicht oder Mittelklasse zu arbeiten. Sozialgeschichtliche Bibelauslegung ist eine Version einer kontextuellen Theologie – angewendet auf biblische Traditionen. Sie umfasst alle Bereiche theologischer Tradition und theologischen Denkens und nicht nur Teilbereiche. Die ihr zugrunde liegenden hermeneutischen Annahmen sind Alternativen zum westlichen Dualismus, die sich gerade im Dialog mit der Bibel neu denken und in Lebenspraxis ausdrücken lassen.

Obrigkeitsgehorsam und die Vermeidung des Evangeliums der Armen

Das vierte Feld hermeneutischer Annahmen, die in der Regel nicht diskutiert werden, aber die Schriftauslegung beeinflussen, besteht aus einer Orientierung an der Erhaltung des politischen und sozialen Status quo und der Vermeidung des Evangeliums der Armen. Worte wie Obrigkeitsgehorsam werden im heutigen westlichen Christentum kaum noch positiv verwendet. Die Revision der Lutherübersetzung von Röm 13,1 aus dem Jahre 1984 benutzt das Wort »Obrigkeit« zwar noch, fügt aber im Anhang eine relativierende Erklärung bei: »Das Wort bezeichnet bei Luther staatliche Regierungsgewalten und Behörden«. Doch wenn die entsprechenden Texte ausgelegt werden, wird in der Regel der Obrigkeitsgehorsam weder explizit kritisiert noch durch eine entsprechende Auslegung in Frage gestellt. Ich wähle ein repräsentatives Beispiel aus der Auslegung von Mk 12,13-17: »Jesus erlaubt ihnen, die Steuer zu bezahlen …, aber fordert zusätzlich seine Hörerschaft auf, Gott ebenso sorgfältig zu dienen wie sie dem Kaiser dienen« (Daniel J. Harrington 1990, 621; Übersetzung L. S.). Der Herrschaftsbereich des Kaisers und der Gottes stehen in dieser Deutung gleichberechtigt nebeneinander. Gehorsam gegenüber dem Staat und anderen, auch kirchlichen, Autoritäten gegenüber erscheinen als Aufgabe christlichen Glaubens. Dieses Muster der Schriftauslegung findet sich in der Auslegung der entsprechenden Ermahnungen im Neuen Testament, aber auch in anderen Zusammenhängen, z. B. der Deutung des Römischen Reiches, der Darstellung des Pilatus[9] und der Bewertung der vermeintlichen Repräsentanten kirchlicher Ämter, vor allem des Paulus[10]. Das Verhältnis des Paulus zu »seinen« Gemeinden wird bis auf wenige Ausnahmen mit dem Muster von Befehl und Gehorsam gedeutet, was sich bis in die Bibelübersetzungen hinein auswirkt: »Dies aber muss ich befehlen …« (Lutherrevision 1984 Übersetzung von *parakalein* in 1 Kor 11,17; dies ist ein Beispiel von vielen). Auch die weitgehend immer noch wirksame Auslegung des lukanischen Werkes als apologetisch gegenüber Rom, die auf Hans Conzelmann 1954 zurückgeht, ist eine Folge der Plausibilität, die diese These durch die obrigkeitsgetreue christliche Theologiegeschichte gewonnen hat. Der Obrigkeitsgehorsam als hermeneutische Vorgabe, die als solche gar nicht mehr wahrgenommen wird, hat sich auch auf die Gleichnisauslegung nachhaltig ausgewirkt. Gott wird mit herrscherlichen Gestalten identifiziert, auch solchen, die grausam, willkürlich und extrem geldgierig sind: Der König zerstört eine Stadt, weil einige Mitglieder ihrer Elite seine Boten ermordet haben (Mt 22,7). Der König lässt einen Gast ohne hochzeitliches Gewand

---

9. Dazu L. Schottroff 1990, 324-357.
10. Dazu L. Schottroff, Hermeneutik 1999, 149-155.

fesseln und in Dunkelhaft werfen (Mt 22,11-13). Der Sklavenbesitzer bestraft einen Sklaven, der sich geweigert hat, 100% Gewinn mit dem anvertrauten Geld zu erwirtschaften (Mt 25,14-30). Die Beispiele lassen sich vermehren. Auch die ausgefeiltesten Metaphertheorien haben nicht in Frage gestellt, dass der »König«, der so handelt, wie es etwa Mt 22,1-13 beschreibt, Gott repräsentiert. Die Wörter *homoioun* und *homoios* in Gleichniseinleitungen werden als »gleichsetzen«, nicht als »vergleichen« verstanden, bei dem möglicherweise auch *Unterschiede* eine Rolle spielen. Es wird oft gesagt, dass Gleichnisse von den Hörern und Hörerinnen eine aktive Reaktion und Antwort verlangen; wenn das Gleichnis aber »gleichsetzt«, dann ist kein Spielraum für Nachdenken und Kreativität mehr vorhanden. Ich kann mir die Tatsache, dass solche schrecklichen Despoten als Repräsentanten Gottes verstanden werden konnten, jedoch daraus erklären, dass christlicher Obrigkeitsgehorsam die Interpreten und Interpretinnen genötigt hat, solche Gleichsetzungen hinzunehmen. Diese Gleichnisse kommen aus der Tradition jüdischer Imperialismuskritik, die in der Alten Kirche verloren ging und durch Obrigkeitsgehorsam ersetzt wurde, wie schon die Auslegung von Mt 22,1-14 bei Chrysostomos zeigt (s. o.).

Zweifel an dieser Auslegungstradition der Gleichnisse sind Ausnahmen: Bert Brecht im Dreigroschenroman, N. Kazantzakis 1960, 217, W. Herzog 1994, N. Gottwald 1993, R. Rohrbaugh 1993, A. J. Levine 2000, V. Balabanski 2002[11] – und manche Predigerinnen und Prediger, die sich schwer tun, z. B. in Mt 25,14-30 das Evangelium, die Frohe Botschaft, zu finden.

Die Vermeidung des Evangeliums der Armen ist die Kehrseite des Obrigkeitsgehorsams. Die Gleichnisse, die von ökonomischem Unrecht und vom Missbrauch der Macht erzählen, werden in der Auslegungstradition nicht inhaltlich mit dem Evangelium der Armen und der Kritik Jesu an sozialem Unrecht in Zusammenhang gebracht. Gleichnisse erzählen von Tagelöhnern in der Landwirtschaft, von Pächtern, von Sklavinnen und Sklaven. Auf der anderen Seite gibt es in den synoptischen Evangelien immer wieder Texte, die von der Notwendigkeit des Schuldenerlasses sprechen. Verschuldungen waren die Ursache des Landverlustes der wirtschaftlich Schwachen und der Anhäufung von Vermögen auf der anderen Seite. Wie kann das Vaterunser: »… wie wir vergeben unseren Schuldnern« gebetet werden und zugleich der Sklavenbesitzer, der 100% Gewinn aus seinem Talentevermögen erwartet, als Darstellung Gottes angesehen werden? Das theologische Instrument, das diesen Widersinn ermöglicht, ist eine Metapherntheorie oder Gleichnistheorie, die die Gleichnisbilder dualistisch zur Nebensache macht, wie ich

---

11. B. Brecht, Das Pfund der Armen, Anhang zum Dreigroschenroman, in: Gesammelte Werke, Bd. 13, Frankfurt 1967; zu W. Herzog s. o. zu Mk 12,1-12; zu A. J. Levine s.o. u. zu Lk 15,11-32; zu V. Balabanski s. o. zu Mt 25,1-13.

schon gezeigt habe. Darüber hinaus finden sich auch andere Strategien, das Evangelium der Armen unsichtbar zu machen. Bezogen auf die Gleichnisse lassen sie sich an Auslegungen von Lk 12,16-21; 16,19-31 studieren. Geldgier wird als individuelles moralisches Versagen angesehen, nicht als Verhalten, das strukturell bedingt ist. Lk 12,16-21 diskutiert aber eben nicht einen bedauerlichen Einzelfall. Eine andere Strategie zur Vermeidung des Evangeliums der Armen ist die Abwertung oder Umdeutung der Traditionen, die von der eschatologischen Umkehrung erzählen: »Die Letzten werden die Ersten sein«. So wird dann sogar aus Lk 16,19-31 eine Aufforderung zum Almosengeben herausgelesen. Das Gleichnis spricht aber von der Umkehr der Reichen, die sich endlich an der Tora orientieren.

Ich füge eine Auflistung exegetischer Strategien zur Vermeidung des Evangeliums der Armen an. Sie bestimmen die exegetische Diskussion der westlichen Wissenschaft und vieler kirchlicher theologischer Äußerungen.

Traditionelle christliche Strategien zur Vermeidung des Evangeliums der Armen im Neuen Testament

»Habgier ist ein individuelles moralisches Fehlverhalten«

Reiche sollen ihre innere Beziehung zum Reichtum ändern, ohne dass sie ihre Komplizenbeziehung zu ökonomischen Strukturen in Frage stellen. Beispiel: Auslegungen von Lk 12,13-21 – doch der Text beschreibt ökonomische Strukturen der Maximierung von Profit.

»Das Evangelium der Armen bedeutet Almosengeben«

Das Wort Almosen ist altmodisch geworden, aber die Sache ist in umschreibenden Wörtern wie »Liebestaten« präsent. In dieser Strategie werden die Armen als Objekte, nicht als Subjekte des Evangeliums verstanden. Stillschweigende oder manchmal auch explizite Annahme ist dabei, dass die Kirche des frühen Christentums mehrheitlich aus Menschen der Mittelklasse bestand. Manchmal ist auch mit dem Wort »teilen« nichts anderes gemeint als ein Almosen, das die Geber nicht viel kostet.

»Jesu Mahnung, Besitz aufzugeben, richtet sich nur an einen engeren Kreis, die Jünger und Jüngerinnen.«

Die hier vorliegende Konstruktion zweier Ethiken, eine für »normale« Kirchenmitglieder und eine für besondere Gruppen, wie z.B. Mönche und

Nonnen, wird jedoch im Neuen Testament nirgends erwähnt. Sie ist z. B. in vielen Auslegungen von Lk 12,33 zu finden.

»Die Spiritualisierung des Evangeliums der Armen«

Sie wird zu Unrecht in Mt 5,3 gefunden. Die Unterscheidung von geistlicher und ökonomischer Armut ermöglicht die Verallgemeinerung der Seligpreisung der Armen zur Seligpreisung aller, die in irgendeiner Hinsicht »arm« sind.

»Das Verschweigen oder Umdeuten der Tradition der eschatologischen Umkehrung im Neuen Testament«

Es wird gefragt: Sollen nun etwa die Armen auf den Thronen der ehemaligen Machthaber (Lk 1,52) sitzen und deren Unrecht fortsetzen? Hierher gehört auch die Kritik an Befreiungstheologien als »ideologisch« und wissenschaftlich unseriös.

2. Dualismus in Gleichnistheorien

Im Folgenden möchte ich einige Gleichnistheorien, die für die zeitgenössische Gleichnisauslegung wichtig geworden sind, auf ihre hermeneutischen Voraussetzungen für die Deutung der Gleichniserzählung befragen. Aus meiner bisherigen Analyse von Gleichnissen und meinen Beobachtungen zu hermeneutischen Dualismen ergeben sich folgende Fragen, mit denen Gleichnistheorien untersucht werden sollen:

- Wie wird das Verhältnis der Gleichniserzählung zur sozialen Wirklichkeit eingeschätzt?
- Wie wird das Verhältnis der im Gleichnis erzählten Lebenswelt zu Gott eingeschätzt?

Ich wähle für diese Untersuchung nur Gleichnistheorien aus, die weiterführend und hilfreich für eine nicht-dualistische Gleichnistheorie sind, auch wenn sie unter dieser Fragestellung kritisierbar sind. Die ältere Gleichnisforschung, die ebenfalls ein wertvolles Erbe bietet, ist jedoch so durchweg dualistisch konzipiert, dass es wenig ertragreich ist, sie unter dieser Fragestellung kritisch zu sichten. Rudolf Bultmann hat das Erbe Jülichers in der Bewertung des Gleichnisbildes treffend bestimmt. Er wertete die »Bilder« der Gleichnisse als neutralen Sachverhalt:»Am klarsten formuliert man m. E. das Wesen des Gleichnisses und der Parabel im Unterschied von der Allegorie so, daß sie die Übertragung eines (an neutralem Stoff gewonnenen) *Urteils* auf ein anderes, zur Diskussion stehendes Gebiet fordern«[1]. Die Erzählungen aus dem typischen Alltag (Gleichnisse im engeren Sinne) und die Erzählungen von interessierenden Einzelfällen[2] in der Welt von Menschen und Pflanzen (Parabel) wollen nach Bultmann nichts über den Alltag und die Welt sagen, sondern ein Urteil über das Gottesreich herbeiführen. Die Bilder der Gleichnisse sind also allenfalls von historischem Interesse, theologisch sind sie neutrales Gebiet. Die Welt einer Brot backenden Frau ist also Deutungshilfe für das Gottesreich. Über Brot backende Frauen wird dabei theologisch nichts gesagt. Gott und Lebenswelt stehen inhaltlich beziehungslos nebeneinander.

Auch *Joachim Jeremias*[3], der für viele Gleichniserzählungen wichtige sozialgeschichtliche Materialien erarbeitet hat, war an den Gleichniserzählun-

---

1. R. Bultmann 1958, 214.
2. R. Bultmann 1958, 188.
3. J. Jeremias (1947) 1965.

gen nicht theologisch interessiert. Er nennt sie »Anschauungsmaterial« (22) und arbeitet mit Jülichers Theorie vom *tertium comparationis* (z. B. 135). Damit aber ist der »Bildstoff« nur über eine dritte Ebene mit der theologischen Sache verbunden und hat selbst keine theologische Bedeutung. Sein Interesse gilt der Wiedergewinnung der biographischen Situation im Leben Jesu, in der ein Gleichnis gesprochen wurde. Das Verhältnis von Gleichniserzählung und Lebenswelt ist für Jeremias unkompliziert. Die Gleichnisse »führen die Hörer in eine ihnen vertraute Welt; das ist alles so schlicht und klar …, daß der Hörer immer wieder nur antworten kann: Ja, so ist es« (9).

Paul Ricoeur hat 1974-1975[4] eine Gleichnistheorie entwickelt, die auf der Grundlage zeitgenössischer Gleichnisforschung (E. Jüngel, D. O. Via u. a.) und Sprachphilosophie mit einer gegenüber A. Jülicher grundlegend veränderten Metapherntheorie arbeitet: »Für Jülicher ist die Metapher das rhetorische Verfahren der Allegorie, die ihrerseits die Art und Weise ist, in der Markus und die Urkirche die Gleichnisse deuten, d. h. als eine *dunkle* Art der Vergleichsrede. Die Metapher … wird von Jülicher definiert als die *Ersetzung* eines Wortes durch ein anderes ähnliches …«[5]. Dem gegenüber versteht Ricoeur Gleichnisse als Poesie, deren gesamter Text »Träger der Metaphern« ist; sie begegnen im Büschel oder im Netz von mehreren Metaphern[6]. Er zitiert an entscheidender Stelle Max Black[7]: »Eine denkwürdige Metapher besitzt die Kraft, zwei getrennte Bereiche sowohl in kognitiver als auch in affektiver Hinsicht zueinander ins Verhältnis zu setzen, und zwar dadurch, die sie die dem einen Bereich eignende Sprache als Linse zur Betrachtung des anderen verwendet«[8]. »Es ist … die Aufgabe der dichterischen Sprache, den Verweisungsbezug auf der ersten Ebene der gewöhnlichen Sprache zu schwächen, um diesem Verweisungsbezug auf zweiter höherer Ebene Eingang zu schaffen«[9]. Metaphorische Qualität hat im Erzählgerüst vor allem: »die Extravaganz, die Paradoxie, die Hyperbel«[10]. Er wehrt dann den möglichen Vorwurf des Supranaturalismus ab, indem er das Paradox als »*Einbruch des Unerhörten*«[11], als Ausdruck menschlicher Erfahrung deutet. »Insofern müssen wir sagen, daß der letzte Bezugspunkt der Gleichnisse,

---

4. P. Ricoeur 1974; erweiterte Fassung: J. D. Crossan 1975; deutsche Übersetzung in gekürzter Fassung: W. Harnisch 1982; weiterhin s. auch P. Ricoeur 1995.

5. P. Ricoeur 1974, 61.

6. P. Ricoeur 1974, 64.

7. M. Black 1962.

8. P. Ricoeur 1974, 52; vgl. 1982, 294. K. Erlemann 1999, 30 nennt sie »zwei Wirklichkeitsbereiche« in seiner Formulierung des neuen »Konsens« in der Gleichnisforschung, der auf Ricoeur basiert.

9. P. Ricoeur 1974, 51; vgl. 1982, 293.

10. P. Ricoeur 1982, 336.

11. P. Ricoeur 1982, 338.

Weisheitsworte und eschatologischen Sprüche nicht das Reich Gottes ist, sondern das Ganze menschlicher Wirklichkeit«[12]. »Erfahrungen der Bedrängnis … Erfahrungen der Höhen des Lebens« –, die Bedingungen menschlicher Existenz sind[13].

Metaphorische Sprache wie die der Gleichnisse bringt also zwei Bereiche miteinander in Beziehung: das gewöhnliche Leben und menschliche Grenzerfahrungen jenseits des gewöhnlichen Lebens. Das gewöhnliche Leben, von dem das Gleichnis erzählt, hat in dieser Theorie keine eigene Relevanz; es ist die Materie, die durch die Extravaganz in der Erzählung durchsichtig wird, so dass Grenzerfahrungen offenbart werden. Die Grenzerfahrungen selbst werden von Ricoeur ontologisiert, sie werden als Bedingungen menschlicher Existenz verstanden. Die Extravaganz in Gleichnissen wird bei Ricoeur nicht dadurch erkannt, dass sozialgeschichtliche Fragen gestellt werden. Auch hier rechnet Ricoeur offensichtlich mit der Verallgemeinerbarkeit menschlichen Lebens. Es steht für ihn fest, dass der Weinbergbesitzer, der seinen Sohn sendet (Mk 12,6), dumm handelt und ebenso, dass der Arbeitgeber in Mt 20,8-16 »extravagant« handelt, indem er den Arbeitern der 11. Stunde den gleichen Lohn zahlt wie denen, die seit dem frühen Morgen arbeiten. Faktisch fällt er sozialgeschichtliche Urteile, ohne sie historisch zu reflektieren. Die Deutung von Metaphern bei Ricoeur ist wichtig für die Überwindung der seit Jülicher tief in der Bibelinterpretation verwurzelten Zweiteilung von Bild und Sache des Gleichnisses, auch wenn er selbst diese Zweiteilung nicht überwindet (s. u.). Sie ist anregend in ihrer Zuordnung des Gleichnisses zur Poesie, die verhindern hilft, allgemeine moralische Lehren aus Gleichnissen zu ziehen. Aber sie trennt zwischen dem gewöhnlichen Leben und Gott, dem gewöhnlichen Leben und der Grenzerfahrung.

In dieser Suche nach einer nicht-dualistischen Gleichnistheorie möchte ich möglichst unterschiedliche Gesprächspartner und -partnerinnen befragen. Ich werde also jetzt nicht E. Jüngel und W. Harnisch, die dem Ansatz Ricoeurs nahe stehen, auf den Dualismus ihrer Hermeneutik befragen. Ich wende mich vielmehr einem Ansatz zu, der aus einem völlig anderen Erfahrungszusammenhang stammt: dem von *Kenneth E. Bailey*. In zwei Büchern (1976 und 1980) hat er den Ansatz einer »Oriental exegesis«[14], »Recapturing the Middle Eastern Culture that Informs the Parables«[15] entfaltet. Er nennt seinen Ansatz »Literary-Cultural«. Seine Quellen für eine orientalische Exegese der Gleichnisse sind: 1. die Kultur konservativer bäuerlicher Dörfer im

---

12. P. Ricoeur 1982, 338.
13. P. Ricoeur 1982, 338f.
14. K. E. Bailey 1976, 29ff.
15. K. E. Bailey 1980, XIV.

Vorderen Orient; 2. Gleichnisse in Bibelübersetzungen durch Kirchenmän-
ner aus dem Orient; 3. antike Literatur, die dem Neuen Testament nahe
steht. Diese Quellen verbindet er mit einer literarischen Analyse der Texte.
Die Bücher sind voller Anregungen im Detail, auf die ich hier nur allgemein
hinweise.

Nach Bailey hat jedes Gleichnis drei Teile: 1. Die Gleichniserzählung,
2. die Antwort der Hörenden, 3. die Reflexion über theologische Themen,
die dieser Antwort zugrunde liegen. Dieser Zugang zu Gleichnissen ist ein
Schritt zur Überwindung der Unterscheidung von Bildhälfte und Sachhälfte,
wenn Antwort und Reflexion nicht aus der impliziten Sachhälfte deduziert
werden müssen, sondern sich im Leben der Hörenden abspielen. »Depen-
ding on the nature of the parable, the response of the listener may be a decision to act in a particular way or to accept a new understanding of the
nature of God's way with men in the world« (1976, 40). In seiner Deutung
der Gleichniserzählung allerdings nimmt er den Bezug auf die Lebenswelt
im Gleichnis nicht ernst. Für das Gleichnis vom verlorenen Groschen Lk
15,8-10 ist die Erzählung über eine Frauenerfahrung nur insofern für ihn
relevant als »the inferior woman« zum Thema gemacht wird. Jesus weise
damit die pharisäische Haltung zu Frauen zurück (158). Aber der Inhalt
der Erzählung ist für ihn nur ein Mittel, ein neues Verständnis von Umkehr
bei den Hörenden zu bewirken (155-158). Die Klarheit, mit der Bailey »response« und »reflexion« zum Bestandteil des Gleichnisses macht, ist weiterführend. Seine allegorisierende Lektüre der Gleichniserzählung selbst ist es
nicht. Hier bleibt er im Rahmen der vorherrschenden Gleichnislektüre.

Ein bemerkenswerter Beitrag zu einer nicht-dualistischen Gleichnistheorie ist bei *C. H. Dodd* (1935) 1961 zu finden. Er betont den Realismus der
Gleichniserzählungen. Den Grund dafür sieht er in dem *inhaltlichen* Zusammenhang von Gleichniserzählung und Reich Gottes. »Since nature and su-
per-nature are one order, you can take any part of that order and find in it
illumination for other parts« (1961, 10). Gott als Schöpfer ist gegenwärtig
im Fallen des Regens und der Liebe eines Vaters zu seinem Sohn, der ein
Taugenichts ist. In seinen Auslegungen führt er diesen Ansatz jedoch nicht
aus. Er lehnt es zwar ab, z. B. Mk 12,1-12 bzw. das zugrunde liegende Jesusgleichnis als Allegorie zu lesen, aber in der historischen Situation bewirken
seine »veiled allusions« (1961, 102), dass die Hörenden die Krise Israels erkennen, das nicht nur die Propheten abgelehnt hat, sondern Jesus, der mehr
als die Propheten bedeutet. Was Dodd nicht bedenkt, ist seine eigene Bewertung der Menschenwelt in der Darstellung der Gleichniserzählung als Ort
des göttlichen Handelns. Die Pächter des Weinbergs sind für ihn Verbrecher
(1961, 91). Über Gottes Handeln in dieser Welt der Menschen sagt er nichts.
Damit aber ist die materielle Welt menschlicher Geschichte und menschlicher Körper doch wieder zur Nebensache geworden. Das Licht der Gleich-

nisse fällt nur auf die Geschichte Gottes mit Glaubenden und Ungläubenden, deren reale Lebenswelt nur die Bühne darstellt.

Justin S. Ukpong 1996 steht in der Tradition befreiungstheologischer und »postkolonialer« Bibellektüre. Er nennt seinen Zugang »Inculturation Biblical Hermeneutic«. Damit meint er eine Bibellektüre, »die den Bibeltext bewusst und ausdrücklich aus soziokulturellen Perspektiven unterschiedlicher Menschen interpretiert[16]« (1996, 190). Er will den »klassischen« herrschenden Zugang zum Text, der annimmt, es gäbe nur *eine* richtige Deutung, die der »dominant cultures«, vermeiden (191). Er zeigt dann am Beispiel des Gleichnisses vom »ungerechten Haushalter« Lk 16,1-13, dass die dominante Auslegung sich mit dem reichen Mann identifiziert und darum den Haushalter für ungerecht und verbrecherisch hält (194). In dieser Auslegung repräsentiert der reiche Mann Gott. Eine Bibellektüre »vor dem Hintergrund der westafrikanischen Landbevölkerung« hingegen versteht den »Haushalter« als den Helden der Geschichte, der den Bauern Schulden erlässt, die ihnen ungerechterweise und ungesetzlicherweise auferlegt worden waren (205). So stehen im Gleichnis selbst sich zwei Konzeptionen von Gerechtigkeit gegenüber: das ausbeuterische Konzept des reichen Mannes und das eines neuen Systems von Gerechtigkeit, das auch in der heutigen Welt Schuldenerlass für die Verschuldeten in der Zweidrittelwelt bedeutet (207). Der reiche Mann lobt in Lk 16,7 den Haushalter, dass er »klug« gehandelt habe. Darin sieht Ukpong eine Umkehr des Reichen zur Gerechtigkeit im Sinne von Tora (201) und Jesus. Das Königtum Gottes und das Heil Gottes »beginnt auf der Erde, aber setzt sich in die Ewigkeit hinein fort. Es ist eine Wirklichkeit, die zugleich gegenwärtig und eschatologisch, materiell und spirituell ist« (206). Dieser Artikel ist absolut klar und weiterführend in seiner Überwindung einer dualistischen Gleichnistheorie. Er kritisiert die westliche Auslegungstradition, die Gott und sich selbst mit dem ungerechten Reichtum des reichen Mannes identifiziert und darauf besteht, die eine richtige Interpretation zu bieten. Statt dessen geht Ukpong davon aus, dass es die eine richtige Interpretation nicht gibt (190). Tatsächlich aber fordert seine Interpretation die Umkehr der Menschen in der westlichen Welt, die Zweidrittelwelt ausbeuten. Er beansprucht nicht, eine überzeitlich richtige Auslegung zu bieten, wohl aber dann eben doch die *eine*, die heute im Kontext der westlichen Welt verpflichtende Kraft hat. Ich frage mich, ob die »Plurivalenz« (191) des biblischen Textes das richtige Wort für diesen Sachverhalt ist. Dieses Wort wird in der westlichen Bibelauslegung viel gebraucht, aber doch in einem anderen Sinne. Es soll sagen, dass es nicht nur eine richtige Auslegung gibt, sondern je nach den an den Text herangetragenen Voraussetzungen unterschiedliche Auslegungen. Damit aber ist gerade

---

16. Übersetzung dieses und der folgenden Zitate L. S.

nicht die Vorstellung einer ethischen Verpflichtung, die aus der Bibellektüre für eine gegebene Interpretationsgemeinschaft entsteht, verbunden.

De La Torre 2002 spricht diese Frage deutlich an:»Wenn ein biblischer Text in mehreren unterschiedlichen Weisen gelesen und interpretiert werden kann, welche Interpretation ist dann die richtige? Die Herausforderung derer, die die Bibel als Marginalisierte lesen, ist es, dass die dominante Kultur die Macht hat, den religiösen Diskurs zu gestalten und zu legitimieren. ... Für diejenigen, die die Bibel vom sozialen Ort der Unterdrückung aus lesen, geht es nicht darum, die Gleichbehandlung aller Bibeldeutungen zu verlangen, in der die Interpretation der Marginalisierten nur eine konkurrierende Perspektive darstellt. Im Gegenteil, es geht darum, die Interpretationen der Unterdrückten zu bejahen und für sie einzutreten, so dass sie den Interpretationen derer, die immer noch von den gesellschaftlichen Strukturen der Unterdrückung profitieren, vorangeht«[17] (27): Er nennt dies das »hermeneutische Privileg« der Unterdrückten (27). Auch die erste Hörerschaft Jesu bestand aus den Ausgegrenzten der Gesellschaft (31). Ich erkenne das hermeneutische Privileg der Unterdrückten an und sehe dafür Gründe in der biblischen Tradition selbst und in einer ethischen Entscheidung im heutigen Kontext: Es ist die biblische Vorstellung von Gerechtigkeit, Jesu Evangelium der Armen und die Option für Gerechtigkeit in der Welt, in der ich lebe. Ich lese die Gleichnisse als unfreiwillige Nutznießerin und Komplizin der westlichen Kultur des Reichtums durch Ausbeutung und Gewalt. Die biblische Tradition stellt mich vor die Frage, was die Umkehr der Reichen bedeutet. *Sie* ist das Evangelium für die westliche Welt, die sich aus dem hermeneutischen Privileg der Unterdrückten ergibt. Sie bedeutet, an der Preisgabe ökonomischer und politischer Macht über arme Länder und Menschen mitzuwirken.

Ein postmoderner Ansatz, der die Behauptung der einen richtigen, gar objektiven Interpretation bestreitet, kann ethisch relativierend benutzt werden. Er kann aber auch dazu führen, die ethische Reflexion zum Thema der Bibelauslegung zu machen, wie es in befreiungstheologischen, postkolonialen und manchen feministischen Ansätzen (Schüssler Fiorenza, Tolbert) geschieht[18].

David Flussers Buch (1981) ist wegen seiner Klarheit, mit der die Gleichnisse der Jesustradition in die jüdische Gleichnisliteratur eingeordnet werden, ein wichtiges Werk für die Gleichnisforschung. Seine Gleichnistheorie beruht nicht auf einem hierarchischen Dualismus. Seine Theorie für die »Sachhälfte« der Gleichnisse verortet die Forderung, die er in den Gleichnissen ausgedrückt findet, im menschlichen Leben (20); es geht um die Ta-

---

17. Übersetzung dieses und aller folgenden Zitate L. S.
18. E. Schüssler Fiorenza 1988; M. A. Tolbert 1995.

ten der Menschen und ihre Umkehr zu Gott (33.40). Die »Bildhälfte« der
Gleichnisse schätzt er als pseudorealistisch ein (35). Sie wollen den Eindruck
erwecken, im Alltag zu spielen, sind aber in Wirklichkeit ein Arrangement
von Motiven, die eine traditionelle allegorische Bedeutung haben. »Die
deutbaren Motive des Sujets sind die Haken, an denen die Lehre des Gleichnisses hängt« (189). So sind die Gleichniserzählungen nur literarische
Kunstprodukte, aus denen die religiöse Belehrung, der Inhalt, um den es in
den Gleichnissen geht, erwächst. Mit dieser Theorie über die Gleichniserzählungen (Bildseite) wird aber die Tatsache, dass sie – wie eigentümlich
auch immer – auf das alltägliche Leben Bezug nehmen, nicht erkannt. So
bleibt die soziale Botschaft der Gleichniserzählung unerkannt und damit
auch die Schwierigkeit, Gott oder Christus in den Gutsherren etc. repräsentiert zu sehen. Dennoch ist Flussers Ansatz ein wichtiger Gesprächspartner
für die Entwicklung einer nicht-dualistischen Gleichnistheorie. Denn der
Inhalt der Sachhälfte bleibt bei Flusser auf dem Boden der Erde, wo Menschen leiden und handeln, sie wird nicht in ein Jenseits, das vom sozialen
Leben entfernt ist, verlagert.

David Sterns[19] Beitrag zu einer Theorie der Gleichnisse Jesu und der rabbinischen *meschalim* führt Flussers Ansatz weiter. Jesusgleichnisse sind für
ihn frühe Beispiele rabbinischer Gleichniskultur. Die früheren christlichen
Versuche, die Originalität der Jesusgleichnisse zu beweisen, stellen die falsche Frage[20]. So können die späteren rabbinischen Gleichnisse sehr wohl zu
einem Verständnis der Gleichnisse Jesu beitragen. In einem Aufsatz von
1989 hat Stern diesen Ansatz exemplarisch für Mk 12,1-12 durchgeführt.
Stern betont, dass die Grundlage der Interpretation der Gleichnisse Jesu ihr
Text im jeweiligen literarischen Kontext der Evangelien sein muss – ebenso
wie die *meschalim* im literarischen Kontext der rabbinischen Sammlungen
gelesen werden« müssen[21]. Er versteht seinen Ansatz als historisch im Gegensatz zu solchen literaturwissenschaftlichen Ansätzen, die dezidiert ahis-
torisch sein wollen. Er unterscheidet zwei Stadien in der Geschichte der
jüdischen Gleichniskultur. In einem späteren Stadium finden sich »regulari-
zations«: Es bilden sich stereotype Erzählstrukturen heraus[22]. Viele Gleichnisse werden nun als Königsgleichnisse erzählt: In den Gleichnissen der Tannaim[23] und Jesu finden sich diese Regulierungen noch nicht. Sie stellen ein

---

19. D. Stern 1981 und 1989 sind »earlier versions« der Kapitel 1, 2 und 6 in D. Stern
    1991 (1991, VIII).
20. D. Stern 1989, 44; 1991, 188.
21. D. Stern 1989, 45.
22. D. Stern 1981, 267, 1991, 21 ff.
23. Für sie sind immer noch T. Guttmann 1929 und P. Fiebig 1904.1912 die wich-
    tigsten Sammlungen und Untersuchungen.

früheres Stadium jüdischer Gleichniskultur dar. Nach Stern bestehen die Gleichnisse des Midrasch aus der Erzählung, die eine »ulterior message«, eine implizite Botschaft hat, und dem *nimshal*. Die Erzählungen sind fiktiv, »durch Gestaltung und Rhetorik konstruiert, um ihrer Hörerschaft eine bestimmte Weltsicht einzuprägen«[24]. »Es zeigt sich, wie gründlich die Rabbis mit der weiteren politischen und kulturellen Welt, in der sie lebten, vertraut waren, und wie wenig sie zögerten, die Realia dieser Welt in einen Gegenstand des Midrasch umzugestalten«[25]. Aber sie sind nicht unkritisch als historische Quellen zu benutzen[26]. Das *nimschal*, die Anwendung[27], hilft den Hörenden, ihre konkrete Situation zu deuten. »Die Aufgabe, die Parallele und ihre Implikationen zu verstehen, wird weitgehend der Hörerschaft überlassen«. Die Parallele zwischen dem, was das *maschal* erzählt, und der konkreten Situation der Hörenden ist die »ulterior message« des *maschal*[28]. Stern zieht allerdings aus seiner Sicht auf die *meschalim* nicht die grundsätzliche Konsequenz, die fiktiven Erzählungen sozialgeschichtlich zu erforschen. Auch wenn ich seine Einschätzung der Erzählungen als fiktiv und konstruierend teile, halte ich es für notwendig, die Konstruktion der Wirklichkeit in den *meschalim* – anders als Stern – als Aussage über die gegenwärtige Welt der Erzählenden ernst zu nehmen und sie nicht nur als Motivsammlungen, aus denen Parallelen zu ziehen sind, zu verstehen.

Dieser Zugang zu jüdischen Gleichnissen ist nicht dualistisch, aber ähnlich wie schon Flusser ist er dennoch nicht an den Realia der Gleichniserzählung und ihrer sozialen Botschaft interessiert. Sterns Beitrag zur Gleichnistheorie ist für mein Verständnis der Gleichnisse Jesu grundlegend, auch wenn ich seine Einschätzung der Irrelevanz der Realia nicht teile. Stern reflektiert insbesondere die Beziehung des Bildes »König« zu Gott. Der Gebrauch dieses Bildes in den rabbinischen *meschalim* sei paradox. Einerseits lehnen die Rabbis den römischen Kaiserkult konsequent ab, andererseits modellieren sie Gottes Bild als König nach der Gestalt des Kaisers in Rom. Diese Paradoxie führt dazu, dass es sowohl antithetische Königsgleichnisse gibt als auch – so nenne ich sie jetzt – konforme Königsgleichnisse. In den antithetischen Königsgleichnissen wird die Unähnlichkeit Gottes und des Kaisers demonstriert[29]. Die konformen Königsgleichnisse, in denen der Kaiser »a symbolic figure for God« ist, bedürfen einer Erklärung. Stern findet

---

24. D. Stern 1991, 45.
25. D. Stern 1981, 267; 1991, 20.
26. Er kritisiert J. Ziegler, der nicht erkannt habe, dass die *meschalim* »fictional narratives« seien (D. Stern 1991, 20; vgl. 1981 Anm. 28).
27. Der Begriff stammt aus mittelalterlichen jüdischen Texten, D. Stern 1991, 13.
28. D. Stern 1989, 58.
29. D. Stern 1991, 94; siehe dazu oben bei Mt 22,1-14.

die Erklärung in vergleichbarem Material jüdischer und frühchristlicher darstellender Kunst, die Elemente griechisch-römischer Ikonographie kritiklos übernimmt, weil sie nicht mehr mit fremden Kulten in Zusammenhang gebracht werden.»Dieselbe Logik ... ist in den Königsgleichnissen und ihrem Gebrauch imperialer Bilder am Werk«[30]. Doch diese Erklärung der konformen Königsgleichnisse halte ich nicht für überzeugend, wenn ihr Inhalt näher betrachtet wird. Der König in den Gleichnissen wird fast durchweg als Herrscher dargestellt, der Willkür und Gewalt anwendet. Ich bezweifle also, dass diese Gleichnisse die imperialen Bilder kritiklos übernehmen. In welchem Bezug das Gleichnisbild und die Anwendung zueinander stehen und ob und wie der König Repräsentant Gottes ist, muss von Fall zu Fall untersucht werden. Bei Lk 13,1-9 habe ich solch eine Untersuchung in Auseinandersetzung mit Stern durchgeführt.

Stern erklärt sich die eigentümlichen Charakterisierungen Gottes in (nach Stern nicht-antithetischen) Königs-*meschalim* als Anthropomorphismus:»Der König im Gleichnis tendiert dazu, seine Macht in extremer, oft scheinbar unverständlicher Weise zu gebrauchen. Er ist entweder ein Tyrann oder ein Opfer der Zustände. Wenn er seinen Gefühlen Ausdruck gibt, dann oft in äußerst intensiver und impulsiver Form. Wenn er zornig ist, dann reagiert er manchmal mit Gewalt und rücksichtslos; wenn er liebt, kann er verzweifelt sein, besessen, fast albern eifersüchtig«[31]. So sei er in den Gleichnissen die einzige Figur mit Persönlichkeit. Stern diskutiert diesen Anthropomorphismus an einem Beispiel, das ich hier zitiere, um meinen Zweifel an Sterns Sicht der konformen Königsgleichnisse zu begründen.

»Oder: ›Sie ist wie eine Witwe‹. R. Chama bar Ukba und die Rabbinen. R. Chama bar Ukba sagte: (Die Stadt gleicht) einer Witwe, welche nur ihren Unterhalt (aus den Mitteln der Waisen), nicht aber ihr Eingebrachtes verlangte. Die Rabbinen dagegen sagen: (Sie gleicht) einem Könige, welcher über seine Gemahlin (Matrone) aufgebracht war und ihr einen Scheidebrief gab, dann aber denselben ihr wieder entriss. Als sie sich mit einem andern verheirathen wollte, sprach er zu ihr: Wo hast du deinen Scheidebrief? Verlangte sie dagegen ihren Lebensunterhalt von ihm, so sprach er: Ich habe dich ja bereits entlassen. So spricht auch Gott zu den Israeliten, wenn sie sich dem Götzendienst hingeben wollen: ›Wo ist denn der Scheidebrief eurer Mutter‹ s. Jes. 50, 1, verlangen sie, dass er ihnen Wunder thue wie ehemals, so spricht er: Ich habe mich doch schon von euch getrennt, wie es heisst Jerem. 3,8: ›Ich habe es entlassen und ihm den Scheidebrief gegeben‹.«[32]

30. D. Stern 1991, 95.
31. D. Stern 1991, 99.
32. Midrasch Echa Rabbati 1,1; deutsche Übersetzung aus: A. Wünsche 1881, 46; englische Übersetzung und hebräischer Text bei D. Stern 1991, 99 und 258.

Das Gleichnis erzählt von der Gemeinheit eines Ehemannes, der nicht notwendigerweise ein König sein müsste, aber im Gleichnis König genannt wird. Der Ehemann hat die rechtliche Pflicht, seiner Frau einen Scheidebrief auszuhändigen, damit sie nach der Scheidung frei ist, einen anderen Mann zu heiraten. Frauen haben deshalb ihre Scheidebriefe immer sorgfältig aufbewahrt. Der gemeine Ehemann raubt seiner geschiedenen Frau den Scheidebrief und behandelt sie dann schlecht und tut ihr Unrecht an, weil sie seiner Willkür im Zustand einer Geschiedenen ohne Scheidebrief hilflos ausgeliefert ist. Sie kann nicht neu heiraten, sie hat aber auch keinen Unterhaltsanspruch ihm gegenüber. Der gemeine Ehemann ist in diesem Gleichnis als Gesetzesbrecher, Räuber und Lügner dargestellt, der eine Frau in Abhängigkeit hält und ihr Unrecht antut. Dieses Gleichnis ist eine Auslegung der Wendung »wie eine Witwe« in Klgl 1,1. Der Midrasch überliefert dieses Gleichnis in einer Reihe anderer Erklärungen dieser Wendung »wie eine Witwe«. Alle diese Erklärungen erzählen von Frauen, denen Unrecht angetan wird. »Wie eine Witwe« – das heißt: wie eine Frau, deren »Gemahl nach einer Seestadt gegangen und weiss, dass er zu ihr zurückkehrt«. Sie ist an ihn gebunden, aber er sorgt nicht für sie. Oder: Eine Frau ist eine Witwe, die zwar ihren Lebensunterhalt fordert, nicht aber »ihr Eingebrachtes«, ihre Kethuba. Sie ist also eine Witwe, die in finanzieller Abhängigkeit festgehalten wird. Ehe ich die Frage diskutiere, wie Gott mit dem gemeinen Ehemann-König in Beziehung gesetzt wird, ist festzuhalten, dass Klgl 1,1 »wie eine Witwe« hier in unterschiedlicher Weise genutzt wird, um Unrecht, das Frauen angetan wird, sichtbar zu machen. Auch das Gleichnis vom gemeinen Ehemann bezieht sich auf einen solchen Rechtsfall. Es geht nicht um eine Persönlichkeitsschilderung, sondern um strukturelle Gewalt und Machtmissbrauch gegenüber Frauen, darin vergleichbar Mt 25,1-13 und Lk 18,1-8. Im *nimschal* im Anschluss an das Gleichnis vom gemeinen Ehemann geht es um Israels Verhältnis zu Gott. Die beiden Sätze, die der gemeine Ehemann spricht, werden zur Gottesrede in Jes 50,1 (»Wo ist der Scheidebrief eurer Mutter«) und Jer 3,8 (»Ich habe [Israel] entlassen und ihm den Scheidebrief gegeben«) in Parallele gesetzt. In Jesaja und Jeremia führt Gottes Trennung von Israel zu tiefem Schmerz: »Kehrt um, ihr abtrünnigen Kinder« (Jer 3,14), »denn der Herr hat dich zu sich gerufen wie ein verlassenes und von Herzen betrübtes Weib« (Jes 54,6). Das Gleichnis mit seinem *nimschal* hinterlässt die Frage: Hat Gott Israel verlassen? »Hast du uns denn ganz verworfen?« – so enden die Klagelieder Jeremia. Stern macht deutlich, dass dieses Gleichnis das Leiden Israels nach 70 n. Chr. reflektiert. Israels Leiden ist das »wie einer Witwe«, schlimmer als das einer Witwe. Der gemeine Ehemann-König ist, so meine ich im Unterschied zu Stern, nicht ein Abbild Gottes; sein Handeln unterscheidet sich deutlich vom sehnsüchtigen Zorn Gottes über Israel, wie es in Klagelieder, Jesaja und Jeremia dargestellt wird. Das

Gleichnis hat, um mit Stern zu sprechen, eine »ulterior message«, ist aber nicht Zug um Zug als Parallele Gott-König zu lesen. Stern nennt das Gleichnis »bizarr«[33]. Das wäre es in der Tat, wenn Gott als Lügner, Gesetzesbrecher und Räuber dargestellt wäre. Ich verstehe das Gleichnis vom gemeinen Ehemann als antithetisches Gleichnis. Gott ist nicht so. Gott will das Volk weder demütigen noch leiden lassen. Eine ungebrochene Parallelsetzung der in Gleichnissen erzählten strukturellen Gewalt mit Gottes Macht ist ein Missverständnis. Im Neuen Testament schildern viele Gleichnisse solche strukturelle Gewalt mit deutlicher Empörung – wie es viele rabbinische Gleichnisse tun.

Das frühe Christentum wie das zeitgenössische Judentum verwendet einzelne Wörter aus der politischen Sprache des Imperium Romanum für Heilserfahrungen und Hoffnungen: So werden Jesus und Gott *kyrios*/Herr genannt. Aber sie unterscheiden sich von den Herren dieser Welt (s. 1 Kor 8,5.6). Die gute Nachricht, das Evangelium, ist hier das Evangelium der Armen (Lk 4,18 ff.) und nicht das Evangelium von der Geburt des Weltenherrschers in Rom, der sich in kostspieligen Triumphtoren und Inschriften feiern lässt[34]. Dieses antithetische Umdrehen imperialer Schlüsselbegriffe in der religiösen Sprache von Judentum und frühem Christentum kann helfen zu verstehen, dass die konformen Königsgleichnisse nur konform erscheinen, wenn ihre Inhalte nicht zur sozialen Realität in Beziehung gesetzt werden und als Aussage über die Lebenswelt von Menschen ernst genommen werden.

Diese Diskussion des Dualismus in Gleichnistheorien soll helfen, auf eine meist nicht diskutierte und sogar nicht wahrgenommene hermeneutische Voraussetzung aufmerksam zu machen. Allen hier diskutierten Ansätzen verdanke ich viel trotz der Kritik an einer grundlegenden hermeneutischen Vorgabe. Forschungsgeschichtlich betrachtet bietet das Buch von W. *Herzog* 1994, das ich zu Mk 12, 1-12 bereits diskutiert habe, einen entscheidenden neuen Ansatz. Die Gleichniserzählungen oder Bilder werden in diesem Ansatz zu Recht als Texte mit einer eigenen theologischen Aussage gewürdigt.

33. D. Stern 1991, 100. Sterns Erklärung dieser Bizarrheit als Ausdruck des rabbinischen Anthropomorphismus in der Gottessprache ist nicht überzeugend, da dieser Anthropomorphismus, den Stern für andere Texte (abgesehen von Königsgleichnissen) diskutiert, inhaltlich ganz anders aussieht. Gott lacht oder weint, trauert über Israel und sich selbst, s. D. Stern 1992, 151-174.
34. A. Deissmann 1923 sprach vom »polemischen Parallelismus« (298) zwischen Kaiserkult und Christuskult. Seine Darlegungen (besonders 298-324) zum politischen Kontext christlicher Grundbegriffe sind unüberholt.

3. Metapher oder nicht Metapher? –
Das ist hier die Frage

Gegen die Annahme stehender Metaphern

In der Gleichnisforschung hat sich ein Konsens herausgebildet, der für die Jesusgleichnisse mit Metaphern und nicht-metaphorischen Erzählanteilen rechnet. Zum Beispiel wird für Mt 25,3-4 diskutiert, dass das Öl eine Metapher für gute Taten ist, aber für die Lampen wird keine Mehrsinnigkeit angenommen. Ich benutze hier das Wort »Metapher« im Sinne der traditionellen Definition[1]. Die Metapher spricht danach auf zwei Ebenen, einer bildspendenden und einer bildempfangenden. So ist z. B. in der Wendung *basileia tou theou* das Wort *basileia* eine Metapher für Gottes Handeln. Gottes Handeln ist bildempfangend, Königtum als gesellschaftliche und politische Realität ist bildspendend. Eine Metapher kann aus einem Wort bestehen oder aus größeren sprachlichen Einheiten. Jülichers Kritik an der Metapher als uneigentliche Rede und als den Gleichnissen Jesu gegenüber heterogen[2] hat dazu geführt, Gleichnisse wie Mt 25,1-13 oder Mk 12,1-12 der nachträglichen Bearbeitung – z. B. durch Evangelisten – zu verdächtigen, die in ein ursprüngliches Jesusgleichnis Metaphern eingefügt hätten. Diese Annahme steht im Selbstwiderspruch zu dem oben genannten Konsens der Forschung gegen Jülicher, dass Gleichnisse immer auch Metaphern enthalten. Entscheidend für mein Verständnis von Metaphern ist jedoch, dass sie nicht losgelöst von ihrem gesellschaftlichen Kontext verstanden werden können. Die Metapher »der Mensch ist ein Wolf« kann ihren Sinn wechseln je nachdem, was die Hörenden oder Lesenden unter einem Wolf verstehen und worauf im Kontext die Metapher bezogen ist. Diese »Kontextgebundenheit«[3] ist so tiefgreifend, dass von ihr abhängt, ob die Metapher dualistisch oder nicht-dualistisch zu verstehen ist und wie sie im Einzelfall wirkt. Und:

1. H. Weinrich 1976, 276-341, s. auch H.-J. Klauck 1978, 141 und K. Erlemann 1999, 29 f. Die traditionelle Definition der Metapher wird durch die unterschiedliche Bewertung als eigentlich oder uneigentlich nicht tangiert. Jülichers Abwertung der Metapher hat sich nicht bewährt. Für mich ist jedoch die Kernfrage im Umgang mit der Metapher die nach der dualistischen oder nicht-dualistischen Relation zwischen beiden Ebenen.
2. A. Jülicher I, 1910, 53 f.
3. K. Erlemann 1999, 29.

Es ist auch vom literarischen *und* gesellschaftlichen Kontext und der Interpretation im Einzelfall abhängig, ob überhaupt eine Metapher vorliegt. Deshalb sind alle Gleichnisinterpretationen problematisch, die Gleichnisse von ihren Rahmentexten (Einleitung, Schluss etc.) entblößen und das Gleichnis pur verstehen wollen. Die Entscheidung darüber, ob und wie eine Metapher in der Jesustradition zu lesen ist, kann nur textbezogen fallen, also durch Interpretation des jeweiligen Textes in seinem literarischen und sozialgeschichtlichen Zusammenhang.

Die Annahme stehender Metaphern, die im Kontext des Judentums zur Zeit Jesu eine bestimmte Bedeutung haben, hat die Gleichnisauslegung stark beeinflusst. Auch ich habe lange angenommen, dass z. B. die Metapher »König« in diesem Kontext ein klarer Hinweis darauf ist, dass es um Gottes Handeln geht. Diese Annahme stehender Motive oder Metaphern erscheint mir aber inzwischen unzutreffend. Die Gleichniserzählungen arrangieren in vielen Fällen immer wieder dieselben »Bildfelder«[4] (z. B. König und Königssohn oder Gastmahl) neu. Jede neue Version gibt auch den Wörtern einen neuen Sinn. Darum ist darauf zu achten, was im Einzelfall z. B. über einen König erzählt wird und was der literarische Kontext sagt, wie die Gleichniserzählung auf die Gegenwart der Hörenden/Lesenden angewendet werden soll.

Ich möchte die Kontextabhängigkeit der Gleichnisrede/metaphorischen Rede an einem Beispiel diskutieren, dem rabbinischen *maschal* von der Karawanserei. Es stammt von Rabbi Hanina bar Hama: »Eine Karawane ging ihren Weg. Da es schon angefangen hatte dunkel zu werden, kamen sie zu einer Karawanserei. Der Leiter der Station sagte zu ihnen: Kommt doch herein in die Station, um vor den wilden Tieren oder Räubern geschützt zu sein. Doch der Karawanenführer sagte zu ihm: Ich pflege nicht in eine Karawanserei einzutreten! Er ging weiter, aber es kam die Nacht und es wurde dunkel. Er kehrte also zurück und kam zum Leiter der Karawanserei. Er rief und bat, man solle ihm aufmachen. Da sagte ihm der Leiter der Station: Man pflegt nicht die Station in der Nacht zu öffnen, und ein Leiter der Station pflegt nicht Menschen zu dieser Stunde zu empfangen! Als ich dich ersucht habe, hast du nicht gewollt und jetzt kann ich dir nicht aufmachen. – So sagt der Heilige zu Israel: ›Kehrt zurück, abtrünnige Söhne‹ (Jer 3,14). Ferner: ›Sucht den Herrn jetzt da er sich finden lässt‹ (Jes 55,6). Aber keiner von ihnen sucht zurückzukehren. Der Heilige sagte: ›Ich gehe weg, zurück an meinen Ort‹ (Hos 5,15). Da sie an die Weltreiche und an die Völker ausgeliefert wurden, schrieen sie: Warum, Herr, stehst Du weit? Der Heilige sagte ihnen: Als ich euch ersucht habe, habt ihr es nicht angenommen, nun

---

4. H.-J. Klauck 1978, 141-143 gibt eine übersichtliche Zusammenfassung der Diskussion des Begriffs; s. auch G. Theißen; A. Merz 1997, 296.

jetzt, da ihr mich ersucht, höre ich nicht auf euch. Maß für Maß! Es steht ja geschrieben: ›Als er rief, hörten sie nicht, daher sollen sie jetzt rufen, ich aber werde nicht hören‹ (Sach 7,13)«[5].

Flusser hat dieses Gleichnis mit Mt 25,1-13 in Zusammenhang gebracht. Für ihn ist die geschlossene Tür in diesem Gleichnis und in Mt 25,10 »Symbolbild«[6] und bezeichnet, wenn ich Flusser richtig verstehe, das »verpasste (…) Angebot Gottes an den Menschen«[7]. Doch die Annahme eines festen Symbolbildes oder auch einer vorgegebenen Metapher »geschlossene Tür« hilft bei der Interpretation wenig; sie ist eben nicht der »Haken«[8], an dem die Interpretation aufgehängt werden kann. In Mt 25,10 sieht Flusser die Warnung vor der verpassten Gelegenheit, die in endzeitlichem Zusammenhang steht. So wäre die geschlossene Tür eine Metapher für das endzeitliche Todesurteil Gottes. Mt 25,10 ist oft so gelesen worden. Doch wenn der gesellschaftliche und literarische Kontext beider Texte genau betrachtet wird, hat die geschlossene Tür beide Mal einen unterschiedlichen Sinn: Im Gleichnis von der Karawanserei wird in der abschließenden Anwendung die Situation Israels im Imperium Romanum reflektiert, »ausgeliefert« an die Weltreiche und an die Völker. Die geschlossene Tür wird auf Gottes Weigerung ausgelegt, das Hilfegeschrei Israels »jetzt« zu hören, nachdem Israel zuvor Gottes Einladung abgelehnt hatte. In Abweichung von der Gleichniserzählung wird sogar gesagt, Gott habe das Volk gerufen zurückzukommen, aber niemand kam zurück. Doch die geschlossene Tür ist nicht endgültig verschlossen, denn Israel ist und bleibt Gottes Volk und unter Gottes Verheißung. Das wird zwar nicht gesagt, ist aber selbstverständlich innerhalb dieser Tradition. In Mt 25,10 hört sich das Urteil des Bräutigams endgültig an – auf der gesellschaftlichen Ebene oder, wenn Mt 25,10 als Metapher für Gottes endzeitliches Urteil angesehen wird (– was ich nicht tue, – was aber verbreitet ist), in der Beziehung zwischen Gott und denen, die keine guten Werke haben. Es hängt an der Anwendungssituation, was die geschlossene Tür bedeutet. Der Leiter der Karawanserei repräsentiert auch nicht Gott. Sein Motiv, nachts niemanden mehr hereinzulassen, wird nicht erwähnt. Ebenso wenig das des Karawanenführers, abends die Einladung in die Karawanserei abzulehnen und dann doch zurückzukehren. Hier bezieht die Erzählung ihre Logik aus Erfahrungen mit Karawansereien, nicht aus den Erfahrungen Gottes und Israels miteinander. Die Erzählung des *maschal* läuft auf die Schlussszene zu und *sie* wird in der Anwendung reflektiert.

---

5. D. Flusser 1981, 25: Midrasch Teh. zu Psalm 10,1 (ed. S. Buber 92 f.); leicht abweichende deutsche Übersetzung A. Wünsche 1967, 93 f.
6. D. Flusser 1981, 179.
7. D. Flusser 1981, 25.
8. D. Flusser 1981, 179.

Die Abwertung von Metaphern und allegorischen Elementen und Allegorien durch Jülicher hatte ihren Grund in seiner Ablehnung willkürlicher christlich-dogmatischer Auslegung der Gleichnisse. Diese Abwertung ist in der Forschungsdiskussion zu Recht nicht aufrechterhalten worden. Dass die Alternative poetisch statt rhetorisch angemessen ist, wie sie sich aus der Kritik an Jülicher z. B. bei Ricoeur (dazu s. o.) herausgebildet hat, ist zu bezweifeln[9]. Auch ist die Metapher als Bestandteil frühchristlicher und rabbinischer Gleichnisse überfrachtet, wenn sie als solche zum unersetzbaren Medium von Offenbarung[10] erklärt wird. Gleichnisrede und mythologische Rede (oder andere Redeweisen ohne Gleichnischarakter) stehen in den Evangelien gleichrangig nebeneinander: Mt 25,1-13; 14-30 werden zwei Gleichnisse erzählt, Mt 25,31-46 ist mythologische Rede und Mt 24,37-41 prophetische Gerichtsrede, um ein Beispiel zu nennen. Der Inhalt der Gleichnisse Mt 25,1-13; 14-30 ist sehr wohl auch anders sagbar.

Viele Gleichnisse haben eine ausgeprägte Geschichte, über tatsächliche und vermeintliche Metaphern ausgelegt zu werden. Dass die Könige, Gutsherren und Sklavenbesitzer Gott repräsentieren, ist nur von wenigen Gleichnisinterpreten (s. o.) in Frage gestellt worden, aber in der Flut der Deutungen immer angenommen worden. Die sozialgeschichtliche Analyse der Gleichniserzählungen hätte eigentlich zu einem anderen Umgang mit den Gleichnissen führen müssen. So wurde das Nächstliegende, die Konstruktion gesellschaftlicher Wirklichkeit in den Gleichniserzählungen, übersehen.

Mein Vater pflegte eine kleine Geschichte zu erzählen, um die Metaphernsucht in kirchlicher Sprache selbstkritisch zu verspotten: Der Pfarrer will am Sonntagmorgen den Kindergottesdienst etwas auflockern. Er erzählt:»Stellt euch vor, vorhin als ich hierher kam, ist mir was Wunderbares begegnet: klein, braun, mit buschigem Schwanz und ganz flink. Es jagte einen Baum hoch. Könnt ihr erraten, was das war?« Fritzchen antwortet:»Normalerweise würde ich ja sagen, es war ein Eichhörnchen. Aber so wie ich den Laden hier kenne, war es der Herr Jesus«.

Gleichnisbilder sind fiktive Erzählungen. Welche Elemente in ihnen eine Brücke, eine Verbindung zu ihrer Anwendung enthalten, ist von Fall zu Fall dem literarischen Kontext zu entnehmen. Insgesamt aber sind die Gleichnisbilder viel weniger metaphernhaltig als in der Auslegungstradition angenommen. Über entscheidende Partien hinweg sprechen sie tatsächlich über Eichhörnchen, um bei diesem Beispiel zu bleiben – oder auch über das Imperium Romanum.

---

9. K. Erlemann 1999, 55-58.
10. P. Ricoeur 1974, 70; K. Erlemann 1999, 29.

4. Was ist ein Gleichnis?

In diesem Abschnitt beziehe ich mich nur auf die Gleichnisse der synoptischen Evangelien und versuche die literarische Form Gleichnis zu beschreiben, wie ich sie hier vorfinde. Das Wort *parabole*/Gleichnis wird in den Texten für diese literarische Form benutzt, grenzt sie aber nicht konsequent von anderen Redeformen ab, die ebenso bezeichnet werden können[1].

Ich beschränke das Wort »Gleichnis« auf jene literarische Form, die für die Jesustradition der synoptischen Evangelien typisch ist und die erzählerisch gestaltet ist.

Die Gleichnisse Jesu bestehen aus drei zusammengehörigen Teilen: der Gleichniserzählung, der Gleichnisanwendung und einer meist nur impliziten Antwort der Hörenden oder Lesenden.

Die Gleichniserzählung

Die *Gleichniserzählung*, in der Wissenschaftstradition oft das »Bild« genannt, erzählt eine fiktive Geschichte, die auch als fiktive Geschichte erkennbar sein soll. Diese Erzählungen werden oft unter Verwendung ähnlicher Figuren aus verwandten Bildfeldern neu gestaltet, enthalten aber jeweils im Einzelfall eine spezifische Geschichte (und Anwendung). Deshalb ist es nicht sinnvoll, eine »Urform« eines Gleichnisses (z. B. durch synoptischen Vergleich) finden zu wollen. Dabei würde das Spezifische der verschiedenen Versionen verloren gehen.

Diese fiktiven Erzählungen machen eine Aussage über die Erfahrungswelt der Menschen zur Zeit der Entstehung der mündlichen und schriftlichen Tradition über Jesus von Nazareth und damit auch des »historischen« Jesus (s. dazu II.5). Auch die »Natur«gleichnisse beziehen sich auf die Lebenswelt der Menschen, ihre Arbeit für die Nahrung und ihre Ehrfurcht vor der Schöpfung, die Menschen am Leben erhält. Die Gleichniserzählungen wollen nicht ein bestimmtes historisches Ereignis beschreiben, sondern eine Struktur, die Struktur politischer Herrschaft oder die Struktur der Arbeitswelt und gesellschaftlicher Verhältnisse (z. B. die Ungerechtigkeit des Reichtums und das Elend der Armut; die Rolle des patriarchalen Vaters im Verhältnis zu Söhnen). Um die Gleichniserzählungen zu verstehen, ist sozi-

---

1. Dazu D. Stern 1991, 9-13; J. R. Donahue 1988, 5.

algeschichtliche Forschung notwendig. Das Verhältnis von Gleichniserzählung und sozialer Welt ist zu untersuchen. Die Gleichniserzählungen als solche leisten eine gesellschaftliche Analyse. Diese gesellschaftliche Analyse wird durch die Gleichnisanwendung in einen theologischen Zusammenhang gestellt. Damit macht die Gleichniserzählung also eine theologisch relevante Aussage. Sie ist nicht nur Bildmaterial für etwas anderes. Die Gleichniserzählungen arbeiten mit erzählerischen Mitteln, z. B. Übertreibungen, Verdichtungen, Dreischritt, Gegenüberstellungen von Gegensätzen. Es ist ein folgenreiches Missverständnis, diese Antithesen in Gleichnissen »ekklesiologisch« zu lesen. Sie stehen in allen Evangelien in Bezug zur Eschatologie, der Erwartung des gerechten Gerichtes Gottes, sind also eschatologisch zu lesen. Diese eschatologische Deutung wird meist in expliziten Gleichnisanwendungen vollzogen.

Die Gleichnisanwendungen

Die *Gleichnisanwendungen* sind lange als »Rahmen« angesehen worden und oft als gegenüber dem Gleichnis sekundär, als nachträgliche, gar missverstehende Deutungen. Sie sind jedoch integraler Bestandteil der Gleichnisse[2]. Die Einladung, die Gleichniserzählung mit dem Königtum Gottes zu vergleichen, zielt auf eine inhaltliche Reflexion über Gottes Handeln, über Gottes Willen, das Handeln in der Vergangenheit, Gegenwart und Zukunft. Gegenwart und Zukunft werden eschatologisch verstanden. Es ist also sinnvoll, das Gleichnis – die Erzählung und die Anwendung gemeinsam – mit folgenden Fragen aufzuschließen: Wo ist das Evangelium, die befreiende Botschaft? Der Bezug auf die Tora, z. B. das Hören im Sinne des *Schema' Israel*, ist Bestandteil des Evangeliums, der befreienden Botschaft. Es kann also auch gefragt werden: Wo ist die Tora? (aber eben nicht im Sinne einer Opposition zum Evangelium). Damit ist die dritte Frage: Was sagt das Gleichnis über Gottes Versprechen oder Verheißung?, also die eschatologische Frage, schon inhaltlich umschrieben. Diese drei Fragen (Evangelium, Tora, Eschatologie) sind Hilfestellungen für das Verstehen der Gleichnisanwendungen. Viele Gleichniserzählungen stellen gesellschaftliche Strukturen dar, die im

---

2. Der von C. Thoma; S. Lauer »Hiddus«/Neuheit genannte Gleichnisteil (dazu s. oben zu Mt 22,1-14) bzw. der häufiger verwendete Ausdruck »Nimschal« (dazu s. D. Stern 1991, 13) bezieht sich auf Gleichnisanwendungen in rabbinischen Gleichnissen, die ebenso integraler Bestandteil der Gleichnisse sind wie die Gleichnisanwendungen der Jesustradition. Sie sind im Laufe der Entwicklung in ihrer Gestalt vereinheitlicht worden. In den synoptischen Evangelien haben sie noch keine einheitliche Gestalt.

Widerspruch zu Gottes Willen und Handeln, Gottes Königtum, stehen. Sie werden von mir antithetische Gleichnisse genannt. Es ist ein Missverständnis, das »Vergleichen« *(homoioun)* als Aufforderung zu formaler Gleichsetzung zu verstehen, sei es im Sinne von Allegorisierung oder im Sinne einer Gleichnistheorie der nachallegorischen Forschungsgeschichte seit Jülicher. Ob im Gleichnis eine Metapher benutzt wird, muss von Fall zu Fall entschieden werden. Es sollte nicht von der Annahme stehender Metaphern ausgegangen werden.

Die Antwort

Das Gleichnis, Erzählung und Anwendung, setzt die aktive Beteiligung der Hörenden voraus, ihre Antwort mit Verstehen, mit Worten und Taten. Verstehen, Worte und Taten sind Ausdruck der Beziehung zum Gott Israels.

Die Antwort der Hörenden und Lesenden wird in vielen Gleichnissen z. B. durch rhetorische Fragen oder durch einen offenen Gleichnisschluss erbeten. Auch unabhängig davon, ob im Text Elemente dieser Antwort erkennbar werden, ist das Gleichnis ohne diesen dritten Teil unvollständig. Die Antwort ist immer Teil des Gleichnisses. In meiner Interpretation habe ich manchmal versucht, aus der Schrift, der jüdischen Gebetstradition und der Praxis der Tora zur Zeit der Jesustradition die impliziten Antworten zu konstruieren.

Jesus wird in den synoptischen Evangelien als Gleichniserzähler dargestellt. Er erzählt Gleichnisse, um zu lehren und um verstanden zu werden. Die Gleichnisse werden als verständliche Rede bezeichnet, die nicht nur das intellektuelle Verstehen hervorrufen will, sondern das Verstehen, das aus dem Hören der Stimme Gottes folgt. Es ist ein Missverständnis, aus Mk 4,10–12 und den Parallelen Mt 13,10–17; Lk 8,9–10 zu folgern, Gleichnisse seien verhüllende Rede.

Die literarische Form »Gleichnis« gehört in die Geschichte nachbiblischer jüdischer Gleichniskultur. Sie ist so noch nicht im Ersten Testament zu finden und auch nicht in der griechisch-römischen Kultur. Es gibt dort zwar verwandte Gattungen (z. B. Fabeln, besonders solche der Aesoptradition), doch sind die Gemeinsamkeiten der rabbinischen Gleichnisse und der Jesusgleichnisse größer als ihr Bezug zu ersttestamentlichem, vorderorientalischem und griechisch-römischem Material.

5. Der historische Jesus und Jesus in den Evangelien

Im Neuen Testament sind Gleichnisse typisch für Jesus. Paulus versucht sich gelegentlich an Bildern, doch wirken sie eher unbeholfen (z. B. das Gleichnis vom Leib und seinen Gliedern 1 Kor 12,12-28 – ein verbreiteter Stoff in der griechisch-römischen Literatur). Zudem findet sich bei Paulus kein Gleichnis, das der für Jesus typischen Redeform angehört. Auch die Bildersprache des Johannesevangeliums gehört nicht in diese Gattung Gleichnis. Die Jesusüberlieferung der synoptischen Evangelien besteht zu ca. einem Drittel aus Gleichnissen, wobei die Übergänge zwischen einer Gleichniserzählung und bildhaften Logien fließend sind. Jesus wird als Meister der öffentlichen Gleichnisrede dargestellt. Die Variabilität der synoptischen Parallelen von Gleichnissen zeigt, dass viele Menschen, die mündlich oder schriftlich zum Zustandekommen der synoptischen Evangelien beigetragen haben, Jesu Gleichnisrede eigenständig und kreativ weitergeführt haben. Es lässt sich nicht feststellen, welche Gleichnisse auf den historischen Jesus zurückgehen und welche – wie? – überarbeitet oder neu hinzugefügt wurden.

Die inhaltliche Annahme, die seit dem 19. Jahrhundert intensiv in der westlichen Bibelwissenschaft diskutiert wurde, lautet: Die Gleichnisse des historischen Jesus sind inhaltlich von ihren späteren Überarbeitungen zu unterscheiden. Das hat zu einem grundsätzlichen theologischen Misstrauen gegenüber den Gleichnissen in der vorliegenden Gestalt als literarische Bestandteile eines größeren Textes geführt. »Gemeindebildung«, »Evangelist«, »Redaktion«, »Autor« – je nach methodischem Konzept wurden sie der Allegorisierung und inhaltlichen Aufweichung oder Verfälschung bezichtigt. Auch wenn die literaturwissenschaftliche Exegese nicht hinter den Text zurückfragen will, hat sie in der Regel auch ein solches Konzept des theologischen Misstrauens gegen den vorliegenden Text. Dieses Misstrauen ist ein Erbe, das die Diskussion des 19. und 20. Jahrhunderts über den historischen Jesus, über »echt« und »unecht«, hinterlassen hat. Diese Annahme der Differenz zwischen dem historischen Jesus und der Theologie der Evangelien setzt ein Bild von Kirche voraus, deren Interessen, Rhetorik und Inhalte diese Theologie dominieren. Das unterliegende Denkmodell ist das von Sekte versus Institution. Der literarische Text, der uns vorliegt, sei einer Institution zuzuordnen[1]. Ich zitiere hier nur ein Beispiel für diese voraussetzende Annahme und ihre Folgen für die Deutung des Textes: »Was zunehmend im

---

1. Weitere Auseinandersetzung mit diesem Denkmodell L. Schottroff 1994, 15-27.

Evangelium geschieht, ist die Anerkennung Jesu als Christus. Das Evangelium ist nicht nur ein schlichter Bericht über Leben, Lehre, Werke, Tod und Auferstehung Jesu, sondern eine Darstellung, die die Leser befähigt, dieselbe Anerkennung, die im Text geschieht, ihrerseits antwortend zu vollziehen«[2]. Es ist das christologische Glaubensbekenntnis der Kirche, das die Leser des Evangeliums nach dieser Theorie übernehmen.

Ich bestreite die Angemessenheit dieser den meisten Interpretationen der literarischen Texte/der Evangelien zugrunde liegenden soziologischen Annahme. Statt des soziologischen Modells Sekte versus Institution möchte ich das Denkmodell einer jüdischen Befreiungsbewegung innerhalb der Pax Romana[3] auf alle Stufen der Jesustradition im Neuen Testament anwenden, auch auf die der Evangelien. Die Unterschiede zwischen den drei synoptischen Evangelien beruhen auf Unterschieden zwischen Gemeinden, die aber insgesamt Teil einer solchen Befreiungsbewegung sind. Die Unterschiede sind politisch und theologisch weniger relevant als die Gemeinsamkeiten. Auch wenn die Gleichnisrede des historischen Jesus nicht rekonstruierbar ist, sie wird in den drei Versionen, in denen sie literarisch vorliegt, im Wesentlichen gleichartig wiedergegeben. Die Gleichnisrede des historischen Jesus ist nicht rekonstruierbar, und doch ist sehr viel über sie bekannt. In den Evangelien finden sich drei glaubwürdige Versionen der Gleichnisreden Jesu. Sie sind glaubwürdig nicht deshalb, weil die Tradenten historisch genau sein wollen, sondern weil die Lebensbedingungen und Ausdrucksweisen der Befreiungsarbeit Jesu und der Nachfolgegruppe zu seinen Lebzeiten sich nicht wesentlich von der der Nachfolgegruppen unterscheiden, die in den synoptischen Evangelien zu Wort kommen. Deshalb werde ich im nun folgenden Teil dieses Buches die Gleichnisse in der Reihenfolge ihrer literarischen Kontexte (Markus, Matthäus, Lukas) besprechen. Während ich im ersten exegetischen Teil dieses Buches versucht habe, eine Theorie aus der Auslegung möglichst unterschiedlicher Gleichnisse zu entwickeln, werde ich im Folgenden die so gewonnene Theorie zu überprüfen versuchen.

In diesem Buch habe ich die Gleichnisse des *Thomasevangeliums* außer Betracht gelassen. Es gibt Forschungsarbeiten, die zu dem Ergebnis kommen, dass die Logien und Gleichnisse des Thomasevangeliums ein Traditionsstadium spiegeln, das dem der (hypothetischen) Logienquelle entspricht. Somit werden in dieser Sicht die Gleichnisse des Thomasevangeliums als sehr alte Tradition angesehen, die helfen kann, die »Urform« der Gleichnisse, die des historischen Jesus, zu rekonstruieren. Ich beurteile das Thomasevangelium historisch anders: Es setzt bereits die aus den kanonischen Evangelien bekannten Stoffe voraus und stellt auf dieser Grundlage eine christlich-gnosti-

---

2. P. Ricoeur 1981, 68; Übersetzung L. S.
3. L. Schottroff 1994, 15-27.

sche eigenständige spätere Version der Gleichnisse Jesu dar. Die Gleichnisse des Thomasevangeliums sollten aus ihrem eigenen literarischen Kontext (dem Thomasevangelium als Ganzem) und dem theologischen Zusammenhang gnostischen religiösen Denkens und seiner Praxis gedeutet werden.

6. Die Gattung der Gleichnisrede

Die Gleichnisse der synoptischen Evangelien sind Teil einer auf Dialog angelegten Rede des lehrenden Jesus zur Volksmenge bzw. zu Gruppen im Volk, zu denen auch die Jüngerinnen und Jünger gehören (s. oben zu Mk 4,1-20). Sie sind in den Evangelien geschriebene Texte, die ihren Bezug zur mündlichen Rede jedoch erkennen lassen, z. B. wenn ein Gleichnis ein offenes Ende hat wie Lk 15,11-32 oder eine Frage stellt wie Mk 12,9. In Mk 4,1-2; 10-12 und den Parallelen in Matthäus (13,10-17) und Lukas (8,9-10) wird der soziale Ort der Gleichnisrede beschrieben: öffentliche Lehre, d. h. Lehre über die Tora, und Weiterführung prophetischer Rede im Sinne des biblischen Jesajabuches. Ein Gleichnis ist nicht als Gattung für sich anzusehen, sondern als Teil der Gattung öffentlicher Toralehre und Prophetie. Der Zweck dieser Rede ist: Hören, Sehen, Verstehen, Umkehren (Mk 4,10-12 parr.). Das *Schema' Israel* verdeutlicht in seinem ganzheitlichen Verständnis (s. o. zu Mk 4,1-20), dass jeder dieser Akte des Hörens oder Sehens umfassend gemeint ist; das Tun der Tora in der konkreten Situation ist eingeschlossen. Die Menschen, die in diesem Sinne hören und sehen, sind Teil des Volkes Gottes, das in den synoptischen Evangelien das jüdische Volk und seine Gefährten und Gefährtinnen aus den Völkern umfasst. Die Vorstellung vom Volk ist dabei nicht ausgrenzend. Das Volk ist repräsentiert in der anwesenden Volksmenge *(ochlos),* und es hat eine menschheitlich-umfassende eschatologische Perspektive: die Einsammlung der Zerstreuten von allen Enden der Erde (Mk 13,27 parr.) und die Verkündigung des Evangeliums für alle Völker der Erde (Mk 13,10; Mt 28,16-20; Lk 24,47). Die Funktion, die einzelne Gleichnisse in der öffentlichen Rede haben, lässt sich nicht in allgemeine Kategorien oder Untergruppen fassen – etwa im Sinne der Einteilung von Gleichnissen nach Jülicher (Parabel, Gleichnis im engeren Sinn, Beispielerzählung). David Sterns Gruppierung rabbinischer Gleichnisse[1] lässt sich auf das synoptische Material schwer anwenden. Seine allgemeine Charakterisierung des sozialen Ortes der Gleichnisrede jedoch zeigt, wie nahe die Gleichnisrede Jesu der der Rabbinen steht: »The most frequent occasions for the recitation of meshalim ... were the delivery of the sermon in the synagoge and the study of Torah in the academy« (47). Daneben aber finden sich *meschalim* in politischer Rede, in Streitsituationen mit Men-

---

1. D. Stern 1991, 102-151: Apologetics, Polemics, Eulogy and Consolation, Complaint, Regret and Warning.

schen aus den Völkern, in Trostreden für Angehörige Gestorbener und anderen Situationen (47). Bei allen Zuordnungen von Gleichnissen Jesu zu Formen mündlicher oder schriftlicher Rede und Poesie muss ihr konkreter Bezug auf die Lebenssituation des Volkes Gottes und die Tora berücksichtigt werden.

7. Auf dem Weg zu einer Synthese von Methoden

Der Übergang vieler nordamerikanischer Bibelwissenschaftlerinnen und Bibelwissenschaftler von der Historischen Kritik zu literaturwissenschaftlichen Methoden wird von vielen Beteiligten als radikaler Umschwung beschrieben. Es ist die Rede von Paradigmenwechsel und davon, dass die Historische Kritik »outdated« sei. »Cutting edge« sind nun schon seit ca. 30 Jahren Methoden der Textanalyse, die auf literaturwissenschaftlichen Theorien basieren: Literary Criticism (oft als Oberbegriff angesehen), Narrative Criticism, Rhetorical Criticism, Reader-Response-Criticism. Die Analyse des Textes in seiner Struktur ist durch diese Methoden in den Mittelpunkt der wissenschaftlichen Arbeit mit biblischen Texten gerückt. Damit aber haben sich viele Arbeitsschritte der Historischen Kritik nicht erübrigt. Sie werden auch von den meisten Beteiligten weiter benutzt, manchmal stillschweigend vorausgesetzt.

»Outdated« ist nicht die Historische Kritik als Ganze, sondern vor allem die Literarkritik, der Source Criticism. Die Obsession der Historisch-kritischen, den Text zu zerlegen und Theorien über die Vorgeschichte des geschriebenen Textes zu erfinden, hat sich selbst überflüssig gemacht, weil ihre Ergebnisse auf willkürlichen – und als solche durchschaubaren – Annahmen basierten. Der entscheidende innovative Schritt liegt also in dem Übergang von Redaktionsgeschichte zu literaturwissenschaftlichen Methoden. Sie bieten wertvolle Instrumente, den vorhandenen Text als Gesamtwerk und als sprachliches Werk zu verstehen. Sie machen aber die meisten Arbeitsgänge Historischer Kritik nicht überflüssig: die Untersuchungen von Wortgeschichte, Geistes- und Religionsgeschichte, Sozialgeschichte und Textkritik. Mit dem Verschwinden der Kenntnisse alter Sprachen wird die exegetische Aufgabe der Neuübersetzung der Texte und der kritischen Analyse vorhandener Übersetzungen immer wichtiger. Eine Synthese der historischen und textanalytischen Methoden ist in den meisten exegetischen Arbeiten also bereits vollzogen, manchmal explizit, oft implizit. Eine pauschale Disqualifizierung der Historischen Kritik ist dem faktischen Stand der Diskussion und einer Weiterentwicklung der Methoden gegenüber unangemessen. Ich halte eine Politik der Methodenvielfalt für angemessener. Wo immer Ergebnisse erarbeitet werden, die historische Texte wie das Neue Testament verstehen helfen, werde ich auf ihnen aufbauen. Ein Alleinvertretungsanspruch einer Methode oder Methodengruppe ist als Unterdrückungsversuch anzusehen. Methodenvielfalt entspricht dem Stand der Diskussion, der sich in Monographien spiegelt, die die verschiedenen Methoden in Einzel-artikeln nacheinander aufzählen[1] – oder jede für sich kritisch beleuchten[2]. Der nächste Schritt sollte eigentlich die Systematisierung und Metakritik[3] dieser Methoden sein. Als solche Metakritik betrachte ich eine hermeneuti-sche Analyse der Voraussetzungen von Methoden und ihrer Ergebnisse[4]. Zu Beginn dieses Kapitels habe ich in diesem Sinne inhaltliche Voraussetzungen der Bibelauslegung methodenübergreifend zu systematisieren versucht. Die Ergebnisse aller Methoden müssen hermeneutisch überprüft werden[5].

1. S. z. B. J. B. Green 1995. Er benutzt in seinem einleitenden Kapitel die Systema-tisierung »behind the text; in the text; in front of the text« (6-9). Doch diese in Nordamerika beliebte Gruppierung dient der Disqualifizierung der Historischen Kritik (»behind the text«), der sie nicht gerecht wird. Im Hermeneutikkapitel dieses Buches (278-300) wird weder die feministische Hermeneutik noch Befrei-ungstheologie und Jüdisch-Christlicher Dialog berücksichtigt.

2. The Bible and Culture Collective 1995.

3. Wenn in solchen Methodenbüchern feministische und befreiungstheologische Ansätze als weitere Perlen in der Kette der Methoden aufgeführt werden, liegt ein Missverständnis vor. Diese Ansätze entwickeln eine andere Hermeneutik als die mainline Exegese und nicht eine weitere Methode. Sie kritisieren die mainline Exegese nicht wegen ihrer Methoden, sondern wegen ihrer Hermeneutik. Ich nenne Beispiele dieser unzutreffenden Zuordnung: S. E. Porter 1997; J. B. Green 1995; M. Oeming 1998.

4. G. A. Yee 1995 ist ein Beispiel für eine solche Metakritik und Synthese von Me-thoden.

5. Es ist leicht, Beispiele von brandneuen Methoden zu finden, die uralte herme-neutische Vorurteile (z. B. des Antijudaismus) benutzen.

8. Der literarische Kontext: die Evangelien

Ich betrachte den literarischen Kontext als unerlässlich für die Interpretation von Gleichnissen. Das bedeutet also, dass ich das jeweilige Evangelium als ganzes im Blick habe, wenn ich ein Einzelgleichnis in seinem näheren literarischen Kontext interpretiere. Die Entscheidung über das Verständnis von Einzeltexten im literarischen Kontext ist eng mit der Einschätzung der Gattung/dem Genre des Gesamttextes Evangelium verbunden. Wenn ich die Evangelien einer Gattung antiker Literatur zuordne (z. B. antiken Romanen oder Biographien) werde ich sie als Literatur, die aus dem Kreis literarisch gebildeter Menschen kommt, zu verstehen suchen. Ich verstehe die Evangelien jedoch als Gebrauchstexte für die Verwendung in Gemeindeversammlungen. So wird ihr »Sitz im Leben« bei Justin[1] beschrieben:

»An dem Tage, den man Sonntag nennt, findet eine Versammlung aller statt, die in Städten oder auf dem Land wohnen; dabei werden die Denkwürdigkeiten der Apostel oder die Schriften der Propheten vorgelesen, solange es angeht. Hat der Vorleser aufgehört, so gibt der Vorsteher in einer Ansprache eine Ermahnung und Aufforderung zur Nachahmung alles dieses Guten ...«. Mit den Denkwürdigkeiten/*apomnemoneumata* der Apostel sind die Evangelien gemeint, die Aposteln als Autoren zugeschrieben wurden. Dass ein Evangelium als Ganzes vorgelesen wurde, ist nach diesem Text kaum anzunehmen. Auch die anschließende lebenspraktische Auswertung durch die Person, die der Versammlung vorsteht, deutet eher auf die Verlesung begrenzter Textmengen. Andererseits scheinen es längere Textstücke zu sein als nur einzelne Erzählabschnitte, weil die Aufnahmefähigkeit der Zuhörenden dem Vorlesen Grenzen zu setzen scheint.

In Legenden der Alten Kirche werden die Evangelien Männern zugeschrieben, die als Apostel gelten. Damit ist weniger ihre Augenzeugenschaft gemeint als ihre geistliche Autorität als Verkünder und Lehrer[2] der Frohen

---

1. Justin, Apologie I 67,3-5. Zitiert nach der Übersetzung von G. Rauschen, in: BKV Bd. 12, 1913, 82.
2. Eine scharfe Abgrenzung von Lehre und Kerygma ist weder der Darstellung Jesu in den Evangelien selbst noch den Informationen über frühchristliche Gemeindeversammlungen angemessen; ebenso nicht eine scharfe Abgrenzung zwischen Kult und Lehre, zur Diskussion s. M. A. Beavis 1989, besonders 45-67, die allerdings dem hellenistischen kulturellen Kontext Priorität gibt und deshalb das »Sehen«, »Hören« und »Verstehen« zu wenig in der Tradition des 1. Testaments als Veränderung des Lebens, als praktische Umkehr deutet. Ich stimme ihr zu, dass

Botschaft, des Evangeliums, im Sinne Jesu. Die Texte sollen ihre Hörer- oder Leserschaft nicht unterhalten oder bilden, sondern zur Nachfolge Jesu bewegen oder sie darin bestärken. Sie sollen sehen, hören und verstehen im Sinne von Mk 4,10-12 parr. Die Evangelien sind also auf Kommunikation mit Menschen in der Öffentlichkeit der Gemeindeversammlung ausgerichtet. Da zu dieser Zeit die Mehrheit der Menschen in diesen messianischen Gruppen in der Nachfolge Jesu zu den Armen vor allem in Städten des Römischen Reiches gehören, ist nicht davon auszugehen, dass alle lesen, schreiben und längere Texte kaufen können. Die Evangelien sind von ihrem Sitz im Leben her eine Gattung, die auf mündliche Kommunikation ausgerichtet ist.

Die inhaltlich-theologische Kohärenz der einzelnen Evangelien bedarf einer Erklärung, wenn ich nicht von dem elaborierten literarischen Charakter der Gattung ausgehe. Hinzukommt, dass mir die Annahme eines einzelnen Autors unangemessen erscheint. Es ist vielmehr damit zu rechnen, dass einzelne Personen Texte aufgeschrieben haben, die in Gemeinden mündlich und schriftlich in Gebrauch waren, so dass das Konzept eines »Autors« kritisch zu befragen ist. Die Kohärenz scheint mir also einer sozialgeschichtlichen Erklärung zu bedürfen. Das Markusevangelium reflektiert eine historische Situation der Verfolgung christlicher Gruppen durch römische Instanzen[3], das Matthäusevangelium reflektiert die Situation von wirtschaftlicher Not und Krankheit in den Jahren nach dem Jüdisch-römischen Krieg 66-70[4], das Lukasevangelium skizziert ein radikales soziales Evangelium der Armen, das sich auch an wohlhabende Menschen richtet[5]. Die Einzelnachweise dieser sozialen Verortungen sind bereits an anderen Stellen diskutiert worden. Trotz der inhaltlichen Kohärenz jedes einzelnen Evangeliums, die es unterscheidet von den jeweils beiden synoptischen Nachbarevangelien, möchte ich die Unterschiedlichkeit nicht überbetonen, da die Eschatologie als gemeinsame Grundlage aller drei Evangelien sie untereinander verbindet.

Markus (ich füge hinzu: und die anderen Evangelien) auch eine nichtchristliche Hörerschaft erreichen sollen.
3. L. Schottroff 1990, 73-95. M. A. Tolbert 1995, 331-346.
4. L. Schottroff 1983, 149-206.
5. S. dazu z. B. P. F. Esler 1987.

Teil III
Jesus, der Gleichniserzähler
Die Gleichnisse im literarischen Zusammenhang
der Evangelien

1. Politische Prophetie.
Markus 4,26-32

Übersetzung

26 Und er sagte: So ist Gottes gerechte Welt: Ein Mensch wirft Samen auf die Erde.

27 Und legt sich zum Schlafen und steht wieder auf, nachts und tags. Und der Same treibt und wächst hoch, ohne dass der Mensch weiß, wie.

28 Von selbst bringt die Erde Frucht, zuerst Halm, dann Ähre und dann vollausgereiftes Korn in der Ähre.

29 Wenn die Frucht soweit ist, lässt der Mensch die Sichel schwingen, denn die Ernte ist da.

30 Und er sagte: Womit sollen wir Gottes gerechte Welt vergleichen oder welches Gleichnis sollen wir bilden?

31 Es ist einem Senfkorn zu vergleichen. Wenn es auf die Erde gesät wird, ist es kleiner als alle Samen, die es auf der Erde gibt.

32 Und wenn es gesät ist, geht es auf und wird größer als alle Gemüsepflanzen und bringt große Zweige hervor, so dass in seinem[1] Schatten die Vögel des Himmels Schutz finden.

Sozialgeschichtliche Analyse und eschatologische Auslegung

Beide Gleichnisse erzählen von bäuerlichen Erfahrungen mit Pflanzen, die der Nahrung von Menschen dienen: Getreide und Senf. Senfblätter wurden geschmort oder als Salat gegessen, die Samen vielfältig als Gewürz oder Heilmittel verwendet[2]. Weizen und Gerste waren die wichtigsten Grundnahrungsmittel. Die Perspektive ist die von Bäuerinnen und Bauern, die ein Feld einsäen und die Früchte ernten. Die Erde scheint ihnen zu gehören. Die sonst in den Evangelien so deutlichen Leidenserfahrungen derer, die das Land bebauen, sind ausgeblendet. Verschuldung, Versklavung, Enteignung

---

1. In V. 32 bezieht sich das Possessivpronomen auf das Senfkorn, wobei eigentlich der aus dem Senfkorn gewachsene Busch genannt werden müsste. Sollte hier der »Baum«, auf den sich das parallele Possessivpronomen in Lk 13,18; Mt 13,32 bezieht, gemeint sein?

2. G. Dalmann II, 293.

scheint es nicht zu geben. »Ein jeder wird unter seinem Weinstock und Feigenbaum wohnen, und niemand wird sie schrecken« (Mi 4,4). Da für die Menschen dieser Zeit, auch der Zeit des Markusevangeliums, eine heile bäuerliche Welt in weiter Ferne lag, erzählen diese Texte vom Glück des bäuerlichen Lebens mit den Pflanzen, das sie trotz der wirtschaftlichen Notverhältnisse kennen und lieben. Gott lässt die Weizenfelder wie im Wunder hoch wachsen, ohne dass Menschen dieses Wachstum herstellen müssen oder können (V. 27 und 28). In den Versen in der Mitte des Textes wird das Wunder der Schöpfung ausgemalt, fast besungen. Die Erde bringt die Früchte hervor, »von selbst«, denn Gott gibt das Wachsen (1 Kor 3,7). Die menschliche Arbeit, die dabei notwendig ist, wird hier nicht mehr erwähnt – anders als zu Beginn und am Ende des Gleichnisses. Jetzt kommt es in der Erzählung nur darauf an, das Wunder des Wirkens der Erde Gottes, die Nahrung hervorbringt, lebendig werden zu lassen.

Die ungewöhnliche Größe des Senfstrauches misst sich an der Kleinheit des Samens und der Größe anderer Gemüsepflanzen. Dass der Senfsame »kleiner ist als alle Samen« ist nicht in Naturbeobachtung begründet, sondern in der Erzählung und ihrem Versuch, die Verwunderung über den Kontrast von Same und Strauch auszudrücken. Dass in dem Schatten des Strauchs Vögel Schutz finden, könnte Naturbeobachtung sein. Allerdings lässt der Text an Vogelnistplätze denken. Dafür dürfte eine solche Gemüsepflanze ungeeignet sein. In jedem Fall ist die Formulierung des letzten Satzteiles von V. 32 so klar in biblischer Tradition (s. u.) begründet, dass für damalige Zuhörende klar war, dass es um einen Strauch oder Baum, der Herrschaft symbolisiert, geht. Zu den liebenswerten Kuriositäten der Auslegungsgeschichte von Mk 4,32 und den Parallelen gehört es, dass Menschen versucht haben, einen Senfbaum ausfindig zu machen[3]. Pilgerreisende wollen große Senfpflanzen gesehen haben, die es erlauben, die Höhe des Strauches (Mk) oder Baumes (Mt und Lk), die die Erzählung ins Bild setzt, in der Natur wiederzufinden[4]. Dass in der Markusfassung der Senfstrauch absicht-

---

3. J. F. Royle 1846, 113-137; 136f. »In conclusion, it appears to me, that taking everything into consideration, Salvadora persica appears better calculated than any other tree that has yet been adduced to answer to everything that is required, especially if we take into account its name and the opinions held respecting it in Syria. We have in it a small seed, which, sown in cultivated ground, grows up and abounds in foliage. This being pungent, may, like the seeds, have been used as a condiment, as mustard and cress is with us. The nature of the plant, however, is to become arboreous, and thus it will form a large shrub, or a tree, twenty-five feet high, under which a horseman may stand, when the soil and climate are favorable. It produces numerous branches and leaves, among which birds may and do take shelter, as well as build their nests.«

4. Z. B. K.-E. Wilken 1953, 108: »Als wir an der Quelle unsere Reittiere tränken,

lich nicht als Baum dargestellt ist, um sich über den großen Weltenbaum der biblischen Tradition lustig zu machen oder das bescheidene Bild der Senfstaude der Größe einer Zeder entgegenzusetzen[5], ist so nicht überzeugend. Auch bei Markus wird die überragende Größe des Strauches betont und das imperiale Bild der Vögel, die Schutz finden, benutzt. Doch in der Tat ist nicht von einer Zeder, sondern von einem Senfsamen und Senfstrauch die Rede. Es ist also berechtigt zu fragen, ob der Senfstrauch (Mk) oder ein Baum (Zeder? Mt und Lk), der aus einem Senfkorn entsteht, die andere Qualität der kosmischen Macht Gottes im Gegensatz zu imperialen Weltmächten andeuten soll. Denn das Bild vom Weltenbaum, in dessen Zweigen die Völker Schutz finden, ist ein verbreitetes imperiales Symbol.

In der Auslegungstradition ist viel über die Frage diskutiert worden, ob das Gleichnis ein Kontrastgleichnis sei oder ob das Wachstum in ihm *auch* wichtig sei. Damit verbunden ist die Frage, welche *Vorstellung von Biologie* in solchen Texten vorliegt. Der Hintergrund dieser Diskussion ist die kritische Auseinandersetzung mit Vorstellungen vom Gottesreich im 19. Jahrhundert: Durch sittliches Wachstum werde das Reich Gottes verwirklicht. Viele Auslegungen betonen deshalb den Kontrast. »Der moderne Mensch geht über ein Ackerfeld und versteht das Wachstum als einen biologischen Vorgang. Die Männer der Bibel gehen über ein Ackerfeld und sehen in dem gleichen Vorgang ein Gotteswunder nach dem anderen, lauter Auferweckungen aus dem Tode«[6]. Die Erzählungen selbst betonen den Kontrast, aber sie berichten auch vom Wachstum (V. 27.28.32). Doch ist die biologische Vorstellung nicht die einer von Gott abgespaltenen Natur und entsprechenden Naturwissenschaft: Gott gibt das Wachsen und die Früchte. Gottesreich und das Wachstum in den Feldern sind inhaltlich miteinander verbunden, zwei Bereiche des Handelns Gottes. Die theologische Biologie dieser Texte widerspricht allen Deutungen, die auf einer dualistischen

---

fällt mein Blick auf einen Garten, in dem eine Anzahl von etwa 2,60 bis 3 Meter hohen Staudenpflanzen mit großen breiten Blättern wachsen. Viele kleine finkenartige Vögel fliegen unter den schattigen Blättern hervor und kehren nach kurzem Insektenfang schnell wieder dorthin zurück. Da ich derartig auffallend hohe Pflanzen im Heiligen Land noch nicht gesehen habe, erkundige ich mich und höre zu meinem Erstaunen, daß diese mächtigen Stauden dem Senfkorn entsprossen sind, dem kleinsten Samenkorn, das es im Heiligen Land gibt.« Diese Größe einer Senfstaude ist mit der Beschreibung von Senf in einschlägigen Biologiebüchern nicht zur Deckung zu bringen, vgl. z. B. M. Zohary; N. Feinbrunn 1966, 309-312: maximal bis zu 2 Meter hoch.

5. J. R. Donahue; D. J. Harrington 2002, 152 »comic irony«.
6. J. Jeremias 1965, 148. Zu den Auslegungsmustern der liberalen Theologie (Entwicklung) und der dialektischen Theologie (Kontrast) s. G. Theißen 1994, 167-182. Zur theologischen Biologie s. R. Stuhlmann 1972/73, 154-157.

Gleichnistheorie beruhen und die »Natur« in diesen Texten nur als neutralen Sachverhalt verstehen, an dem etwas veranschaulicht wird oder aus dem die Metaphern hervorgehen. Ich habe »Natur« in Gänsefüßchen gesetzt, weil das Wort naturwissenschaftlich oder romantisch missverstanden werden könnte. Das Naturverständnis dieser Gleichnisse möchte ich in Abwandlung des Zitates von Joachim Jeremias folgendermaßen zusammenfassen: Die Frauen und Männer der Bibel gehen über ein Ackerfeld, sehen das Schöpfungshandeln Gottes in den Pflanzen und Früchten, von denen sie leben, ein Gotteswunder nach dem anderen. Die Pflanzen werden für sie durchsichtig für das größte Gotteswunder: den Beginn des Königtums Gottes in ihrer Gegenwart.

Beide Gleichnisse enthalten in ihren Schlusssätzen politische Prophetie, indem in ihnen ein kurzes biblisches Zitat oder eine Anspielung in die Erzählung vom Ackerbau integriert wird.

Mk 4,29 nimmt Gedanken und Wörter aus Joel 4,13 auf[7]: »Greift zur Sichel, denn die Ernte ist reif«. Der Zusammenhang im Joelbuch ist eine Weissagung, dass Gott es den Völkern, die Israel versklavt und unterdrückt haben, heimzahlen wird. »Ägypten soll wüst werden und Edom eine Einöde um des Frevels willen an den Leuten von Juda, weil sie unschuldiges Blut in ihrem Lande vergossen haben« (Joel 4,19 Lutherübersetzung). In Offb 14,15 wird Joel 4,13 ebenfalls aufgenommen und in einem mächtigen mythischen Bild ausgemalt: »Und ein anderer Engel kam aus dem Tempel heraus und schrie mit lauter Stimme dem zu, der auf der Wolke saß: sende deine Sichel aus und ernte, denn die Stunde zu ernten ist gekommen, weil die Ernte der Erde reif ist«. Der Menschensohn soll die gesamte Menschheit richten, doch der Zorn Gottes richtet sich nur auf die, »die das Tier anbeten« (14,9), das heißt, die sich dem römischen Kaiserkult und den Strukturen des römischen Imperialismus unterwerfen. Auch für die »Ernte« und »Erntesichel« sollte nicht von einer stehenden Metapher ausgegangen werden, sondern der jeweilige Kontext nach ihrer Bedeutung befragt werden. Für Mk 4,29 ist das der Kontext des gesamten Markusevangeliums und der literarische Kontext des Joelzitates im Joelbuch.

Für Mk 4,29 fällt es schwer, die Ernte als Gottesgericht über die Völker zu verstehen, wie Joel 4,13 und seine Deutungsgeschichte im Judentum[8] es ver-

---

7. S. dazu besonders R. Stuhlmann 1972/73, 161f., der zeigt, dass hier nicht die LXX-Version, sondern der masoretische Text angedeutet wird.

8. S. PesK 3B zu Joel 4,19 (oben zu Mt 22,1-14 zitiert) und das Targum zu Joel 4,13.19: Targum Joel 4,13 »Put the *sword into them, for the time of their end has arrived; go down and tread their warrior dead like grapes that are trodden in the winepress; pour out their blood,* for their wickedness is great.« (Übersetzung: K. J. Cathcart; R. P. Gordon 1989, 72f. Die kursiven Wörter zeigen Veränderun-

langen. Das Bild des wunderbar wachsenden Saatfeldes scheint dem zu widersprechen. Und so ist denn auch dieser Vers oft als »Jubelruf«[9] gedeutet worden. Da hier die Anspielung auf Joel 4,13 jedoch deutlich genug ist und eine eigene Sprache spricht, ist die »Ernte« und »Erntesichel« vom Völkergericht Gottes nicht abzutrennen – trotz des hoffnungsvollen Bildes. Damit stellt sich die Aufgabe, nach der politischen Vision des Markusevangeliums für die Völker der Welt zu fragen. Wie die jüdische Tradition generell unterscheidet auch das Markusevangelium zwischen den Erwählten (13,20.22.27) und den Völkern. Eine Ausmalung des Völkergerichtes findet sich nicht. Der Menschensohn wird die Auserwählten einsammeln. Bis zuletzt wird den Völkern das Evangelium verkündet werden (13,10; vgl. 14,9). Die Großen der Völker werden als Tyrannen beschrieben (10,42), die die Auserwählten vor Gericht stellen (13,9). Doch das Völkergericht wird vorausgesetzt, implizit in Sätzen wie 13,10: erst nach der Verkündigung der frohen Botschaft in aller Welt kommt »das Ende« (*telos* 13,7.13). Explizit wird das Völkergericht in 13,24-26 und 14,62; 8,38 benannt: Das Kommen des Menschensohnes auf den Wolken ist sein Kommen zum umfassenden Gericht Gottes über die Menschheit. Die ihn »sehen werden« (13,26; 14,62), sind vor allem diejenigen, denen dieses Gericht eine Konfrontation mit dem Unrecht, das sie getan haben, bringt. So ist Mk 4,29 mit Weissagungen wie 13,26 und 14,62 zusammenzulesen. Das Gottesgericht über die Völker wird kommen, aber sie haben noch eine Zeit für Umkehr vor sich und Zeit, zu hören und zu sehen. Jesu Lehre und Verkündigung und die Predigt derer, die ihm nachfolgen, ruft die Völker zur Umkehr. Ihr Zeugnis vor Gericht, mit dem sie ihre Richter selbst bei drohender Verurteilung zum Tod zu gewinnen suchen (13,9), zeigt, dass die Markusgemeinde(n) eine politische Vision haben, die niemand verloren geben will, selbst wenn sie selbst die schlimmste Verfolgung erleben. Obwohl das Wort Feindesliebe im Markusevangelium nicht erwähnt wird, wird hier die Praxis der Feindesliebe beschrieben. Sie ist die Praxis, die sich aus dem Warten auf das Gericht Gottes und der Hoffnung auf das »Ende« ergibt.

In Mk 4,32 liegt ebenfalls kein regelrechtes Zitat vor, sondern eine Anspielung auf biblische Sprache. In Frage kommt vor allem ein Bezug zu Ez 17,23 (17,22-24), denn dort wird ein von Gott selbst gepflanztes Weltreich Israel verheißen. In Dan 4 und Ez 31 wird die Weltenbaummetaphorik kritisch gegen Nebukadnezar bzw. Pharao genutzt: Ihre Weltherrschaft wird durch Gott beendet werden. Dass die Vögel in den Zweigen des Weltenbaumes nisten (Ez 31,6; Dan 4,12.14.21; Ez 17,23 im Schatten der Zweige), be-

gen gegenüber dem masoretischen Text an). Das göttliche Völkergericht richtet sich primär gegen die Armee der Völker.

9. S. z. B. J. Gnilka 1978, 184.

deutet im Sinne des Bildes schützende Herrschaft über andere Völker, bildet also imperiales Selbstverständnis ab. Die Völker sind unterworfen worden, die neuen Herren sind ihre »Beschützer«.

Mk 4,32 drückt eine politische Vision aus: Gott wird über alle Völker herrschen. Das aber bedeutet, dass es keine imperialen Großreiche mehr geben wird, wie sie über Jahrhunderte das kleine Israel dominierten. Zur Zeit des Markusevangeliums ist Mk 4,32 eine politische Prophetie, die das Ende des Römischen Reiches und seiner Pax Romana ankündigt. Es wird kein Volk mehr geben, das andere Völker unterwirft, alle Völker sind in gleicher Weise unter Gottes Herrschaft und in ihr geschützt.

Es ist zu fragen, ob die Herrschaftsideologie, die in dieser metaphorischen Tradition enthalten ist, dazu taugt, Herrschaftskritik auszudrücken. Diese kritische Frage hat Ivone Gebara[10] für die Metapher *basileia tou theou* grundsätzlich gestellt. Sie hält den unterdrückerischen und autoritären Inhalt solcher Metaphern für unüberwindbar. Für Mk 4,32 stellt sich diese kritische Frage unausweichlich, da hier das imperiale Selbstverständnis der Großreiche in der Weltenbaummetaphorik aufgenommen wird trotz der Anwendung auf einen Senfstrauch statt einer Zeder. Es ist keine Frage, dass für Menschen des 21. Jahrhunderts die Rede vom Königtum Gottes und von Gottes Herrschaft problematisch ist. Könige gehören in Märchen und zur Yellow Press. Herrschaftserfahrungen sind bittere Wirklichkeit. Die von Ivone Gebara vorgetragene Kritik muss auf zwei Ebenen bedacht werden: für das historische Material und für die religiöse Sprache des 21. Jahrhunderts. Die entscheidende historische Frage ist die nach der Qualität der Herrschaft Gottes, auf die Menschen damals gehofft haben. Ersetzte Gott in ihren Hoffnungen die Kaiser in Rom oder bedeutete seine Herrschaft eine andere Qualität von Macht, die Teilhabe an Gottes Macht zur Erhaltung alles Lebendigen? Das Wort *dynamis* bezeichnet Gott in Mk 14,62 und die Teilhabe an seiner Macht in den so genannten Wundergeschichten. »Wunder«geschichten erzählen von der Gotteskraft, die sich Menschen untereinander spenden können und sich so gegenseitig zu neuem, erfülltem Leben verhelfen (s. etwa Mk 5,21–43)[11]. Das historische Material lässt sich nicht von Herrschaftssprache reinigen. Es kommt darauf an, die inhaltliche Qualität dieser Herrschaft, die in ihren literarischen und sozialen Kontexten eindeutig war, so zu benennen, dass sie nicht missverstanden oder missbraucht werden kann. Für die religiöse Sprache des 21. Jahrhunderts stellt sich das Problem in voller Schärfe weniger in der Bibelauslegung, die die Texte als historisches Material beschreibt, als in der Bibelübersetzung und liturgischen Verwendung

---

10. I. Gebara 1993.
11. Dazu s. U. Metternich 2000 und ihre Deutung der Wundererzählungen der Evangelien.

dieser Sprache. Hier ist die Weiterverwendung der imperialen Sprache in der Regel unerträglich, herrschaftslegitimierend, unterdrückerisch.

Was besagt es, dass diese politischen Prophetien (4,29.32) sich wie ein Jubelruf anhören? Sie sind Schluss- und Höhepunkte zweier Naturgleichnisse, die voller Freude auf das Wachstum der Pflanzen schauen. Diese zwei Höhepunkte schließen erzählerisch an die Freude über die reiche Frucht in 4,8.20 an: Ein reiche Frucht tragendes Feld wird durchsichtig für die verheißene Fruchtbarkeit der leidenden Jüngerschaft, derer, die endlich doch hören, sehen und verstehen (s. o. zu Mk 4,1-20).

Sie hoffen auf das »Ende« (*telos* 13,7.13). Gottes Gericht über die Menschheit (V. 29) und die Aufrichtung weltweiter Gerechtigkeit (V. 32) sind Hoffnung für die Leidenden; Hoffnung, die auf die Umkehr der Völker gerichtet ist. Das »Ende« ist aus der Perspektive der Leidenden ein Hoffnungswort. Die Konsequenz aus der Gerichtserwartung über die Völker ist praktizierte Feindesliebe.

In der eschatologischen »Zeitrechnung«, die das Markusevangelium erkennen lässt, ist die Jetztzeit der Hörenden die Zeit vor dem Ende, in der das Evangelium verkündet wird. In beiden Gleichnissen wird das Ende, das Königtum Gottes, Gericht und Weltherrschaft Gottes verheißen (4,29.32). Die Hörenden werden in den Gleichnissen nicht zu irgendeinem Handeln aufgefordert, obwohl der weitere literarische Kontext ihre Arbeit des Verkündigens und Heilens voraussetzt. Es wäre dem markinischen Kontext, aber auch der Gleichniserzählung 4,26-29, unangemessen, die Passivität der Hörenden zu betonen. Die Erzählung 4,26-29 berichtet von Aktivität (säen, Ernte schneiden) und staunendem Warten der Landfrauen und Landmänner. Das Gleichnis von der selbstwachsenden Saat betont das Wunder des Wirkens Gottes in den Pflanzen; das Gleichnis vom Senfkorn malt das Wunder des riesengroßen Busches aus, der aus einem kleinen Samen wächst. Beide Gleichnisse lehren das Sehen. Der Blick richtet sich auf die wachsenden Weizenfelder und die Senfstauden und sieht die Hand Gottes, der Wachstum gibt und wunderbare Pflanzen hervorbringt. Der glückliche Blick auf diese Natur ist Erfahrung Gottes und Quelle der Hoffnung: Das Ende wird kommen. Das Wort »Ende« ist ein Wort der Hoffnung. Es meint nicht Weltuntergang und nicht Sieg derer, die sich auf der richtigen Seite wähnen. Es bringt Gerechtigkeit (4,29) und das Ende aller Unterdrückung (4,32).

Die Abtrennung der Naturverehrung vom Glauben an Gott, die in der christlichen Theologie bis heute nachwirkt, hat verhindert, die Naturgleichnisse Jesu als Schule der Wahrnehmung der Schöpfung Gottes zu verstehen. Es ist nicht die verklärte unberührte Natur, in der hier Gottes Gegenwart erkannt wird, es ist das Wunder des Wachstums der Pflanzen, das von Menschen erkannt wird, die von den Pflanzen leben. Sie wissen, wie der Hunger ein Volk zerstören kann, denn das war zur Zeit Jesu wie zur Zeit der Evangelien gegenwärtige Erfahrung.

Die Antwort der Gemeinde könnte das Lob Gottes und der Schöpfung gewesen sein, das in den Psalmen und anderen jüdischen Gebeten immer eine zentrale Rolle spielte. Im Neuen Testament findet sich das Lob der Schöpfung nur, wenn danach gesucht wird: Es war so selbstverständlich Teil der gelebten Gebetspraxis, dass es oft vorausgesetzt wird: in den Gebeten zu den Mahlzeiten und dem Abendmahl[12], in der vierten Bitte des Vaterunsers (Mt 6,11) und in Mt 6,25-34; Lk 12,22-32: »Seht die Vögel am Himmel, sie säen nicht, sie ernten nicht und sie bringen nicht in Scheunen ein. Doch unsere himmlische Gottheit ernährt sie doch; seid ihr nicht noch wichtiger (für Gott)?« (Mt 6,26). Die Schöpfung mit den erneuerten Augen zu sehen schafft den besorgten Menschen Ruhe und Souveränität. Dass die Menschenwelt sich von der belebten Schöpfung im Wert vor Gott unterscheidet, drückt sich nach biblischer Tradition nicht in hemmungsloser Ausbeutung der Natur aus, sondern in der Zuversicht, dass das Brot für den nächsten Tag auf dem Feld wachsen wird und das Leben der Menschen in Gottes Hand ist und nicht in der Hand derer, die sich am Brot der Hungernden bereichern.

Methodische Erläuterung

Grundlage der hier vorgetragenen Deutung der Gleichniserzählungen sind ihr Bezug zum Königtum Gottes (4,26.30) und die beiden Bezüge auf das Erste Testament in 4,29.32. Durch diese Bezüge werden die Gleichnisse interpretierbar, auch wenn ihnen keine explizite Anwendung folgt. Der literarische Kontext des Markusevangeliums ermöglicht es, die Eschatologie der Gleichnisse genauer zu beschreiben.

Eine allegorisierende Lektüre hat im Landmann oft die Identifikationsfigur für die Hörenden gesehen – oder im Bauern, der am Ende die Sichel schwingt, den Weltenrichter. Beide Allegorisierungen sind unangemessen, auch wenn die Sichel metaphorisch vom Gericht spricht. Forschungsgeschichtlich ist es interessant, dass trotz der Bejahung Jülichers und seiner Kritik an Allegorisierungen das allegorische Deuten in der Bibelwissenschaft des 20. Jahrhunderts so unausweichlich war, dass viele Interpreten Mk 4,29 für literarisch sekundär erklärt haben. Es konnte ja nicht am Anfang des Gleichnisses der Bauer die Hörenden abbilden und am Schluss des Gleichnisses derselbe Bauer als Gott die Sichel schwingen.

---

12. S. 1 Kor 11,24 *eucharistesas*; Mk 14,22 *eulogesas* und die Parallelen dazu in Mt und Lk. C. Janssen 2003 bietet gute Argumente, 1 Kor 15,39-41 als Lob der Schöpfung zu lesen.

»Ekklesiologische« Deutungstraditionen: Für Mk 4,26-29 finden sich häufig Auslegungen, die die Verheißung des Erfolgs der Verkündigung (Jesu oder der Gemeinde) als Inhalt des Gleichnisses Mk 4,26-29 ansehen[13]. Für Mk 4,30-32 gibt es eine offen triumphalistische »ekklesiologische« Deutungstradition: 4,32 sei Verheißung der weltweiten Herrschaft der Kirche; die Vögel repräsentieren die »Heiden«völker[14]. Häufiger habe ich in der Exegesegeschichte des 20. Jahrhunderts bis in die Gegenwart die Variante dieser Deutung gefunden, die die Unscheinbarkeit des Senfkorns mit der Unscheinbarkeit der Jesusbewegung oder der jeweils gegenwärtigen Kirche vergleicht. Diesem unscheinbaren Anfang wird die herrliche, große Zukunft des Königtums Gottes verheißen[15]. So wird das Königtum Gottes zur Zukunft der Kirche, ein folgenreiches Missverständnis. Auch wenn Jesu Gegenwart und die kleine Schar um ihn herum allegorisierend als das unscheinbare Senfkorn gedeutet wird, erscheint diese kleine Schar als der Kern der jeweils gegenwärtigen Kirche – auch wenn dies nur implizit geschieht. Es muss klar gesagt werden, dass hier nicht von einer zukünftigen Kirche die Rede ist, sondern von Gott und Gottes Zukunft allein. Diese Zukunft ist gegenwärtige Hoffnungskraft für Menschen, die es lernen, die Schöpfung mit neuen Augen zu sehen.

Literatur zur Vertiefung

Charles Dodd 1961, 131-145 – V. J. John 2002, 208-230 – Rainer Stuhlmann 1972/73

Eigene Vorarbeiten

Luise Schottroff in: Christine Schaumberger; Luise Schottroff 1988, 125-151 zu Mk 4,30-32

---

13. J. Marcus 1999, 326: »ultimate success«. Forschungsgeschichtliche Sammlung zu diesem Deutungstyp bei G. Theißen 1994, 172 f.
14. J. Marcus 1999, 331.
15. J. Jeremias 1965, 148.

2. Zeit des Frühlings und der Nachtwachen. Markus 13,28-37

Übersetzung

28 Lernt vom Feigenbaum (durch) ein Gleichnis. Wenn sein Zweig schon zart wird und Blätter hervorbringt, dann erkennt ihr, dass der Sommer nahe ist.

29 So auch ihr, wenn ihr dieses geschehen seht, so erkennt, dass Gott[1] nahe ist, vor der Tür.

30 Ich verspreche euch, dass diese Generation nicht vorübergehen wird, bis dieses alles geschieht.

31 Himmel und Erde werden vorübergehen, meine Worte werden nicht vergehen.

32 Jenen Tag oder die Stunde kennt niemand, auch nicht die Engel im Himmel, auch nicht der Sohn, nur der Vater allein.

33 Seht hin und bleibt wach! Ihr wisst nicht, wann die Zeit da ist.

34 Ein Gleichnis: Ein Mensch verreiste und ließ sein Hauswesen zurück. Er gab seinen Sklavinnen und Sklaven das Verfügungsrecht, einem jeden und einer jeden in ihrem Arbeitsbereich; und den Türhüter beauftragte er, wach zu bleiben.

35 Bleibt also wach, denn ihr wisst nicht, wann der Hausherr kommt, ob abends, um Mitternacht, beim Hahnenschrei oder frühmorgens.

36 Wenn er plötzlich kommt, soll er euch nicht schlafend finden.

37 Was ich euch sage, sage ich allen: Bleibt wach!

Sozialgeschichtliche Analyse

Das Gleichnis vom Feigenbaum zeichnet ein Frühlingsbild vergleichbar dem in Hld 2,11-13: »Der Winter ist vergangen, der Regen ist vorbei und dahin. Die Blumen sind aufgegangen im Lande ... Der Feigenbaum hat Knoten gewonnen ...« Der kahle Feigenbaum ist ein typisches Winterbild in diesem Land. Das Gleichnis lenkt den Blick auf die Veränderung der Zweige und ihrer Haut durch den steigenden Saft und auf das Hervorkommen der neuen Blätter im Frühling. Die erste Serie von Fruchtansätzen ist dann schon zu sehen[2]. Der August ist die Zeit der Haupternte von Feigen-

---

1. Zu dieser Übersetzung s. u. zur »eschatologischen Deutung«.
2. G. Dalman 1, 1964, 379.

früchten. In der Zeit der Früchte des Feigenbaums wohnen Menschen in den Fruchtgärten, um sie zu bewachen, und es finden fröhliche Sommerfeste statt. Weintrauben und Feigenfrüchte sind die Sommerfreuden schlechthin (Joel 2,22).

Das Gleichnis vom Türhüter lenkt den Blick auf den Moment, in dem ein Hausherr seine Sklavinnen und Sklaven mit Aufträgen für die Zeit seiner Abwesenheit versieht. Er verreist, weiß aber nicht genau, wann er zurückkommen wird. Es kann Nacht werden. Er steht einem großen patriarchalen Haushalt vor mit mehreren Sklaven und Sklavinnen, die unterschiedliche Arbeitsbereiche haben. Ein solcher Haushalt umfasst eine Vielzahl von Arbeitsfeldern, von Ackerbau und Hauswirtschaft bis hin zur persönlichen Versorgung und kulturellen Unterhaltung der Herrenfamilie[3]. Viele Sklaven und Sklavinnen waren auf bestimmte Arbeitsgebiete spezialisiert; daneben gab es Arbeitssklaven und -sklavinnen ohne Ausbildung. Diese Spezialisierung begründete zugleich eine Hierarchie unter den Sklaven und Sklavinnen. Eine Szene, die einen Türsklaven zum Mittelpunkt macht, findet sich bei Plautus in der Komödie Asinaria (390 ff. = II 3). Der Hausverwalterssklave *(atriensis)* Leonida hat den Türsklaven *(ianitor)* Libanus beauftragt, ihn beim Barbier zu treffen. Er prügelt ihn, weil er nicht kam. Nebenbei geht aus der Szene hervor, dass der Türsklave den Auftrag hatte,

»Den Mist hier von der Tür wegzuschaffen ... gab
Ich nicht Befehl, du solltest die Spinngewebe mir
Dort von den Säulen wegtun? Hab ich nicht gesagt,
Die Klopfer an den Türen wollt ich blankgeputzt?«[4] (424 ff.).

In Joh 10,1 f. wird deutlich, dass der Türsklave die Verantwortung hat, den hauseigenen Hirten von Dieben und Räubern zu unterscheiden und nicht die falschen Leute einzulassen. Die Türsklavin in Joh 18,16 lässt Petrus nur passieren, weil sie einen anderen Jünger Jesu, der ihn begleitet, kennt. In Apg 12,14 erkennt die Sklavin Rhode Petrus an der Stimme. Der Türsklave bei Plautus darf keine Zahlungen für seinen Herrn entgegennehmen. Das darf nur der Hausverwalterssklave. So zeigt es sich, dass ein Türsklave oder eine Türsklavin, die ebenfalls nachts die Verantwortung haben konnte[5], in der

3. J. Marquardt 1, 1975, 137-153 bietet eine Übersicht über die Spezialisierung von Sklavenarbeit, vgl. auch U. E. Paoli 1979, 144f. Inschriften aus dem Grabmonument der Volusii Saturnini an der via Appia zeigen ebenfalls die Spezialisierung, in diesem Fall des Sklavenpersonals einer senatorischen Familie im 1. Jh. n.Chr. (W. Eck; J. Heinrichs 1993, 52-58). Zum entsprechenden Bild der Sklaverei bei Plautus s. P. P. Sprenger 1961, 76-82.

4. Übersetzung W. Binder, neubearbeitet von W. Ludwig, in: Antike Komödien. Plautus/Terenz, Darmstadt 1973, 81.

5. K. Wengst 2001, Bd. 2, 207 f. (mit Quellenmaterial).

Sklavenhierarchie zwar nicht ganz oben stand, aber doch eine wichtige Position hatte. In Mk 13,34 wird dieser Sklave beauftragt, die ganze Nacht wach zu bleiben, um das Klopfen und die Stimme des heimkehrenden Hausherrn zu hören und ihn einzulassen. Dies ist keine ungewöhnliche Situation. Sie dürfte typisch sein für die Arbeit von Türsklaven. Ebenso typisch dürfte der Vorwurf sein, die Türsklaven würden die Zeit verschlafen, in der andere arbeiten (Plautus, Asinaria 429 f.).

In Mk 13,35 vermischt sich die Stimme Jesu als des Erzählers mit der des Hausherrn im Gleichnisbild. Die Anrede im Plural richtet sich an die Zuhörenden, die Jüngerschaft Jesu und darüber hinaus an »alle« (13,3.37): »Bleibt wach!«.

Im Gleichnisbild von den Haussklaven bleibt dabei jedoch die Aufzählung der Nachtwachen und die vorgestellte Situation des Türhüters, der nachts wach bleibt, weil er den Hausherrn einlassen muss. Das Gleichnis richtet also den Blick auf die Arbeit eines Türsklaven und seinen vermutlich täglichen Kampf mit dem Schlaf. In der heutigen Welt assoziiere ich mit dieser Situation die Müdigkeit von Menschen, die in Wechselschichten arbeiten müssen. Sie kennen den Kampf gegen den Schlaf, der sie manchmal plötzlich überfällt. Die Gleichniserzählung mündet in eine Aufforderung an die Sklaven und Sklavinnen; ihre Erfahrungswelt ist jedoch nicht die Sorge des Hausherrn, sondern die von Sklaven, die wach bleiben müssen, weil sie nicht wissen, wann der Herr kommt. Für sie teilt sich die Nacht in vier lange Nachtwachen.

Eschatologische Deutung

Grundlage der Deutung beider Gleichnisse ist die Anwendung, die in ihrem literarischen Rahmen vorgegeben ist. In 13,4 haben die vier Jünger Petrus, Jakobus, Johannes und Andreas Jesus gefragt: »Wann wird *das* geschehen und welches Zeichen wird es geben, wann *dieses alles* vollendet werden wird«? Es ist die Frage nach den »Wehen« des Endes *(»das«)* und dem »Ende« *(»dieses alles«)*. In der Sprache der Apokalyptik ist »Ende« ein Wort voller Hoffnung: Das Ende des Leidens und der Unterdrückung wird herbeigesehnt. Die schlimmen Erfahrungen der Gegenwart und nahen Zukunft, wie Krieg und Hungersnot (13,8), werden ein Ende haben. Sie sind Vorstufen der Wehen des Endes (13,8). Nachdem in dieser eschatologischen Weissagung die Leiden bei Namen genannt sind (13,5-25), spricht Jesus vom vorletzten Geschehen: dem weltweiten Gottesgericht durch den Menschensohn und dem Einsammeln der Auserwählten (13,26 f.). Das Gleichnis vom Feigenbaum ist die Antwort auf die sehnsüchtige Frage nach dem Ende in 13,4. Das Vorzeichen für die umfassende Vollendung, das Königsein Gottes in Himmel und Erde, sind schon da: Gottes Nähe ist für euch schon fühlbar (13,29), weil ihr die Leiden der Gegenwart nicht absolut setzen müsst und ihr Ende erhoffen könnt. So wird die Gegenwart mitten im Leiden zu einem Moment des Glücks. Gott ist nahe. Diese Erfahrung wird im Gleichnis mit dem Glück des Frühlings verbunden. Der Feigenbaum im Frühling lässt die Menschen mehr sehen als nur den nahen Sommer. Er wird durchsichtig. Der Moment der Begeisterung über die jungen Blätter am Baum gibt denen, die die Schöpfung sehen, neue Augen, die Gott schauen können. V. 30 verheißt erneut die Nähe Gottes für diese Generation. Das bedeutet nicht Berechnung der Zeit, sondern Ermutigung und Stärkung.

Aus der Glückserfahrung der Nähe Gottes entsteht die Kraft, wach zu bleiben. Die abschließende Mahnung, wach zu bleiben wie die Türhüterinnen und Türhüter, die die Nacht durchwachen, knüpft an die Mahnungen an, die die eschatologische Weissagung Jesu durchziehen (13,5.7.9.11. 13.23). Sie sollen hinsehen (13,33): auf die falschen Messiasse (13,5), auf ihr eigenes Leiden (13,9), auf die gesamte Situation (13,23). Die Mahnung zu »sehen« durchzieht die Weissagung. Es ist das »Sehen« mit den erneuerten Augen, das Sehen, das aus der Umkehr zu Gott entsteht (4,10-12); denn »euch ist das Geheimnis des Königtums Gottes gegeben« (4,11).

Das Gleichnis vom Türhüter will nicht allegorisierend gelesen werden. Gott ist nicht im Hausherrn dargestellt und die Werke der Sklavinnen und Sklaven bilden nicht die Aufgaben der Nachfolgegemeinschaft Jesu ab. Vielmehr wird die Alltagserfahrung von Sklavinnen und Sklaven, die wach bleiben wollen und müssen, transparent für die Zeit des Wartens auf Gott, die eine Zeit des Wachbleibens, Hinsehens und tätigen Hörens auf die Tora ist (s. oben zu 4,1-20). Die Sorge, die Nachfolgegemeinschaft Jesu könne als exklusiv missverstanden werden, als andere ausschließend, führt im letzten Satz der Weissagung zur Klarstellung: Dies ist nicht ein exklusiver Weg, sondern ein Weg für alle (13,37).

Die Antwort der Gemeinde, die »sieht« und »hört«, ist die Bitte um das baldige Kommen Gottes und das Einstimmen in Jesu Verheißung: »Das Königtum Gottes ist nahe« (Mk 1,15). Mit dieser Deutung des Gleichnisses vom Feigenbaum auf die Nähe Gottes ist eine Entscheidung über das Verhältnis von Königtum Gottes und dem Kommen des Menschensohnes zum Gericht verbunden. In V. 29b heißt es: »So erkennt, dass ... nahe ist«. Das Subjekt des Naheseins wird nicht genannt. Viele Deutungen ergänzen hier den Menschensohn[6]. So wäre das Gleichnis Verheißung der Nähe des Gerichts durch den Menschensohn (Mk 13,24-27). V. 29a hilft nicht weiter.

---

6.   Z. B. J. R. Donahue; D. J. Harrington 2000, 375 »In this context ›he‹ as a reference to the Son of Man seems to be the most obvious subject«. Ausführlich dazu R. Pesch 1968, 180.200.

»Wenn ihr seht, dass dieses geschieht« –. Im Kontext von Mk 13 ist »dieses«
alles das, was in 13,5-22 geweissagt wird: Vorzeichen des Endes, Beginn der
Wehen der Endzeit (13,8). »Dieses« geht sowohl dem Kommen des Menschensohnes als auch dem Kommen Gottes voraus. Diese exegetische Entscheidung ist für mich im literarischen Kontext und den Formulierungen
von Mk 13,4 begründet und in der eschatologischen Bedeutung des Wortes
»nahe« (und der Wortgruppe). In Mk 1,15 lautet die alles verändernde Botschaft Jesu: »Das Königtum Gottes ist nahe herbeigekommen«. Der Menschensohn, der zum Gericht kommt, ist im Markusevangelium eine mythische Gestalt, mit der der auferstandene Jesus identifiziert wird. Doch ist sein
Kommen zum Gericht nicht mit Gottes Kommen als König gleichgesetzt. So
wird in 13,32 der Sohn deutlich von Gott selbst unterschieden. Das Völkergericht ist Aufgabe des auferstandenen Messias, dann erst kommt Gott.
Wenn aber alle (zerstörerischen Mächte) von ihm – dem Messias – besiegt
worden sind, dann wird auch der Sohn selbst seine Macht an Gott übergeben, der ihm die Macht übertragen hatte, »damit Gott sei alles in allem«
(1 Kor 15,28). Diese Paraphrase von 1 Kor 15,28 ist in 1 Kor 15,23-28 inhaltlich begründet. Nun ist zu fragen, ob 1 Kor 15 zur Exegese von Mk
13,28-29 herangezogen werden kann. Mk 13,32 »Sohn« ist dafür ein gutes
Argument. Viel relevanter ist jedoch die Einordnung der markinischen *und*
paulinischen Eschatologie in die ersttestamentliche und zeitgenössisch-jüdi-
sche Vorstellung von Gott, der endlich der Schöpfung das Heil bringt. Gottes
Königtum ist Inhalt der Hoffnung, das Gericht geht dem Königtum Gottes
voraus. Im Gericht wird die Zerstörung der Schöpfung beendet, den lebensfeindlichen Mächten und Menschen eine endgültige Grenze gesetzt. Eine
dieser lebensfeindlichen Mächte ist der Tod. Damit ist nicht das gute Sterben
der Geschöpfe am Ende ihres Lebens gemeint, sondern der Tod als von Menschen gemachte Struktur der Zerstörung des Lebens. Doch diese Entmach-
tung des Todes, um mit 1 Kor 15,26 zu sprechen, ist noch nicht selbst das
Heil. Wie auch in jedem einzelnen Text das Gericht ausgemalt sein mag – die
Unterschiede sind groß –, so ist doch immer klar, dass das Gericht schreck-
lich ist. Die Bilder für das Gottesgericht werden oft aus Kriegserfahrungen
genommen. Auch die kosmischen Ereignisse in Mk 13,24b und 25 nehmen
ihre Anschauung aus Kriegserfahrungen. Ich verweise für diesen Zusammenhang von Kriegserfahrungen und Gottesgericht auf das Joelbuch oder
auch das Targum zu Joel[7]. Der Menschensohn bringt das Gericht und er
sammelt die Erwählten (Mk 13,27) und bewahrt sie damit mitten in den

---

7. Joel 2,10: bezieht sich auf ein von Gott gesandtes, alles Vorstellbare an Schrecken
    überbietendes Kriegsheer. »Vor ihm erzittert das Land und bebt der Himmel.
    Sonne und Mond werden finster, und die Sterne halten ihren Schein zurück«;
    vgl. Joel 4,15. Targum Joel 2,10: »Before them the earth *is laid waste*, the heavens

schrecklichen Geschehnissen. Aber diese Bewahrung ist nicht das Gottesheil selbst. Die Vision dieser Eschatologie ist eine Menschenwelt und eine Schöpfung, die in Frieden und Gerechtigkeit lebt. Dem Tod als lebensfeindlicher Macht muss zuvor ein Ende gemacht worden sein.

Methodische Erläuterung

Die Grundlage für diese Deutung der Gleichniserzählungen ist im Text selbst explizit enthalten: V. 29.33.35.36.37. Es gibt keinen Grund, die Gleichnisse zu allegorisieren. Sie erzählen in sich klare Situationen, die transparent gemacht werden für das eigene Leben der Sprechenden und Hörenden in ihrer Gottesbeziehung. Hermeneutisch entscheidend für die Deutung dieser Gleichnisse ist das Konzept von Eschatologie. Zu dem von mir benutzten Konzept s. oben zu Mt 25,1-13 und Teil II.1.

Eine »ekklesiologische« allegorisierende Deutungstradition findet sich eher für das Türhütergleichnis als für das Feigenbaumgleichnis. Die Übertragung unterschiedlicher Aufgaben an die Sklavinnen und Sklaven in 13,34 wird in neuerer Zeit oft als Allegorisierung angesehen, die negativ zu bewerten und der Ekklesiologie des »Markus« anzulasten sei oder der »Urkirche« (J. Jeremias)[8]. Während hier die Allegorisierung kritisch betrachtet wird, gilt die Deutung des Sklavenherrn als Gleichnis für den Menschensohn in der Regel als selbstverständlich[9]. Doch sollte auch hier die erzählte Situation als ganze als Gleichnis begriffen werden. Der *Kyrios* soll nicht den Menschensohn als den wiederkehrenden Herrn der Kirche abbilden. Er ist ein Sklavenbesitzer und wird als solcher dargestellt. Die vielfältige Motivverwandtschaft mit anderen Sklavengleichnissen der Evangelien hat oft den Schluss herbeigeführt, Mk 13,34-37 sei eine »verunglückte Komposition« (Jülicher), eine nachträgliche Kompilation aus Elementen von anderen Gleichnissen der Jesustradition[10]. Doch in Jesusgleichnissen und rabbinischen *meschalim* werden immer wieder ähnliche Stoffe benutzt, aber jedesmal entsteht ein singulärer und neuer Inhalt.

shake; the sun and the moon are darkened …«. Das »them« bezieht sich auf »armed men« 2,9 (K. J. Cathcart; R. P. Gordon 1989).
8. J. Jeremias 1965, 52; R. Pesch 1968, 198.
9. R. T. France 2002, 545; F. J. Gnilka II, 1979, 210; F. J. Moloney 2002, 268 für den markinischen Text.
10. A. Jülicher II, 1910, 169. Dieses Urteil beherrscht seitdem die Diskussion.

Literatur zur Vertiefung

Luzia Sutter Rehmann 1995, 32-68 – John R. Donahue; Daniel J. Harrington zum Text – Rudolf Pesch 1968 – Targum zu Joel (Kevin J. Cathcart; Robert P. Gordon 1989)

Eigene Vorarbeiten

Luise Schottroff 1994, 228-257

3. Gott ist nahe: Jesus, der Gleichniserzähler im Markusevangelium. Zusammenfassung

Das griechische Wort *parabole* hat eine weitere Bedeutung als das Wort »Gleichnis« in der Bibelwissenschaft – wie auch das hebräische Wort *maschal*. Im Markusevangelium wird es für eine Rede über Satan benutzt, die nur partiell bildlich ist (3,23-27 bzw. 30). Andererseits erzählt Jesus ein Gleichnis – vom Bräutigam (2,19-20) –, ohne dass es Gleichnis genannt wird. Doch zeigt das Wort Gleichnis einen besonderen Charakter der Rede Jesu an: Er redet in Gleichnissen, weil sie unmissverständlich sind und er verstanden wird (4,12a.b; 4,23; 12,12). Sie charakterisieren seine Rede als Kind Gottes oder Mann Gottes[1], dessen Botschaft eine existenzielle Entscheidung der Hörenden bewirkt: Sie werden zu Sehenden oder sie verhärten sich (Pharisäer 3,5; Hohepriester, Schriftgelehrte, Älteste 12,12 der Sache nach). Das bedeutet aber nicht, dass diese Gruppen als solche aus Verhärteten bestehen. Jesus redet Menschen aus diesen Gruppen an, um sie zu gewinnen; manchmal wird sogar sein Erfolg erwähnt (Schriftgelehrter 12,28-34; Synagogenvorsteher 5,21-42). Dass Jesus nicht »ohne Gleichnis« redet (4,34), soll wohl nicht sagen, dass alle seine Worte Gleichnisse sind, sondern dass seine Rede typischerweise Gleichnisse enthält.

Jesu Wirken insgesamt ist das machtvolle Eingreifen Gottes in eine Welt, die von lebensfeindlichen Mächten gequält wird: Er befreit Menschen von bösen Geistern, von Sünde, Satan, Krankheiten und Hunger. Diese Mächte sind »Legion« (5,9). Satan übt Herrschaft aus (3,23-27), und Jesus ist da, um ihn »zu fesseln« (3,27).

An den Jüngerinnen und Jüngern können Leserschaft oder Hörerschaft des Evangeliums lernen, dass der Weg in die Freiheit für sie kein Spiel ist. Auch die Nachfolgegemeinschaft Jesu kann verhärtet sein (8,17), voller Angst und Verrat wie Petrus (4,17), sie kann schlafen statt zu wachen (14,32-42), der Macht des Geldes erliegen (4,19). Diese Themen kehren in

---

1. »Sohn Gottes« im Markusevangelium blickt auf Jesu Beauftragung durch Gott (s. nur Taufe und Verklärung), gibt ihm aber nicht einen christologischen »Titel«, der ihn von anderen Kindern Gottes abhebt. Für eine Übersetzung von Sohn Gottes als »Kind« Gottes spricht, dass das Wort Frauen einschließt, dagegen jedoch, dass nicht sichtbar wird, dass es auch um Erwachsene geht. »Mann« Gottes lässt vielleicht eher die Assoziation zu, dass es auch Gottesfrauen gibt. »Sohn« Gottes ist durch die Tradition der Christologie sehr unflexibel.

Gleichnisdeutungen wie in Erzählungen immer wieder. So sind die Gleichnisdeutungen voll in die Inhalte des Gesamtevangeliums integriert[2].

Die hier interpretierten Gleichnisse umfassen die meisten Redestücke Jesu, die im Evangelium Gleichnis genannt werden und der rabbinischen Gleichniskultur verwandt sind: Mk 4,1-20 mit dem Gleichnis von der fruchtbaren und unfruchtbaren Saat (4,3-9), die Gleichnisse von der fruchtbaren Erde (4,26-29) und dem Senfkorn (4,30-32), die Gleichnisse vom Weinberg (12,1-12), vom Feigenbaum (13,28-29) und Türhüter (13,33-37). Die die fiktiven Gleichniserzählungen umgebenden Deutungstexte sind miteinbezogen und werden von mir als unabtrennbarer Bestandteil der Gleichnisse verstanden.

Ich stelle die Ergebnisse in der Abfolge des Evangelientextes zusammen: Das Gleichnis vom Sämann und seine Deutung (4,1-20) redet von dem Geschehen des Hörens auf Jesu Worte als Hören auf Gottes Stimme, die Tora. Die Lebenssituationen der Hörenden sind oft zerstörerisch, doch gilt dem Hören, Sehen und Verstehen der Stimme Gottes und dem Tun des Wortes die große Verheißung: Das Königtum Gottes wird so offenbar, verändert das Leben. Das Gericht über die Völker wird kommen (4,26-29), aber zuvor werden sie zum Hören eingeladen. Das Königtum Gottes sieht anders aus als die imperialen Großreiche und beendet die Herrschaft von Menschen über Menschen (Senfkorn 4,30-32). Der Weinberg Gottes – Israel – ist zerstört durch Gewalt von oben und von unten. Aber Gott vollbringt das Wunder seiner Rettung (12,1-12). Der Menschensohn wird die Völker richten und die Erwählten im Gericht bewahren (13,24-27). Jetzt schon ist die Nähe des kommenden Gottes zu sehen für die, die Augen haben zu sehen (13,28-29). Sie bleiben wach (13,33-37). Der Gleichniserzähler Jesus ist Lehrer der Tora mit Vollmacht, die Menschen dazu bringt, Gottes Stimme zu hören (4,1-20), er ist politischer Prophet (4,26-32) und Deuter der Gegenwart des Volkes Gottes (12,1-12). Er ist Verkünder der Nähe Gottes (1,15; 13,28.29), also eschatologischer Prophet. Seine Gleichnisse werden verstanden, weil sie verständlich sind (4,33). Sie sind Teil seiner Vollmacht, Satan zu fesseln, die zerstörerischen Geister aus den Menschen zu vertreiben, Sünde im Auftrag Gottes zu vergeben, Krankheiten zu heilen. Für das Markusevangelium sind sie nicht rhetorische oder poetische Sprache, sondern vollmächtige Sprache, die von Gottes Kraft erfüllt ist und die aus einem Glauben entsteht, der Berge versetzen kann (11,23). Auch die Jüngerinnen und Jünger werden mit solcher vollmächtigen Verkündigung beauftragt. Es wird erzählt, dass sie Kranke heilen und Dämonen austreiben (3,14; 6,7-13); dass sie auch Gleichnisse erzählen wie Jesus, wird nicht gesagt. Warum eigentlich nicht?

2. S. dazu besonders M. A. Beavis 1989.

4. Gott lieben. Der barmherzige Samaritaner. Lukas 10,25-37

Übersetzung

25 Und siehe: Ein Toragelehrter machte sich auf und legte ihm die Frage zur Überprüfung vor: Lehrer, was habe ich zu tun, damit ich Leben in seiner ewigen Fülle erbe?

26 (Jesus) sagte zu ihm: Was steht in der Tora? Wie liest du sie?

27 Er antwortete: Du sollst Adonaj, deinen Gott, aus deinem ganzen Herzen und mit deinem ganzen Leben und mit deiner ganzen Kraft und mit deinem ganzen Verstand lieben und deinen Nächsten wie dich selbst.

28 Er (Jesus) sagte ihm: Du hast vortrefflich geantwortet. Tue das und du wirst leben.

29 (Der Toragelehrte) wollte seine Frage verteidigen und sagte zu Jesus: Und wer ist mein Nächster?

30 Jesus nahm das auf und sagte: Ein Mann ging von Jerusalem nach Jericho hinab und fiel Räubern in die Hände. Sie zogen ihn aus, schlugen auf ihn ein, gingen fort und ließen ihn halb tot liegen.

31 Zufällig ging ein Priester auf jenem Weg hinunter und er sah (den Verletzten) und ging ihm gegenüber vorbei.

32 Ebenso kam auch ein Levit an den Ort und er sah (den Verletzten) und ging ihm gegenüber vorbei.

33 Ein Samaritaner, der auf Reisen war, kam zu ihm und sah ihn und erbarmte sich.

34 Und er trat hinzu, verband seine Wunden und goss Öl und Wein darauf. Dann setzte er ihn auf seinen eigenen Esel und führte ihn zum Wirtshaus und versorgte ihn.

35 Am nächsten Morgen zog er zwei Denare heraus, gab sie dem Wirt und sagte: Versorge ihn, und falls du zusätzliche Kosten hast, werde ich sie dir erstatten, wenn ich zurückkomme.

36 Was meinst du, wer von diesen Dreien ist der Nächste dessen geworden, der unter die Räuber fiel?

37 (Der Toragelehrte) sagte: der die Barmherzigkeit an ihm getan hat. Und Jesus sprach zu ihm: Mach' dich auf den Weg und tue auch so etwas.

Sozialgeschichtliche Analyse und eschatologische Auslegung

Jesus und der Toragelehrte

Im Lukasevangelium wird diese Geschichte von Jesus und einem Toragelehrten detaillierter erzählt als in den synoptischen Parallelen (Mk 12,28-31; Mt 22,34-40). Jede dieser Geschichten sollte für sich und in ihrem literarischen Kontext gelesen werden. Versuche, im lukanischen Text vorlukanisches Material herauszuarbeiten, bleiben hypothetisch und helfen nicht, den Text zu verstehen.

Zwischen Jesus und dem Toragelehrten findet ein inhaltsreicher Dialog statt. Der Toragelehrte fragt Jesus; er macht Jesus zu seinem Lehrer (V. 25) – wie der reiche Mann in einer führenden politischen Funktion in Lk 18,18: »Was muss ich tun, damit ich Leben in seiner ewigen Fülle erbe?«. Der Toragelehrte hat eine Ausbildung erhalten. Jesus stammt von armen Leuten aus einem Dorf in Galiläa (Lk 2,1-20.39). Er wird als hochbegabtes Kind dargestellt (Lk 2,40-52). Er kann die Tora in der Synagoge lesen (Lk 4,16-21). Eine Ausbildung wie der Toragelehrte[1] hat er nicht. In der ganzen Szene bleibt der Gelehrte der Fragende und der Lernende.

Die antijudaistische Lektüre hat das Bild des Toragelehrten zu Unrecht verzeichnet: als wolle er Jesus eine Falle stellen (*ekpeirazon* V. 25) und sei selbstgerecht (V. 29 »wollte sich selbst rechtfertigen«)[2]. Nur ausnahmsweise wurde für V. 25 und 29 der Charakter des Diskutierens und Lernens, wie es jüdischer Tradition entspricht, erkannt. Am Anfang stellt der Gelehrte eine für sein Leben entscheidende Frage: Was muss ich jetzt in meiner Lebenssituation tun? Diese Frage legt er Jesus als dem von ihm gewählten Lehrer zur Prüfung vor. Der Gelehrte und Jesus sind sich einig, dass die Tora die Antwort enthält: im *Schema' Israel* (V. 27 aus Dtn 6,5) und seiner Auslegung durch Lev 19,18, das Nächstenliebegebot. In V. 29 stellt der Toragelehrte die

---

1. Zu *nomikos*/Gesetzeslehrer/Toragelehrter s. E. Schürer II § 25, II; Gutbrod ThW IV, 1080 f. Das griechische Wort *nomikos* wird auch im rabbinischen Schrifttum benutzt, nach S. Krauss III, (1912) 1966, 169, um deutlich zu machen, dass die »Gesetzeslehrer« denen des öffentlichen Rechtes Roms zu vergleichen sind.

2. Die moralische und theologische Disqualifizierung des Toragelehrten ist in Bibelübersetzungen und -auslegungen gängig. Ausnahmen: M. Klinghardt 1988, 32: Der Toragelehrte »verweist auf seine soteriologisch bedeutsame Zugehörigkeit zu dem erwählten Volk« –, die dann durch die Gestalt des Samaritaners von Jesus aufgehoben werde. Klinghardt versucht, den V. 29 nicht diskriminierend zu lesen (vgl. 147). Klarer ist Ebachs Vorschlag, den Text als Ausdruck des berechtigten Interesses des Gelehrten zu lesen, seine Frage zu rechtfertigen, »um dem Tun eine Basis zu geben, um gerade von universaler Nächstenliebe zur konkreten Nächstenliebe zu kommen« (J. Ebach 1991, 429).

berechtigte zweite Frage: Was heißt das nun konkret für mich, wer ist also mein Nächster? Er bekommt von Jesus eine genaue Antwort auf seine Frage: Werde zu einem Menschen, der hinsieht und die Barmherzigkeit tut[3]. Das bedeutet es, die Liebe zu Gott zu tun. Jetzt wiederholt Jesus seine Antwort aus dem ersten Teil des Dialogs noch einmal: Tue das (V. 37 vgl. V. 28). Das Gleichnis vom barmherzigen Samariter hat Jesu Antwort konkretisiert. Es geht darum, zu sehen (V. 31.32.33) und zu tun (V. 25.28.37).

Die ernsthafte Frage des Toralehrers, der von Jesus lernen will, sollte nicht auf eine Ebene mit Lk 18,9; 20,20 projiziert werden, die in sich noch zu differenzieren sind. Die Leute, die 18,9 angeredet werden, sind subjektiv der Meinung, die Tora zu halten, also gerecht zu sein. Jesus bestreitet das. In 20,20 jedoch scheint es um Leute zu gehen, die als Provokateure auftreten und dabei vorgeben, Gerechte zu sein, was sie selbst von sich aber gar nicht glauben. In der Auslegungstradition werden dieses Stellen oft zusammen gesehen und als moralischer Vorwurf der Selbstgerechtigkeit gegen den Pharisäismus gedeutet. Ich verstehe die Frage des Gesetzeslehrers in Analogie zu Lk 3,10.12.14: »Was sollen wir tun?« Das ist die Grundfrage des Lernens von der Tora, die nicht auf eine überzeitliche ethische Lehre ausgerichtet ist, sondern auf die konkrete Situation der Fragenden. Was bedeutet das Tun, das Gott erwartet, jetzt und hier?

Die Diskussion und das Gleichnis gehören in die reiche jüdische Tradition der tätigen Barmherzigkeit als Ausdruck der Liebe zu Gott. Die Liebe zu Gott und das Tun der Gerechtigkeit gehören zusammen. Das lässt sich in der Auslegung des *Schema' Israel*[4] erkennen oder in den Traditionen, die die Grundlage[5] von Mt 25,31-46 sind: »Was ihr einem der geringsten meiner Geschwister getan habt, das habt ihr mir getan« (Mt 25,40). In Apg 10,2

---

3. Die Drehung des Wortes »Nächster« vom Objekt der Liebe (V. 27.29) zu ihrem Subjekt (V. 36) sollte nicht überstrapaziert werden, als werde V. 29 durch V. 37 kritisiert. Die Frage V. 29 ist im Sinne des Textes ernst zu nehmen und V. 37 ist die Antwort auf diese Frage. Das Verhältnis von Gebenden zu Empfangenden wird in der jüdischen Tradition immer wieder als eine Beziehung in Gegenseitigkeit gedeutet, die beide Seiten verändert. Ein Beispiel: »R. Josua hat gelehrt: Mehr als der Herr des Hauses ... an dem Armen thut, thut dieser an dem Herrn des Hauses« (Lev. Rabba 34; A. Wünsche 1967, 240 vgl. J. Neusner 1986, 566).
4. Das *Schema' Israel* wird in der rabbinischen Auslegung nicht auf innere Haltungen beschränkt, die ganze Existenz, auch die materielle Seite des Lebens ist einbezogen. Dtn 6,5 »mit aller deiner Kraft« wird in der Mischna (Ber 9,5) so interpretiert (»mit allem deinem Besitz«), und diese Deutung bleibt in vielen weiteren Auslegungen konstant; vgl. z. B. Sifre Deuteronomium Dtn 6,5 (s. H. Bietenhard 1984, 82). Materialzusammenstellung bei B. Gerhardsson 1966, 71-76; s. auch oben zu Mk 4,1-34 Anm. 2.
5. A. Wikenhauser 1932; Billerbeck IV, 1, 536-610.

wird Kornelius als Mensch nichtjüdischer Herkunft, der jüdisch lebt, so charakterisiert: »fromm, gottesfürchtig mit seinem ganzen Haus, der im Volk viele Gerechtigkeitstaten[6] tat und immerfort zu Gott betete«. Ich möchte zwei eher zufällig gewählte rabbinische Geschichten erwähnen, um zu verdeutlichen, wie die tätige und lehrende Tradition aussieht, in die Lk 10,25-37 gehört. Beide stammen aus einem Midrasch zum Buch Leviticus (Leviticus Rabbah). Es geht hier in diesem Abschnitt darum, über Menschen nachzudenken, die sich der Armen annehmen. »R. Huna sagte: Es ist derjenige, welcher den Kranken verpflegt; denn R. Huna hat gesagt: Wer den Kranken besucht, nimmt ihm den sechzigsten Theil seiner Krankheit (vermindert ihm einen von den sechzig Theilen seiner Krankheit). Da fragte man den R. Huna: Wenn dem so ist, so sollten gleich sechzig Personen ihn besuchen, und er würde mit ihnen auf die Strasse hinabgehen. Er antwortete ihnen: Sechzig allerdings, aber sie müssen ihn so wie sich selbst lieben, trotzdem verschaffen sie ihm Erleichterung«[7].

Es ist möglich, einem Kranken so viel Liebe zu geben, dass diese Liebe die Krankheit um ein Sechzigstel wegnimmt. R. Huna geht behutsam mit dem Thema um. Auch wenn die Zuwendung nicht so intensiv ist, ist es gut, Kranke zu besuchen. Es verschafft dem Kranken Erleichterung. Aber manchmal geschieht das Wunder der Liebe. Und das ist es, auch wenn es die Krankheit nur ein wenig wegnehmen kann. R. Hunas Worte machen Mut, sich auf solche Nächstenliebe einzulassen. In demselben Abschnitt wird eine Lehre von R. Abin überliefert: »Dieser Arme steht an deiner Thür, und Gott steht zu seiner Rechten, wie es heißt Ps. 109, 31: ›Denn er steht dem Armen zu seiner Rechten.‹ Giebst du ihm, so wisse, dass der, welcher zu seiner Rechten steht, dir dafür deinen Lohn geben wird, giebst du ihm aber nicht, so wisse, dass der, welcher zu seiner Rechten steht, dich bestrafen wird«[8].

Gott steht neben denen, die die Liebe brauchen. Die Liebe zu Gott geschieht, wenn der Arme an deiner Tür steht. Die Intensität, die solche Liebe braucht, wird immer wieder beschrieben. Nichts ist dabei selbstverständlich. Das Problem christlicher Auslegung von Lk 10,25-37 ist, dass die Barmherzigkeit als so selbstverständlich erscheint[9], während der Text doch gerade

6. *eleemosyne*, griech. Übersetzung des hebr. Wortes *zedakah*. Beide Worte werden meist mit »Almosen« übersetzt. Doch diese Übersetzung ist zu eng und stellt den Zusammenhang vom Tun des Guten mit der Gerechtigkeit nicht mehr her, der sowohl im 1. Testament als auch im Judentum besteht, s. dazu I. Richter Reimer 1992, 61-67.

7. Leviticus Rabba par. 34; A. Wünsche V, (1883-84) 1967, 234; J. Neusner 1986, 556.

8. Leviticus Rabba par. 34; A. Wünsche V, (1883-84) 1967, 240; J. Neusner 1986, 566f.

9. J. Ebach 1991. Von den Versuchen, dem Text seine christliche Selbstverständlich-

davon erzählt, dass sie überhaupt nicht selbstverständlich ist. Der Text will gerade bewirken, das Wunder zu erkennen, dass es möglich ist, Gott und andere Menschen im tiefsten Sinne des Wortes »Liebe« zu lieben. Stattdessen wird der Text meist auf einer sehr allgemeinen und unverbindlichen Ebene

keit und Abgenutztheit zu nehmen, ist der von Jacques Debout besonders lesenswert. Ich gebe den Text hier wieder: »Ich bekenne, daß ich nie daran gedacht habe, den barmherzigen Samaritan nachzuahmen. Ich muß vielmehr gestehen, daß in meinen Augen dies Gleichnis einer abschwächenden Erklärung bedarf. Es wäre zu wünschen, daß einmal in einer Predigt gesagt würde, der Herr habe hier aus pädagogischen Gründen etwas stark aufgetragen, oder daß die Exegese darauf aufmerksam machte, die Übersetzung der Vulgata sei hier freier als sonst und man müsse überhaupt vieles – ja das meiste – den Übertreibungen des morgenländischen Stils zuschreiben. Dieser Samaritan ist zunächst doch eine Art Häretiker oder zum mindesten ein Schismatiker. Er hat nicht das Recht, einem Leviten oder gar einem Priester eine Lektion der Humanität zu erteilen. Wenn der Levit und der Priester vorübergegangen sind, so hatten sie ihre guten Gründe dafür. Der Samaritan dagegen scheint mir ein Hitzkopf zu sein. Er überlegt nicht einmal, bevor er dem Sterbenden zu Hilfe kommt. ›Am Zögern erkennt man den Weisen‹, und davon findet sich bei ihm keine Spur. Ich kann nicht umhin zu denken, er verpfusche und entehre den wahren Begriff der Nächstenliebe, denn er umgibt ihn mit keinerlei Vorsicht und infolgedessen mit keinerlei Ehrfurcht. Sobald die Nächstenliebe zum Instinkt wird, ist sie eine sehr gefährliche Form der Anarchie. Der Fall des Samaritans riecht nach Kommunismus. Denn wen unterstützt er? Den ersten besten, ohne jegliche vorherige Erkundigung. Den ersten besten; ein Individuum, das von Räubern halbtot liegengelassen wurde. Dabei konnte dieser Sterbende selber ein Räuber sein, den anständigere Räuber aus einem Rest von Gewissenhaftigkeit erschlagen hatten. Vielleicht war er ein streitsüchtiger Kerl oder einer jener Unvorsichtigen, die das Leben riskieren, um ihr Geld zu retten, vielleicht ein Landstreicher oder ein Schlafwandler. Was tat er im Augenblick, als die Räuber vorbeikamen? Ich habe immer die Erfahrung gemacht, daß Opfer eines Angriffs nicht viel wert sind. Anständige Leute gehen wenig aus, sie tragen nicht viel Geld, aber dafür eine Waffe mit sich. Sie besuchen nur Gegenden, in denen die Polizei ihre Runde macht. Der Kunde des guten Samaritans war auf jeden Fall unbesonnen. Und selbst, wenn er ein Lehrer in Israel gewesen wäre, so hätte sein Wohltäter sich doch dessen zuerst vergewissern müssen. Wenn bessere Herren so handelten wie der gute Samaritan, so wäre die Nächstenliebe eine Ermunterung zur Sünde und zum Müßiggang, den Eltern der Armut. Der Samaritan ist nicht einmal so klug, es bei einem kleinen Almosen oder bei einem guten Wort bewenden zu lassen. Er pflegt irgendeinen Unbekannten wie seinen Bruder. Er gibt der Volksgemeinschaft einen Unnützen, wenn nicht geradezu einen Schädling, sicher einen Geschwächten, womöglich ein aufrührerisches Element zurück. Er kommt dabei um seine Zeit, sein Öl und seinen Wein, wo doch das Leben so teuer ist. Er setzt den Kranken auf sein Pferd und geht selber zu Fuß, wie der Bauer in der Fabel. Es gibt Leute, die jedes Geschäft verderben; der da verdirbt die Nächstenliebe. Übrigens ist anzunehmen, daß der abgehandelt: Jesus lehre die allgemeine Menschenliebe. Und das sei das Besondere am Christentum[10], dass es im Gegensatz zum Judentum nicht partikularistisch nur die Liebe zu den Menschen des eigenen Volkes lehre, sondern allgemeine uneingeschränkte Liebe zu allen Menschen. Ich bezweifle, dass diese Vorstellung von allgemeiner Menschenliebe überhaupt im Neuen Testament vorkommt. Das Gleichnis vom barmherzigen Samaritaner wird dafür als Hauptbeweis angeführt. Doch das Gleichnis reflektiert gar nicht das ethnische Verhältnis zwischen Samaritaner und dem Überfallenen. Es sagt gerade nicht, dass der Überfallene ein Jude ist, die Liebe des Samaritaners also eine Grenze überwindet.

Die Deutung von Lk 10,30-37 als Beispiel für Feindesliebe in der Beziehung des Samaritaners zum Opfer ist also nicht überzeugend. Der Text müsste es deutlich machen, dass der Überfallene Jude ist. Eine andere Version dieser Deutung ist es, Feindesliebe als Botschaft des Textes für ein jüdisches Publikum anzunehmen. Das Gleichnis setzt in der Tat ein Publikum voraus, das jüdisch ist oder jüdisch praktiziert. Für solche Menschen ist das Handeln des Samaritaners und seine Rolle als positives Modell eine Herausforderung. Doch Feindesliebe scheint mir nicht die angemessene Deutung einer solchen Herausforderung. Es geht im Gleichnis darum, das Tun der Liebe zu lernen.

Die Deutung dieses Gleichnisses auf allgemeine Menschenliebe oder Feindesliebe geht auf eine relevante Weise am Text vorbei: Es geht hier nicht um Vorstellungen und Ideen über Liebe, sondern darum, wie eine Liebes»lehre« zur Tat werden kann. Daran scheitern Priester und Levit, der Samaritaner jedoch »tut« die Tat.

Sozialgeschichtlich betrachtet ist also der Dialog zwischen Jesus und dem Toragelehrten in die jüdische Diskussionskultur einzuordnen und ihr

---

Samaritan seine bürgerlichen oder Familienpflichten vernachlässigen mußte, um sich solche Extravaganzen erlauben zu können. Ich wette, daß er zu spät auf sein Büro kam. Also hat er seinen Vorgesetzten hintergangen, so gut wie er den Gastwirt hineingelegt hat, dem er einfach einen unbekannten Verwundeten hinterließ, ein Individuum also, das vermutlich unsauber und voll Ungeziefer war – nicht zu reden davon, daß er seine eigenen Kinder und seine Erben um das Geld gebracht hat, das ihnen zukam. Ich weiß, daß er einen Sterbenden gerettet hat, aber ich frage mich, ob dies zu seiner Entschuldigung genügt« (J. Debout 1948, 48 ff.).

10. Besonders wirksam in der Ausbreitung dieses antijudaistischen Klischees dürfte der Artikel von Billerbeck zu Nächstenliebe in Billerbeck I, 353-368 gewesen sein: »Es wird also wohl dabei bleiben, daß der erste, der die Menschheit gelehrt hat, in jedem Menschen den »Nächsten« zu sehen u. deshalb jedem Menschen in Liebe zu begegnen – Jesus gewesen ist; s. die Erzählung vom barmherzigen Samariter« (I, 354).

Hauptinhalt in die jüdische Tradition von Gerechtigkeitstaten. Jesus fragt anfangs den Toragelehrten: Was sagt die Tora zu deiner Frage? Der Toragelehrte antwortet mit dem *Schema' Israel*, dessen Auslegung er mit Lev 19,18, dem Nächstenliebegebot, verdeutlicht. Der Ausdruck »Doppelgebot« der Liebe in der exegetischen Literatur ist irreführend, weil der Eindruck vermittelt wird, hier sei dem *Schema' Israel* etwas Neues (Christliches) hinzugefügt worden[11]. Dass Liebe zu Gott in der Liebe zu anderen Menschen konkret wird, ist dem Ersten Testament und der nachbiblischen Tradition selbstverständlich. Worüber nachgedacht wird ist, wie solche Liebe zur Tat werden kann und wie sie eine Beziehung zwischen zwei Menschen herstellen kann, die für beide lebensfördernd ist: das Wunder der Liebe.

Warum haben Priester und Levit weggesehen?

In V. 30 und 31 wird das Versagen von Priester und Levit in parallelen Formulierungen beschrieben: »und er sah (den Verletzten) und ging ihm gegenüber vorbei«[12]. Sie sahen und sahen weg. Der Text sagt nicht, warum. Ihr Verhalten wird oft antijudaistisch gedeutet, indem sie zu Repräsentanten des toratreuen Judentums gemacht werden.

Ein Priester gehört durch seine Abstammung dem geschlossenen Stand der Priesterschaft an, die allein zum Opferdienst im Tempel in Jerusalem befugt ist. Der Levit gehört ebenfalls einem durch Abstammung begründeten, fest geschlossenen Stand von Tempeldienern an, ist aber in dieser Zeit eine Stufe niedriger als der Priester in der Tempelhierarchie angesiedelt. Beide sind auf dem Weg bergab vom Tempel in Jerusalem nach Jericho, wo sie vermutlich wohnen.

Warum sehen sie weg? Es gibt eine breite Diskussion darüber, dass sie sich an einem Toten nicht verunreinigen wollten[13]. Doch der Verletzte ist nicht tot. Diese ganze Diskussion arbeitet mit der antijudaistischen Gegenüberstellung von lebensfeindlichen jüdischen Reinheits-/Unreinheitsvorstellungen zu christlicher Menschenliebe. Eine andere Antwort auf die Frage,

---

11. Die Frage, ob sich jüdische Texte finden lassen, die Dtn 6,5 und Lev 19,18 miteinander verbinden, bleibt auf einer formalen Ebene, die der jüdischen Diskussion zu diesen Themen nicht gerecht wird. D. Flussers Artikel von 1968 bietet eine gute Basis für eine weniger abgrenzungsorientierte Diskussion, an der auch manche neueren Kommentare zu Lk 10,27 arbeiten (z. B. J. Nolland 1993; F. Bovon 1996).

12. Auch wenn das griechische Wort *antiparerchomai* nicht eindeutig übersetzt werden kann (eine Möglichkeit: »in entgegengesetzter Richtung vorbeigehen«), ist es doch im Kontext klar, dass es sagt, dass Priester und Levit weitergehen, ohne anzuhalten.

13. Ein Beispiel: M. Böhm 1999, 252.256.

warum sie wegsahen, ist weiterhin in der allgemein schlechten Reputation von Priestern und Leviten gesucht worden. Aber trotz mancher kritischer Äußerungen über sie[14], pauschale Negativurteile gibt es weder in der jüdischen Literatur noch im Neuen Testament – noch im Lukasevangelium. Die beiden werden durch die erzählerische Gegenüberstellung zum Samaritaner näher charakterisiert. Diese Gegenüberstellung ähnelt der von Pharisäer und Zöllner in Lk 18,9-14[15]: Von Priester und Levit hätten die Hörer und Hörerinnen eher als vom Samaritaner erwartet, dass sie wissen, wie sie nach der Tora leben sollten. Der Samaritaner wird im Kontrast zu Priester und Levit dargestellt. Die Samaritaner lebten in einer konfliktreichen Nähe zu dem jüdischen Volk, das den Gott Israels im Tempel in Jerusalem verehrte. Sie verehrten denselben Gott in einem Tempel auf dem Berg Garizim. Es gab immer wieder gegenseitige Übergriffe und Abgrenzungen[16]. Der Kontrast zwischen dem Samaritaner und dem Jerusalemer Kultpersonal in diesem Gleichnis sollte jedoch nicht ethnisch interpretiert werden, als gehöre der Samaritaner einem anderen, jüdischen Menschen verhassten Volk an. Der Samaritaner ist Mitglied einer Kultgemeinschaft, die denselben Gott anders als das an Jerusalem orientierte Judentum verehrt. Das Verhältnis zwischen jüdischen und samaritanischen Menschen ist zu Zeiten aus religiösen Gründen feindselig gewesen, die gerade aus der Nähe beider Kulte zu erklären sind.

Der Samaritaner hat ebenfalls den Pentateuch als heiliges Buch, doch würde ein jüdisches Publikum zu dieser Zeit ihm eher als den eigenen Leuten das Versagen zutrauen[17].

Ich halte die Antwort auf die Frage, warum Priester und Levit wegsehen, für eng verbunden mit der Aufforderung Jesu am Schluss: Gehe hin und tue es – ebenso wie der Samaritaner (V. 37). Ob der Toragelehrte das getan hat, wird nicht erzählt, weil es nun wichtig ist, wie die Geschichte im Leben der Hörer und Hörerinnen weitergeht. Sie können die Frage beantworten, warum Priester und Levit wegsahen, als sie hätten hinsehen müssen: weil sie

14. Materialsammlung zu positiven und negativen Urteilen über Priester bei Billerbeck II, 182 f. u. ö.
15. Dazu s. o. Kapitel 1.
16. Materialzusammenstellung M. Böhm 1999.
17. M. Böhm 1999, 255-260: Der Samariter werde als Mitglied der Garizimgemeinde assoziiert. Wenig wahrscheinlich sei es, dass er als Angehöriger eines synkretistischen Mischvolkes verstanden werde. Sie gibt gute Gründe dafür an, den Samaritaner nicht mehr als Angehörigen eines verhassten anderen Volkes zu deuten, sondern als Vertreter einer anderen Toraauslegung, die zu Konflikten zwischen Juden und Samaritanern geführt hatte. Sie diskutiert das einschlägige Material ausführlich.

selbst auch schon weggesehen haben. Und sie müssen den nächsten Schritt tun: in ihrem Leben hinzusehen und zu handeln.

Im Römerbrief klagt Paulus vor Gott über die Gewaltherrschaft der Sünde, die auch jüdische Menschen korrumpiert: »Du lehrst andere, dich selbst aber nicht? Du predigst, nicht zu stehlen, und du stiehlst; du sagst, Ehen sollen nicht gebrochen werden, aber du brichst die Ehe ...« (Röm 2,21.22). Alle sind in die Todesstrukturen der Sünde verstrickt, jüdische und nicht-jüdische Menschen (Röm 3,9). Paulus beschuldigt hier nicht einzelne Menschen, aus niederen Motiven das Falsche zu tun, sondern er beklagt die strukturelle Gewalt der Sünde, die Menschen hindert, wirklich hinzusehen, auch wenn sie sehen, und zu handeln und zu lieben, wenn sie doch wissen, was Gottes Wille ist.

Das Gleichnis vom barmherzigen Samariter ist oft der Plattheit verdächtigt worden: Es sei ja nur eine ethische Beispielerzählung ohne jede tiefere Dimension. Doch wenn die Hörer und Hörerinnen dieser Geschichte anfangen, darüber nachzudenken und miteinander zu besprechen, was heute und hier von mir getan werden muss, verfliegt der Spuk der angeblichen Selbstverständlichkeit. Was heißt es heute zu sehen, was mit den Rohstoffen der armen Länder geschieht? Und sei die Tat der Liebe auch noch so klein, wenn sie wirklich das Leben der Opfer beschützen hilft, ist sie ein Wunder. Da erübrigt sich dann hoffentlich auch die Diskussion, ob das Konzept des Samaritaners, Wunden zu verbinden, nicht an der Oberfläche bleibe, die Strukturen des Unrechts eher befestige als verändere. Solange die Suppenküchen dazu führen, das strukturelle Unrecht der Gewalt an Armen nicht zu verharmlosen, sind sie ein notwendiger erster Schritt.

Der Samaritaner

Die eschatologische Deutung dieser Parabel ist am Handeln des Samaritaners orientiert, das ja nachgeahmt werden soll. Sein Handeln wird genau beschrieben. Hier wird die Gleichniserzählung ausführlich (V. 34.35). Er versorgt die Wunden[18] und verbindet sie. Er bringt den Verletzten auf seinem Esel ins Wirtshaus, beschafft ihm ein Bett und Essen. Er setzt zwar seine Reise fort, aber vergewissert sich, dass der Verletzte genesen kann. Und er will wiederkommen. Jahrhunderte lang ist der Samaritaner christologisch interpretiert worden: Christus sei es, der den Elenden und sündigen Menschen dieser Welt zu Hilfe kommt[19]. Auch wenn ich die Gestalt des Samaritaners in der Erzählung nicht für eine verdeckte Beschreibung Jesu als Mes-

18. Öl zur Linderung der Schmerzen: S. Krauss I, 1966, 234; Wein (zur Desinfektion?): F. Bovon 1996, 91, Anm. 44.
19. H. G. Klemm 1973, 20; W. Monselewski 1967, 36 f.

sias halte, hat die christologische Deutung für mich Relevanz: Sie zeigt die eschatologische Dimension der Tat des Samaritaners. Auch wenn sie nur ein Sechzigstel des Leidens des Verletzten wegnimmt – ich beziehe mich jetzt auf die oben erwähnte rabbinische Geschichte –, macht sie den Leidenden und den Samaritaner zu Menschen voller Würde. In ihnen kann die neue Schöpfung Gottes erkannt werden.

Das Erbarmen des Samaritaners ist als imitatio dei/Nachahmung Gottes dargestellt, wie das Verb »er erbarmte sich« V. 33 zeigt. Menschen können das Erbarmen Gottes auf die Erde holen. So wird das Erlassjahr Gottes Wirklichkeit, das Jesus nach Lukas verkündet (4,19). In der jüdischen Tradition ist über die Vermessenheit, Gott nachzuahmen, nachgedacht worden. »Ist es einem Menschen möglich, hinter der Gottheit einherzugehen? Ist nicht längst gesagt: Adonaj, dein Gott ist ein verzehrendes Feuer (Dtn 4,24)? Allein es ist so gemeint, dass man den Handlungen des Heiligen folge. Wie er die Nackten kleidet, … so kleide auch Du Nackte« (bSota 14a).

Methodische Erläuterung

Die »ekklesiologische« Deutungstradition ist hier vor allem in der Gegenüberstellung von Liebe im Sinne Jesu (allgemeine Menschenliebe) und partikularistischer Nächstenliebe im Sinne des Judentums zu finden. So wird die Kirche zur Institution, die die bessere Ethik und Theologie hat. Das Gleichnis jedoch fragt nach den Taten.

Neben dieser antijudaistischen Stereotype wird dieses Gleichnis in der christlichen Auslegungstradition, wie bereits erwähnt, noch auf weitere Weisen antijudaistisch gedeutet: Priester, Levit und Toralehrer werden als Repräsentanten eines toratreuen Judentums verstanden, der Toralehrer dabei als selbstgerecht, Priester und Levit als unbarmherzig, weil ihnen die kultische Reinheit wichtiger ist als ein Mensch in Not.

Die Einordnung des Gleichnisses als Beispielerzählung ist problematisch, weil sie den Text auf die Annahme reduziert, es sei einfach, desgleichen zu tun (man muss nur wollen). Der Text jedoch erzählt vom Versagen derer, die nicht versagen wollen, und von einer Tat, die die Liebe Gottes auf die Erde holt. Der Verletzte wird nicht als geheilt aus dem Krankenhaus/Wirtshaus entlassen, der Samaritaner wird wiederkommen. Es endet mit einer offenen Handlung in der Erzählung und einem offenen Schluss nach Jesu Aufforderung zum Handeln. Der Toralehrer wird handeln, die Zuhörerschaft wird handeln. Das Gleichnis wird zum Fenster, durch das die neue Schöpfung sichtbar wird. Deshalb ist es ein Gleichnis wie die anderen auch.

5. Das große messianische Fest der Freude oder: die lustigen Nachbarinnen.
Lukas 15,1-32

In diesem Abschnitt beginne ich mit der Erklärung von Lk 15,11-32, weil das Gleichnis vom Verlorenen Sohn das Verstehen von Lk 15,3-7 und 15,8-10 immer dominiert hat und wohl auch durch seine Stellung im Text – am Ende einer Rede Jesu – dominieren soll. Die beiden Gleichnisse Lk 15,3-7 und 15,8-10 werden anschließend besprochen.

»Die Hand Gottes ist immer offen«
Das Gleichnis vom Vater und zwei schwierigen Söhnen

Übersetzung

11 Und er sagte:
Ein Mensch hatte zwei Söhne.
12 Der jüngere von ihnen sagte zum Vater: Vater, gib mir den mir zustehenden Teil des Vermögens. Und der teilte den Besitz unter ihnen auf.
13 Und nach wenigen Tagen sammelte der jüngere Sohn alles ein und zog davon in ein weit entferntes Land; und dort verschleuderte er seinen Besitz durch verschwenderisches Leben.
14 Als er alles ausgegeben hatte, gab es eine schwere Hungersnot in jenem Land; und so begann auch er, Mangel zu leiden.
15 Er brach auf und begab sich in Abhängigkeit von einem Bürger jenes Landes. Der schickte ihn auf seine Felder, um Schweine zu hüten.
16 Und er sehnte sich danach, sich von den Früchten des Johannisbrotbaums satt zu essen, die die Schweine fraßen; aber niemand gab ihm etwas.
17 Er ging in sich und sprach: Wie viele Menschen, die bei meinem Vater in Lohn stehen, haben Überfluss an Brot! Und ich gehe hier am Hunger zugrunde.
18 Ich will aufstehen und zu meinem Vater aufbrechen. Und ich werde zu ihm sagen: Vater, ich habe gesündigt gegen Gott und gegen dich.
19 Ich bin es nicht mehr wert, dein Sohn genannt zu werden. Mache mich zu einem deiner Lohnarbeiter.
20 Und er stand auf und ging zu seinem Vater.
Als er noch weit entfernt war, sah ihn sein Vater und er erbarmte sich und lief hin und fiel ihm um den Hals und küsste ihn.

21 Da sagte der Sohn zu ihm: Vater, ich habe gesündigt gegen Gott und gegen dich; ich bin es nicht mehr wert, dein Sohn genannt zu werden.

22 Da sagte der Vater zu seinen Sklavinnen und Sklaven: Schnell, bringt die vornehme Kleidung und bekleidet ihn; und gebt ihm einen Siegelring an seine Hand und Sandalen an die Füße.

23 Und bringt das gemästete Kalb, schlachtet es, und wir wollen essen und feiern.

24 Denn er, mein Sohn, war tot und ist wieder zum Leben gekommen. Er war verloren und ist wiedergefunden! Und sie begannen fröhlich zu feiern.

25 Sein älterer Sohn war jedoch auf dem Feld. Und als er auf dem Heimweg dem Haus näher kam, hörte er Musikinstrumente und Chorgesang.

26 Und er rief einen der Sklaven heran und forschte nach, was da los sei.

27 Der sagte ihm: Dein Bruder ist gekommen. Dein Vater hat das gemästete Kalb geschlachtet, weil er ihn gesund wiederbekommen hat.

28 Da wurde er zornig und wollte nicht hineingehen. Sein Vater jedoch kam heraus und bat ihn darum.

29 Er sagte zu seinem Vater: Also so viele Jahre habe ich dir gedient und niemals habe ich mich deiner Anordnung widersetzt. Und du hast mir nie eine Ziege gegeben, damit ich mit meinen Freunden fröhlich feiern könnte.

30 Als der aber kam, dein Sohn, der seinen Besitz mit Prostituierten aufgefressen hat, da hast du für ihn das gemästete Kalb geschlachtet.

31 Er aber sagte zu ihm: Mein Kind, du bist immer bei mir und alles, was mir gehört, gehört auch dir.

32 Jetzt war und ist[1] es wichtig, fröhlich zu feiern und sich zu freuen, weil er, dein Bruder, tot war und ist lebendig geworden, er war verloren und ist wiedergefunden.

Sozialgeschichtliche Analyse

Die sozialgeschichtliche Analyse hat die Aufgabe, Details in der Erzählung zu erklären. Hinzu kommt in einem zweiten Schritt die Aufgabe, die soziale Funktion des literarischen Textes zu analysieren: Will der Text den richtigen Umgang mit Besitz lehren[2], will er die weisheitliche Ordnung des patriar-

---

1. Bauer, *dei* 5a zum Imperfekt *edei* schränkt dieses Imperfekt auf ein vergangenes Geschehen ein. Das ist weder grammatisch notwendig (s. Blaß/Debrunner/Rehkopf § 358,2) noch vom Zusammenhang her sinnvoll. Das Fest ist noch nicht zu Ende, der Sohn soll dazukommen.
2. D. A. Holgate 1999.

chalen Hauses und ihre Durchbrechung durch den Hausvater erzählen[3] oder vergöttlicht er – gewollt oder ungewollt – den patriarchalen Vater? Dieser patriarchale Vater gebietet über Sklavinnen, Sklaven, Lohnarbeiterinnen, Lohnarbeiter, Ehefrau, Töchter und andere weibliche Mitglieder des Hauses, die im Sinne des Erzählers so unwichtig sind, dass sie unsichtbar bleiben, soweit sie weiblich[4] sind.

Ich gehe die Details des Textes durch:

V. 11-12: Der jüngere Sohn hat ein geringeres Erbe zu erwarten als der Erstgeborene. Er bittet zu Lebzeiten des Vaters um den ihm zustehenden Vermögensanteil[5]. »Der aber teilte das Vermögen unter sie auf« (V. 12). Der Text macht keine Andeutung, dass die Bitte des Sohnes in irgendeinem Sinne verwerflich sei[6]. Der Vater erfüllt ihm die Bitte. Sie ist also auch in seinem Sinne sinnvoll. Die rechtliche Grundlage dieser Teilung wird in der wissenschaftlichen Diskussion oft mit einem Ausdruck aus dem germanischen Recht »Abschichtung« genannt[7]. Sie kann für jüdische und hellenistische Rechtsverhältnisse als bekannt angesehen werden. Besonders Sir 33,20-24 und Tob 8,21 zeigen, dass es eine solche Rechtspraxis gab. Der Text sagt, dass das Vermögen zwischen beiden Söhnen aufgeteilt wird. Der Fortgang der Erzählung zeigt aber, dass der ältere Sohn nicht über seinen Anteil verfügen kann wie der jüngere. Vielmehr ist der Vater weiterhin der Besitzer, der den zurückkehrenden jüngeren Sohn beschenken kann, ohne den älteren zu fragen. In V. 31 sagt der Vater zum älteren: »Du warst immer bei mir und alles, was mein ist, gehört dir«. Aber offensichtlich hatte der ältere Sohn vor der Wiederaufnahme des Jüngeren zwar das Erbe zu erwarten, aber zu Lebzeiten des Vaters »gehört« es ihm noch nicht. Und nun hat der Vater den Jüngeren wieder aufgenommen und ihm vermutlich auch wieder einen Anteil am Erbe zugesprochen.

Es wird diskutiert, *wie* Lk 15,11-32 an Rechtsverhältnissen orientiert ist: ob der Text sie ins Spiel bringt, um sie dann einem neuen, ganz anderen Recht zu konfrontieren: dem Recht des Königtums Gottes[8]. Die Wiederauf-

---

3. W. Pöhlmann 1993.
4. B. Wartenberg-Potter 1994; M. A. Beavis 2002.
5. Dtn 21,17 setzt voraus, dass der Erstgeborene einen doppelten Anteil gegenüber nachgeborenen Söhnen erhält.
6. D. A. Holgate 1999, 134 liest Lk 15,12 im Kontext hellenistischer Moralunterweisung gegen Habgier und deutet die Bitte des Jüngeren als »motivated by avarice«. Doch sehe ich weder in der Erzählung noch in dem rechtlichen Zusammenhang dafür einen Anhaltspunkt, so auch W. Pöhlmann 1979, 200. Alte Tradition ist es, die Bitte des Sohnes als Rebellion gegen den Vater zu deuten.
7. D. Daube 1955; besonders ausführlich in neuerer Zeit W. Pöhlmann 1979.
8. W. Pöhlmann 1979, 213, u. a. in Kritik an einem Aufsatz von mir (L. Schottroff 1971); allerdings habe ich weder damals noch heute eine gegenüber Pöhlmann

nahme des Jüngeren wäre eine erzählerisch beabsichtigte »Extravaganz« im Sinne Ricoeurs[9]. Diese Annahme stößt auf zwei Schwierigkeiten: 1. Die Extravaganz könnte auch beabsichtigen, durchaus irdische Vaterliebe darzustellen (dazu s. u.), die rechtliche Grenzen überschreitet; 2. wäre der Vater, der gerade so überirdisch liebevoll war, gegenüber seinem Ältesten verlogen (V. 31). Spätestens nach der Wiederaufnahme des Jüngeren »gehört« dem Älteren der Besitz des Vaters nicht mehr. Und wie die Geschichte zeigt, hat er ihm auch nie gehört, jedenfalls nicht in dem Sinne, wie der Jüngere über seinen Vermögensteil verfügen konnte. Auf die Frage, wie der Text vermögensrechtliche Vorstellungen anspricht, wird zurückzukommen sein.

V. 13-16 beschreiben mit vielen erzählerischen Details den Abstieg des Jüngeren in extreme Armut. Er macht seinen Vermögensanteil zu Geld[10] und wandert aus »in ein fernes Land«. Setze ich voraus, dass der Text sich bäuerliche Verhältnisse in Judäa oder Galiläa vorstellt, wäre das ferne Land irgendwo in der jüdischen Diaspora zu suchen. Wie viele andere jüdische Menschen wandert der junge Mann auf der Suche nach einer neuen ökonomischen Existenz aus, die in dem zunehmend verarmenden jüdischen Mutterland viel schwieriger zu finden war. Wenn sein Vater einer der Großgrundbesitzer im römischen Stil gewesen wäre, hätte der Vermögensanteil des Jüngeren für eine eigene Landwirtschaft reichen können. Die Auswanderung des Jüngeren bleibt – sozialgeschichtlich betrachtet – im Rahmen der Erfahrungen jüdischer Menschen des ersten Jahrhunderts, und zwar der Erfahrungen der wenig Begüterten. Im Römischen Reich gab es beträchtliche Wanderungen aus wirtschaftlichen Gründen.

Er verstreute/verzettelte sein Vermögen, denn er lebte über seine Verhältnisse, verschwenderisch (*asotos*; dazu s. u. zu V. 18). Dieses Wort ist das einzige Wort in der Erzählung über seinen Abstieg, das ihm einen moralischen Vorwurf macht. Sein Bruder wirft ihm (V. 30) vor, das Geld mit Prostituierten durchgebracht zu haben. Die Erzählung jedoch spricht nicht von moralischem Niedergang[11], sondern eher von Dummheit und ihren wirtschaftlichen Folgen. Eine Hungersnot – wie sie regional im Römischen Reich

wirklich abweichende Einschätzung der Bezüge zu rechtlichen Rahmenbedingungen. Der Text stellt Assoziationen mit Rechtsverhältnissen her, ist aber nicht konsequent an ihrer Darstellung interessiert. Zum Einzelnen s. das Folgende.

9. W. Pöhlmann 1993, 131.

10. W. Pöhlmann 1979, 210, Anm. 68.

11. D. A. Holgate 1999 versucht (s. o. Anm. 6), Lk 15,11-32 so zu lesen, doch ist weder die Schilderung des Abstiegs noch die der Umkehr mit Morallehren gegen Habgier plausibel zu erklären. Die Weichenstellung für diese Deutung wird durch den Gleichnistitel im englischen Sprachraum »The Prodigal Son«/der verschwenderische Sohn suggeriert, der aber dem Gleichnis selbst nicht gerecht wird. Ich halte die Überschrift »Der Verlorene Sohn« für angemessener.

immer wieder vorkam – bringt ihm den Hunger. Denn er kann nun die teuren Preise für die Basislebensmittel (s. Offb 6,6) nicht mehr bezahlen. Er versucht, sich aus der Not dadurch herauszuhelfen, dass er Klient[12] eines wohlhabenden Bürgers jenes Landes wird. Dieser Mensch hat offensichtlich (römische?) Bürgerrechte, die der junge Mann nicht hat. Indirekt erzählt der Text also auch noch von seiner Rechtlosigkeit als Wirtschaftsflüchtling und Fremder im Land. Dieser mächtige Mann gibt ihm eine Arbeit als Hirt, die in allen Gesellschaften dieser Zeit als entehrend galt[13]. Für einen Juden kommt hinzu, dass er das Schweinefleisch nicht essen darf (Lev 11,7; Dtn 14,8)[14]. Vor Hunger neidet er den Schweinen ihr Futter[15], traut sich aber nicht, es zu essen. »Niemand gab es ihm« –, d. h. er wird streng beaufsichtigt.

Der Lohn, den er bekommt, reicht also nicht für das Existenzminimum. Er – nun selbst ein Tagelöhner – vergleicht sich mit den Tagelöhnern und Tagelöhnerinnen seines Vaters. Sie verdienen durch ihre Arbeit einen mehr als ausreichenden Lebensunterhalt (V. 17). Er ist kurz davor, am Hunger zu sterben. Er macht einen zweiten[16] Versuch, sein Leben zu retten. Er will zu seinem Vater gehen, ihn um Verzeihung bitten, damit er ihn als Tagelöhner beschäftigt. Sein »Sünden«bekenntnis wird doppelt berichtet, als innerer Monolog (V. 18.19) und in seiner Ausführung (V. 21). Welche »Sünde« hat er gegenüber Gott[17] und seinem Vater eigentlich begangen? Dass der Vater das Scheitern als Sünde ansehen könnte, ist vorstellbar. Aber wieso eigentlich ist selbstverschuldete Armut vor Gott eine Sünde? In den neutestamentlichen Lasterkatalogen, die jüdische Halacha, d. h. aktualisierende lebenspraktische Toraauslegungen, widerspiegeln, wird Habgier *(pleonexia)* als

---

12. Das griechische Wort an dieser Stelle – *kollasthai* – kann eine sexuelle Konnotation haben (s. Mk 10,7), doch will die Erzählung darauf nicht hinaus. Das spezielle Abhängigkeitsverhältnis zu einem Bürger, das der Text beschreibt, passt nicht zu normaler Lohnarbeit. Da der junge Mann auch nicht Sklave oder Freigelassener ist, scheint mir ein Klient-Patron-Verhältnis am ehesten eine passende Erklärung; dazu s. L. Friedländer 1964, Bd. 1, Kap. 3, IV § 5. J. Marquardt 1975 (1886), Bd. 1, 200 f.

13. Zur Ehrlosigkeit des Hirtenberufes L. Schottroff 1983, 194-196.

14. Dass er als Schweinehirt kultisch unrein ist, wird als weiterer Grund für seine Entehrung genannt. Doch falls das so ist, würde es wenig für den jungen Mann bedeuten – fern vom Tempel in Jerusalem. Unreinheit sollte nicht mehr als soziale Isolierung missinterpretiert werden.

15. Material dazu bei Billerbeck z. St.

16. V. 15 und 18 benutzen hier das Verb *poreuein*.

17. »Himmel« als Umschreibung Gottes wie oft im Judentum und im Matthäusevangelium. Der Text setzt jüdische Identitäten sowohl in der erzählten Geschichte als auch unter den Angeredeten voraus – was deren nichtjüdische Herkunft nicht ausschließt. Die Ehrfurcht vor dem Namen Gottes ist dem Text wichtig.

Sünde betrachtet, aber nicht *asotia* im Sinne von Geldverschwendung. Das Wort bezieht sich in zwei von drei Belegen im Neuen Testament auf Alkoholexzesse (Eph 5,18; 1 Petr 4,4; nicht spezifizierbare »Liederlichkeit« Tit 1,6)[18]. Das Sündenbekenntnis des Jüngeren soll sich vermutlich auf sein Fehlverhalten, das *asotos* (V. 13) genannt und nicht spezifiziert wurde, beziehen.

Es gibt einen Brief eines Sohnes an seine Mutter (2. Jahrhundert n. Chr.), der eine ähnliche Geschichte erzählt. Er wurde von Adolf Deissmann 1923[19] in die Diskussion über Lk 15,11-32 eingebracht. Der Ägypter Antonis Longos schreibt an seine Mutter Neilus: »Ich habe mich geschämt, weil ich schäbig einhergehe. Ich schreibe Dir, daß ich nackend bin. Ich flehe Dich an, versöhne Dich mit mir! Im übrigen weiß ich, was ich mir alles zugezogen habe. Gezüchtigt bin ich gehörig. Ich weiß, ich habe gesündigt *(hemarteka)*. … Weißt Du nicht, daß ich lieber ein Krüppel werden möchte, als zu wissen, daß ich einem Menschen noch einen Obolos schulde? … Komm' Du selbst! …«[20]. Deissmann rekonstruiert aus dem – in zerfetztem Zustand überlieferten – Brief, der Sohn habe die Mutter gebeten, zu kommen und seine Schulden zu bezahlen. Worin dieser Sohn seine »Sünde« gegenüber seiner Mutter sieht, ist nicht wirklich klar. Er scheint das Dorf und seine Mutter verlassen zu haben. Dass er im Streit ging, wie Deissmann rekonstruiert, ist möglich, wird aber nicht gesagt. Der Konflikt, dessentwegen der Sohn sich aussöhnen möchte, kann auch darüber bestehen, dass er nicht ins Dorf zur Mutter zurückgehen wollte. Worin die »Sünde« des Verlorenen Sohnes gegenüber seinem Vater besteht, ist eher nachvollziehbar als weshalb er gegen Gott sündigt.

Das Gewicht, das die Erzählung Lk 15,11-32 durch die Wiederholung dem Sündenbekenntnis gibt, ist unübersehbar – ebenso wie die Bedeutung des Freudenrufes des Vaters (V. 24), der in V. 32 wiederholt wird. Das Sündenbekenntnis verbindet die Gleichniserzählung inhaltlich mit Lk 15,1.7.10. Es ist so erzählt, dass es die Anwendung impliziert: So sieht die Umkehr/ *metanoia* des sündigen Menschen aus. Ebenso stellt der Freudenruf des Vaters soteriologische Bezüge zum literarischen Kontext her: Lk 15,4.7.8.10; 19,10 (Stichworte »verloren«, »Freude«). Das doppelte Sündenbekenntnis und der Freudenruf sind sinnvoll im Rahmen der erzählten Geschichte[21],

---

18. D. A. Holgate 1999, 146 u. ö. unterscheidet nicht ausreichend zwischen *pleonexia*/Habgier und *asotia*/Liederlichkeit, die, wenn sie sich auf Geld bezieht, gerade nicht Habgier bedeutet, also Mehrung des Besitzes, sondern Verlust des Vermögens.

19. A. Deissmann 1923, 153-158.

20. Text nach Deissmann a. a. O. Die Zeichen im Text, die anzeigen, wo Worte unvollständig überliefert sind, habe ich aus technischen Gründen weggelassen.

21. Materialsammlung zu »Tod« und »Leben« in der moralischen Sprache des Helle-

aber sie weisen eindeutig auf eine Anwendung hin. So kann das Gleichnis ohne Rahmen, der eine Anwendung vorgibt, auskommen. Die implizite Anwendung ist durch den literarischen Kontext klar.

Die Erzählung von der Wiederbegegnung von Vater und Sohn und dem großen Freudenfest (V. 20-24) setzt einen neuen Schwerpunkt. Dem Hunger des Sohnes in der Fremde entspricht nun das Gelage zu seiner Heimkehr. Der Text ist detailreich erzählt. Der Vater eilt dem Sohn entgegen. B. Young 1998 weist auf ein rabbinisches Gleichnis (Pesikta Rabbati 44) hin, das ein vergleichbares Motiv in einem auch inhaltlich vergleichbaren Zusammenhang enthält:

»›Kehre um, O Israel, zu dem Herrn, deinem Gott‹ (Hos 14,2). Die Sache kann mit dem Sohn eines Königs verglichen werden, der weit von seinem Vater entfernt war – einen Weg von 100 Tagen. Seine Freunde sprachen zu ihm: Kehre zu deinem Vater zurück. Er erwiderte ihnen: ich kann nicht. Da sandte sein Vater zu ihm und liess ihm sagen: Gehe, soweit es in deiner Kraft steht, den Rest des Weges komme ich zu dir. So sprach zu ihnen (Israel) der Heilige, gelobt sei er: ›Kehret zu mir zurück, und ich kehre zu euch zurück‹ (Mal 3,7)«[22]. In einem weiteren vergleichbaren rabbinischen Gleichnis will der Sohn nicht zum Vater kommen, weil er sich schämt. Der Vater lässt ihm sagen: »Gibt es einen Sohn, der sich schämt, umzukehren zu seinem Vater?«[23]. Es kann also sein, dass auch der Königssohn in PesR 44 aus Scham zu kraftlos ist, den ganzen Weg zu schaffen. Gott geht dem umkehrenden Volk entgegen, wird hier aus Mal 3,7 gefolgert. Ob ein orientalischer Patriarch in solcher Situation nicht auch dem Sohn entgegenlaufen würde, kann ich nicht beurteilen. Aber seit J. Jeremias[24] wird Lk 15,20 häufig so gelesen: Der Vater rennt ihm entgegen, was eigentlich nicht der Würde eines »betagten Orientalen« entspreche.

In jedem Fall will die Erzählung ausdrücken, dass der Vater nicht auf seiner patriarchalen Position besteht. Er begegnet dem Sohn auf gleicher

nismus bei D. A. Holgate 1999, 161-164. Die Gegenüberstellung »verloren« – »gefunden« schreibt er der Verbindung von Lk 15,11-32 mit 15,3-7.8-10 zu. Ich füge hinzu: Sie basiert auf der Metapher »verlorenes Schaf« des Hauses Israel, s. dazu die eschatologische Deutung von Lk 15,11-32 und die Erklärung von Lk 15,3-7. Ich bezweifele, dass der Gegensatz Tod-Leben moralisch zu lesen ist, und verstehe ihn als Ausdruck für den Schmerz und die Freude des Vaters.

22. Pesikta Rabbati 44; deutsche Übersetzung I. Ziegler 1903, 402 (ab Satz 2); englische Übersetzung W. G. Braude 1968, Bd. 2, 779; B. H. Young 1998, 151; H. K. McArthur; R. M. Johnston 1990, 195.

23. Deuteronomium Rabba 2,24 zu Dtn 4,30; deutsche Übersetzung E. Rau 1990, 328f.; Billerbeck II, 216; englische Übersetzung B. H. Young 1998, 148f.; H. K. McArthur; R. M. Johnston 1990, Nr. 114.

24. J. Jeremias 1965, 130.

Ebene. Genau diese Gegenseitigkeit wird in dem rabbinischen Gleichnis Pesikta Rabbati 44 ausgedrückt. Gott braucht das geliebte Volk, wie es ihn braucht. Gott besteht dem Volk gegenüber nicht auf seiner Erhabenheit. Dies ist ein häufiger Topos in rabbinischer Literatur. Wie die Vatergestalt in der Erzählung mit Gott in Beziehung gesetzt werden soll, ist für mich zunächst noch gar nicht im Spiel bei dieser Beobachtung. Ich benutze das rabbinische Gleichnis hier im Zusammenhang der sozialgeschichtlichen Analyse von Lk 15,20 als sozialgeschichtliche Quelle für ein hierarchiekritisches Bewusstsein gegenüber dem Verhältnis von Vater und Sohn in einem patriarchalen Haushalt. V. 20 bleibt im Rahmen der Erzählung. Der Vater liebt sein Kind. Dadurch, dass der Vater dem Sohn entgegengeht, bekommt das Sündenbekenntnis des Sohnes eine andere Rolle als im Selbstgespräch des Sohnes. Es drückt nicht mehr die Unterwerfung aus, die das Ziel hat, endlich den Hunger zu beenden. Es drückt seine Beziehung zum Vater aus. So fehlt denn auch die Bitte um die Arbeit als Tagelöhner in V. 21.

Das patriarchatskritische Bewusstsein der Erzählung ist allerdings begrenzt. Der Text sieht kein Problem darin, die Frauen und Sklavinnen in diesem Haushalt zu verschweigen, ohne die das große Fest (V. 23-27) wohl kaum vorbereitet worden ist. Auch die Tatsache, dass der Hausvater Sklaven und Lohnarbeiter beschäftigt (V. 17.22.26), ist für die Erzählung ebenso patriarchal-selbstverständlich wie das Verschweigen aller Frauen im Haushalt.

Der Vater lässt den heimgekehrten Sohn durch Sklaven, vermutlich in einer feierlichen Inszenierung, neu ausstatten. Die Qualität dieser Ausstattung ist sowohl für die Deutung der Liebe des Vaters wichtig als auch für die Deutung der Situation des älteren Bruders. Zwischen der Liebe des Vaters zum Jüngeren und der zum Älteren scheint sich eine Schere zu öffnen.

»Das erste Gewand« wie der Fingerring, die Sandalen und das Festessen mit Fleisch werden als Ausdruck der überwältigenden Umkehrung der Situation des jüngeren Sohnes erzählt: ein Festessen für den Hungernden, edle Kleidung für den Zerlumpten – auch wenn vorher Lumpen oder Nacktheit[25] nicht ausdrücklich erwähnt wurden. Dass das Gewand das »erste« *(prote)* genannt wird, und der Fingerring könnte jedoch mehr bedeuten als nur die Ehrung des Entehrten, nämlich seine sichtbare Eingliederung in den sozialen Stand der Besitzenden (Gewand)[26] und seine Teilhabe an der Verfügungsgewalt des Hausvaters (Ring)[27]. Mit dem Ring können finanzielle Verfügungen autorisiert werden. Ob der ältere Sohn all die Jahre auch einen Siegelring hatte, wird nicht erzählt. Aber in V. 31 wird das vom Vater impli-

---

25. S. dazu auch den oben bei Anm. 19.20 genannten Brief.
26. Zu Kleidung als Darstellung des Standes s. Wilckens, ThW VII, 689-690; D. A. Holgate 1999, 216; J. Marquardt 1975 (1886), Bd. 2, 552 f.
27. Zum Siegelring G. Fitzer, ThW VII, 940-942.

zit vorausgesetzt. Der heimgekehrte Sohn erhält Anteil an der väterlichen Macht.

Sinnvoll wird die vorausgesetzte Eigentumssituation als Beteiligung der Söhne an der Verfügungsmacht des Vaters auf guten Glauben hin. Dann wäre 15,12 nur insofern zutreffend, als die »Abschichtung« des Jüngeren bedeutet, dass fortan der Rest des Besitzes als zukünftiges Erbe des Älteren zu gelten hat. V. 31 wäre unvollständig, weil inzwischen durch einen einseitigen Akt des Vaters der jüngere Sohn wieder am Verfügungsrecht teilhat und vermutlich auch ein zweites Mal mit einem Erbe rechnen kann. Der Text erzählt diese Details nicht, weil er nicht an der vollständigen Klärung der rechtlichen Aspekte der Eigentumsverhältnisse interessiert ist[28]. Dass er den idealen patriarchalen Haushalt mit Gütergemeinschaft[29] ausmalen will, ist mir nicht deutlich genug. Da spricht Apg 2,42-47; 4,32-5,11 doch eine andere Sprache: Es gibt eine Gemeinschaftskasse, deren Inhalt gerade nicht mehr in Privatbesitz ist[30]. Aus ihr werden Bedürftige versorgt. In Lk 15,11-32 ist eine Gütergemeinschaft im Sinne sozialer Gerechtigkeit nicht im Blick, eher die Idealisierung eines patriarchalen Haushalts *mit* seiner Orientierung am Besitz und allen seinen Ungerechtigkeiten gegenüber Frauen und Abhängigen. Die Ordnung eines patriarchalen Haushalts wird aus der Sicht des Hausvaters jedoch durch die Wiederaufnahme des Jüngeren nicht durchbrochen. Wenn hier wirklich die Ordnung des weisheitlichen Hauses der ganz anderen Ordnung Gottes hätte konfrontiert werden sollen[31], müsste das Ziel des väterlichen Handelns ein anderes sein als die Harmonie des Vaters mit beiden Söhnen, die sich in Besitzfragen einig sind. Es ist ein patriarchaler Vater von »Fleisch und Blut«, um eine rabbinische Wendung aufzunehmen, die den Abstand zwischen Gott und seiner Bezeichnung als Vater deutlich macht. Seine Liebe ist großartig, aber sie durchbricht nicht irdische Verhältnisse, nicht einmal die Gewaltverhältnisse eines patriarchalen Haushaltes. Er verkörpert weder die Ordnung Gottes noch das Ideal des freigebigen Weisen[32]. Er ist positiv dargestellt, aber nicht als Vorbild für den Umgang mit Besitz. Der reiche Mann in Lk 18,18-23 und die vielen kritischen Äußerungen im Lukasevangelium zur zerstörerischen Macht des Reichtums lassen diesen Vater als das erscheinen, was er ist: ein Patriarch, der sein Haus und seinen Besitz im Interesse seiner Söhne in Ordnung hält. Im Lukasevangelium finden sich genug Stoffe, die diese patriarchale Ordnung kritisie-

---

28. S. oben schon Anm. 8.
29. D. A. Holgate 1999, 136 ff.
30. I. Richter Reimer 1992, 40-43.
31. W. Pöhlmann 1979, 213 u. ö.
32. D. A. Holgate 1999, 168-191.

ren[33]. Das Gleichnis vom Verlorenen Sohn bleibt im patriarchalen Horizont. Die rechtlichen Grundlagen von V. 22 und V. 31 sind deshalb so undeutlich, weil der Vater die absolute Macht im Haus hat. Er definiert, was Recht und was Barmherzigkeit ist.

Der ältere Sohn steht im Mittelpunkt der Verse 25-32. Die Szene ist wohl so zu verstehen, dass er abends von der Arbeit auf dem Feld heimkommt und eigentlich von ihm zu erwarten wäre, dass er ins Haus geht, am Fest teilnimmt und sich mitfreut. Er lässt sich von einem Sklaven erzählen, was im Haus vor sich geht. Er wird zornig und weigert sich hineinzugehen. Da kommt der Vater zu ihm heraus und bittet ihn mehrfach[34] hineinzukommen. Seine Ablehnung wird in wörtlicher Rede sehr ausführlich erzählt. V. 29 beschreibt sein Leben als Sohn im patriarchalen Haushalt: Er arbeitet und gehorcht dem Vater. Gefeiert worden ist er nicht. Dies wird eine zutreffende Beschreibung seines Lebens sein, nicht eine Übertreibung. In V. 30 spricht er verächtlich über die Lebensführung des Jüngeren, von der er eigentlich keine Details wissen kann. Das Fest für den Jüngeren ist in seinen Augen unangemessen und ungerecht ihm selbst gegenüber. Der Vater antwortet auf diese Kritik: Weil er immer da war, gab es keinen besonderen Grund zum Feiern. Er wird nicht benachteiligt, denn er ist verfügungsberechtigter Erbsohn[35]. Das Gleichnis endet mit der erneuten Einladung in wörtlicher Rede: Du solltest fröhlich mitfeiern und dich freuen, denn dieser Bruder (ist) dein Bruder, der tot war und nun wieder lebendig geworden ist … Der Vater wiederholt die festliche Einladung für ihn, mit der er das Fest eingeleitet hat (V. 24). Das Gleichnis bricht ab. Nun sind die Zuhörenden an der Reihe[36], in die Schuhe des Älteren zu schlüpfen, dem Vater zu antworten und am Fest teilzunehmen. Die Erzählung will nicht darauf hinaus, den Älteren als Negativcharakter zu zeichnen, sondern seinen Zorn verständlich zu machen und diejenigen zu gewinnen, die sich mit dem Älteren identifizieren.

Das Verhalten des Älteren und des Vaters bleibt im Rahmen der erzählten Geschichte. Es kann überlegt werden, ob ein Vater »von Fleisch und Blut« zu dem zornigen Sohn hinausgegangen wäre. Doch wäre vielleicht nicht jeder Patriarch dazu bereit gewesen, dieser ist es. Vaterliebe ist ein häufiges Thema

33. Lk 14,18-20; 17,27-28; s.o. die eschatologische Deutung von 14,12-24.
34. Das Verb ist im Imperfekt gebraucht.
35. Zur Ungenauigkeit von V. 31 s.o.
36. W. Pöhlmann 1993, 16 widerspricht solcher »didaktischen« Deutung des offenen Schlusses, der vielmehr die Kollision der patriarchalen Ordnung, verkörpert im Protest des Älteren, mit der Ordnung Gottes, verkörpert im Handeln des Vaters, unterstreiche. Gegen diese Deutung wende ich nicht nur ein, dass der Vater nicht Gott verkörpert, sondern auch, dass alle Gleichnisse Bestandteil eines z.T. nicht niedergeschriebenen Dialogs sind, wie schon oft gezeigt.

in antiker Literatur und Rhetorik[37]. Zwar sagen die Rabbis in Pesikta Rabbati 44, dass Gott sich darin von Vätern von Fleisch und Blut unterscheidet, dass er in der Lage ist, einen Schuldspruch, den er einmal aussprach, auch wieder zurückzunehmen. Oder: Gott kehrt zuerst zurück, um Israel die Umkehr vorzumachen. Oder: Wenn Menschen ein strenges Urteil erlassen haben, muss sehr viel Geld aufgebracht werden, um dieses Urteil umzuwandeln. Gott ist schon mit einem winzigen Wörtchen der Umkehr umzustimmen[38]. Doch die Geschichten von Vaterliebe bewegen sich eigentlich auch in diesem Rahmen: Väter können aus Liebe handeln, um ihre Söhne zu retten, und gerade nicht aus Berechnung und Eigeninteresse[39]. Der Vater in Lk 15 ist ein Vater von Fleisch und Blut. Der ältere Sohn wird in der Erzählung nicht verurteilt, sondern eingeladen. Auch seine Geschichte will nicht allegorisch gelesen werden.

Eschatologische Deutung

Es gibt Hunderte von rabbinischen Vatergeschichten, manchmal sind sie auch Königsgeschichten[40] oder Ehemanngeschichten, die über die Liebe Gottes und die Umkehr Israels zu seinem Gott reden. Rau 1990 und Young 1998 haben Lk 15,11-32 und einige dieser rabbinischen Gleichnisse besonders ausführlich[41] in ihrem Zusammenhang diskutiert. Zweifellos gibt es sowohl für rabbinische Gleichnisse als auch für dieses Gleichnis (und andere Gleichnisse der synoptischen Evangelien) Verbindungen zu rhetorischen und anderen Traditionen der hellenistischen Kultur[42]. Der kulturelle Zu-

---

37. L. Schottroff 1971; E. Rau 1990, 252-271; K. Berger; C. Colpe 1987, 137-139; vgl. M. E. Boring; K. Berger; C. Colpe 1995, 224 f.; K. Erlemann 1999, 283.
38. Alle Beispiele aus Pesikta Rabbati 44, W. G. Braude 1968, Bd. 1, 771.776.772.
39. S. nur Seneca, De ira XXIII, 3-4; s. oben zu Mt 22,1-14.
40. I. Ziegler 1903 hat einen Abschnitt (XI) »Die Söhne und Töchter der Kaiser«, der reichlich Material bietet.
41. Rabbinische Parallelen zu Lk 15,11-32 werden außerdem berücksichtigt z. B. von Billerbeck II, 216; H. K. McArthur; R. M. Johnston 1990, 194 f.; W. O. E. Oesterley 1936, 183-191; K. Berger; C. Colpe 1987, 137-140; M. E. Boring; K. Berger; C. Colpe 1995, 225-226.
42. Rabbinen erzählen z. B. Fabeln im Stil der Aesopica. Die hellenistisch-römische Kultur war für Jahrhunderte die dominante Kultur, die sowohl jüdische Kultur als auch das beginnende Christentum beeinflusste. Jüdische und hellenistisch-römische Literatur ist relevant für das Neue Testament und vielfach ineinander verwoben. Ein Entweder-Oder beherrscht – gerade im Blick auf Gleichnisse – noch zu stark die Diskussion. Doch es bleibt festzustellen, dass rabbinische Gleichnisse trotz meist späterer Entstehung die nächsten Parallelen zu Jesusgleichnissen sind – sowohl für die Gleichnisform als auch für die Inhalte.

sammenhang der Vorstellungen von Vaterliebe als patriarchalem Ideal und patriarchaler Praxis ist – wie schon gezeigt – wichtig für dieses Gleichnis, wie auch rabbinische Gleichnisse über die Umkehr Israels für das Verständnis grundlegend sind. Jedes Gleichnis sagt jedoch etwas Eigenes in seinem literarischen Kontext. Dieses Eigene herauszufinden, hilft die Anwendung des Gleichnisses.

In diesem Fall gibt es keine explizite Einleitung des Gleichnisses und keine abschließende Anwendung. Der unmittelbare Kontext besteht aus zwei weiteren Gleichnissen – vom verlorenen Schaf und der verlorenen Drachme – und von einer fiktiven Situation im Leben Jesu, in der Jesus diese drei Gleichnisse zu den Pharisäern, Pharisäerinnen/Schriftgelehrten und doch wohl auch als anwesend vorgestellten Zöllnern, Zöllnerinnen, Sünderinnen und Sündern gesprochen haben soll (Lk 15,1-2). Schon diese fiktive Situation verweist auf den Kontext des lukanischen Gesamtwerkes als Interpretationsrahmen für die drei Gleichnisse[43]. Denn die Erzählung dieser fiktiven Situation setzt voraus, dass ihr exemplarischer Charakter verstanden wird. Warum murren Pharisäerinnen, Pharisäer und Schriftgelehrte, dass Jesus sündige Menschen annimmt und mit ihnen isst? Warum »nähern sich« Zöllner und Sünderinnen beiderlei Geschlechts, um Jesus zu hören?

Auf dem Hintergrund der christlichen Auslegungsgeschichte dieses Gleichnisses möchte ich, um Missverständnisse zu vermeiden, zunächst Sünde und Sündenvergebung im Kontext des Ersten Testaments, zeitgenössischen Judentums und des Neuen Testaments erläutern: Sünde ist die konkrete Übertretung der Tora und nicht eine Bedingung menschlichen Lebens (conditio humana). Sündenvergebung ist Gottes Handeln, das Menschen nachahmen sollen. Der Konflikt zwischen Jesus und den Pharisäern kann nicht darum gehen, dass Jesus den Sündern und Sünderinnen ihre Sünden um Gottes willen vergibt. Darin wären sich beide Seiten einig.

43. Eine Bemerkung in eigener Sache sei erlaubt: 1971 habe ich mit der Fragestellung gearbeitet: Wie verhält sich Lk 15 zur Soteriologie des lukanischen Gesamtwerkes, und kam zum Schluss, Lukas sei der Autor von 15,11-32. Ich bin dafür ausreichend kritisiert worden. Diese Kritik ist heute gegenstandslos geworden, denn inzwischen ist es gang und gäbe, die Texte in ihrem literarischen Kontext, in diesem Fall dem Lukasevangelium, zu lesen – dank der literaturwissenschaftlichen Methoden. Zur Frage des Verhältnisses der vorhandenen Texte zum »historischen« Jesus s. o. Teil II,5. Ich bin heute stärker von der Verankerung der vorhandenen Texte in lebendiger Mündlichkeit überzeugt als damals. Deshalb bin ich vorsichtiger geworden, eine einzelne Person als »Autor« anzusehen. Aber die inhaltliche Kongruenz von Lk 15,11-32 mit dem Lukasevangelium halte ich heute wie damals für deutlich. Nur hat sich inhaltlich meine Vorstellung von Soteriologie und Eschatologie im lukanischen Gesamtwerk oder überhaupt den synoptischen Evangelien verändert.

Jesus ist der Messias Israels, der ersehnte Befreier des Volkes – das wird im Lukasevangelium in zwei Kapiteln zu Beginn (1.2) deutlich gemacht. Darauf kommt das Evangelium immer wieder zurück. Zu der Befreiung Israels von Hunger, Krankheiten und politischer Unterdrückung (s. nur 4,16-21) führt Jesu Praxis: Heilungen, das Evangelium der Armen und Jesu Mahlgemeinschaft mit Zöllnern, Zöllnerinnen und sündigen Menschen. Das Lukasevangelium erzählt einige Geschichten von Jesu (Mahl)gemeinschaft mit Sündern, Sünderinnen und Zöllnern: Lk 5,1-11; 5,27-32; 7,36-50; 19,1-11. Es erzählt auch, dass Pharisäer mit dieser Praxis Jesu nicht einverstanden sind: 5,30 (sie »murren« wie 15,2); sie sind angefüllt mit Unverstand und beraten darüber, was sie mit ihm tun sollen (6,11)[44]. »Die Menschen dieser Generation«[45] lehnen Jesus als »Freund der Zöllner und Sünder« ab und werfen ihm im gleichen Atemzug vor, »ein Freund des Essens und des Weines« zu sein (7,34)[46]. Bei einem Gastmahl, zu dem Jesus ins Haus eines Pharisäers eingeladen ist, hält Jesus eine kritische Rede gegen Pharisäer (und Gesetzeslehrer), die nach seinem Aufbruch aufgebracht reagieren (11,39-54). Diese Reaktion der Schriftgelehrten und Pharisäer (11,53.54) ist wortreich dargestellt und nicht völlig eindeutig zu übersetzen, sie enthält aber keine Planung einer Denunziation, die zu Anklage oder gar Todesurteil führen könnte. Im Lukasevangelium wird ein Konflikt Jesu mit Pharisäern dargestellt, aber es ist kein tödlicher Konflikt, sie sind nicht an seiner Hinrichtung beteiligt[47]. Einmal warnen sie ihn sogar, dass Herodes ihn töten will (13,31). Schriftgelehrte jedoch tauchen in der Passionsgeschichte auf. Sie sind – wohl als Mitglieder des Synhedriums – an der Auslieferung Jesu an die Römer, die zur Hinrichtung führt, beteiligt[48]. Es sieht so aus, dass trotz der generalisierenden Sprache (*die* Schriftgelehrten, *die* Gesetzeslehrer, *die* Pharisäer) im

44. 6,11 »was sie mit ihm tun sollten« wird meist negativ übersetzt: »was sie ihm antun sollten« o. ä., vgl. Bauer zu *poiein* I 1dγ »zu Ungunsten«. Doch das Verb kann auch neutral oder positiv verwendet werden. Wenn der negative Sinn so klar wäre, hätte der antijudaistische Codex D hier nicht den Text verändern müssen: »wie sie ihn vernichten könnten« (vgl. Mk 3,6).

45. Hier (Lk 7,31) wie Lk 19,7 wird der Konflikt Jesus-Pharisäer generalisiert; nicht nur Pharisäer sind im Blick.

46. Dtn 21,20 LXX ist eindeutiger in der negativen Konnotation solcher Vorwürfe. In Lk 7,34 ist sicherlich eine negative Wertung von Jesu Verhalten impliziert, die Übersetzung »Fresser« und »Säufer« jedoch ist nicht adäquat.

47. Zu der Darstellung der Pharisäer im Lukasevangelium s. z. B. J. A. Ziesler 1979; J. T. Caroll 1988; A. J. Saldarini 1988.

48. 22,2.66; 23,10 Aber auch diese Gruppe von *nomikoi* bzw. *grammateis* wird nicht pauschal negativ dargestellt trotz der verallgemeinernden Kritik Jesu an den *nomikoi*/Gesetzeslehrern in 11,45-52. In Lk 10,25-37 macht sich einer dieser Gesetzeslehrer zum Schüler Jesu.

Sinne des Textes die pharisäischen und schriftgelehrten Kritiker Jesu nicht als homogene und geschlossene feindselige Gruppe von »Gegnern« Jesu aufzufassen sind. Sie »murren«, sagt 15,2 (5,30; vgl. 19,7) wie das Volk Israel in der Wüste gegen seinen Gott murrte[49].

Was ist der Inhalt dieses Konfliktes, der das öffentliche Wirken Jesu nach Lukas durchzieht? Sein wichtigster Aspekt ist Jesu Mahlgemeinschaft mit Zöllnern und Sündern. Diese Mahlgemeinschaft gehört mit Jesu Aufforderung an alle, an das ganze Volk, zu seinem Gott umzukehren, zusammen: Lk 13,1-9. In 7,29 sagt Jesus, die Pharisäer und Gesetzeslehrer hätten die Taufe Johannes des Täufers abgelehnt, die ja mit der Umkehraufforderung an das ganze Volk verbunden ist. Das »Volk« *(laos)* und die Zöllner jedoch hätten sich taufen lassen. Ich lese 7,29-35 so, dass Jesus darin dem Täufer gleicht, dass er vom Volk Umkehr fordert[50], wenn auch sein Verhalten Speisen gegenüber sich von dem des Täufers unterscheidet. Jesus ruft die Sünder zur Umkehr. Doch Sünder sind nicht nur jene, die die Tora übertreten und von selbsternannten Gerechten dafür kritisiert werden, sondern gerade auch die Gerechten selbst (Lk 18,9-14). Die Pharisäer denken, dass sie die Tora halten, aber sie halten sie im Sinne des Lukasevangeliums nur oberflächlich und versagen den wesentlichen Inhalten der Tora gegenüber (11,37-44). Die Gesetzeslehrer beteiligen sich an der Tötung von Propheten und Gottesboten (11,45-51) und hindern die Menschen an der Einsicht in die Tora, statt sie zu fördern (11,52). Lk 5,32 verstehe ich so, dass es nur wenige Gerechte gibt[51] und Jesus das Volk zur Umkehr auffordert. Die neunundneunzig Gerechten, die keine Umkehr (mehr) nötig haben (15,7)[52], sind jedenfalls nicht die Pharisäer, Gesetzeslehrer und die Masse des Volkes und auch nicht die Jünger (5,1-11). Ihnen wird ja gerade von Jesus klargemacht, dass das Tun

---

49. Ich halte diese Konnotation, dass das Murren gegen Jesu Taten als Murren gegen Gottes Willen gedeutet wird, hier für möglich, s. etwa 7,29; in diesem Fall wird die Ablehnung der Umkehrtaufe des Täufers von Jesus als Ablehnung des göttlichen Willens gedeutet. Der Konflikt mit den Pharisäern muss geheilt werden, um das Volk zu heilen.

50. Andere Deutungen kommen zu dem Schluss, der lukanische Jesus verbinde mit seiner eschatologischen Botschaft keine Umkehrforderung. Die Umkehrpredigt schließt nicht aus, dass die Gemeinschaft Jesu mit Sünderinnen und Sündern nicht deren Umkehr voraussetzt, sondern ihnen Heilung und Sündenvergebung zuspricht, s. u. zu Lk 7,36-50.

51. S. bes. Lk 1,6; 2,25; 23,50; Apg 10,22.

52. Ich deute sie nicht mehr als Scheingerechte (L. Schottroff 1971, 70), sondern halte eine Erklärung wie die Bovons z. St. für angemessener: »Das verlorene und wiedergefundene Schaf zieht die ganze Herde in sein Schicksal mit hinein. Jesus dachte gewiß an das Volk ...« (F. Bovon 2001, Bd. 3, 29 zu 15,7).

der Tora mehr verlangt, als sie bisher haben begreifen wollen. Jesus hat ein radikaleres Verständnis von Sünde und Toraerfüllung als seine Kritiker. Seine (Mahl)gemeinschaft mit Sündern und Sünderinnen wird von den Kritikern als Provokation empfunden, weil sie die Gerechtigkeit der Gerechten in Frage stellt. Die pharisäische Position sündigen Menschen im Volk gegenüber ist mit der des Paulus 1 Kor 5,9 vergleichbar. Jesu Vision ist anders. Die Mahlgemeinschaft drückt seine Vision vom Königtum Gottes und dem messianischen Mahl aus: Die Sünder und Sünderinnen, die – wenn möglich – ihre falsche Praxis verändern, also umkehren, zeigen den vermeintlichen Toratreuen, die es in Jesu Augen gar nicht sind, dass sie zuerst und sogleich ihre Praxis verändern müssen. Die Verfeinerung von kultischer Reinheit im Alltag wie das Händewaschen vor der Mahlzeit (11,38)[53] ist in Jesu Augen erneutes Zeichen einer unzureichenden Torapraxis – nicht falsch, aber unzureichend, solange nicht Gerechtigkeit und Liebe zu Gott gelebt werden (11,42).

Wie sieht die Umkehr der Sünderinnen und Sünder konkret aus? In Lk 7,36-50 wird von einer Sünderin erzählt. Sie gilt in der Stadt als Sünderin, und Simon, der pharisäische Gastgeber Jesu, hält es für falsch[54], dass Jesus sich von ihr anfassen, salben und die Füße küssen lässt (7,39). Auch in Jesu

---

53. Ich verweise hier generell auf E. P. Sanders und speziell auf den wichtigen Aufsatz E. P. Sanders 1983 (vgl. E. P. Sanders 1985, 174-211). Er hält die Vorstellung, dass *alle* Pharisäer und Pharisäerinnen vor 70 priesterliche Reinheit der Nahrungsmittel im Alltag (s. dazu schon oben zu Lk 18,9-14) praktizieren, für nur halb richtig, es sei eine kleinere Gruppe, die der *haberim*, die aber auch zur Gruppe der Pharisäer gehören könne; zu der Diskussion zwischen J. Neusner und E. P. Sanders in dieser Frage s. E. P. Sanders 1983, 14 und Anm. 31 und J. Neusner 1973, 80.83; ders. 1984, 43-51. Ich kann diese Frage nicht entscheiden, halte aber die Position von Sanders und speziell seine Kritik an der christlichen Deutung des Konfliktes zwischen Jesus und den Pharisäern für eine grundlegende Neuorientierung in dieser Frage: Die Pharisäer haben Jesu Gemeinschaft mit Zöllnern und Sündern heftig kritisiert; aber »Sünder« sind aus dieser Perspektive Leute, die bewusst und langfristig die Tora übertreten, nicht aber »Arme« oder *amme haaretz*/das gewöhnliche Volk. Die Pharisäer sind zu dieser Zeit keine Gruppe, die irgendwen aus der Gesellschaft ausgrenzen kann und sie haben auch keinen Grund, die »amme haaretz« auszuschließen, die für sie ja gerade nicht Sünder sind. Zur Vorstellung von Umkehr in Sanders' Konzept s. J. D. Choi 2000.

54. Dass die Frau unrein ist und Jesus sich deshalb nicht berühren lassen sollte, ist christliche Fehldeutung jüdischer Reinheitsvorstellungen. Dass der Pharisäer ihre erotische Annäherung an Jesus kritisiert, ist vielleicht eine Überzeichnung. Jedenfalls gehört diese Berührung und die Kritik daran zusammen mit Jesu Tischgemeinschaft mit Zöllnern und Sündern, die die eschatologische Gemeinschaft des Volkes Gottes symbolisiert – ohne dass die Sünder und Sünderinnen ihrem Lebenswandel in Übertretung der Tora bereits abgeschworen haben.

Augen ist sie eine Sünderin (7,47). Ihre liebevolle und verzweifelte Salbung Jesu drückt ihr Entsetzen über die Realität ihres Lebens aus. Dass sie dieses Leben ändern kann und wird, sagt der Text gerade nicht. Sie hat Gott geliebt[55]; Gott hat ihr ihre Sünden vergeben. Der Text ist eher wie eine Heilungsgeschichte erzählt als als Umkehrgeschichte. In einer Welt, in der allein stehende mittellose Frauen ihr Überleben nur durch Prostitution erkämpfen können, wäre eine Geschichte von der moralischen Reue einer Prostituierten wenig überzeugend. Gott liebt sie und sie liebt Gott, ob sie nun als Prostituierte weiterarbeitet oder in einer christlichen Gemeinde eine Familie[56] findet. Gottes Vergebung, die ihr die Würde gibt, Tochter Abrahams zu sein, wie der verkrümmten Frau (13,16), ist hier wie in der Heilung des Gichtbrüchigen Antwort auf die Not und den Hilfeschrei[57]. Die Vision Jesu ist die Heilung des Volkes, die bei den Elendesten beginnt, den Armen, den Kranken, denen, die als Sünderin und Sünder behandelt werden. Gottes Sündenvergebung erneuert das ganze Volk.

Über Sünde/Toraübertretung als Lebenszerstörung wird im Lukasevangelium für unterschiedliche Personengruppen nachgedacht. »Sündig« sind diejenigen, die notorisch die Tora übertreten – aber auch diejenigen, die nicht wahrhaben wollen, dass sie die Tora nicht »tun«. Die Lebenssituationen der Betroffenen werden konkret gesehen. Sünde ist nicht allgemeine *conditio humana*.

Der Zöllner Zachäus ändert sein Leben (Lk 19,1-10). Er gibt die Hälfte seines Vermögens den Armen und erstattet (mit der anderen Hälfte?) vierfach, was er als Oberzöllner durch Erpressung erwirtschaftet hat. Jesu öffentliche Ankündigung, in seinem Haus zu übernachten, wird von ihm als Ausdruck der Liebe Gottes verstanden, die ihn ins Volk Israel einschließt und ihn nicht mehr für einen berufsbedingten notorischen Sünder hält. Er ändert sein Leben, ist nun Sohn Abrahams. Ob er, vor allem aber die ärmeren Zöllnerinnen und Zöllner (5,29)[58], nun ihre Arbeit aufgeben? Das Vorbild

---

55. Die Diskussion, ob hier die Umkehr der Gnade vorausgeht oder die Gnade der Umkehr, hat ihren Hintergrund in späterer christlicher Dogmatik. Der Text selbst sagt beides (7,47), ist an der Alternative gerade nicht interessiert, s. dazu L. Schottroff 1990, 310-323.

56. Heilungs- und Sündergemeinschaftsgeschichten sind als Berufungsgeschichten zu lesen. »Gehe hin in Frieden« Lk 7,50 wäre ein Zynismus, wenn Jesus damit die Frau ins harte Leben einer Prostituierten verabschiedete. Die Evangelien setzen die Existenz von christlichen Gemeinden und einer Praxis dieser Gemeinden voraus, die solidarische Lebensgemeinschaften hervorbringt.

57. Der Gichtbrüchige ist auch bei Lukas der Heilung bedürftig und in Not. Er ist kein Sünder in einem speziell durch die Krankheit definierten Sinn.

58. S. dazu o. zu Lk 18,9-14.

wird der Zöllner Levi sein, der alles aufgibt und Jesus nachfolgt (5,28), also eine neue Gemeinschaft findet.

Der Konflikt Jesu und seiner Nachfolgegemeinschaft mit (einem Teil) der pharisäischen Bewegung, wie Lukas ihn darstellt, ist ein Streit um die Praxis der Tora in der aktuellen Situation. Jesus wirft pharisäisch lebenden Menschen vor, dass sie Sündern, d.h. konkreten Menschen, gegenüber im Sinne der Liebe Gottes handeln müssen, um dem Königtum Gottes zum Durchbruch zu verhelfen. Sie sollen Gottes Vergebung sündigen Menschen, Prostituierten und stehlenden Straßenkindern, gegenüber nachahmen, auch wenn diese nicht in der Lage sind, nach der Tora zu leben. Die politische Dimension der Praxis und Vision der Jesusbewegung wird im Lukasevangelium von Anfang an klar ausgedrückt[59]. Das junge Mädchen Maria, das mit Jesus schwanger ist, ist eine politische Prophetin (Lk 1,46-55) in der Tradition der politischen Propheten Israels. Ihre Vision wird von Jesus gelebt und weitergetragen.

Lk 15,1-2 stellt Jesus in eine fiktive Situation, in der seine Heilungspraxis und Vision ebenso verkörpert ist wie der Konflikt mit anderen jüdischen Menschen über die aktuelle Praxis der Tora. Die folgende Rede Jesu besteht aus drei Gleichnissen. Die ersten beiden haben eine kurze Anwendung (15,7.10). Sie muss so oder so ähnlich nach 15,32 nicht wiederholt werden. Es ist Jesu Vision für das Volk aus wenigen Gerechten und vielen Ungerechten, die in diesen Gleichnissen dargestellt wird.

Was also sollen die Zuhörenden aus Lk 15,11-32 lernen und anwenden? Wenn sie zu den Zöllnern und Sündern gehören, sieht ihre Umkehr oder ihre Liebe zu Gott und ihr Tun der Tora anders aus, als wenn sie zu denen gehören, die die Sünder, wie sie sie verstehen, für verloren, vom Heil ausgeschlossen halten. Die erfundene Geschichte vom Vater und seinen zwei Söhnen erwartet eine Weiterführung im Leben der Zuhörenden. Diejenigen, die ihr Versagen gegenüber der Tora sehen, schließen sich der Nachfolgegemeinschaft Jesu an oder arbeiten gegen Dämonen, Krankheiten und Hunger an ihrem Platz. Diejenigen, die sich empören über Jesu Vision vom Königtum Gottes, sollen umkehren zur Praxis der Tora im Sinne von 11,42. Sie sollen begreifen, dass das Volk Gottes nur gemeinsam leben kann. Die Freude des älteren Sohnes über die Rettung des jüngeren in der Gleichniserzählung steht noch aus.

Eine allegorisierende Lektüre identifiziert die beiden Söhne mit religiö-

<hr/>

59. Dass das Lukasevangelium Rom gegenüber apologetisch sei, ist eine Fehldeutung, die immer noch auf H. Conzelmann 1954 zurückgeht. Eine Alternative dazu hat R. J. Cassidy 1978 entwickelt, wird heute aber auch häufiger vertreten; s. dazu C. Janssen 1998: Lk 1.2 nimmt die Sicht des Lukasevangeliums insgesamt voraus, ist nicht vom Gesamtevangelium abtrennbar und ein politisch orientierter Text.

sen Gruppen[60] und den Vater mit Gott[61]. Solche Identifizierungen bleiben im Rahmen von theologischen Konzeptionen, z. B. Rechtfertigungslehre versus Werkgerechtigkeit. Diese Allegorisierung, die die Auslegung fast ausnahmslos bestimmt, ist in der Regel antijudaistisch gefüllt worden. Den einzigen Protest gegen diese Allegorisierung habe ich bei A. J. Levine 2002, 96 gefunden: »Es gibt keinen zwingenden Grund, den jüngeren Sohn mit Christen oder den älteren Sohn mit Juden gleichzusetzen. In der Tat, es gibt keinen zwingenden Grund, die Parabel als Allegorie anzusehen. Nicht alle Väter, reichen Männer und Richter ... müssen Gott repräsentieren« (Übersetzung aus dem Englischen L. S.). Wenn jedoch nicht die Allegorisierung, sondern 15,1-2 und sein lukanischer Deutungshintergrund die Anwendung des Gleichnisses steuern, sind die Zuhörenden danach gefragt, wie sie ihre Lebenspraxis, ihr Handeln, verändern werden, jeweils an ihrem Ort. Das Ziel dieser Veränderung ist die Heilung des gesamten Volkes und der gesamten Menschheit (Apg 1,8).

Wie kommt also eine Deutung dieses Gleichnisses zustande? Durch 15,1-2.7.10 ist eine Anwendung im Sinne des Textes vollziehbar, auch wenn sie am Ende des Gleichnisses nicht explizit gemacht wird. Hinzu kommt, dass das Sündenbekenntnis des jüngeren Sohnes und die Einladung zur Freude durch den Vater so massiv die Erzählung dominieren, dass sie Hinweise auf die Anwendung geben.

In 15,3-7 wird ein Gleichnis von einem verlorenen Schaf erzählt, und das Stichwort »verloren« verbindet die drei Gleichnisse in Lk 15 und Lk 19,1-11.

60. Zur Auslegungsgeschichte von Lk 15,11-32 s. G. Antoine 1975; S. J. Wright 2000. Die Deutung des jüngeren Sohnes als Christ im Gegensatz zum Judentum oder als Modell der Rechtfertigung des Sünders im Kontrast zu jüdischer oder pharisäischer Torafrömmigkeit/Leistungsreligion geht bereits auf die Vormoderne zurück und ist auch noch postmodern gängig. Eine Ausnahme bietet B. H. Young 1998, der die beiden Söhne als zwei »types of sinners« versteht (156), damit allerdings noch nicht die Allegorisierung aufgibt.

61. Das Unbehagen, das manche Interpreten und Interpretinnen bei der Deutung der Sklavenbesitzer oder des Königs in Gleichnissen auf Gott noch befällt, weicht in der Regel für Lk 15,11-32 dem Behagen, Gott mit einem liebevollen Vater identifizieren zu können. Nur im Umkreis der neueren Frauenbewegung wird diese Identifizierung problematisiert, siehe dazu schon oben Anm. 4. Für die rabbinische Tradition ist die Unterscheidung zwischen einem Vater von Fleisch und Blut und Gott selbstverständlich. Sie sollte endlich auch in der Lektüre von Lk 15,11-32 praktiziert werden. A. Jülicher 1910 will, getreu seinem Konzept folgend, den Vater als Patriarchen und nicht als Darstellung Gottes verstehen (II, 334), doch in seiner Deutung findet sich die alte Identifizierung wieder: »Wie ein Vater zweier Söhne, ... so steht der Weg zu Gottes Vaterherzen auch dem verrottetsten Sünder ... immer offen ..., ohne daß sie je eine Zurücksetzung des Gerechten bedeutete« (II, 362).

Dieses Stichwort hat eine biblische Vorgeschichte, die so klar ist, dass alle Beteiligten wissen können, dass es um die Befreiung Israels als des Volkes Gottes geht: u. a. siehe Jer 50,6; Num 27,17; Ez 34,1-16; vgl. Mt 10,6; 15,24. Die Metapher wird sehr häufig auf das Leiden des Volkes bezogen, das durch das Versagen der politisch Verantwortlichen verursacht ist.

Trotz des Netzes von Deutungselementen in Lk 15 ist das Gleichnis Lk 15,11-32 als fiktive Geschichte aus dem Leben der Menschen erzählt und enthält aus ihren Erfahrungen seine Logik. Es versucht nicht, eine allegorisch eingekleidete Darstellung der Liebe Gottes zu geben. Der Vater ist ein Patriarch, der von Gott zu unterscheiden ist (s. auch die Unterscheidung in V. 17 und 20).

Die Erneuerung Israels als eines Volkes, das mit Gottes Tora lebt und Gottes Willen tut, ist die Vision dieses Textes. Eine rührende Geschichte von Vaterliebe, die die beiden Söhne zum Freudenfest zusammenbringt, will diese Vision bei den Zuhörenden erwecken. Die Mahlzeiten der Jesusbewegung waren sinnlicher Ausdruck dieser Vision. Die Sehnsucht nach der Heimkehr des Sohnes – oder der Söhne – blieb ein Thema der rabbinischen Gleichniskultur in späteren Generationen[62]. Befreiung von der römischen Ausbeutung war im 1. Jahrhundert wie in diesen späteren Generationen ein Lebensthema. Wenn das ganze Volk nach der Tora lebt, dann endet das Leiden. Jesus hat das Jobeljahr Gottes, in dem Gott alle Sünden vergibt, ausgerufen: 4,19. Die Sündenvergebung Gottes, die Jesus den Kranken und Leidenden zuspricht, verändert die Menschen und lässt die Heilung des Volkes greifbar werden. Diese Heilung umfasst das Sattwerden der Armen, den Erlass ihrer Schulden und die Gemeinschaft mit sündigen Menschen. In Lk 13,1-9 (s. o.) hat Jesus der Bedrohung durch die römische Übermacht diese Hoffnung entgegengesetzt. Eben darum geht es auch hier. Das Gleichnis will eine Antwort im Leben der Hörenden und ihren glücklichen Lobpreis Gottes: »Die Hand Gottes ist immer offen«[63].

Die Auslegungs- und Wirkungsgeschichte dieses Gleichnisses hat heutigen Christinnen und Christen nicht nur das Erbe der antijudaistischen und triumphalistischen Deutung auferlegt, sondern auch das der Divinisierung des patriarchalen Vaters[64] und der Romantisierung des patriarchalen Haus-

---

62. S. das Material in den in Anm. 41 genannten Sammlungen.
63. Deuteronomium rabba II ad 3,24 »So ist auch die Hand Gottes immer offen, die Reuigen aufzunehmen«; Übersetzung A. Wünsche III, 1967, 16. und 19. Lieferung, 25.
64. M. A. Beavis 2002 liest Lk 15,11-32 aus der Perspektive eines Inzestopfers. Sie will damit nicht sagen, dass der verlorene Sohn im Sinne des Textes vom Vater sexuell missbraucht wurde, nur, dass die Geschichte von Betroffenen so gelesen werden kann. Doch ist die Frage zu stellen, die ihr Aufsatz nahe legt: Warum lässt

halts. Problematisch ist weiterhin die Vorstellung von Umkehr und Sünden-bekenntnis als Akt der Unterwerfung, die in V. 18.19.21 hineingelesen wor-den ist.

Es gibt ein Stück von Bert Brecht, »Die dumme Frau«[65], das hervorragen-de Hilfestellung leisten kann, Lk 15,11-32 in Geschichten von der Liebe Got-tes zu übersetzen, die das patriarchale Haus und sein oft gewalttätiges Herr-schaftssystem hinter sich lassen.

»Ein Mann hatte eine Frau, die war wie das Meer. Das Meer verändert sich unter jedem Windhauch, aber es wird nicht größer noch kleiner, auch ändert die Farbe sich nicht, noch der Geschmack, auch wird es nicht härter davon noch weicher, wenn aber der Wind vorbei ist, dann liegt es wieder still, und es ist nicht anders geworden. Und der Mann mußte über Land.

Und da er fortging, gab er der Frau alles was er hatte, sein Haus und seine Werkstatt und den Garten um sein Haus und das Geld, das er sich verdient hatte. ›Dies alles ist mein Eigen, und es gehört auch dir. Du mußt darauf achthaben.‹ Da hing sie an seinem Hals und weinte und sagte zu ihm: ›Wie soll ich das? Denn ich bin ein dum-mes Weib.‹ Aber er sah sie an und sprach: ›Wenn du mich lieb hast, dann kannst du es.‹ Und dann nahm er von ihr Abschied.

Da nun die Frau allein zurückgeblieben war, bekam sie sehr Angst um alles, was in ihren schwachen Händen lag, und sie ängstigte sich sehr. Deshalb hing sie sich an ihren Bruder, welcher ein schlechter Mensch war, und er betrog sie. Darum wurde ihr Gut immer geringer, und als sie es merkte, war sie ganz verzweifelt und wollte nichts mehr essen, daß es nicht weniger wurde, und schlief nicht des Nachts, und davon wurde sie krank.

Da lag sie in ihrer Kammer und konnte nicht mehr umsehen im Hause, und es verfiel, und der Bruder verkaufte davon die Gärten und die Werkstatt und sagte es nicht zu der Frau. Die Frau lag in ihren Kissen, sagte nichts und dachte: Wenn ich nichts sage, ist es nichts Dummes, und wenn ich nicht esse, dann wird es nicht weniger.

So geschah es, daß eines Tages das Haus versteigert werden mußte. Dazu kamen viele Leute von überall her, denn es war ein schönes Haus. Und die Frau lag in ihrer Kam-mer und hörte die Leute und wie der Hammer fiel und wie die Leute lachten und sagten: ›Es regnet durch das Dach, und die Mauer fällt ein.‹ Und dann wurde sie schwach und schlief ein.

Als sie wieder aufwachte, lag sie in einer hölzernen Kammer in einem harten Bette. Auch gab es nur ein ganz kleines Fenster in großer Höhe, und es ging kalter Wind durch alles. Und eine alte Frau kam herein und fuhr sie bös an und sagte ihr, daß ihr Haus verkauft sei, aber die Schuld sei noch nicht gedeckt, und sie nähre sich von Mitleid, und das Mitleid sei für ihren Mann. Denn der habe nun gar nichts mehr. Da ward die Frau, als sie das hörte, im Kopfe wirr und ein wenig irre, und sie stand auf und fing an zu arbeiten von dem Tag an, im Hause herum und auf den Feldern.

sich das Gleichnis so lesen? Meine Antwort: Weil der Vater im Gleichnis eine absolute Machtstellung gegenüber seinen Söhnen hat.

65. B. Brecht, Gesammelte Werke, Frankfurt a. M. 1967, Bd. 11, 49-51.

Und sie lief in schlechten Kleidern und aß fast nichts und verdiente doch auch nichts, weil sie nichts verlangte. Und da hörte sie einmal, ihr Mann sei gekommen. Da bekam sie aber eine große Angst. Und ging rasch hinein und zauste ihr Haar und suchte ein frisches Hemd, und es war keins da. Und sie strich über die Brust, daß sie's verberge, und da war sie ganz dürr. Und ging hinaus durch eine kleine Tür hinten und lief fort, irgendwohin.

Da sie nun eine Zeitlang gelaufen war, fiel es ihr ein, daß es ihr Mann sei, und sie waren zusammengetan, und nun lief sie ihm fort. Da kehrte sie gleich um und lief zurück, dachte nicht mehr an das Haus und die Werkstatt und das Hemde und sah ihn von weitem und lief auf ihn zu, und da hing sie an seinem Hals.

Der Mann aber stand mitten in der Straße, und die Leute lachten über ihn unter den Türen. Und er war sehr zornig. Er hatte aber die Frau am Halse, sie tat den Kopf nicht weg von seinem Hals und nicht die Arme von seinem Nacken. Und er fühlte, wie sie zitterte, und meinte, es sei ihre Angst, da sie alles vertan hatte. Aber sieh, da hob sie endlich ihr Gesicht und sah ihn an, und da sah er, daß es nicht ihre Angst, sondern ihre Freude war, und weil sie sich so freute, zitterte sie. Da kam ihm etwas in den Sinn, und er schwankte auch und legte den Arm um sie, fühlte gut, daß sie mager geworden war in den Schultern und küßte sie mitten auf ihren Mund.«

In diesem Stück ist die dumme Frau zugleich in der Situation des jüngeren Sohnes und der des Vaters. Sie verliert das gemeinsame Vermögen in der Abwesenheit ihres Mannes. Als er heimkehrt, läuft sie zuerst fort – in Angst. Dann kehrt sie um und läuft ihm entgegen. »… da sah er, daß es nicht ihre Angst, sondern ihre Freude war … und küßte sie mitten auf den Mund«. Nahezu alle Details von Lk 15,11-32 kehren in diesem Stück wieder. Brecht hätte es wohl nicht ein Stück über die Liebe Gottes genannt. Ich zitiere den Text, um zu ermöglichen, dass beide Geschichten sich gegenseitig interpretieren. Glücklicherweise ist Brechts Geschichte so erzählt, dass niemand in die Versuchung kommt, den Ehemann mit Gott zu identifizieren.

Das verlorene Schaf.
Lukas 15,3-7

Übersetzung

3 Er redete zu ihnen mit diesem Gleichnis:
4 Welcher Mann unter euch, der 100 Schafe hat und eines von ihnen verliert, wird nicht die 99 in der Wüste zurücklassen und dem verlorenen nachgehen, bis er es gefunden hat?
5 Und wenn er es gefunden hat, legt er es um seine Schultern – voller Freude.

6 Und er geht ins Haus und ruft seine Freunde und Nachbarn zusammen: »Freut euch mit mir, denn ich habe mein Schaf gefunden, das verloren war.«

7 Ich sage euch: So wird Freude im Himmel sein über einen sündigen Menschen, der oder die umkehrt – mehr als über 99 Gerechte, die die Umkehr nicht nötig haben.

Sozialgeschichtliche Analyse

Ein Schafhirt weidet eine verhältnismäßig kleine Herde[66] in der Wüste – nicht weit von einem Dorf, in dem er zu Hause ist, entfernt. Ob er der Besitzer der Herde ist oder in Lohnarbeit die Herde weidet, wird nicht gesagt, doch scheint es mir wahrscheinlich, dass er Lohnarbeiter ist. Die Erzählung des Gleichnisbeginns in Frageform setzt voraus, dass die Angeredeten die Erfahrungswelt dieses Hirten kennen. Selbstverständlich wird ein Schaf nicht aufgegeben. Es ist viel darüber nachgedacht worden, dass er die Herde allein in der Wüste zurücklässt. Doch das wird nicht gesagt. Die 99 sind versorgt; das ist kein Thema. Die Selbstverständlichkeit der Suche und die Freude über das Finden setzt voraus, dass ein Schaf von hundert für den Betroffenen einen Wert darstellt, vielleicht nicht nur einen materiellen Wert, aber das auch. Denn von diesen Schafen lebt der Hirt und vielleicht auch eine Familie – wenigstens teilweise. Dass der Hirtenberuf in schlechtem Ruf[67] steht, ist der Erzählung nicht wichtig. Die Milieuschilderung ist die ländlicher und kleiner, vielleicht nomadischer Verhältnisse. Der Hirt bringt das Schaf ins Haus mit – oder ins Zelt – und lädt Freunde und Nachbarn ein. Da das Gleichnis von der verlorenen Drachme eine Parallele hierzu mit Freundinnen und Nachbarinnen erzählt, scheint an ein reines Männerfest gedacht zu sein. Das Fest wird nicht ausgemalt, es ist ein Freudenfest. Die Anwendung, die der erzählende Jesus ausdrücklich als seine Folgerung einleitet, setzt das Freudenfest im dörflichen Haus parallel mit Gottes Freude über einen Sünder, der umkehrt. Die 99 Gerechten, die keine Umkehr nötig haben, werden eher aus rhetorischen Gründen als aus theologischen Gründen genannt: So unendlich wichtig ist das eine verlorene Schaf.

---

66. Das biblische Material zu dieser Einschätzung diskutiert bereits A. Jülicher II, 1910, 316. Die Bibel ist ohne weiteres als Handbuch für nomadische und nicht-nomadische Kleintierhaltung zu gebrauchen. J. D. M. Derrett 1980, 48 weist zu Recht auf Mt 12,11-12 als sozialgeschichtliche Parallele zu Lk 15,4-6 für die Rettung von Tieren aus Gefahr hin. Zur sozialen Situation von Hirten s. L. Schottroff 1983, 194f.

67. Dazu J. D. M. Derrett 1980, 40; L. Schottroff 1983, 194.

Eschatologische Deutung

Die Metapher verlorenes Schaf hat eine lange Vorgeschichte im ersten Testament. Hier in Lk 15 wird die Metapher nicht auf die schlechte politische Führung der Hirten bezogen[68], sondern auf das Wiederfinden durch einen guten Hirten und das Umkehren der Sünder und Sünderinnen. Zwar ist Gott der gute Hirte, der die verlorenen Schafe sucht (in Ez 34,11-16), oder Mose in einer Legende (Exodus rabba III 1[69]), doch die Figur des Hirten kehrt in der Anwendung nicht wieder, nur seine Freude. Die Metapher »verlorenes Schaf« für einen desolaten Zustand des Volkes Israel ist hier eindeutig angesprochen. Was besagt das für die Anwendung? Ist der umkehrende Sünder das Volk, oder ist es ein Einzelner im Volk? Ich finde die Frage schwer zu beantworten, da die Vision des Lukasevangeliums von der Heilung des Volkes[70] und der Völker (s. o. zu Lk 15,1-2) auch bedeutet, von einzelnen Verlorenen zu erzählen wie in Lk 19,1-11. Gemeint ist mit der Umkehr der sündigen Menschen ihre Umkehr zu Gott, und das heißt zum Tun der Tora.

Methodische Erläuterung

Eine allegorisierende »ekklesiologische« Lektüre benutzte hier dieselben Muster wie zu Lk 15,11-32: das Heil der Völkerkirche im Gegensatz zu dem Unheil Israels oder das der gerechtfertigten Sünder im Kontrast zum selbstgerechten Pharisäismus. Wie zu Lk 15,1-2.18-32 diskutiert, gibt Lk 15, 1-2 und 15,7 eine klare Grundlage für die intendierte Anwendung.

---

68. So z.B. Num 27,17; Jer 50,6; Mk 6,34; Mt 10,6.
69. S. Billerbeck II, 209; U. Luz, Bd. 3, 1997, 27, Anm. 20.
70. »Das verlorene und wiedergefundene Schaf zieht die ganze Herde in sein Schicksal mit hinein. Jesus dachte gewiß an das Volk, das ihm so sehr am Herzen lag, als er sich vornehmlich um die Ausgestoßenen bemühte«. F. Bovon 2001, 29 f. benennt zu Recht diese Dimension des Textes, die oft nicht gesehen wird.

Die verlorene Drachme.

Lukas 15,8-10

Übersetzung

8 Oder welche Frau, die 10 Drachmen hat und[71] eine Drachme verliert, wird nicht ein Licht anzünden und das Haus sorgfältig fegen, bis sie sie gefunden hat.
9 Und wenn sie sie gefunden hat, ruft sie ihre Freundinnen und Nachbarinnen zusammen:»Freut euch mit mir, denn ich habe die Drachme gefunden, die ich verlor.«
10 So, sage ich euch, wird Freude sein bei[72] den Engeln Gottes über einen sündigen Menschen, der umkehrt.

Sozialgeschichtliche Analyse

Bis auf zwei Veränderungen in V. 10 gegenüber V. 7 ist der Text parallel zum Gleichnis vom verlorenen Schaf erzählt. Die Parallelität hat sowohl dazu geführt, das Gleichnis für nebensächlich und sekundär zu halten[73], als auch, die lukanische Vorliebe für Mann-Frau-Reihungen zu erwähnen (s. Lk 13,18-21; 17,34-35). Ich füge hinzu: Dass Frauenarbeit gleichrangig neben Männerarbeit gestellt wird, ist in einem sozialen Kontext, der Frauenarbeit notorisch unsichtbar macht, in der Tat bemerkenswert.

Dieses Gleichnis hat manche Exegeten irritiert, weil eine Frau in ihm im Mittelpunkt steht und weil die Drachme sich gegen manche lieb gewordenen Allegorisierungen sperrt: Von einem Schaf lässt sich eher sagen, dass der Hirt es liebt, als dass die Frau eine Drachme liebt. Zum Thema Frau hat Jülicher eine geistreiche Karikatur der exegetischen Diskussion seiner Zeit verfasst, die ich erwähnen möchte. Die in 15,1 erwähnten Sünder versteht er als Sünderinnen und Sünder, er erkennt also den Androzentrismus. Er mokiert sich dann über einen Kollegen, Plummer, der annimmt, dass die Formulierungen von 15,8»welche Frau ...« zeige, dass Jesus hier nur Männer anredet, weil sie von 15,4»welcher Mensch/Mann *unter euch*« abweicht. So lehre Jesus nach Plummer nur hinter dem Rücken von Frauen, dass sie für die Gewinnung von Sündern mitarbeiten sollen. Ich zitiere Jülichers

---

71. Die griechischen Manuskripte haben hier mehrheitlich:»wenn sie eine Drachme verliert«. Meine Übersetzung orientiert sich an der Verständlichkeit im Deutschen.
72. Der Text sagt»vor« oder»im Angesicht von«.
73. S. die Kritik dieser Forschungstradition bei L. Maloney 2002.

Text: »… nichts hindert, auch Sünderinnen … unter ihnen [den Sündern V. 1] zu vermuten, trotzdem PLUMM. bei 8, wo hinter *tis gyne* [welche Frau] nicht ein *ex hymon* [unter euch] wie 4 hinter *tis anthropos* [welcher Mensch/Mann] steht, als Erklärung zulässt, daß vielleicht keine Weiber gegenwärtig waren! Wenn aber nach ihm Jesus 8-10 lehren will, daß auch Weiber mitarbeiten für die Gewinnung von Sündern, so dürfte Jesus diese Belehrung kaum nur hinter ihrem Rücken erteilt haben.«[74] Dank der neueren Einsichten in androzentrische Sprache kann ich Jülicher nur unterstützen: Der Text setzt voraus, dass Frauen angeredet und in der zuhörenden Menge anwesend sind.

Dass die 9 Drachmen nicht in V. 10 als Gerechte wie in V. 7 auftauchen, bestätigt nur, dass auch in V. 4-7 die 99 Schafe und 99 Gerechten nur rhetorische Funktion haben (s. o.).

Die 10 Drachmen als offensichtlich ganzer Besitz einer Frau führen wiederum ins Leben armer Menschen. Der Wert einer Drachme entspricht dem eines römischen Denars. Es wird nichts darüber gesagt, wie die Frau an dieses Geld kam; blicken wir jedoch auf die Situation von Ehefrauen oder allein lebenden Frauen in dieser Zeit, so ist die naheliegende – und für die Erzählung selbstverständliche – Annahme die, dass die Frau das Geld selbst im Tagelohn verdient hat. Ehefrauen in der armen Bevölkerungsmehrheit müssen dazuverdienen und allein lebende Frauen schaffen es kaum, bei den geringen Frauenlöhnen zu überleben. Frauenlöhne erbringen in der Regel nicht den einen Denar (Mt 20,1-16), den männliche Tagelöhner verdienen können, sondern etwas weniger als die Hälfte des Männerlohnes[75]. Der eine verlorene Denar ist Teil des bitter notwendigen Geldes für das tägliche Brot. Von ihm kann die Frau vielleicht für zwei Tage Nahrungsmittel kaufen. Das Gleichnis wirft ein Schlaglicht auf ländliche Verhältnisse, in denen die Menschen kein eigenes Land haben und von Geld und dem Kaufen von Lebensmitteln abhängig geworden sind. Die Frau braucht das Geld zum Überleben noch nötiger, als der Hirt das hundertste Schaf braucht. Beide Gleichnisse sind nicht für romantische Folklore geeignet. Die sorgfältige Suche wird detailliert erzählt, noch detaillierter als die des Hirten. Das fensterlose kleine Haus, der harte Fußboden aus Stein oder gestampfter Erde, die Intensität der Suche werden vorstellbar. Wie sollen die Zuhörenden sich das Freudenfest vorstellen? Für eine Drachme lässt sich kein Festessen beschaffen. Der Text sagt nichts darüber, setzt voraus, dass die Hörenden sich das Freudenfest der Frauen vorstellen können – so wie das Männerfest V. 6. Die Frauen werden sich gefreut haben, sie werden zusammengekommen sein, um zu

---

74. A. Jülicher 1910, Bd. 2, 315. Mit PLUMM. ist A. Plummer 1896 z. St. gemeint.
75. Detaillierte Erörterung L. Schottroff 1994, 139-144. Dort auch Kritik an der Deutung der 10 Drachmen als Brautschatz oder Haushaltsgeld.

schwatzen, zu lachen und zu singen. Vielleicht haben auch alle etwas vom eigenen Essen mitgebracht. Frauennachbarschaften in dörflichen Verhältnissen haben eine wichtige soziale Rolle. Die Frauen haben ein eigenes Netz, das das Teilen von Informationen und solidarische Hilfeleistungen ermöglicht[76]. Ihre gemeinsame Freude ist die Brücke zur Anwendung – wie in V. 4.

Eschatologische Deutung

Die lustige Männerfeier der Hirten und die fröhliche Frauennachbarschaft werden zum Bild für die Freude Gottes (V. 7) und die Freude der Engel (V. 10). Gott ist nach V. 10 auch nicht allein, Freude muss geteilt werden. Die Abwertung von Frauengemeinschaft und gemeinsamem Schwatzen und Lachen von Frauen in patriarchalen Gesellschaften macht dieses Gleichnis bemerkenswert. Es malt ein Bild von Gott mit Hilfe lustiger Nachbarinnen. Wenn ihr die Freude der Engel sehen wollt, schaut auf die lustigen Frauen. Die Gleichnisbilder haben ihre eigene – auch theologische – Botschaft. In der Anwendung wird das deutlich.

Die Anwendung spricht wieder über den kostbaren einen Sünder, der umkehrt. In diesem Fall lässt sich nichts mehr hinein allegorisieren. Die Münze ist nicht umgekehrt.

Es gibt ein rabbinisches Doppelgleichnis, das als Parallele zu Lk 15,8-10 zu Recht oft genannt wird:

»Wie bei einem König, der ein Goldstück aus seinem Hause verloren hatte oder eine schöne Perle – findet er sie nicht durch einen Docht im Werte eines Assarius (kl. röm. Münze)? So sei dieses Gleichnis nicht gering in deinen Augen. Denn durch das Gleichnis gelangt ein Mensch zu den Worten der Tora. Und dies ist dir ein Zeugnis, daß es so ist: Salomo gelangte durch dieses Gleichnis zu den genauen Einzelheiten der Tora ... Rabbi Pinchas ben Jair begann (sc. zu sprechen:) (Spr 2,4) ›Wenn du suchst wie Silbergeld usw.‹: Wenn du suchst nach den Worten der Tora wie nach diesen Schätzen, wird der Heilige, gesegnet sei er, nicht deinen Lohn vorenthalten. Wie ein Mensch, wenn er einen Selah oder einen Obolus verloren hat mitten in seinem Haus, Lichter um Lichter anzündet und Dochte um Dochte, bis er sie findet (zu ihnen gelangt). Und siehe, die Dinge (verhalten sich) nach dem Schluß vom Geringeren auf das Größere: Wenn schon für das, was das Leben einer Stunde dieser Welt bietet, ein Mensch Lichter auf Lichter anzündet und Dochte auf Dochte, bis er zu ihnen gelangt und sie findet – müßtest du nicht nach den Worten der Tora, die das Leben dieser Welt sind und das Leben der zukünftigen Welt, suchen wie nach diesen Schätzen?«[77]

76. S. Krauss, Bd. 3, (1912) 1966, 22.
77. Schir Ha-Schirin rabba zu I.1; Übersetzung K. Berger; C. Colpe 1987, 136 f. Andere Übersetzung A. Wünsche 1967, Bd. 2, 6.

Das erste Gleichnis spricht vom Kontrast zwischen dem geringen Wert des Dochtes, mit dem der König sucht, und dem großen Wert des Geldstücks oder der Perle, nach der er sucht. Das Gleichnis ist ein Gleichnis über Gleichnisse oder besser *meschalim*, die geringen Wert haben gegenüber dem unendlichen Wert der Tora, den sie erschließen helfen. Gleichnisse über das Gleichniserzählen wie dieses finden sich häufiger[78]. Nach diesem ersten Gleichnis wird ein zweites zum Thema »Finden der Tora« erzählt. Es knüpft an Spr 2,4 an. Der Sohn soll nach der Weisheit suchen: »Wenn du nach ihr suchst wie nach Silber und ihr nachspürst wie verborgenen Schätzen ...«. Das Gleichnisbild wechselt aber in eine andere soziale Situation über. Der Mensch sucht nicht nach kostbaren Schätzen wie in Spr 2,4, sondern nach einer kleinen Münze – mit großem Aufwand. Dieser Aufwand eines Armen auf der Suche nach Überlebensgeld ist die Brücke zur Anwendung auf die Suche nach der Tora als den Worten des Lebens.

Dieses rabbinische Doppelgleichnis spricht von der Suche nach der Tora und der Bedeutung, die Gleichnisse dafür haben mit einem ähnlichen Bild wie Lk 15,8-10. Die Umkehr der sündigen Menschen im Sinne des Lukasevangeliums wie überhaupt der jüdischen und frühchristlichen Tradition wird als Umkehr zu Gott verstanden, die bedeutet, dass nun die Tora zum Wort des Lebens wird. Auch wenn dieses Doppelgleichnis einen anderen Akzent als Lk 15,8-10 setzt, ist es doch hilfreich, den Zusammenhang dieser Gleichnisse in Lukas 15 und, wie ich hinzufüge, aller Gleichnisse der Jesustradition mit der Tora nicht aus dem Auge zu verlieren. Auch die Gleichnisse der Jesustradition sind nach dem Verständnis der synoptischen Evangelien »Henkel«, um die Tora zu ergreifen, Lampenlicht, um sie zu suchen. Die Metapher, die Gleichnisse »Henkel« für die Tora nennt, ist bei den Rabbinen mehrfach zu finden: »Anfänglich glich die Tora einem Korb, der keine Henkel hatte, bis Salomo kam und Henkel daran machte« (b Er 21 b).

Zusammenfassung zu Lukas 15

Diese drei Gleichnisse nebeneinander beziehen sich explizit (in 15,4.8) und implizit (15,11[79]) auf die Erfahrungswelt der Angeredeten. Das soziale Milieu ist unterschiedlich: von der Armut der Frau über ein vielleicht nicht ganz so armes Hirtenleben zu einem Bauernhof, der demgegenüber einiger-

---

78. Materialzusammenstellung aus bEr21 b und dem Midrasch zum Hohenlied I,1 bei Billerbeck I, 653 f.

79. Die Einleitung des Gleichnisses vom verlorenen Sohn 15,11 knüpft mit »und er sagte ...« durchaus an die vorangehenden Gleichnisse mit ihren Fragen an die Zuhörenden an.

maßen wohlhabend aussieht, dessen wirtschaftliche Situation aber nicht mit dem Wohlstand reicher Großgrundbesitzer dieser Zeit verwechselt werden kann. Alle drei Gleichnisse münden in ein Freudenfest, das transparent ist für das Freudenfest Gottes, wenn das Volk Israel und alle Völker den Weg des Lebens gefunden haben. Die Glückserfahrungen in einem harten Alltag werden transparent für die Erfahrung der umfassenden Heilung. Wer mag damals (wie heute) noch Visionen von der großen Heilung der Menschheit gewagt haben (oder wagen)? Diese unglaubliche Vision wird hier nicht nur angesichts einer harten Lebenswelt der Menschen entfaltet, sondern sie wird sogar mit dem kleinen oder großen Glück mitten in der Härte des Lebens in Beziehung gebracht. Das große messianische Fest der Freude Gottes wird geerdet: Das kleine Freudenfest lustiger Nachbarinnen ist Vorgeschmack, Verheißung und Vergewisserung der großen Heilung.

Literatur zur Vertiefung

Brad H. Young 1998, 130-157 (Lk 15,11-32); 187-198 (Lk 15,4-10) – Wolfgang Pöhlmann 1979 – Pesikta Rabbati 44 (ed. William G. Braude 1968) – Klaus Berger; Carsten Colpe 1987 z. St.

Eigene Vorarbeiten

Luise Schottroff 1984, 31-49 (Lk 15,11-32) – Luise Schottroff 1971 (Lk 15,11-32) – Luise Schottroff 1994, 138-151 (Lk 15,8-10)

6. Es war einmal ein reicher Mann ...
Das Geld und die Tora.
Lukas 16

Lukas 16 erzählt zwei Gleichnisse, die beide so beginnen: Es war einmal ein reicher Mann ... (Lk 16,1-7; 19-31). Zwischen diesen Gleichnissen deutet Jesus das erste Gleichnis (Lk 16,8-13), wobei diese Deutung in eine eher allgemeine Rede über den Umgang mit Geld und die Bedeutung der Tora für den Umgang mit Geld (Lk 16,14-17) übergeht. Wie Lk 16,18 in diesen Kontext passt, wird zu fragen sein. Was hat die Deutung von Wiederheirat als Ehebruch mit dem Thema zu tun? In V. 19 beginnt dann das Gleichnis vom reichen Mann und vom armen Lazarus, das wieder das Thema Geld und Tora zum Zentrum macht.

Betrug im großen Stil: Der raffinierte Geschäftsführer.
Lukas 16,1-13

Übersetzung

1 Er redete nun die Jüngerinnen und Jünger an: Es war einmal ein reicher Mann, der einen Verwalter hatte. Dieser wurde beschuldigt, er habe das Vermögen des Reichen verschleudert.

2 Er rief ihn herbei und sagte zu ihm: Was höre ich da über dich? Leg' Rechenschaft ab über deine Verwaltung, denn du kannst nicht länger Verwalter bleiben.

3 Der Verwalter sprach zu sich: Was soll ich machen, denn mein Herr nimmt mir die Verwaltung weg? Ich habe nicht die Kraft zu graben, ich schäme mich zu betteln.

4 Ich habe eine Idee, was ich tun werde, damit – wenn ich aus der Verwaltung abgesetzt bin – Leute mich in ihre Häuser aufnehmen.

5 Und er ließ jeden Einzelnen der Schuldner seines Herrn kommen. Er sagte zu dem ersten: Wie viel schuldest du meinem Herrn?

6 Der sagte: hundert *Bat* Öl. Er sagte zu ihm: Hier, nimm dein Schriftstück, setz' dich und schreibe schnell: fünfzig.

7 Danach sagte er zu dem nächsten: Wie viel schuldest du? Der sagt: hundert *Kor* Weizen. Er sagt zu ihm: Hier, nimm dein Schriftstück und schreibe: achtzig.

8 Und Jesus lobte den ungerechten Verwalter, weil er klug gehandelt habe. Denn die Leute dieser Welt sind klüger als die Leute des Lichts ihrer eigenen Sippe gegenüber.

9 Und ich sage euch: Gewinnt euch Freundschaften mit dem ungerechten Mammon, damit ihr, wenn er ausgeht, in die ewigen Zelte aufgenommen werdet.

10 Die im Kleinen treu sind, sind auch im Großen treu; und die in den geringsten Dingen ungerecht sind, sind auch im Großen ungerecht.

11 Wenn ihr mit dem ungerechten Mammon unverantwortlich umgeht, wer soll euch das wahrhaftige Leben anvertrauen?

12 Und wenn ihr nicht verantwortlich umgeht mit dem, was für euch fremdartig ist, wer soll euch geben, was euch entspricht?

13 Niemand kann zwei Herren dienen. Entweder wirst du den einen hassen und den anderen lieben oder an dem einen hängen und den anderen verachten. Ihr könnt nicht Gott dienen und dem Mammon.

Sozialgeschichtliche Analyse

Der *oikonomos* des reichen Mannes ist sein Geschäftsführer, der die Finanzen verwaltet und eigene Entscheidungskompetenzen hat, wie der Text es voraussetzt (V. 6.7). Normalerweise waren im Römischen Reich die Finanzverwalter bis hin zu höchsten Ebenen im Staat Sklaven[1]. Es wurde vorausgesetzt, dass die Finanzverwalter betrügen. Sklaven durften gefoltert werden, freie Männer nicht. In diesem Text jedoch scheint der Finanzverwalter des reichen Mannes kein Sklave zu sein. Er rechnet mit seiner Entlassung. Ein Sklave wäre verkauft oder zu einer anderen Arbeit gezwungen worden. – Es sei denn, er wäre so alt oder behindert, dass der Besitzer sich keinen Nutzen mehr von ihm versprochen hätte. Doch V. 3b »zum Graben habe ich keine Kraft, zu betteln schäme ich mich« steht im Zusammenhang mit dem Plan, sich Gastfreundschaft und eine neue Beschäftigung zu erkaufen. So entsteht nicht der Eindruck, dass er zu schwach ist zu körperlicher Arbeit, sondern dass er sie ablehnt. Wir sind hier auf die Informationen der Erzählung selbst angewiesen. Wer auch immer das Publikum gewesen sein mag, es bestand mehrheitlich aus Menschen, die von körperlicher Arbeit zu leben hatten, also das »Graben« kannten. Ihre Sorge, bettelarm zu werden, war alltäglich. Die Überlegung des Verwalters wird ihnen deutlich gemacht

---

1. S. Anm. 10 zu Lk 12,35-48. M. A. Beavis 1992, 49 argumentiert für die Annahme, dass der ungerechte Verwalter Lk 16,1-8 ein Sklave ist. Wegen der Fähigkeit des Verwalters, seine Zukunft zu planen, halte ich es für wahrscheinlich, dass er kein Sklave ist; s. dazu auch J. A. Glancy 2002, 108 f.

Ostseite der Igeler Säule bei Trier mit Kontorszene in der Attika.

haben, dass er selbst noch nach seiner Kündigung in der anderen Welt, der Welt der Reichen, lebt. Der Finanzverwalter wird in V. 8 und indirekt in V. 10 »ungerecht« genannt, d. h. er handelt gegen das Gesetz. Auch wenn nicht völlig klar ist, welches Gesetz hier gemeint ist – die Tora, das römische Recht, Provinzrechte –, nach allen diesen Gesetzen wäre er ein Betrüger, weil er finanzielle Ansprüche seines Herrn im eigenen Interesse verschenkt. Im Sinne der Erzählung und der anschließenden Deutung ist er ein Gesetzesbrecher. So wird auch zu folgern sein, dass er nicht zu Unrecht verdächtigt worden ist (V. 1), das Vermögen des reichen Mannes – partiell natürlich nur – »zerstreut« zu haben, also durch betrügerische Handlungen Geld oder anderen Besitz der Verfügung des Herrn entzogen zu haben[2].

2. Das Verb *diaballo* in V. 1 kann auch im Sinne einer fälschlichen Verleumdung verstanden werden. Dann wäre er eines Betrugs beschuldigt, den er ironischer-

Der Schuldenerlass, den er im eigenen Interesse ohne Wissen des Herrn durchführt, wird in der Auslegungsgeschichte manchmal geadelt. So findet sich die Überlegung, der Nachlass von 50 % und 20 % der Schulden (V. 6.7) habe die Wucherzinsen, die in der Schuldsumme enthalten waren, gestrichen[3]. So erscheint sein Schuldenerlass in etwas rosigerem Licht, weil er sich nachträglich wenigstens an das ersttestamentliche Zinsverbot hält. Doch die Erzählung und die Deutung wollen den Verwalter nicht in irgendeiner Weise positiv darstellen, sondern als Betrüger – im Sinne von Gesetzen und im Sinne des reichen Mannes.

Die Gastfreundschaft, die er sich durch den betrügerischen Schuldenerlass erkauft, ist eine soziale Institution der Alten Welt. Geschäftsfreunde gewähren einander Gastfreundschaft, die weit mehr umfasst als nur Wohnung und Nahrung. Sie kümmern sich um das Gastrecht eines Ortsfremden bei Behörden[4] usw. Seine Erwartung ist völlig realistisch. Er kann erwarten, integriert zu werden und eine neue Beschäftigung zu finden.

Die Erzählung endet[5] mit seinem betrügerischen Schuldenerlass. Sie lässt offen, ob und wie der Besitzer versuchen wird, seine Ansprüche zu sichern oder sein Geld zurückzuerhalten. Die Deutung setzt implizit voraus, dass

weise als Folge dieser Beschuldigung erst begehen wird (J. S. Kloppenborg 1989, 487 f.). Doch ist die Erzählung oder Deutung nicht daran interessiert, ihn von dem Verdacht zu befreien. Er wird in V. 1 in feindseliger Absicht beschuldigt, aber zu Recht; dazu s. Bauer WB.

3. J. D. M. Derrett 1960/61, 216. Dagegen wendet J. S. Kloppenborg 1989, 483 überzeugend ein, dass der Schulderlass wesentlich größer ist als die üblichen Zinsen. Eine Variante J. A. Fitzmyer 1985, 1101: Die Menge, die der Manager erlasse, sei sein Honorar. Doch der Wortlaut V. 5 »was schuldest du meinem Herrn?« spricht gegen diese Annahme, außerdem die Evidenz antiker Schuldscheine, die kein Honorar oder eine Provision für Agenten einbeziehen (J. S. Kloppenborg 1989, 481).
4. Materialzusammenstellung I. Richter Reimer 1992, 154, Anm. 292.
5. J. S. Kloppenborg 1989 hält wie viele andere V. 8a für einen Bestandteil der Gleichniserzählung, also den *Kyrios* für den reichen Mann, der den betrügerischen Verwalter lobt. Seine sehr ernst zu nehmenden Argumente: V. 1-7 seien unvollständig und V. 8a »narrative swerve«, die erzählerische Überraschung (477). Mit ihr setze sich der reiche Mann über den kulturellen Kodex, der ihn zwingt, seine Ehre zu wahren, hinweg (492) und verzichte im Sinne von Lk 6,29 auf Vergeltung. Gegen diese Deutung spricht, dass in V. 8b-13, die Kloppenborg für literarisch sekundär hält, auf diese Überraschung kein Bezug genommen wird. Schon V. 8b setzt voraus, dass in 8a Jesus spricht. Selbst wenn ich das Gleichnis von seiner Deutung ab V. 8b isoliere, also eine hypothetische Urfassung rekonstruiere, wäre 8a keine aussagekräftige erzählerische Überraschung, wenn sie nicht erklärt wird. Zudem: Auch andere Gleichniserzählungen enden offen, s. nur Lk 15,32.

der Betrüger seine Pläne verwirklichen kann, ohne dass der reiche Mann ihn daran hindert.

Die »Schuldner des Herren« (V. 5) schulden dem reichen Mann enorme Summen: hundert *Bat* Öl und hundert *Kor* Weizen, wohl 36,5 Hektoliter Öl und 364,4 Hektoliter Weizen. Für das Verständnis der Erzählung ist es wichtig, in welchen Größenordnungen sich diese Schulden bewegen. Sind sie vorstellbar als Schulden von Pächtern oder sind es vielmehr Lieferverpflichtungen von (Groß)Händlern?

Die Pachtverträge zwischen Landbesitzern und Pächtern sind zweiseitige Rechtsgeschäfte und »versuchen in ihrer Gestaltung sowohl den Interessen des Verpächters wie denen des Pächters zu genügen«[6]. Die erzählte Situation jedoch deutet nicht auf Pachtverträge, sondern auf Schuldscheine. Sie enthalten die Verpflichtung des Schuldners, dem Gläubiger zu einer bestimmten Zeit eine bestimmte Zahlung oder Lieferung zu erbringen[7]. »Nimm dein Schriftstück, setz dich und schreibe schnell ...« (V. 6 vgl. V. 7). Der Schuldschein ist ein einseitiges Rechtsgeschäft. Der Gläubiger hat das vom Schuldner geschriebene oder unterschriebene Schriftstück in Verwahrung. Wenn die geschuldete Lieferung von 100 *Bat* Öl bzw. 100 *Kor* Weizen[8] nicht Pachtzins in Naturalien ist, was ist sie dann? Die Preise schwanken, z. T. stark. Die Mengen sind zu groß, als dass sie als Verbraucherschulden zu deuten sind. Eine arme Familie, die Lebensmittel auf Kredit kaufen muss, würde kaum solche Mengen eines einzelnen Produkts borgen oder geborgt erhalten[9]. Eine mögliche Erklärung des erzählten Falles könnte sein, dass die Schuldner dem Gläubiger die Ware zu einem Zeitpunkt verkauft haben und unabhängig von Preisschwankungen in der Zwischenzeit eine bestimmte Menge zu einem späteren Zeitpunkt liefern: also Warenterminhandel[10]. Und was fängt der reiche Mann mit diesen Mengen Öl und Weizen an? Er wird sie weiterverkaufen. Sowohl die Schuldscheinsituation als auch die Mengen der Lieferverpflichtungen passen eher in den Bereich des (Groß-)Handels als in den der Pächter, Pachtverträge und Landbesitzer. Die Bedeutung des Handels im

---

6. W. Schottroff 1999, 184. A. Ben-David 1974, 61 f.

7. Materialzusammenstellung L. Schottroff 2001; J. S. Kloppenborg 1989, 490, Anm. 53. Beispiele aus Murabaat Koffmann 1968 (Mur. 14.18), Texte mit deutscher Übersetzung.

8. Das griechische Wort bezeichnet vorrangig Weizen, daneben aber auch anderes Getreide.

9. J. S. Kloppenborg 1989, 482 schätzt die Weizenmenge »a half-share rent for almost 200 acres« = »twenty times the size of an average family plot«. Die Ölmenge (3500 Liter) entspreche »a very large olive grove«. Ähnliche Schätzungen J. Jeremias 1965, 180. Vgl. auch Esra 7,22. Zu den Mengenangaben im Babathaarchiv, die diese Schätzungen unterstützen, s. M. Broshi 1992, 234 f.

10. S. Krauss 1911, 370; A. Ben-David 1974, 193-196.

Römischen Reich ist enorm. Durch die Pax Romana war eine einheitliche Währung gegeben, Straßen und andere Verkehrswege waren für den weltweiten Handel konzipiert. Das römische Militär garantierte die Sicherheit des Handels[11]. Selbst weit außerhalb der Grenzen des Römischen Reiches sind die Spuren der römischen Händler zu finden. Der Text sagt nichts darüber, ob die Beteiligten jüdisch sind oder nicht. Möglich ist beides, obwohl die meisten Händler römische Bürger gewesen zu sein scheinen. »In Gallien klingelt kein Pfennig, der nicht in den Rechnungsbüchern römischer Bürger aufgezeichnet war«[12], hat Cicero gesagt. Im römischen Palästina wird es nicht anders gewesen sein. Die Rolle des Welthandels ist in Offb 18 deutlich erkennbar. Dort wird Rom als Welthandelszentrum hart kritisiert. Aelius Aristides schildert dieselbe Situation, um Rom zu preisen[13].

V. 8 ist immer wieder heftig diskutiert worden: Ist der »Herr« der reiche Mann, der in der Erzählung auch Herr genannt wird (V. 3.5), oder ist es Jesus wie z.B. 18,6, der die Erzählung deutet? Die Erklärungsversuche, der reiche Mann habe seinen betrügerischen Finanzverwalter gelobt, z.B. weil die erleichterten Schuldner schon begonnen haben ihn zu preisen[14], sind nicht überzeugend. Sie wollen vermeiden, sich vorstellen zu müssen, Jesus habe den Betrüger gelobt. Doch genau dies sagt der Text, und V. 8b gibt die Begründung: »denn die Leute dieser Welt sind klüger als die Leute des Lichtes ihrer eigenen Sippe gegenüber«. Diese Äußerung als sekundäre Anfügung anzusehen hilft nicht, das Problem zu lösen, dass V. 8b die Begründung für V. 8a als Lob Jesu darstellt. Aus methodischen Gründen halte ich es für notwendig, den vorhandenen Text als Einheit zu lesen – unabhängig von der Frage, welche Vorgeschichte er haben mag. Das gilt auch für die folgenden Verse 9-13: Sie müssen im Zusammenhang mit V. 1-7 und 8 gelesen werden. V. 8-13 sind die Erklärung der Parabel V. 1-7.

Wenn ich V. 8 sozialgeschichtlich betrachte, so setzt der Vers zwei unterschiedliche Sozialsysteme voraus: das dieser Weltzeit und das der Leute des Lichtes. Eine gute Verdeutlichung dieser Unterscheidung zweier Sozialsysteme bietet der 1. Brief an die korinthische Gemeinde. 1 Kor 5,10; 7,31-34 trennen zwischen der sozialen Ordnung »der Welt« *(kosmos)* und der Gemeinde. Das Wort »diese Weltzeit« *(aion houtos)* erscheint in 1 Kor 1,20 u. ö. als austauschbar mit »Welt«: Es ist die soziale Welt der nichtjüdischen Völker, deren Lebensweise aus jüdischer/frühchristlicher Perspektive die

---

11. Überblicksinformation über Handel im Römischen Reich J.-A. Shelton 1998, 125-137.
12. Cicero, or. pro Fonteio 11; J.-A. Shelton 1998, 135.
13. Romrede 11-13; J.-A. Shelton 1998, 136.
14. K. E. Bailey, Poet 1983, 99 f. Etwas anders J. S. Kloppenborg, dazu s. o. Anm. 5.

Menschen von Gott, d. h. dem Gott Israels, trennt. An ihr können christliche Männer allenfalls »als ob nicht« *(hos me)* teilhaben: Ihre Ehen und ihre Weise, die Welt zu »gebrauchen«, unterscheiden sich von der der Völker (1 Kor 7,29-35). Dieser Unterschied wird durch die Halakha definiert, eine Toraauslegung, die für jüdische und christliche Menschen die Weise definiert, wie sie mit Ehe, Sexualität, Geld und der allgegenwärtigen Berührung mit fremden Gottheiten umgehen können. *Porneia, pleonexia* und *eidololatria*[15] sind die Kardinalsünden dieser Welt: von der Tora abgelehntes Sexualitätsverhalten, Geldgier und Götzendienst, also Praktizierung einer anderen Religion. Lk 16 ist ein Kapitel Halakha zum Thema Geld aus der Perspektive der lukanischen Gemeinden. Wie nicht verwunderlich im jüdischen Kontext, gibt es andere Toraauslegungen, die mit dieser Halakha nicht übereinstimmen. Sie wird in V. 14 als pharisäische Geldgier kritisiert. Wie also stellt sich diese Halakha das Verhalten christlicher Gemeinden dem Geld gegenüber vor (V. 8-13)?

Eschatologische Deutung

Jesus lobt den Betrüger, weil er – unfreiwillig – eine für christliche Gemeinden gangbare Praxis vormacht: Geld zu benutzen, um Freundschaften aufzubauen – in diesem Leben und im kommenden Leben (V. 9). Die Freundschaften in diesem Leben (V. 9a), die »Treue im Kleinen« (V. 10), die Treue im Umgang mit dem ungerechten Mammon (V. 11), die Treue im Umgang mit dem, was der anderen Sphäre – d. h. dieser Weltzeit – zugehört (V. 12), sind Umschreibungen der Praxis im Umgang mit Geld, der die eschatologischen Verheißungen (V. 9b; 10.11.12) gelten. Die Konkretion dieser Praxis ist in den zwei Gleichnissen in Lk 16 angedeutet und in anderen Teilen des lukanischen Doppelwerkes immer wieder zu finden.

Das Vorbild des Betrügers besteht nach V. 9 darin, dass er Freundschaften (durch den Schuldenerlass) aufbaut. Der Schuldenerlass wird in der Deutung nur implizit angesprochen, ist aber für das Lukasevangelium ein zentrales Thema: Die Nachfolgegemeinschaft Jesu soll sich untereinander Kredit geben, ohne Rückzahlung zu erwarten 6,30-38. Das Gleichnis erzählt von einem Betrüger aus der Welt des (Groß)Handels. Es soll nicht jedes Detail auf die Deutung bezogen werden, sondern nur diejenigen Details, die in der Deutung vorkommen, der Umgang mit Geld und das Aufbauen von Freundschaften[16]. Das System (gegenseitiger) Gastfreundschaften ist für

---

15. L. Schottroff 1986, 149.
16. »gewinnt euch Freundschaften mit dem ungerechten Mammon« empfiehlt nicht Almosengeben, sondern weiterreichende ökonomische Solidarität. Freundschaft

das Christentum dieser Zeit von entscheidender Bedeutung, wie die Apostelgeschichte zeigt. Für den Umgang mit Geld ist die Selbstverpflichtung vorrangig, den Hunger und die Bettelarmut anderer Glieder der Gemeinden notfalls auf Kosten der eigenen wirtschaftlichen Substanz zu verhindern. Das zeigen die Beispiele der sogenannten Gütergemeinschaft Apg 4,36-37; 5,1-11 (wobei 5,1-11 einen misslungenen Fall schildert). Lk 18,28-30 wie Apg 2,42-47; 4,32-35 formulieren es generell als grundlegende christliche Praxis: Die Weltstrukturen werden verlassen, die Menschen finden ein neues Haus und eine neue Familie, »in dieser Zeit und in der kommenden Weltzeit ewiges Leben« (Lk 18,30). Das Lukasevangelium hat eine radikale Botschaft für den Umgang mit Geld und mit Ehen, die ja Teil des Wirtschaftssystems »dieser Weltzeit« sind. Lk 20,34-36 spricht nicht nur von jener Welt – genauso wenig wie Lk 16,9 und 18,28-30. Die Menschen in den christlichen Gemeinden heiraten nicht und sie benutzen ihr Geld im Interesse der Notleidenden in der Gemeinde[17] – und vermutlich auch darüber hinaus (12,33-34). Diese Praxis »Almosen geben« zu nennen, ist eine Verharmlosung[18]. Das Ziel ist nicht asketische Armut, sondern eine ökonomische Solidarität, die den Hunger und das soziale und gesundheitliche Leiden durch Armut verhindert. Die »Leute des Lichts« in Lk 16,8 sind die »Auferstehungsmenschen« (20,36)[19], die den Engeln gleich sind.

Die Leute des Lichtes und der Auferstehung sind treu *(pistoi)*, im Geringen und mit dem ungerechten Mammon (V. 10-12), der zu der anderen Sphäre »dieser Weltzeit« gehört und ihnen ein fremdes Gebiet ist (V. 12). Diese Sätze werden oft im Sinne einer treuen Haushalterschaft (im Kontrast zum Betrüger im Gleichnis) gelesen. Doch geht es nicht um anvertrautes Fremdgeld, sondern um Geld als Teil der von Gott abgewandten Welt, um den grundsätzlich gottfeindlichen Mammon. Die harte Kritik an der Geld-

ist ein Grundmuster der Gesellschaften dieser Zeit. Sie umfasst persönliche Beziehungen und soziale Aufgaben für die Stabilisierung des Lebens der Befreundeten, s. dazu besonders C. Heszer 2000.

17. K. Mineshige 2003, 118f. will die Darstellung des Besitzverzichtes und der Ehelosigkeit im Sinne des Lukanischen Doppelwerkes als auf die Jesuszeit begrenzt ansehen. Für eine Zuhörerschaft, die sich als Jesu Nachfolgegemeinschaft versteht, ist dieser historisierende Umgang mit Jesustradition nicht vorstellbar. Etwas differenzierter T. E. Phillips 2001, 180-182.

18. S. nur den Buchtitel K. Mineshige 2003. Dieser verbreiteten Abschwächung des Armenevangeliums nach Lukas widerspricht zu Recht P. F. Esler, 1987,195-197.

19. Lk 20,34-38 spricht eindeutig von der Auferstehung *in diesem Leben* – und in jenem Leben. »Sie können nicht mehr sterben« (V. 36), denn sie leben in der Verheißung der Auferstehung, die Gott ihnen geschenkt hat (V. 35), derer er sie »gewürdigt hat«. Zu dieser Vorstellung von Auferstehung s. C. Janssen 2003, 229-254.

wirtschaft (V. 13 und im Ausdruck »ungerechter Mammon«) und der mit ihr verbundenen *pleonexia*, dem unendlichen Mehr-haben-Wollen, teilt das Lukasevangelium mit anderen Bereichen des Neuen Testaments und des nachbiblischen Judentums – aber auch mancher hellenistisch-römischen Schriftsteller[20]. Das Elend der Armut, in Palästina in dieser Zeit noch schlimmer als ohnehin im Römischen Reich, wird der endlosen Geldgier der Reichen zugeschrieben und den Möglichkeiten, die die Geldwirtschaft ihnen eröffnet.

Die eschatologische Perspektive wird in der Gleichnisdeutung V. 8-13 in jedem Satz neu benannt: Gott wird euch in die unzerstörbaren Zelte aufnehmen (V. 9), ihr werdet »in vielem« treu sein (V. 10), das Wahre wird euch anvertraut werden (11), ihr werdet das Eigene, das zu euch Gehörende erhalten. Die Glaubenden sind, um mit 20,35 zu sprechen, diejenigen, »die gewürdigt worden sind, an jener Welt Anteil zu bekommen und an der Auferstehung von den Toten«. Die Verheißung verwandelt sie schon jetzt in »Menschen der Auferstehung« (20,36). Die neue Praxis im Umgang mit Geld befreit sie von der Ungerechtigkeit, und das heißt auch der Missachtung der Tora. *Adikia*/Ungerechtigkeit ist in V. 8-13 auf die Tora zu beziehen, sie ist das Gesetz, das die Ungerechten übertreten. Paradoxerweise können die Lichtleute von einem betrügerischen Geldmenschen etwas lernen: dass es gilt, das Geld zu nutzen, um Freundschaften aufzubauen – in dieser Welt und mit Gott.

Methodische Bemerkung

Die »ekklesiologische« Deutungstradition hat sich vor allem des Gedankens der treuen Haushalterschaft und des rechtschaffenen Umgangs mit Geld angenommen. Die radikale Kritik an der Geldwirtschaft in 16,8-13 und indirekt in der Gleichniserzählung 16,1-7 wird in ihr nicht ernst genommen. Die verbreitete Deutung der Gleichniserzählung auf eschatologische Entschlossenheit hat das Königtum Gottes nur indirekt im Blick: Weil das Gericht kommt, handeln Christen und Christinnen schnell, entschlossen und klug. Darin sei ihnen der ungerechte Haushalter ein Vorbild. Was das konkret heißt, wird entweder als Almosenpraxis beschrieben oder gar nicht erläutert. Methodische Grundlage meiner Erklärung ist auch hier die Lektüre des Textes als Einheit und als Teil des Lukasevangeliums und die sozialgeschichtliche Analyse. Sie ermöglicht es, die »ökonomischen Annahmen«, die der Text macht, ansatzweise zu verstehen und so die »Welt der Hörer-

---

20. Materialzusammenstellung L. Schottroff 1986, 141-145; ein Beispiel: Plinius d. Ä., Nat. hist. 33.

schaft« des Textes zu rekonstruieren. Ich zitiere damit Kloppenborg 1989, 479.486, weil sein Aufsatz vorbildlich darin ist, die sozialgeschichtliche Aufgabe zu beschreiben. Ukpong 1996 versteht die Schuldner als Kleinbauern und den Verwalter als rechtlos und arm. Der reiche Mann bekehrt sich in V. 8a, die Not der Bauern und den Schuldenerlass zu ihren Gunsten anzuerkennen. Obwohl ich zu einer anderen sozialgeschichtlichen Einschätzung der geschilderten Situation gelangt bin, ist diese Deutung dennoch für mich als Ausdruck einer befreiungstheologischen Lektüre auf dem Hintergrund westafrikanischer Kleinbauernerfahrungen wegweisend. Ukpong sieht zu Recht in Lk 16,1-8 den Ausdruck eines Konzeptes von Gerechtigkeit, das dem der Ausbeutung, die der reiche Mann repräsentiert, widerspricht. Ich sehe nur dieses Widersprechen nicht in der Erzählung V. 1-7, sondern in ihrer Deutung V. 8-13. Der Verwalter ist nicht der Held der Gerechtigkeit im Königtum Gottes, sondern der unfreiwillige Lehrmeister der christlichen Gemeinden für ihre Praxis der Gerechtigkeit.

Literatur zur Vertiefung

John S. Kloppenborg 1989 – Justine S. Ukpong 1996

Der reiche Mann und der arme Lazarus.
Lukas 16,14-31

Übersetzung

14 Die Pharisäer und Pharisäerinnen hörten das, und weil sie geldgierig waren, verspotteten sie ihn.
15 Jesus sagte zu ihnen: Ihr seid solche, die sich vor den Leuten als Gerechte hinstellen, aber Gott kennt eure Herzen. Denn Gott verabscheut die Selbsterhöhung vor Menschen.
16 Das Gesetz und die Propheten gehen bis zu Johannes, seitdem wird die Botschaft vom Königtum Gottes verkündet, und alle drängen sich hinein.
17 Eher vergehen Himmel und Erde, ehe ein Häkchen von der Tora hinfällig wird.
18 Jeder, der sich von seiner Frau scheidet und eine andere heiratet, bricht die Ehe. Und wer eine von einem Mann Geschiedene heiratet, bricht die Ehe.
19 Es war einmal ein reicher Mann, der sich in Purpur und feines Leinen kleidete und alle Tage herrlich und in Freuden lebte.

20 Ein Armer aber, mit Namen Lazarus, lag vor dessen großem Eingangstor, mit Geschwüren bedeckt.

21 Und er begehrte, sich mit dem zu sättigen, was vom Tisch des Reichen herunterfiel; noch dazu kamen die Hunde und beleckten seine Geschwüre.

22 Es begab sich aber, dass der Arme starb und von den Engeln davongetragen wurde bis in den Schoß Abrahams. Auch der Reiche starb und wurde begraben.

23 Und als er in der Unterwelt seine Augen nach oben richtete, weil er Qualen litt, sieht er Abraham von ferne und Lazarus in seinem Schoß.

24 Da rief er laut: Vater Abraham, erbarme dich meiner! Sende Lazarus, damit er seine Fingerspitze in Wasser tauche und meine Zunge kühle, denn ich leide Schmerzen in dieser Flamme.

25 Abraham sagte: Kind, erinnere dich, dass du dein Gutes in deinem Leben empfangen hast und Lazarus entsprechend das Böse. Jetzt wird er hier getröstet, du aber leidest Schmerzen.

26 Und außerdem: Zwischen uns und euch ist eine große Kluft befestigt worden, damit diejenigen, die von hier zu euch hinüber wollen, es nicht können, und auch nicht die von dort zu uns herüber kommen.

27 Er sagte: Ich bitte dich, Vater, dass du ihn zu meiner Familie sendest.

28 Ich habe nämlich fünf Geschwister, er soll sie warnen, damit sie nicht auch an diesen Ort der Qual kommen.

29 Abraham antwortete: Sie haben Mose und die Propheten, auf die sollen sie hören.

30 Er sagte: Ja, Vater Abraham, wenn jemand von den Toten zu ihnen kommt, werden sie umkehren.

31 Abraham sagte: Wenn sie nicht auf Mose und die Propheten hören, werden sie sich auch nicht überzeugen lassen, wenn jemand von den Toten aufersteht.

Der Gedankengang in Lukas 16,14-31

Das Gleichnis folgt auf eine kritische Rede Jesu an die Adresse von Pharisäern. In 16,14 wird erzählt, sie hätten Jesus verspottet, nachdem sie sein Gleichnis vom ungerechten Verwalter und seine radikale Kritik an der Geldwirtschaft gehört hatten. Die Erzählung nennt sie geldgierig. Sie vertreten also eine andere Meinung über den Umgang mit Geld und damit auch eine andere Praxis. Im Judentum dieser Zeit gab es Auseinandersetzungen über die Geldwirtschaft. Der Lehre Jesu und anderer jüdischer Lehrer[21], nach der

21. Materialzusammenstellung L. Schottroff 1986, 141-145.

Geld zum Mammonsdienst zwingt, der nicht mit der Zugehörigkeit zu Gott vereinbar ist, stehen andere mehr oder weniger pragmatische Positionen gegenüber. Das entgegengesetzte Extrem dürfte von jenen Menschen vertreten worden sein, die sich für den Prosbol[22] einsetzten. Der Prosbol war ein Konzept, das Reichen ermöglichen sollte, trotz der Erlassjahrgesetze der Tora und trotz ihres Zinsverbotes Kredite an Arme zu geben, die hohe Zinsen erbrachten, die nicht im Erlassjahr erlassen werden mussten. In der Mischna (Schebiit 10,3) wird gesagt, dass besonders der Schuldenerlass im siebten Jahr (Dtn 15,1-2) dazu führte, dass »das Volk sich abhalten ließ, sich gegenseitig auszuleihen«. Dem sollte der Prosbol abhelfen. Da der Prosbol im Lukasevangelium nicht erwähnt wird, wird die Gegenposition der Pharisäer in 16,14 eher in einer mittleren Linie zu suchen sein. Wie wohlhabend sie selbst sind, ist nicht zu erkennen. Die Gastmähler, die von Pharisäern veranstaltet werden, sind nicht Gastmähler der Reichen, aber auch nicht der Armen (7,36-50; 11,37-52; 14,1-24). Pharisäer laden Jesus ein und hören sich seine radikale Kritik, wenn auch nicht widerstandslos, an. Sie werden selbst nur über begrenzten Wohlstand verfügen, aber eine Lehre vertreten, die die wirklich Reichen nicht brüskiert[23].

Als sie Jesus wegen seiner Lehre über das Geld verspotten, kritisiert Jesus sie als solche, die sich selbst für Gerechte, also toratreu halten und dies auch öffentlich vertreten. Jesus erklärt ihnen nun, dass sie sich im Herzen von Gott und Gottes Tora entfernt haben und Gott sich von ihnen abwendet, weil sie Wert darauf legen, als Gerechte angesehen zu werden, es aber nicht sind (16,15). Es geht bei dieser Kritik hier wie 18,9 nicht um den moralischen Vorwurf der Selbstgerechtigkeit, sondern wie in Lk 18,9-14; 11,37-44 um den Vorwurf, dass Leute, die die Tora zu halten meinen, sie in Wahrheit nicht halten und die Augen davor verschließen, das Ausmaß der eigenen Toraübertretungen sehen zu müssen.

Es ist erstaunlich, wie in der christlichen Auslegungsgeschichte dieser lu-

---

22. Zum Prosbol (vom griechischen Wort *prosbole*) s. M. Goodman 1983, 421-423; E. Schürer II, 60; 427 f.
23. Sachparallelen im Lukasevangelium sind besonders 11,39 – Vorwurf des »Raubes« gegen Pharisäer – und 20,47 – Vorwurf, die Häuser der Witwen zu fressen, gegen Schriftgelehrte. Der Vorwurf »Raub« kann eigentlich nicht gewaltsame Räuberei meinen, eher »white collar« Raub durch Toraauslegungen zuungunsten der Armen. Ähnlich verstehe ich auch 20,47. Oft wird der Reiche in Lk 16,19-31 als Verkörperung der Pharisäer angesehen, s. z. B. von D. B. Gowler 1991, 261, weil sie in V. 15 angeredet werden. doch ein Blick in die jüdische Geschichte dieser Zeit zwingt zu mehr Differenzierung. Die Pharisäer gehören zu keiner Zeit zur ökonomischen Elite. Zudem ist die generalisierende Sprache in 16,14 problematisch, da es auch pharisäische Positionen gegeben haben dürfte, die mit Jesu Position übereinstimmen.

kanischen Texte Jesu radikale Position abgeschwächt worden und andererseits die pharisäische Position moralisch disqualifiziert worden ist. Die zu vermutende pharisäische Position steht eigentlich den Inhalten der christlichen Auslegungsgeschichte dieser Texte näher als der Position Jesu. Eine radikale Kritik an der Geldwirtschaft, wie Jesus sie vertrat, war damals für »realpolitisch« und »realistisch« Denkende vermutlich ähnlich schwierig anzuhören wie heute. Der Konflikt ist ein Konflikt um die Auslegung der Tora – nicht auf der Ebene des gelehrten Streites über die historische Richtigkeit von Torainterpretation, sondern auf der politischen Ebene. Jesu Vision vom Reich Gottes schließt z. B. für Wohlhabende den Verzicht auf Rückzahlung von Krediten ein[24].

Gesetz und Propheten waren und sind Ausdruck des Willens Gottes. Johannes der Täufer und danach Jesus selbst verkündigen das Erlassjahr Gottes und das Königtum Gottes[25], mit großem Erfolg beim Volk, wie immer wieder erzählt wird. »Und alle drängen sich hinein« in das Königtum Gottes. Aber alles hängt an der Toraerfüllung (16,16.17). Die Verkündigung des Königtums Gottes ist die jetzt notwendige Auslegung der Tora. Der Jesusspruch in 16,18 besagt: Eine zweite Ehe nach einer Ehescheidung ist Ehebruch. Dass das Thema Ehehalacha hier auftaucht, kann eigentlich nur besagen, dass Ehe und ökonomische Fragen als zusammengehörig angesehen werden[26]. Jesus und die Pharisäer sind sich offensichtlich auch in dieser Frage uneinig. Der lukanische Jesus kritisiert Menschen, die heiraten und sich damit auf das Wirtschaftssystem der Ausbeutung einlassen[27]. Eine zweite Ehe nach Ehescheidung sei Ehebruch, sagt der lukanische Jesus. Im Lukasevangelium geben Menschen um des Königtums Gottes Willen – anders als in den anderen Evangelien – auch Ehen auf (14,26; 18,29). Das Ende dieser kritischen Rede über Geld, Tora und Ehe bildet das Gleichnis vom reichen Mann und armen Lazarus. Seine Anwendung ist schon im Voraus klar, es soll mit dieser Lehre Jesu verbunden werden, es soll sie verdeutlichen und zuspitzen.

---

24. S. dazu schon oben zu Lk 14,15-24.
25. Zwar wird im Lukasevangelium (anders als in Mt 3,2) nicht gesagt, der Täufer habe das Königtum Gottes gepredigt, aber die Sündenvergebung in seiner Predigt und das Erlassjahr in Jesu Predigt sind Botschaften der »Befreiung des Volkes« Gottes (Lk 1,68) wie die Verkündigung des Königtums Gottes. Ich kann hier nicht auf die Auslegungsgeschichte von Lk 16,16 eingehen; s. dazu z. B. A. Prieur 1996, 234-241.
26. S. dazu schon oben zu Lk 14,15-24.
27. Lk 20,34.35; 17,27.

Sozialgeschichtliche Analyse

Das Gleichnis enthält eine fiktive Erzählung von Ereignissen im Leben zweier Menschen (16,19-21) und nach ihrem Tod (16,22-31), als der reiche Mann in der Unterwelt ist und der arme Lazarus in Abrahams Schoß. Dass ein Gleichnis eine Geschichte aus dem Leben nach dem Tod erzählt, ist nicht ohne Parallele[28]. Es ist eine fiktive Geschichte vom Leben nach dem Tod, die das Leben vor dem Tod widerspiegelt und kommentiert. Beide Hälften des Gleichnisses sind fiktiv und wirklichkeitsbezogen. Auch V. (26)27-31 sollten mit 16,19-25 zusammen, als Einheit, gelesen werden.

Die Erzählung ist streng parallel aufgebaut: Das irdische Geschick des Armen und das des Reichen stehen im Kontrast zueinander: Edle Kleidung und ein Leben in Freude und Glanz charakterisieren den Reichen (vgl. Lk 6,24.25). Der Arme liegt hungrig, hilflos und krank vor dem Tor, mit Geschwüren bedeckt, die die streunenden Hunde belecken (vgl. Lk 6,20.21). Nach ihrem Tod kehrt sich das Schicksal beider um: Der Reiche leidet Durst und sehnt sich nach einem Tropfen Wasser, wie zuvor der arme Lazarus nach den Brocken vom Tisch des Reichen gehungert hat (V. 24). Der arme Lazarus sitzt wohlbeschützt in Abrahams Schoß, er wird getröstet für sein Leben im Elend (V. 25 vgl. die indirekte Parallele Lk 6,24: Die Reichen haben ihren Trost schon in diesem Leben erhalten). Die unsichtbare Grenze zwischen dem Reichen und dem Armen im Leben wird in der Welt der Toten zu einer unüberschreitbaren Kluft[29]. Die erste Bitte des Reichen an Abraham und Abrahams Antwort zeigen die Unüberwindlichkeit der Schlucht zwischen Armen und Reichen in der Totenwelt. Die Schlussszene (V. 27-31) macht klar, wie die Kluft zu überwinden ist: nur im Leben vor dem Tod, wenn die Reichen auf Mose und die Propheten hören, und das heißt: umkehren (V. 29.30). Auch ein Bote aus dem Totenreich[30] kann nichts verändern, wenn die Reichen nicht auf die Schrift hören.

Auch wenn der Bote aus dem Totenreich als Auferstandener vorgestellt ist, die Auferstehung Jesu ist hier nicht angesprochen. In Lk 24,44-47 legt der auferstandene Christus die Schrift aus. Auch hier geschieht das Wunder des Glaubens durch das Verstehen der Schrift. Eigentlich hätte es nicht des Auferstandenen als des Lehrers der Schrift bedurft, eigentlich hätten die Jünger und Jüngerinnen auch ohne ihn die Schrift verstehen und umkehren sollen. Nun werden sie ohne die leibhaftige Gegenwart des Auferstandenen

---

28. S. nur die oben zu Lk 14,15-24 zitierte rabbinische Geschichte vom Zöllner(sohn) Maεjan.
29. Gute Analyse der Erzählung: F. Schnider; W. Stenger 1979, 273-283; zu der Kluft s. 281 f.
30. S. dazu besonders R. Bauckham 1991, 225-246.

ihren Weg gehen müssen. Lk 24,44-47 wie Lk 16,27-31 weisen auf die zentrale Bedeutung der Tora hin, die keiner zusätzlichen Bekräftigung, auch nicht durch einen Auferstandenen, bedürfen sollte.

Der Schluss V. 27-31 lenkt zurück zum Beginn[31], zum Leben vor dem Tod. Da fallen die Entscheidungen für die Reichen. Die sozialgeschichtliche Analyse hat zu überlegen, ob und wie das Bild von Armut und Reichtum, das hier gezeichnet wird, realitätsbezogen ist. Für die eschatologische Deutung ist die Frage entscheidend, was im Sinne des Textes der Fehler des Reichen ist. Ist er moralisch unverantwortlich mit seinem Reichtum umgegangen, oder ist sein Reichtum als solcher in Gottes Augen eine unvergebbare Schuld? In dieser Frage ist eine sozialgeschichtliche Dimension enthalten: Beruht im Sinne des Textes Reichtum als solcher auf dem Unrecht von Ausbeutung anderer Menschen? Ist dieses Unrecht vermeidbar und wie kann es vermieden werden?

Martin Goodman[32] hat in einem kurzen Artikel die soziale Situation in Judäa vor 66 n. Chr. dargestellt, die zu dem ersten jüdischen Aufstand geführt hat. Er beschreibt eine judäische Oberklasse, darunter viele priesterliche Familien, die so übermäßig reich wurden, dass sie durch Konsum und große Gebäude den Reichtum nicht aufbrauchen konnten. Sie suchten nach Investitionsmöglichkeiten. Eine enorme Quelle weiteren Reichtums wurde es für sie, kleinen Bauern Kredite zu geben und sich bei Zahlungsunfähigkeit das Land anzueignen. Auch die Menschen wurden oft durch Versklavung zu Eigentum der neuen Herren. Das Ende dieser herrschenden Klasse kam mit dem Aufstand, der zum Krieg mit Rom führte. Dieser aus nichtbiblischen Quellen rekonstruierte Konflikt kann helfen, Lk 16,19-31 zu verstehen. Nun wird Lk 16,19-31 nicht unbedingt (nur) diese Vorkriegssituation im Blick haben, aber auch nach dem Krieg hat es eine vergleichbare Ausbeutung gegeben, nun vor allem durch römische Aristokraten, aber auch durch einige jüdische Reiche[33]. Den kleinen Bauern wurden hohe Abgaben auferlegt und sie wurden von ihrem Land vertrieben. Und nicht nur in Judäa und Galiläa ist der Reichtum der Reichen der Grund für das wirtschaftliche Elend der Bevölkerungsmehrheit, sondern im ganzen Römischen Reich[34].

In der Diskussion über mögliche literarische Parallelen zu Lk 16,19-31 hat sich gezeigt, dass der Kontrast zwischen Reichtum und Armut auch in der Literatur, z.B. bei Lukian, eine Rolle spielt. Der Arme und der Reiche können so zum literarischen Motiv in Deklamationen, d.h. rhetorischen

---

31. R. Bauckham 1991, 246.
32. M. Goodman 1983; s. auch M. Goodman 1987.
33. S. Applebaum 1976, 11.
34. G. Alföldy 1984.

Übungen, werden[35]. Doch dieses literarische Motiv entbindet nicht davon, nach dem Realitätsbezug von Lk 16,19-31 zu fragen.

Dass Bettelarme an Krankheiten leiden, ist in den synoptischen Evangelien selbst deutlich dokumentiert. Dass sie vor den Toreingängen der Reichen auf Lebensmittelspenden warteten, war üblich[36]. Die Brocken, die vom Tisch der Reichen fallen (Lk 16,21), sind Gegenstand prächtiger Fußbodenmosaike in hellenistisch-römischen Palästen überall im Römischen Reich: Da liegen Geflügelreste, Obst, Brotstücke auf dem Boden. Mit den Brotstücken pflegten sich die Tafelnden die Finger abzuwischen. Die Mosaiken sind plastisch, bunt und lebensfroh. Sie bringen Stimmung in den Speisesaal[37]. Sie zeigen den Reichtum im Spiegel seiner Abfälle voller Stolz.

Lk 16,19-21 skizziert ein fiktives Bild einer im Römischen Reich in den Städten allgegenwärtigen Realität. Dass der Reichtum der Reichen mit der Armut der Armen zusammenhängt, wird nicht mithilfe ökonomischer Analyse erläutert, sondern mit dem literarischen Mittel der antithetischen Parallelität. Der reiche Mann in Lk 16,19-31 ist ein Jude, denn er wird auf die Schrift verwiesen. Dieser reiche Mann wird so dargestellt, als habe er dem Armen die Abfälle von seinem Tisch verweigert, was eigentlich für einen Juden kaum anzunehmen ist. Aber der Text ist an dieser Frage gar nicht interessiert. Das Elend des Armen, der am Hunger und der damit zusammenhängenden Krankheit stirbt, ist die Schuld des Reichen. Er hätte dieses Elend verhindern müssen, wozu mehr gehört hätte als nur ab und an ein Brot als Almosen.

Das Gleichnis vom reichen Kornbauer (Lk 12,16-21) braucht hier nicht ausführlich besprochen zu werden, da es sich im gleichen Gedankenhorizont bewegt. Es sollte ebenfalls nicht individualisierend gelesen werden. Es beschreibt nicht einen bedauerlichen Einzelfall moralischen Versagens, sondern Preistreiberei im großen Stil zur Maximierung des Profits, das Horten von Getreide, eine der Ursachen von Hungersnöten. So treibt der reiche Kornbauer die Armen in den Hunger und wird darum in Gottes Gericht gestraft werden.

Eschatologische Deutung

Die Versuche, die Schuld des Reichen und das Heil des Armen zu individualisieren, sind zahlreich. Ich erwähne zwei Beispiele: Der Arme sei ein From-

---

35. R. F. Hock 1987, 456.
36. S. Krauss 1912, 63. J. Friedländer 1964 (1922), Bd. 1, 160.
37. Z. B. Kopie eines hellenistischen Originals in den Vatikanischen Museen (Museo Gregoriano Profano Inv. 10132).

Kopie eines hellenistischen Fußbodenmosaiks, Museo Gregoriano Profano, Inv. Nr. 10132, Vatikan, Rom. S. auch die Abbildung nach Seite 224.

mer, der wegen seiner Frömmigkeit in Abrahams Schoß ruhen kann. Das zeige sein Name »Lazarus«[38], d. h. »Gott hilft«. Oder: Der Reiche sei mit seinem Reichtum unmoralisch umgegangen, er habe verschwenderische Feste gefeiert, gar noch mit sexuellen Ausschweifungen[39]. Doch der Text redet nicht von einem armen Frommen und einem reichen Gottlosen. Es ist ein kompromissloser und radikaler Text[40].

Der Text skizziert eine Situation nach dem Tode, in der Unterwelt/Hades und demgegenüber auf der anderen Seite der Schlucht die Geborgenheit bei Abraham. Die eschatologische Vorstellung ist die der Umkehrung der Geschicke: Der Reiche hat in seinem Leben alles gehabt, nun muss er leiden. Es ist eine Szene von eschatologischer Bestrafung und Lohn. Wie das Gericht Gottes stattfindet, wird nicht erzählt. Sein Ergebnis ist Realität, unmittelbar nach dem Tod der Menschen. Es soll nicht über das Jenseits spekuliert werden, sondern es sollen Konsequenzen für das Leben vor dem Tod gezogen werden: Hören auf die Schrift, Umkehr, denn das Erlassjahr Gottes ist ge-

38. S. z. B. F. W. Horn 1983, 150.
39. R. F. Hock 1987. Sein Material ergibt nur Motivparallelen, keine Parallelen zum Inhalt von Lk 16,19-31.
40. W. Bauckham 1991.

kommen. Das Lukasevangelium hat eine radikale soziale Analyse. Und eine große Vision.

Methodische Erläuterung

Die Vorstellung Lk 16,(26)27-31 sei ein späterer Zusatz zu dem ursprünglichen Gleichnis, die ich früher geteilt habe, halte ich heute für unzutreffend. Die Texte sollten in ihrem literarischen Zusammenhang gelesen werden. Doch auch die mit dieser Hypothese verbundene theologische Beurteilung des Textes, dass der Hinweis auf die Umkehr der Reichen (V. 27-31) dem Text seine Radikalität nimmt, teile ich nicht mehr. Das würde erst geschehen, wenn die Umkehr als Umkehr von individuellem Fehlverhalten des Reichen verstanden würde. Tatsächlich aber sagt dieser Text: Allein durch die Teilhabe am Reichtum auf Kosten der Armen geschieht der Mammonsdienst, der die Beziehung zu Gott zerstört. Sachparallelen in außerbiblischer Literatur sind vor allem bei Plinius d. Ä. und in den XII Testamenten zu finden. Ich zitiere hier diese Texte, die anders als die Motivparallelen zu Lk 16,19-31 tatsächlich eine vergleichbare inhaltliche Position zur lukanischen Analyse der Schuld der Reichen und der Brutalität der Geldwirtschaft bieten:

Plinius der Ältere spricht von dem Verbrechen, das jener begann, der zuerst aus Gold einen Denar prägte. Er kritisiert die Gewalttätigkeit der Geldwirtschaft:

»Aber vom Geld kam die erste Quelle der Habsucht, indem man den Zinswucher erdachte, und eine gewinnbringende Nichtstuerei, und zwar nicht erst allmählich: Es entbrannte mit einer Art von Raserei nicht mehr bloß Habsucht, sondern Heißhunger nach Gold«.[41]

In den Testamenten der Zwölf Patriarchen wird die Geldwirtschaft ebenfalls grundsätzlich kritisiert:

Aus den Testamenten der zwölf Patriarchen, Testament Juda 18,2-19,1:

2 Hütet euch nun, meine Kinder, vor der Hurerei und der Habsucht, hört auf Juda, euren Vater!
3 Denn dieses [gemeint ist die Habsucht] macht abwendig vom Gesetz Gottes und verfinstert das Trachten der Seele. Und Hochmut lehrt sie und lässt nicht zu, dass ein Mann sich seines Nächsten erbarmt.
4 Sie beraubt seine Seele jeglicher Güte und bedrängt ihn mit Mühen und Beschwerden. Und sie vertreibt den Schlaf von ihm und verschlingt sein Fleisch.
5 Die Opfer Gottes verhindert sie und erinnert nicht an den Lobpreis Gottes. Prophetenrede hört sie nicht zu, und frommen Worten zürnt sie.

41. Plinius d. Ä., nat. hist. 33,42.48.

6 Denn zweier (ihm) entgegengesetzter Leidenschaften ist er Knecht und kann Gott nicht gehorchen, weil sie seine Seele verfinstern, und (darum) wandelt er am Tage wie nachts.

XIX 1 Meine Kinder, die Geldgier führt zu den Götzen, denn in der Verführung durch das Geld nennt man die Götter, die keine sind, und sie (die Geldgier) macht, dass die, die sie haben, in Verwirrung geraten.[42]

»Ekklesiologische« Deutungen dieses Gleichnisses begegnen in zweierlei Form. 1. In der Entradikalisierung dieses kompromisslosen Textes, z. B. wenn das Verhalten des Reichen als geldgierig oder ausschweifend gedeutet wird und Lazarus als Frommer. Mit solchen Individualisierungen wird die westliche Mittelstandskirche von ihrem schlechten Gewissen befreit: Wir sind zwar wohlhabend, gehen aber verantwortlich mit unserem Wohlstand um. Die 2. »ekklesiologische« Lesart deutet Lazarus als Repräsentanten der Kirche[43] oder auch nur der Gruppe der armen Frommen im Judentum[44] – einer Art Vorform der Kirche. Dann kann sogar das pharisäische Judentum in den Reichen, der im Hades leiden wird, hineingelesen werden.

Zusammenfassung Lukas 16

Ich fasse die Ergebnisse für das gesamte Kapitel Lk 16 als ein Kapitel über das Geld und die Tora zusammen: Das Gleichnis vom ungerechten Verwalter macht einen korrupten Angestellten aus der Welt der Superreichen zum unfreiwilligen Vorbild für das Verhalten der Menschen in der Nachfolge Jesu. Sie sollen die ökonomischen Ressourcen, die sie haben, für den Aufbau von Freundschaften nutzen. Damit ist nicht Almosengeben gemeint, sondern freiwilliger, aber z. T. tiefgreifender Verzicht auf Privatbesitz (V. 9). Diesem Umgang mit Geld gilt Gottes Verheißung. In V. 13 und dem Lazarusgleichnis wird die zugrunde liegende Analyse der zeitgenössischen Erfahrung mit Geld und Reichtum erläutert. Diese Analyse ist radikal und kompromisslos. Wer reich ist, dient dem Mammon und lebt im Widerspruch zu Gott. Das Erscheinungsbild dieser Art von Reichtum wird in 16,19 kurz und – für die Gestalt des Reichtums der Eliten im Römischen Reich zutreffend – charakterisiert. Das gute Leben basiert auf dem Elend der Armen. Die oder besser: *einige* Pharisäer sind kaum als Repräsentanten dieses Reichtums angesprochen, wohl aber als solche, die durch ihre Toraauslegung diesen Wohlstand legitimieren und indirekt davon profitieren. Der lukanische Jesus vertritt

---

42. Übersetzung aus: J. Becker, Die Testamente der zwölf Patriarchen, Gütersloh 1974 (JSHRZ III), 73.
43. J. Hintzen 1991, 353.380.
44. F. W. Horn 1983, 151.

seine soziale Analyse als der Tora gemäß. Seine Vision ist es, dass Pharisäer und jüdische Reiche sich auf die Tora – und das heißt auf ihre Vorstellung von sozialer Gerechtigkeit – besinnen und so die umfassende Befreiung des Volkes Wirklichkeit werden kann. Diese Botschaft des lukanischen Jesus, die vermutlich auch schon die des historischen Jesus war, in die heutige Welt globalisierten Geldes zu übersetzen, ist nicht einfach. Übersetzungen in moralisierende und individualisierende Ermahnungen, verantwortlich mit Geld umzugehen, wenn denn Menschen zu viel Reichtum haben, sind wenig überzeugend. Diese Botschaft Jesu ist immer noch zutreffend in ihrer Analyse. Ich sehe die Arbeit, die die Strukturen der heutigen Geldwirtschaft sichtbar macht, kritisiert und kleine oder große Schritte der Veränderung geht, als Arbeit in der Nachfolge Jesu an.

Literatur zur Vertiefung

Bauckham 1991

Eigene Vorarbeiten

Luise Schottroff in: Willy Schottroff; Wolfgang Stegemann 1981, 38-41

Kopie eines
hellenistischen
Fußbodenmosaiks,
Museo Gregoriano
Profano,
Inv. Nr. 10132,
Vatikan, Rom

Wandgemälde mit
Darstellung eines
römischen Bauern-
hauses aus Trier
um 200 n. Chr.,
Rheinisches Landes-
museum Trier

7. »Er lebte das Leben eines Sklaven ...« (Phil 2,7). Sklavengleichnisse im Lukasevangelium. Lukas 12,35-48; 17,3-10; 19,11-27

Vorbemerkung

Die Gleichnisse, die vom Leben von Sklavinnen und Sklaven erzählen, sind über Jahrhunderte bis in die Gegenwart als Allegorien oder Gleichnisse mit allegorischen Elementen gelesen worden. Diese Auslegungstradition hat die Sklaverei gerechtfertigt und die Sklavenbesitzer mit Gott identifiziert. In neuerer Zeit gibt es Auslegungen, die sich von der Rechtfertigung der Gewalt gegen Sklaven distanzieren, indem sie diese Allegorisierung den Evangelisten anlasten. Aber die Allegorisierung selbst wird nicht in Frage gestellt. Ich will versuchen, die Sklavengleichnisse im Kontext des jeweiligen Evangeliums – zunächst hier des Lukasevangeliums – nicht allegorisierend zu lesen. Und ich bin nicht bereit, die Gewalt gegen Sklavinnen und Sklaven zu rechtfertigen. Meine Fragestellung kommt aus meiner theologischen Weigerung zu glauben, dass dieselben Menschen, die im gefolterten Leib Christi Gottes Sohn erkennen, über die gefolterten Leiber von Sklavinnen und Sklaven hinweggesehen haben. Ich kann es nicht glauben, dass die Sklavengleichnisse ungewollt oder gewollt Sklavenleiden rechtfertigen. Darum habe ich das Zitat aus dem Christushymnus Phil 2,6-10 als Überschrift gewählt. Dort wird nicht gesagt, Jesus habe nur äußerlich einem Sklaven geglichen (»er nahm die Gestalt eines Sklaven an«). Das griechische Wort *morphe*/Gestalt beschreibt die Person als ganze: Er lebte das Leben eines Sklaven. Das Wort »Sklave« ist in diesem Satz keine Metapher, denn Christus starb den Tod eines Sklaven.

Tag und Nacht gehorsam sein. Lukas 12,35-48

Übersetzung

35 Eure Hüften sollen gegürtet sein und eure Lampen sollen brennen.
36 Und ihr sollt euch vergleichen mit Menschen, die auf ihren Besitzer warten, wenn er vom Festmahl aufbricht, damit sie, wenn er kommt und klopft, ihm sofort öffnen.

37 Diese Sklavinnen und Sklaven sind glücklich zu preisen, die der Besitzer, wenn er kommt, wach findet. Ich sage euch, es soll geschehen, dass er sich gürten wird und sie sich zum Mahl hinlegen lässt, und er kommt herbei und wird sie bedienen.

38 Und wenn er erst in der zweiten oder in der dritten Nachtwache kommt, glücklich sind sie zu preisen!

39 Denkt daran, wenn der Hausbesitzer wüsste, um welche Zeit der Dieb kommt, würde er nicht zulassen, dass in sein Haus eingebrochen wird.

40 Und ihr: Seid vorbereitet, denn zu einer Stunde, die ihr nicht vermutet, kommt der Menschensohn.

41 Da sagte Petrus: Lehrer, sagst du dieses Gleichnis zu uns oder auch zu allen?

42 Und ihr Lehrer fuhr fort: Wer ist ein treuer und kluger Verwalter, den sein Besitzer über seine Dienerschaft setzt, damit er ihnen zur richtigen Zeit ihre Getreideration zuteilt?

43 Glücklich ist der Sklave zu preisen, den sein Besitzer, wenn er kommt, bei seiner Arbeit antrifft.

44 Ich sage euch, ganz bestimmt wird er so jemand mit der Verwaltung seines gesamten Besitzes beauftragen!

45 Wenn dieser Sklave aber in seinem Herzen spricht: Mein Herr kommt verspätet und dann beginnt er, die Sklaven und Sklavinnen zu schlagen und zu essen, zu trinken und betrunken zu werden,

46 dann wird der Besitzer dieses Sklaven an einem Tag kommen, an dem er es nicht erwartet, und zu einer Stunde, die er nicht kennt. Und er wird ihn in zwei Teile zerschlagen und ihm so das Schicksal untreuer Sklaven zufügen.

47 Ein Sklave oder eine Sklavin, wenn sie den Willen des Besitzers kennen und sich nicht darum kümmern und ihn nicht ausführen, werden schwer geschlagen werden.

48 Wer den Willen des Besitzers nicht kennt und etwas tut, das Schläge verdient, wird weniger hart geschlagen werden.
Von allen, die viel von Gott geschenkt bekommen, wird Gott auch viel erwarten; und von allen, denen Gott große Aufgaben gegeben hat, wird Gott auch Großes erbitten.

In dieser Rede für Jüngerinnen und Jünger benutzt (der lukanische) Jesus zwei Gleichniserzählungen (12,36–38 von der Nachtschicht und 12,42–46 vom treuen und treulosen Verwalter) und zwei kurze Skizzen einer Situation, die als Gleichnis zu verstehen sind (12,39 Dieb in der Nacht; 12,47.48a der gut informierte und der schlecht informierte Sklave). Die Anwendungen auf die Situation der Jüngerinnen und Jünger sind deutlich abgegrenzt: V. 35.40.48b. Die Frage des Petrus V. 41 wird in V. 48b so beantwortet, dass alle, die von Gott große Gaben und Aufträge erhalten, angeredet sind. Ich verstehe diese großen Gaben und Beauftragungen im Sinne des Lukasevangeliums als die Tora Gottes und den Heiligen Geist. Angeredet sind somit

Wandgemälde mit Darstellung eines römischen Bauernhauses aus Trier, um 200 n. Chr., Rheinisches Landesmuseum Trier. S. auch die Abbildung nach Seite 224.

alle, die den Auftrag haben, das Wort Gottes zu hören und zu tun (Lk 8,21). Das Wort »Sklave« taucht in diesen Anwendungen nicht auf, obwohl die Bilder vorwiegend Sklavenleben darstellen. Wenn die Anwendungen auf die Vorstellung von Gottes Kindern als »Sklaven und Sklavinnen Gottes« im Sinne der ersttestamentlichen Tradition dieser Metapher bezogen werden sollen, sollte das Fehlen des Wortes Sklave dennoch bedacht werden. Ich komme auf diese Anwendungen zurück.

Sozialgeschichtliche Analyse

Lukas 12,36-40

Nicht nur ein Türhüter muss hier nachts wach bleiben (wie in Mk 13,34), um dem heimkehrenden Sklavenbesitzer zu öffnen, sondern eine ganze Gruppe von Sklaven und Sklavinnen. Sie wird nicht genauer beschrieben. Es sind mehrere. Sie alle sollen das Tor öffnen, wenn der Herr kommt, sei es abends, vor Mitternacht oder nach Mitternacht (V. 38). Das Trierer römische Gemälde der Begrüßung eines Sklavenbesitzers durch zwei – oder auch mehrere[1] – Sklaven zeigt genauso wie Lk 12,36-38, worum es geht: um die Begrüßung des Herrn, der empfangen zu werden wünscht. Er braucht seine Sklaven zur Begrüßung, um zu wissen, dass er der Herr im Haus ist. Es geht nicht allein um das Öffnen des Tores, es geht um mehr. Es genügt auch nicht,

---

1.   Das Bild lässt in einer Tür schattenhaft eine dritte Gestalt erkennen.

dass ein Wächter durch das Klopfen mit dem Klopfer[2] geweckt wird, um das Tor zu öffnen. Die Sklaven und Sklavinnen müssen wach bleiben, um zu zeigen, dass sie die Sklaven sind. Nur durch Gewalt und permanente Drohung mit Gewalt ist solch ein Verhalten von Menschen zu erzwingen[3]. Während in Mk 13,35 die Anstrengung der Nachtwache sichtbar wird, ist hier auch zu erkennen, dass die Sklaven ihrem Herrn gefallen wollen oder müssen. Für Menschen, die selbst Sklavinnen oder Sklaven sind oder sie als Geschwister in Christus in der Gemeinde erleben[4], dürfte die latente Gewalt klar sein. In einer Gesellschaft, die Sklavenarbeit auf allen Gebieten des Lebens benutzt, bleibt die Gewalt und Erniedrigung, die Sklaven und Sklavinnen erleiden, niemand verborgen. Dieser Sklavenbesitzer kommt ins Haus, lässt sich begrüßen und belohnt dann seine Sklaven, wofür er sie nicht belohnen müsste. Er bindet sein Gewand hoch, so dass er arbeiten kann, veranlasst seine Sklaven, sich zu Tisch zu legen, und dann bedient er sie. Er tauscht scheinbar die Rollen, denn sonst ist er es, der zu Tisch liegt und sich von Sklaven bedienen lässt.

Diese seltsame Tat eines Sklavenbesitzers hat dazu geführt, sie als Allegorie auf Christus zu lesen. In Lk 22,24-27 sagt Jesus, es solle keine Herrschaftsverhältnisse in seiner Nachfolgegemeinschaft geben, die denen der politischen Herrschaft im Römischen Reich gleichen. »Diejenigen, die Leitungsaufgaben haben, sollen zu Dienenden werden«. Da das griechische Wort *diakonein* die Haus- und Versorgungsarbeit meint, die ein freier Mann niemals tun wird[5], möchte ich die Tatsache, dass Lukas in diesem Jesuswort anders als Markus und Matthäus das Wort »Sklave« nicht erwähnt, nicht hoch bewerten. Es ist Sklavenarbeit, zu »dienen«. Ein metaphorischer Gebrauch des Wortes »dienen«, der keine reale Preisgabe von Macht und Privilegien meint, ist hier (noch) nicht im Spiel. Jesus sagt dann von sich selbst: »Ich bin in eurer Mitte als Diener« – ich halte es für berechtigt, »Diener« als gleichbedeutend mit »Sklave« zu verstehen. Der Diener bei Tisch ist im Rang denen, die zu Tisch liegen, untergeordnet (22,27), sagt Jesus.

Auf diesem Hintergrund ist die allegorische Lektüre von Lk 12,37 naheliegend. Doch sollte die sozialgeschichtliche Frage trotzdem gestellt werden und der Rahmen des lukanischen Verständnisses von 12,37 nicht nur aus Lk 22,27 genommen werden.

Seneca (ep. 47) beschreibt die Behandlung von Sklaven, die bei Mahlzeiten bedienen, sehr kritisch und realistisch. Seine Vorstellung ist, dass das Schicksal sie an diesen Platz gestellt hat, sie aber einen edlen Charakter ha-

---

2. S. dazu oben zu Mk 13,33-37.
3. Zu diesem Aspekt der Sklaverei s. besonders O. Patterson 1982.
4. Dazu s. Apg 12,13-17.
5. Dazu s. L. Schottroff 1994, 299 ff.

ben können. Deshalb sollte der Sklavenbesitzer sie anständig behandeln und sogar bei guter Führung einzelne zu sich an den Tisch zum Essen einladen:

»1 Gern erfahre ich von den Menschen, die von dir kommen, freundschaftlich lebst zu zusammen mit deinen Sklaven: das entspricht deiner Klugheit, deiner Bildung. ›Sklaven sind sie.‹ – Nein, Menschen. ›Sklaven sind sie.‹ – Nein, Hausgenossen. ›Sklaven sind sie.‹ – Nein, Mitsklaven, wenn du bedenkst, ebensoviel steht gegenüber dem einen wie dem anderen frei dem Schicksal. 2 Daher lache ich über diejenigen, die es für entehrend halten, mit ihrem Sklaven zusammen zu speisen: warum, außer weil überaus hoffärtige Gewohnheit den Herrn bei der Mahlzeit mit einer Schar stehender Sklaven umgibt? Es ißt jener mehr, als er fassen kann, und mit ungeheuerlicher Gier belastet er seinen überdehnten Magen – und entwöhnten bereits des Magens Pflicht –, so daß er unter größerer Mühe alles wieder herausbringt, als er es eingeführt hat. 3 Hingegen den unglückseligen Sklaven ist die Lippen zu bewegen nicht einmal dazu gestattet, zu sprechen. Mit der Rute unterdrückt man jedes Murmeln, und nicht einmal unbeabsichtigte Zwischenfälle sind von Schlägen ausgenommen, Husten, Niesen, Schluckauf: mit schwerer Strafe, ward von irgendeinem Wort unterbrochen das Schweigen, sühnt man es: die ganze Nacht stehen sie nüchtern und stumm da. 4 So kommt es, daß die *über* ihren Herrn reden, denen in Gegenwart des Herrn zu sprechen nicht erlaubt ist.«[6]

Seneca schreibt das für seinesgleichen, Gebildete in der Oberschicht des Römischen Reiches. Dieser Text kann helfen sich auszumalen, wie solch eine Zuhörerschaft auf Lk 12,37 reagieren würde: Auch Seneca selbst fände es übertrieben, die Position des Herren auch nur symbolisch für eine kurze Zeit aufzugeben. Ihm ging es darum, die Herren zu Freundlichkeit gegenüber den Sklaven und Sklavinnen anzuregen. Hier in Lk 12,37 gibt ein Sklavenbesitzer symbolisch und für begrenzte Zeit seine Herrschaft auf. Er erniedrigt sich, begibt sich an den sozialen Platz eines Sklaven.

Das wird nicht verhindern, dass ein »normaler« Sklavenbesitzer die Sklaven oder Sklavinnen, die seine Befehle nicht ausführen, peitschen lässt – oder selbst auspeitscht. Es wird auch nicht verhindern, dass er die Servilität und Unterwerfung von ihnen erwartet, die auf dem Gemälde aus Trier in der Körpersprache der Sklaven zu erkennen ist. Es wird auch nicht verhindern, dass er Sklaven und Sklavinnen in der bildlichen Darstellung seiner Zeit nur die Hälfte der Körpergröße der Freien zubilligt, wie es üblich war und wie es das Trierer Bild zeigt. Sie sind Sklaven und Sklavinnen, Besitz ihrer Herren und Herrinnen, die mit ihnen machen können, was sie wollen: – sogar für kurze Zeit die Rollen tauschen.

Jennifer Glancy (2002) hat die Romantisierung von Lk 12,37 mit der Sozialgeschichte der Sklaverei im Römischen Reich konfrontiert. Sie verbindet die Analyse von Lk 12,36-38 mit der von Lk 17,7-10: Was bewirkt den

---

6. Seneca, ep. 47 (Übersetzung M. Rosenbach).

Unterschied zwischen beiden Gleichnisbildern? Das Verhalten des Herrn, nicht das der Sklaven. Es ist die Laune des Sklavenbesitzers, ob er den Sklaven bis in die Nacht arbeiten lässt und ihm nicht einmal dankt – oder ob er ihn belohnt mit einem Mahl, bei dem der Herr dient. Lukas macht klar, dass normalerweise Herren niemals bedienen würden. Doch »die Struktur dieser Gleichnisse beruht auf der zustimmenden Annahme, dass das Wohlergehen von Sklaven und Sklavinnen, die Besitztum sind, von der Laune der Sklavenhalter abhängt und nicht von den tatsächlichen Verdiensten des Sklaven«[7]. Glancys Buch ist ein Meilenstein für die neutestamentliche Forschung über die Sklavengleichnisse der Evangelien. Es ist immer wieder kritisch über Paulus' Umgang mit Sklaverei diskutiert worden. Die Sklavengleichnisse blieben von dieser Kritik weitgehend ausgespart[8]. Das süße Gift der Allegorisierung hat die Bibelleserschaft immunisiert.

Das kurze Gleichniswort V. 39 betont einen einzigen Gedanken aus dem vorangehenden Gleichnis: die ungewisse Zeit der Ankunft des Herrn. Der Hausbesitzer weiß nicht, wann der Dieb einbricht, sonst könnte er sich mit Erfolg wehren. Dieses Gleichniswort hat keine Allegorisierung in der späteren Auslegung erfahren. Der Dieb wurde nicht mit Christus identifiziert. Das geschah nur mit dem Sklavenbesitzer. So sollte denn auch das Gleichnis von der Nachtwache von der Allegorisierung verschont bleiben. Christus ist weder in dem Dieb noch in dem Sklavenhalter abgebildet, der nachts seinen Sklaven auftischt. Die Anwendung des Gleichnisses in V. 35 und 40 stellt auch nur *einen* Bezug zum Gleichnis her: Die Glaubenden sollen jederzeit auf das Kommen des Menschensohnes vorbereitet sein. Der Menschensohn kommt zum Gericht. Vorbereitet sind diejenigen, die das »Wort hören und tun« (Lk 8,21; 11,28): Jesu Wort und das Wort der Tora, das er in Vollmacht lehrt.

Lukas 12,41-48

Auf die Frage des Petrus, ob Jesus nur seine Nachfolgegemeinschaft oder auch alle, d. h. die anwesende Volksmenge (12,1.13.16), angeredet wissen will, antwortet Jesus mit einem weiteren Gleichnis. Er fragt, wer wohl der treue Verwalter sei. Diese Frage ist im Folgenden vergessen, denn der Text stellt zwei mögliche Verhaltensweisen eines Sklaven (V. 45) einander gegenüber: die des treuen Sklaven und die des untreuen Sklaven[9]. Der treue Sklave

---

7. J. A. Glancy 2002, 110 (Übersetzung L. S.).
8. Ausnahmen: M. A. Beavis 1992; W. R. Herzog 1994; W. Munro 1998.
9. Das Wort *pistos*/treu begegnet in V. 42 und qualifiziert die Treue in V. 43; *apistos*/ untreu begegnet in V. 46, der Bestrafung, und charakterisiert die Untreue V. 45. S. dazu auch Anm. 11.

erweist sich als kluger Verwalter. Er wird von seinem Herrn beauftragt, die Getreideration an die Mitsklaven und Mitsklavinnen auszuteilen. Er führt den Auftrag korrekt aus. Bei seiner Ankunft belohnt der Sklavenbesitzer ihn für die korrekte Ausführung und beauftragt ihn mit der Verwaltung seines gesamten Besitzes. Das ist eine steile Karriere, die aber durchaus im Rahmen des Vorstellbaren bleibt. Viele Finanzverwalter auch von größeren Vermögen oder von Institutionen waren Sklaven. Da Sklaven jederzeit von ihren Besitzern gefoltert werden konnten, wurden sie bevorzugt für solche Arbeit als Finanzverwalter eingesetzt. Sie konnten sich viel Macht und Einfluss sichern, blieben aber immer in der bedingungslosen Abhängigkeit der Sklaverei und der Verfügung über ihre Körper[10]. Der untreue Sklave nutzt die Abwesenheit des Herrn aus. Statt die Getreideration zu verteilen, schlägt er die anderen Sklaven und Sklavinnen. Hier erwähnt der Text trotz der durchgehend androzentrischen Sprache eigens die Sklavinnen. Statt den anderen ihre Nahrung zu geben, isst und trinkt er selbst und betrinkt sich. Als der Besitzer überraschend zurückkommt, schlägt er den untreuen Sklaven in zwei Teile, er tötet ihn also auf grausame Art. »Und er gibt ihm das, was den Treulosen gebührt«. Ich verstehe diese Wendung nicht als die ewige Strafe, die Gott ihm nach seinem Tod zuteilt[11], sondern als Verdeutlichung dessen, was seine Tötung legitimiert. Er hat als treuloser Sklave sein Leben verwirkt, wenn sein Besitzer es so will. Dieser Text über den gehorsamen oder ungehorsamen Sklaven beschreibt das Leben der Sklaven, die bedingungslose Unterwerfung unter den Willen des Herrn, die kurzfristigen und kurzsichtigen Möglichkeiten zu Ungehorsam – noch dazu auf Kosten anderer versklavter Menschen. Durch die Gegenüberstellung von gehorsamem und ungehorsamem Verhalten macht sich der Text die Erziehungsideologie der Sklavenbesitzer zu Eigen.

In V. 47.48a wird ein Gleichniswort angefügt, das in derselben Sklavenbesitzerlogik bleibt. Es gibt den Fall, dass Sklaven den Willen des Herrn gar nicht kennen und etwas tun, das er strafwürdig findet; dann werden sie geschlagen, wenn auch nicht so schwer. Schwere Schläge dagegen erhält der Sklave, der den Willen des Herrn kennt und nicht danach handelt. Das hört sich an wie eine gesetzliche Regelung. – Wenn es so etwas ist, dann ist es das selbstgesetzte Gesetz eines Sklavenbesitzers, das Gesetz seiner Peitsche.

Die Anwendung in V. 48b nimmt nur *einen* Zug aus dem Gleichnis und

10. R. A. Horsley 1998, 55 f. O. Patterson 1982, 307; s. auch oben Anm. 1 zu Lk 16,1-8.

11. In der Auslegungstradition von V. 46 wird die Bestrafung der grausamen Tötung dem irdischen Sklavenbesitzer zugewiesen und die Zuweisung des »Teiles der *apiston*« als ewige Strafe Gottes für die Gottlosen verstanden. Doch *apistos* ist im Kontext die Untreue eines Sklaven im Kontrast zur Treue (s. o. Anm. 9). Von ewiger Strafe ist hier nicht die Rede, solange nicht allegorisiert wird.

dem angefügten Gleichniswort auf: den der Beauftragung mit einer großen Verantwortung. Sie wird sogar doppelt ausgedrückt: Wem viel gegeben wurde …, wem man viel aufgetragen hat. Es sind Passiva divina. Was der Text sagt, ist: Euch sind von Gott große Gaben gegeben worden, ihr habt einen großen Auftrag erhalten. Gott erwartet viel, ja, sehr viel von euch. Gott wird nicht mit dem strafenden Sklavenbesitzer und seiner Erziehungsideologie und seinem Gesetz der Peitsche identifiziert. Das alles wird berichtet ohne explizite Anleitung, wie es zu bewerten sein könnte.

Dass das Lukasevangelium den Sklavinnen und Sklaven Gottes diese Geschichten erzählt, um ihnen allegorisch etwas über ihre Gottesbeziehung als Sklavin und Sklave Gottes[12] zu sagen, halte ich für ausgeschlossen.»Und über meine Sklaven und meine Sklavinnen werde ich in jenen Tagen meinen Geist ausgießen und sie werden prophetisch reden …« (Apg 2,18). Auch die Vorstellungen, wie Sklaven und Sklavinnen, die der christlichen Gemeinde angehören, zu behandeln sind, gehen nicht in diese Richtung. Viel erfahren wir darüber nicht, aber Apg 12,13-17 erzählt eine Geschichte, die eine klare Alternative zur Behandlung der Sklaven in Lk 12,38-48 bietet. Die Sklavin Rhode nimmt an einer Gemeindeversammlung im Haus ihrer Besitzerin Maria teil. Zugleich hat sie die Aufgabe, die Tür zu öffnen. Petrus, der wunderbarerweise dem Gefängnis entronnen ist, klopft ans Tor. Sie geht zur Tür, erkennt seine Stimme und ist vor Freude unfähig, die Tür zu öffnen. Die versammelte Gemeinde will ihr nicht glauben. Die Sklavin insistiert, dass es Petrus sei. Petrus steht immer noch draußen und klopft. Nach den Maßstäben des Sklavenbesitzers in Lk 12,41-48 hat sie nicht gehorcht, weil sie die Tür nicht geöffnet hat, und sie hat öffentlich widersprochen. Gar nicht auszumalen, welche Bestrafung ein normaler Sklavenbesitzer für selbstverständlich gehalten hätte! Sie aber ist ein respektiertes Glied der christlichen Gemeinde, die ihre Tat bewundert und überliefert hat.

Woher kommen also Kriterien für die Hörerschaft dieser Sklavengleichnisse, die schonungslos die Realität des Sklavenlebens, oft sogar die Ideologie der Sklavenbesitzer, darstellen? Diese Kriterien müssen etwas so Selbstverständliches sein, dass diese Sklavengeschichten ohne explizite Anleitung zur Bewertung erzählt werden können.

Mit der Ausbreitung der Pax Romana hat diese Gestalt der Sklaverei sich ebenfalls ausgebreitet, auch in Palästina. Viele jüdische Menschen sind als Kriegsgefangene im jüdisch-römischen Krieg 66-70 n. Chr. versklavt worden. Da sich das Christentum als Hauskirchenbewegung ausgebreitet hat, dürfte es von Anfang an keine Gemeinde ohne versklavte Mitglieder gegeben

---

12. Über das Verständnis von *ebed* als Sklave Gottes im Ersten Testament und Alten Orient und die Unterschiede zwischen dieser Bezeichnung und der Sklaverei im Römischen Reich s. D. E. Callender 1998 und B. G. Wright 1998.

haben. Dass Christus als Sklave gelebt hat und deshalb besungen wird, macht ihn zum Gefährten von Sklavinnen und Sklaven. Und: Es macht diese Bewegung für die Sklavenbesitzer suspekt[13]. Im Lukasevangelium hören wir von Beginn an die große Verheißung Gottes auch für Sklavinnen und Sklaven: Gott hat seinen Gesalbten gesandt, »den Gefangenen die Freilassung zu verkünden« (Lk 4,18). Das kann sich auf Kriegsgefangene, Schuldsklaven, aber auch auf andere versklavte Menschen beziehen. Das messianische Jahr der Freilassung in Jesu Predigt (4,19) wie die Vision Marias im Magnificat ist umfassend, weltweit: Die Arroganz der Herren dieser Welt hat ein Ende. Die Selbsterniedrigung des Sklavenbesitzers in 12,37 ist in diesem Kontext ein Zeichen der Hoffnung, auch wenn das Gleichnis nur eine fiktive Geschichte mit ihren Zuspitzungen ist und dieser Zug nicht eigens ausgewertet wird. Die Erniedrigung[14] der Niedrigen, die Maria (1,48) verkörpert, ist von Gott »angesehen« worden, er hat sie beendet. In den Sklavengleichnissen der Evangelien wird die Sklaverei des Römischen Reiches dargestellt. Ihre Anwendung finden die Gleichnisse auf ein Gottesverhältnis, das im Ersten Testament auch mit dem Wort *ebed* bezeichnet wird. Doch dieses Wort impliziert nicht die Gewaltunterworfenheit der römischen Sklaverei. *Ebed* Gottes zu sein heißt gerade nicht, Menschen unterworfen zu sein. Es ist die in der Antike einzigartige Idee, dass die Sklaven Gottes alle Unterwerfung unter irdische[15] Herren ablehnen. Das Lukasevangelium bezeichnet die Kinder Gottes in der Tradition des Ersten Testamentes als Sklaven und Sklavinnen Gottes, wie bereits erwähnt. Dass diese Metapher in den Anwendungen nur implizit präsent ist, halte ich für einen Ausdruck des kritischen Bewusstseins gegenüber der Sklaverei im Imperium Romanum.

Eschatologische Deutung

»Eure Lenden sollen gegürtet sein ...« (V. 35), »seid vorbereitet«, wenn der Menschensohn zum Gericht kommt (V. 40), »Gott hat euch Großes anvertraut« (V. 48b) – das ist die Botschaft an die Adresse der Nachfolgegemeinschaft Jesu und an die Adresse des Volkes[16] gleichermaßen. Die Angehörigen

13. M. A. Beavis 1992, 54 fasst ihre Beobachtungen zu den Sklavengleichnissen folgendermaßen zusammen: »The slave parables ... do not directly attack the institution of slavery, but their tendency to dignify the role of the slave and to suggest that the slave owner identify with his/her human property might have been perceived as radical social teaching by ancient authors«.

14. S. dazu L. Schottroff 1994, Kapitel IV 1; Zur ersttestamentlichen Vorstellung von »Demut« als »Solidarität der Gedemütigten« s. K. Wengst 1987.

15. S. dazu D. E. Callender 1998; B. G. Wright 1998.

16. In der Auslegungstradition von V. 41 wird aus der Beauftragung des Sklaven als

des Volkes Gottes sind Gottes Sklavinnen und Sklaven. Was versklavt sein im Römischen Reich bedeutet, ist alltägliche Erfahrung, wenn auch aus unterschiedlichen Perspektiven. Was es bedeutet, Gottes Sklave oder Sklavin zu sein, wird von Jesus (wie vom Ersten Testament) gelehrt: Gott befreit die Frauen und Männer von der Erniedrigung, gibt ihnen den Geist der Prophetie. Gott erhöht die Erniedrigten. Als Sklaven und Sklavinnen Gottes haben sie den großen Auftrag, das Wort zu hören und zu tun. Die Metapher »Sklave«/»Sklavin« Gottes ist im Neuen Testament eine antithetische Metapher zur Realität der Sklaverei im Römischen Reich ebenso wie Gottes Königtum eine antithetische Metapher ist. Besonders handfest ist die kritische Sicht auf die Sklaverei im einleitenden V. 35 mit dem Zitat aus der Exodustradition (Ex 12,11): Eure Lenden sollen gegürtet sein. So soll das Volk das Passalamm essen, wenn es sich erinnert an den Aufbruch aus der Sklaverei in Ägypten. Es gehört schon einige allegorische Immunisierung dazu, ausgerechnet Lk 12,35 mit dem folgenden Bild der wartenden Sklaven zu identifizieren, statt den Vers als kritische Überschrift der folgenden Gleichnisse zu lesen: Wie anders ist es, Gottes »Sklave« und »Sklavin« zu sein, befreit von der Entwürdigung der Sklaverei.

Methodische Erläuterung

Die Grundlage der Deutung der Gleichnisse in Lk 12,35-48 sind die Anwendungen in V. 35.40.48b. Die Frage des Petrus in V. 41 muss inhaltlich aus dem Verständnis des Auftrags der Sklavinnen und Sklaven Gottes nach Lukas beantwortet werden. Die »ekklesiologische« Deutungstradition, die den Auftrag des Verwaltersklaven auf die besonderen Aufgaben der Gemeindeleitung[17] im Unterschied zu den Aufgaben des Kirchenvolkes bezog, ist ab-

---

oikonomos häufig eine allegorische Deutung auf Gemeindeleitung im Unterschied zum Kirchenvolk erschlossen. In dieser Deutung wird die Frage des Petrus V. 41 im Sinne Jesu so zu beantworten sein: Er redet jetzt nur zu den Jüngern (oft mit den Aposteln gleichgesetzt – und wo sind die anderen Jünger und Jüngerinnen?), die mit den Ämtern der Kirche betraut werden, s. z. B. A. Jülicher II, 1910, 159f.; J. A. Fitzmyer 1985 zu Lk 12,41.48 – er bezieht diese Deutung auf die Kirchenhierarchie auf die lukanische Ebene. S. van Tilborg 1988 versteht Lk 12,35-48 als Anrede an Sklavenbesitzer, die im Text auf den Weg nach unten geleitet werden und lernen, die Ideologie des antiken Hauses, d. h. des Patriarchats, abzulegen. Doch anders als in Lk 17,7-10 mit der Anrede an Sklavenbesitzer sehe ich hier die Nachfolgegemeinschaft insgesamt angeredet mit einer auf den Exodus bezogenen Befreiungsbotschaft.

17. S. Anm. 16.

wegig. Sie hat keinerlei Anhaltspunkt im Text und legitimiert Sklaverei und Gewalt gegen Sklaven.

Literatur zur Vertiefung

Jennifer A. Glancy 2002

»Wir sind wertlose Sklavinnen und Sklaven …«. Lukas 17,3-10

Übersetzung

3 Seid aufmerksam füreinander! Wenn euer Bruder oder eure Schwester gesündigt[18] hat, so kritisiere sie deutlich. Und wenn sie umkehren, vergib ihnen.

4 Wenn sie dir auch siebenmal am Tag Unrecht tun und siebenmal wieder zu dir kommen und sagen: Ich kehre um, vergib ihnen.

5 Und die Apostel sprachen zu Jesus: Vermehre unseren Glauben!

6 Jesus sagte zu ihnen: Wenn ihr Glauben habt so groß wie ein Senfkorn und würdet zu dem Maulbeerbaum sagen: Zieh deine Wurzeln heraus und pflanze dich im Meer an, – er würde euch gehorchen.

7 Wer unter euch Sklavinnen oder Sklaven beim Pflügen oder Vieh Hüten hat, wird zu ihnen sagen, wenn so jemand vom Feld heimkommt: Schnell, komm her und nimm am Tisch Platz?

8 Wirst du nicht vielmehr sagen: Bereite mir das Abendessen, gürte dich für die Hausarbeit und bediene mich, bis ich gegessen und getrunken habe; danach kannst du dann essen und trinken?

9 Wirst du dich etwa bei einer Sklavin oder einem Sklaven bedanken, wenn sie getan haben, was ihnen befohlen war?

10 So sollt ihr, wenn ihr alles getan habt, was euch aufgetragen war, sagen: Wir sind wertlose Sklavinnen und wertlose Sklaven, wir haben getan, was wir tun mussten.

18. In V. 4 geht es um eine Sünde »gegen dich«, also unter den Geschwistern; in V. 3 wird dies gerade nicht gesagt – und deshalb in einem Teil der handschriftlichen Überlieferung nachgetragen. Es ist wohl auch schon in V. 3 eine Toraübertretung gemeint, die einem der Geschwister schadet.

Sozialgeschichtliche Analyse

Die Gnadenlosigkeit des von Sklaven und Sklavinnen erzwungenen Gehorsams ist Thema des Gleichnisses Lk 17,7-10. Die Eingangsfrage an die Zuhörerschaft »Wer unter euch ...« suggeriert, dass die Sklavenbesitzer, die anwesend sind, ebenso wie alle anderen Freien, das im folgenden Gleichnis erzählte Geschehen als gesellschaftliche Struktur identifizieren können, an der sie nutznießend teilhaben. In Lk 7,8 beschreibt der Hauptmann von Kapernaum dieselbe Struktur: »Wenn ich zu meinem Sklaven sage: tue das, so tut er es auch«. Es ist der bedingungslose Gehorsam, der durch Gewalt, oft durch die Peitsche, erzwungen wird.

Dieses Gleichnis erzählt von einem kleinen Bauern, der einen Sklaven als Feldarbeiter für sich arbeiten lässt und denselben Sklaven auch für die Hausarbeit benutzt. Die Sklavenarbeit in der Landwirtschaft hatte im Römischen Reich riesige Dimensionen und war unter Sklaven und Sklavinnen, die in großen Haushalten arbeiteten, gefürchtet[19]. Dieser Sklave muss abends nach der Feldarbeit für seinen Herrn kochen, ihn bedienen und warten, bis der Herr die Mahlzeit beendet hat, bevor er selbst essen darf. Die Ausnutzung der Sklaven und Sklavinnen durch endlose Arbeitstage war die Regel[20]. V. 9 fragt wiederum die Hörerschaft: Wird ein Sklavenbesitzer etwa dem Sklaven danken? Es ist klar, dass der Sklave tun muss, was der Herr will. Dank würde dem System widersprechen. Die lukanische Hörerschaft kennt vielleicht das Gleichnis Lk 12,36-38. Sie weiß, dass hier – anders als dort – die Struktur der Sklaverei in ihrer ganzen Härte beschrieben werden soll.

V. 10 wendet das Gleichnis auf das Leben der Hörenden an. Doch diese Anwendung bleibt im Bild, in der gerade erzählten Gleichnisgeschichte. Die Zuhörenden sollen sich identifizieren mit der Selbstentwürdigung des Sklaven, der sich selbst wertlos nennt, weil er auch in seinem Selbstverständnis nur noch das Produkt seines Herrn ist. Der nennt ihn wertlos, so nennt er sich selbst wertlos. Es hat Ausleger seit alters irritiert, dass Jesus hier ein Gleichnis und eine Gleichnisanwendung zugeschrieben wird, die sich so gar nicht »christlich« anhören[21]. »Christlich« in diesem Sinne wäre es, dass der Herr den bedingungslosen Gehorsam erwartet, aber sich doch freundlich bedankt und die versklavten Menschen »Bruder« oder »Schwester« nennt. Aber dieser so genannte christliche Liebespatriarchalismus ist nur eine besonders wirksame Rechtfertigung der Sklaverei.

---

19. Materialsammlung J.-A. Shelton 1998, 166-171.
20. Ein sprechendes Beispiel J.-A. Shelton 1998, 165 f.
21. Ein kleiner Teil (SyrSin; Marcion) der handschriftlichen Textüberlieferung lässt den Vers aus. Zur Problematik s. auch A. Jülicher II, 1910, 18-20.

Eschatologische Deutung

Wie in Mt 18,21-35 geht es darum, dass die Lehre Jesu die Menschen in seiner Nachfolge zu unbegrenzter Vergebungsbereitschaft untereinander verpflichtet. In Lk 17,4 wird die Unbegrenzbarkeit der Vergebungsbereitschaft so ausgedrückt: »Und wenn dein Bruder oder deine Schwester dir siebenmal am Tag Unrecht tut und siebenmal umkehrt und sagt: ich bereue es, sollst du vergeben« [22]. Daraufhin sagen die Apostel: »Verstärke unseren Glauben«, unsere Fähigkeit, nach Gottes Willen zu leben. Jesus antwortet mit dem Wort über die unendliche Kraft des Glaubens, und sei er so klein wie ein Senfkorn (17,6). Daran schließt das Gleichnis an. Die Apostel erwarten von ihren Sklaven bedingungslosen Gehorsam und sollen sich in die Situation eines Sklaven versetzen, der jedes Selbstbewusstsein verloren hat: »Wir sind wertlose Sklaven« (17,10). Der inhaltliche Bezug auf die Vergebungsbereitschaft ist klar. Denen es schwer fällt, unbegrenzt zu vergeben, wird die Übung auferlegt, sich mit einem zerbrochenen Sklaven am Ende seines überlangen Arbeitstages zu identifizieren. Der Referenzpunkt zwischen dieser Anwendung des Gleichnisses und der Vergebungsbereitschaft ist der mit dem Glauben verbundene Verzicht auf den Anspruch, Gott gegenüber zu definieren, wann die Grenze der Vergebungsbereitschaft erreicht ist. Es ist die *kenosis*, die Preisgabe seiner Geborgenheit als Gottes Kind, in Jesu Leben und Sterben (Phil 2,7). Die Erniedrigung eines Sklaven wird in Lk 17,10 zum Bild für die Selbsthingabe an die Liebe und an Gott, die nicht mehr fragt und sich selbst vergisst. Die Erniedrigung eines Sklaven wird zum Bild für Hingabe. Das Bewusstsein für das Unrecht und die Gewalt, die Menschen an den Punkt bringt, an dem sie sich selbst wertlose Sklaven nennen, ist im Lukasevangelium und gerade auch in diesem Gleichnis deutlich. In der Identifizierung mit dieser Erniedrigung geschieht eine Solidarisierung mit den Erniedrigten – nicht eine Rechtfertigung der Gewalt, die sie erniedrigt. – In Lk 1,48 wird Marias Erniedrigung der Erniedrigung einer unfruchtbaren Frau in einer patriarchalen Gesellschaft (1,25) an die Seite gestellt. Marias Erniedrigung ist die einer Schwangeren, deren Kind keinen Vater hat[23]. Die Selbsterniedrigung, die dem Lukasevangelium so wichtig ist (Lk 18,14; 14,11), führt zur Begegnung mit der äußersten Entwürdigung in der Gesellschaft und in die Solidarisierung mit den Erniedrigten[24].

---

22. Zur jüdischen Tradition der Vergebung unter Menschen s. Billerbeck I, 795-797; W. O. E. Oesterley 1936, 92 f.; B. H, Young 1998, 124.
23. L. Schottroff 1994, Kapitel IV 1.
24. K. Wengst 1987 mit seiner Deutung von »Demut und Solidarität« geht zwar nicht eigens auf das Lukasevangelium ein, doch steht das Lukasevangelium in der von ihm beschriebenen ersttestamentlichen Tradition. W. Munro 1998, 355

In einem Text von Dorothee Sölle finde ich diese Art der mystischen Solidarisierung beschrieben, die ich im Lukasevangelium zu erkennen meine. Sie schreibt:

»Der mystische Grund, auf dem all diese Formen von Verweigerung, Boykott, Verzicht und einem anderen Leben, das schon heute stattfindet, geschehen, wird in einem Traum von John Woolman [USA, 18. Jahrhundert] deutlich, den er in einer schweren Krankheit träumte. Er konnte sich seines eigenen Namens nicht mehr erinnern.

›Als ich den Wunsch fühlte zu wissen, wer ich sei, sah ich eine nebelige, düster gefärbte Masse zwischen Süden und Osten. Eine Stimme sagte mir, diese Masse bedeute eine Menge menschlicher Wesen, die zwar leben, sich aber in einem Zustand des äußersten Elends befinden, und daß ich zu ihnen gehöre; ich solle mich von nun ab nicht mehr als ein gesondertes, unterscheidbares Wesen fühlen. In diesem Zustand blieb ich mehrere Stunden lang, dann hörte ich eine sanfte Stimme, die war reiner und wohllautender als alles, was meine Ohren je gehört haben. Sie war wie die Stimme eines Engels, der mit anderen Engeln redet. Die Worte dieser Stimme lauteten: ›John Woolman ist tot.‹ (...) Dann wurde ich im Geiste aufgehoben und zu den Gruben und Bergwerken geführt, dort waren arme bedrückte Leute beschäftigt, für die sog. Christen Schätze zu graben. Ich hörte diese Menschen den Namen Christi lästern und war tief betrübt darüber, denn sein Name war mir kostbar. Da sagte mir eine Stimme, diesen Heiden sei einmal gesagt worden, ihre Bedrücker nennten sich Nachfolger Christi, infolgedessen sagten sie zueinander: Wenn Christus ihnen gebot, uns so zu behandeln, dann ist Christus ein grausamer Tyrann.‹« (190 f.)

Dorothee Sölle fährt fort:

»Die Mystik der Genügsamkeit klingt manchmal etwas hausbacken oder gar doktrinär, aber sie hat hinter diesem Moralismus etwas, das sich gerade an der entscheidenden Frage, die der Besitz und die Obsession mit dem Besitzen aufwirft, entzündet. Sklaverei ist die radikale, grauenvollste Konsequenz der Besitzgier. In ihr werden rechtlos gemachte, systematisch jeder Autonomie und Würde beraubte Menschen zu Waren, zu benutzbaren Dingen und verkäuflichen Objekten. Diese absurde Einteilung von Menschen in solche, die als Sklaven geboren und dazu bestimmt sind, und solche, die als Herren und Besitzer kein Unrechtsbewußtsein haben, beruht auf einer Lebensphilosophie, die das Haben, den Besitz und das Selbstinteresse des Individuums als einzige Grundlage der Ökonomie ansieht. Die mystische Vorstellung von der Einheit allen Lebens widerspricht dieser technisch-rationalistischen Sicht.

Von diesem anderen Denken, das aus der Perspektive Gottes folgt, lässt sich in dem Traum John Woolmans einiges entdecken. Mystisches Denken wurzelt in einem

betont, dass dieses Gleichnis an Sklavenhalter gerichtet ist, und liest den Text als implizite Vision der Umkehrung der Erniedrigung der Sklaven und Sklavinnen – also doch wohl als Identifikation und Solidarisierung der Sklavenbesitzer mit versklavten Menschen.

Nicht-unterschieden-Sein von den »Anderen«, den Besitzlosen und den Rechtlosen, den Andersfarbigen oder dem anderen Geschlecht. Die ununterscheidbare Masse von Mitgeschöpfen, die John Woolman träumend im Bergwerk sah, hängt mit der unausrottbaren mystischen Sehnsucht nach Einssein zusammen. Besitz trennt, so wie Ego trennt. Gott, von dem Eckhart sagt, dass er das Einzige sei, das wir als Eigentum haben sollen und das alles andere erübrigt, Gott verbindet alle, die sich durch Besitz und seine Besessenheit unterscheiden. Das hat Woolman im Traum gesehen: Im »Zustand des äußersten Elends« sah er die Besitzlosen und sich mitten unter ihnen. Im Sinne einer heutigen Mystik gesprochen, kann das nichts anderes heißen, als dass auch die, die zu den zwanzig Prozent der Weltbesitzer gehören, mit den übrigen achtzig Prozent zur Zeit ›im Zustand des äußersten Elends zusammengehören‹.«[25]

Literatur zur Vertiefung

Klaus Wengst 1987

Wir wollen keinen König wie Herodes.
Lukas 19,11-27

Übersetzung

11 Während sie noch zuhörten, fügte er ein Gleichnis an, weil er nahe bei Jerusalem war und sie glaubten, dass Gottes gerechte Welt unmittelbar offenbar werden würde.

12 Er sagte: Ein Mann von vornehmer Herkunft reiste in ein fernes Land, um für sich die Königswürde zu empfangen und dann zurückzukehren.

13 Er versammelte seine zehn Sklaven und gab ihnen zehn Minen Geld und sagte zu ihnen: Handelt damit, bis ich zurückkomme.

14 Seine Untertanen hassten ihn und schickten eine Gesandtschaft hinter ihm her mit der Botschaft: Wir wollen nicht, dass dieser Mann über uns herrscht.

15 Und es begab sich, dass er mit der Königswürde zurückkam. Da ließ er seine Sklaven zusammenrufen, denen er das Geld gegeben hatte, um zu erfahren, was sie erwirtschaftet hätten.

16 Der erste kam herbei und sagte: Herr, deine Mine hat zehn Minen hinzuverdient.

25. D. Sölle 1998, 308 f.

17 Da sagte er zu ihm: Gut, du treuer Sklave, weil du im Kleinen gehorsam warst, sollst du die Macht über zehn Städte haben.

18 Der zweite kam und sagte: deine Mine, Herr, hat fünf Minen eingebracht.

19 Da sagte er auch zu ihm: Und du sollst über fünf Städte herrschen.

20 Und der nächste Sklave kam und sagte: Herr, hier ist deine Mine, die ich im Taschentuch aufbewahrt habe.

21 Ich habe dich nämlich gefürchtet, weil du ein harter Mann bist und wegnimmst, was du nicht hingelegt hast, und erntest, was du nicht gesät hast.

22 Er sagt zu ihm: Mit deinen eigenen Worten werde ich dich richten, du schlechter Sklave. Wenn du wusstest, dass ich ein harter Mann bin und wegnehme, was ich nicht hingelegt habe, und ernte, was ich nicht gesät habe,

23 warum hast du mein Geld nicht wenigstens auf die Bank gebracht? Dann hätte ich kommen und es mit Zinsen einfordern können.

24 Und zu den Umstehenden sagte er: Nehmt ihm die eine Mine weg und gebt sie dem, der die zehn Minen hat.

25 Und sie sagten zu ihm: Herr, er hat schon zehn Minen.

26 Ich sage euch: Wer hat, der bekommt noch mehr, und wer nichts hat, dem wird das, was er hat, auch noch weggenommen.

27 Und diese meine Feinde, die nicht wollten, dass ich über sie herrsche, bringt sie hierher und schlachtet sie vor meinen Augen ab.

Sozialgeschichtliche Analyse

Das Gleichnis »von den anvertrauten Pfunden« – wie es in der Überschrift der Lutherbibel genannt wird, erzählt eine hochpolitische Geschichte, in der Erfahrungen des jüdischen Volkes in der ersten Hälfte des 1. Jahrhunderts n. Chr. zusammengefasst sind. Ein Mann aus einer Elitefamilie zieht in »ein fernes Land«, um dort zum König seines Heimatlandes eingesetzt zu werden und als König zurückzukehren (19,12). Auf dem Hintergrund der jüdischen Geschichte ist dieses »ferne Land« Rom. Dort haben sich alle herodianischen Könige ihr Vasallenkönigtum verleihen lassen: Herodes, seine Söhne Archelaus und Antipas, sein Enkel Agrippa[26]. Gegen die Königsregentschaften der Herodianer gab es immer jüdischen Widerstand. Besonders gut informiert sind wir über den jüdischen Widerstand gegen das von Archelaus angestrebte Königtum. Ich zitiere den Text des Josephus über die jüdische Gesandt-

---

26. E. Schürer I, 1901, § 16 (Archelaos und Antipas); § 18 (Agrippa). U. Busse 1998 betont zu Recht den einheitlichen Charakter des Textes, der eine politische Struktur, nicht ein Einzelereignis beschreibt. Allerdings deutet er den König im Gleichnis weiterhin allegorisch auf Christus, was dem Text nicht gerecht wird.

schaft nach Rom, die sein Königtum verhindern wollte. Diese Gesandtschaft hält eine Rede vor dem Kaiser, die Josephus referiert:

»1. Als Varus den Aufstand niedergeworfen hatte, liess er die Legion, welche auch bisher dort gelegen hatte, als Besatzung in Jerusalem zurück und begab sich wieder nach Antiochia. In Rom aber bekam Archelaus neue Händel aus folgender Veranlassung. Von seiten der Juden war mit Erlaubnis des Varus eine Gesandtschaft nach Rom beordert worden, um dort das Begehren zu stellen, dass sie frei nach ihren Gesetzen leben dürften. Der Männer, die nach dem Beschluss des gesamten Volkes geschickt wurden, waren fünfzig, und zu Rom schlossen sich ihnen noch über achttausend Juden an. Da nun der Caesar im Tempel des Apollo, den er mit großen Kosten erbaut hatte, eine Ratsversammlung seiner Freunde und der vornehmsten Römer anberaumt hatte, kamen dahin auch die Gesandten, gefolgt von einer Menge römischer Juden, und Archelaus hatte sich ebenfalls mit seinen Freunden eingefunden. Was die Verwandten des Königs Herodes betrifft, so wollten sie weder für Archelaus Partei ergreifen, weil sie ihn hassten, noch gegen ihn, weil sie es für unziemlich hielten, in Gegenwart des Caesars einem so nahen Verwandten feindlich entgegenzutreten. Auch Philippus war auf Varus' Antrieb aus Syrien gekommen, hauptsächlich um seinen Bruder, dem Varus besonders zugethan war, zu unterstützen, dann aber auch, um, falls eine Änderung in den Regierungsverhältnissen des Königreiches eintreten sollte, seinerseits nichts zu vernachlässigen, damit auch er einen Teil davon erhielte. Da nämlich viele Juden nach ihren eigenen Gesetzen zu leben begehrten, glaubte Varus, das Königreich würde zugeteilt werden.

2. Als nun den Gesandten der Juden das Wort erteilt wurde, fürchteten sie sich, von Auflösung des Reiches zu sprechen, und begannen daher mit der Klage über die Ungerechtigkeiten des Herodes. Dem Namen nach, sagten sie, sei derselbe wohl König gewesen, in der That aber habe er die ärgste Tyrannei ausgeübt, vieles zum Verderben der Juden ersonnen und sich nicht gescheut, eine Menge willkürlich erdachter Neuerungen einzuführen. Eine grosse Anzahl Menschen habe er, was in früheren Zeiten niemals geschehen sei, auf verschiedene Art aus dem Wege geräumt. Diejenigen aber, welche er am Leben gelassen, seien noch viel unglücklicher, einmal wegen der Angst, die sein blutdürstiges Wesen ihnen eingeflösst habe, dann aber auch wegen der beständigen Besorgnis, ihr Vermögen zu verlieren. Die benachbarten, von Ausländern bewohnten Städte habe er verschönert, um die in seinem eigenen Reiche gelegenen durch Steuern zu erschöpfen und zu Grunde zu richten. Das Volk, das bei seinem Regierungsantritt sich noch eines besonderen Wohlstandes erfreut habe, habe er völlig verarmen, die Vornehmen um der geringfügigsten Ursache willen töten und ihr Vermögen einziehen lassen, und diejenigen, denen er wenigstens noch das Leben geschenkt, seien von ihm um Hab und Gut gebracht worden. Ausserdem, dass er die den einzelnen auferlegten jährlichen Abgaben aufs strengste eingetrieben habe, sei man auch noch genötigt gewesen, ihm selbst, seinen Verwandten und Freunden sowie den Steuereinnehmern [griechischer Text: Sklaven, die ausgesendet wurden, Steuern einzutreiben; Einfügung L. S.] reiche Geschenke zu geben, weil man sich der Plackereien nur mit Aufopferung von Silber und Gold habe erwehren können. Nicht reden wolle man davon, wie er mit der grössten Schamlosigkeit Frauen und Jungfrauen

geschändet habe, weil es den Geschändeten fast mehr zum Trost gereiche, dass die Misshandlungen verborgen blieben, als dass sie nicht geschehen sein möchten. Kurz, sie seien von Herodes so misshandelt worden, dass ein wildes Tier ihnen wohl keine schlimmeren Unbilden hätte anthun können, wenn es zur Herrschaft über sie gelangt wäre. Zwar sei ihr Volk auch schon früher von schweren Unglücksfällen heimgesucht und zu Auswanderungen gezwungen worden; aber es komme doch in der Geschichte kein Beispiel einer Drangsal vor, die mit dem gegenwärtigen Elend, welches Herodes heraufbeschworen, verglichen werden könne. Deshalb hätten sie auch zunächst mit gutem Grund den Archelaus freudig als König begrüsst, da sie überzeugt gewesen seien, es könne nicht leicht ein Nachfolger des Herodes, wer es auch sei, diesen an Härte übertreffen. Ja, sie hätten sogar dem Archelaus zulieb dessen Vater öffentlich betrauert, und sie würden noch mehr gethan haben, um sich sein Wohlwollen zu sichern, wenn sie ihn nur dadurch etwas milder hätten stimmen können. Archelaus aber habe, gleich als ob er ängstlich gewesen sei, man möchte ihn nicht für den echten Sohn des Herodes halten, unverzüglich seine Gesinnung gegen das Volk dargelegt, und das zu einer Zeit, da er des Thrones noch gar nicht sicher gewesen sei, sondern es noch beim Caesar gestanden habe, ob er ihm denselben geben oder verweigern wolle. Gleich zu Anfang seiner Regierung nämlich habe er seinen Unterthanen eine Probe seiner Mässigung und seines Gefühls für Recht und Billigkeit gegeben, indem er den Frevel gegen Gott und Menschen begangen habe, dreitausend seiner Landsleute im Tempel hinzumorden. Sei nun ihr Hass gegen Archelaus nicht vollkommen berechtigt, zumal noch der Umstand hinzu komme, dass er eine Anklage gegen sie erhoben habe, als ob sie sich seiner Herrschaft widersetzt hätten? Mit einem Wort, ihre Forderung gehe dahin, dass sie von solcher Herrschaft befreit, der Provinz Syrien zugeteilt und einem römischen Landpfleger unterstellt würden. Auf diese Weise werde es sich zeigen, ob sie aufrührerisch und umstürzlerisch, oder aber unter einer gerechten Regierung ruhig und zufrieden seien.«[27]

Das Gleichnis erzählt auch von einer solchen Gesandtschaft: »Wir wollen nicht, dass dieser als König über uns herrscht« (19,14). Während Archelaus von Rom nur begrenzte Macht erhielt, erhält der Edelmann im Gleichnis das Königtum. Nach seiner Heimkehr als König baut er seine Verwaltung auf und etabliert seine Macht. Er hat vor seiner Abreise zehn Sklaven beauftragt, sein Vermögen während seiner Abwesenheit zu mehren. Zehn Minen werden an sie verteilt. Eine Mine ist ein geringer Betrag. Er entspricht hundert Drachmen oder Denaren. In dem Josephustext kassieren die Sklaven des Herodes Steuern und lassen sich mit großen Summen für Vergünstigungen bei dieser Steuerlast bezahlen. Da sie Sklaven sind, handeln sie im Geschäftsinteresse ihres Herrn[28]. Im Gleichnis erwirtschaften die Sklaven mit wenig

27. Josephus Ant. 17,11,1-2 (§ 299-314); Übersetzung H. Clementz; in 308 nach dem griechischen Text ergänzt.
28. Es ist eine Fehleinschätzung, solche Sklaven als »retainer«/Hilfspersonal der

Geld hohe Gewinne: zwischen dem Zehnfachen und dem Fünffachen der Ausgangssumme (19,16.18). Damit haben sie im Sinne des neuen Königs bewiesen, dass sie das Rückgrat seiner Verwaltung bilden können. Sie erhalten die Verwaltung von Städten je nach ihrem Potenzial: der eine zehn Städte, der andere fünf. Die Details über die restlichen erfolgreichen Sklaven, es müssen insgesamt neun sein, werden nicht erzählt. Die kann die Hörerschaft sich schon denken. Nun können die Sklaven im großen Stil wiederholen, was sie im Kleinen erfolgreich getan haben: Leute und Land ausbeuten, um den Reichtum ihres Herren zu vermehren – wie es in dem Josephuszitat die Sklaven des Herodes taten.

Unter den zehn Sklaven war einer ungehorsam. Er hat das Geld nicht vermehrt, es nicht einmal gegen Zinsen an Geldhändler[29] verliehen. Er sagt, er habe seinen Herrn als harten Mann gefürchtet, der Menschen ihr Eigentum wegnimmt[30]. Er hat das Geld im Schweißtuch verwahrt. Der König lässt es ihm demonstrativ öffentlich wegnehmen und dem erfolgreichsten Sklaven geben. So kann er die Regel demonstrieren, wie es nach seiner Meinung in der Wirtschaft gehen soll: Wer da hat, dem wird gegeben, und wer nichts hat, wird ausgequetscht[31]. Zum Schluss macht er den Leuten den Prozess, die sein Königtum verhindern wollten. Er lässt sie öffentlich in seiner Gegenwart abschlachten *(katasphazein)*. Die Erzählung ist vollständig klar. Sie will ökonomische und politische Strukturen eines ausbeuterischen Königtums beschreiben. Die Perspektive der Beschreibung ist die des Volkes, das diese Herrschaft widerwillig erträgt und ihr Ende herbeiwünscht. Es soll nicht ein bestimmtes einzelnes historisches Ereignis beschrieben werden,

Mächtigen zu verstehen und sie bis zu einem gewissen Grade als Teilhaber an Macht und Geld zu verstehen (G. E. Lenski 1984, 243 f.). W. R. Herzog 1994, 157 f. versteht die Sklaven in Mt 25,14-30/Lk 19,11-27 als solche »retainer«, mächtige Bürokraten, die eigenen Wohlstand erwirtschaften konnten. Zu dieser Fehleinschätzung s. J. A. Glancy 2002, 126: Die Sklaven bleiben auch in verantwortungsvoller Position Sklaven, deren Körper der absoluten Verfügungsmacht ihrer Besitzer unterworfen ist. Sie haben auch keine legale Möglichkeit, in dieser Funktion eigenes Geld zu erwirtschaften. Das setzt das Gleichnis auch voraus: Das Kapital und der Gewinn ist Eigentum des Herrn.

29. Im Sinne des Textes bringt der Geldhandel weniger Profit als andere Formen der Vermehrung des Kapitals, also z.B. das Verleihen gegen dingliche Sicherung (Land).

30. »Wegnehmen, was ich nicht hingelegt habe«, 19,21.22, beruht auf einer antiken Maxime ungeschriebenen Rechtes, dass man nicht wegnehmen soll, was man nicht hingelegt hat. So kann gehört werden, dass der Sklavenbesitzer vom dritten Sklaven als Dieb bezeichnet wird, weil er hohe Profite für sein Kapital annimmt. Materialsammlung zu diesem ungeschriebenen Gesetz: F. E. Brightman 1927-28, 158.

31. Dazu s. o. zu Mk 4,24.

sondern eine Struktur. Die historische Zuordnung ist so klar, dass die allegorisierende Auslegung, die die gehorsamen Sklaven als gehorsame Diener Gottes[32] dargestellt sah und die Romreise als Aufstieg Jesu in den Himmel, gelegentlich Unsicherheit erkennen lässt. Bovon 2001, 293 sagt: »Man darf jedoch nicht Rom und den Himmel, Italien und das Reich Gottes verwechseln«. Doch dann rechnet er mit einem »allegorisierenden Reflex« des Autors des lukanischen Sondergutes, der die Romfahrt als Jesu Himmelfahrt versteht. Soll man also doch Rom und den Himmel verwechseln?

Jülicher[33] besteht darauf, das ferne Land sei nicht Italien, sondern der Himmel. Es wird verbreitet notiert, dass sich die Gesandtschaft (19,14) schlecht allegorisieren lässt. Trotzdem wird das Gleichnis durchweg allegorisierend gelesen. Es ist mir eigentlich unverständlich, wie Jesu Messiaswürde jemals so hat interpretiert werden können: als sei in der Romfahrt des Archelaus oder eines vergleichbaren Herrschers Jesu Weg zu Gott beschrieben und erkannt worden. Denn der Zusammenhang mit der politischen Geschichte ist ja von diesen Interpreten immer gesehen worden. Trotzdem wurde die reale Geschichte zum neutralen Illustrationsmaterial für etwas angeblich ganz anderes: die Messiaswürde Jesu. Und die königsfeindliche jüdische Gesandtschaft wurde zum Aufstand der jüdischen »Volksgenossen« gegen Jesu Königtum »in ihrem blinden Hass«[34]. Dass die Allegorisierung auf Schwierigkeiten stößt, wird also manchmal gesehen[35], doch wird in der Regel an ihr festgehalten.

Eschatologische Deutung

In V. 11 wird gesagt, warum Jesus das Gleichnis erzählt. Es war in Jericho kurz vor seiner Ankunft in Jerusalem. Er sagte zu dem Oberzöllner Zachäus: »Heute ist diesem Hause Heil widerfahren. Denn der Menschensohn ist gekommen … das Verlorene zu retten« (19,9.10). Diese Szene und diese Worte Jesu werden von den Umstehenden gehört. Es können Jünger und Jüngerinnen sein, aber auch andere Interessierte. Sie folgern aus Jesu Worten und der

---

32. Ein Beispiel aus neuerer Zeit: K.-J. Kim 1998, 165 versucht die »Minen«/Geldsummen nicht allegorisch zu lesen. Es geht für ihn um den verantwortlichen Umgang mit Geld, um »stewardship«. D.h. aber, dass er die Sklaven allegorisch deutet.

33. A. Jülicher II, 1910, 486.

34. A. Jülicher II, 1910, 487; ähnlich A. Prieur 1996, 264 (er hält diese Verdammung der Juden für vorlukanisch).

35. Ein Beispiel: F. Bovon, 296. W. R. Herzog 1994, 155 notiert die Unsicherheit in der traditionellen Exegese. Er ist m. W. der einzige, der die Konsequenz zieht, den Text nicht allegorisch zu lesen.

Tatsache, dass er kurz davor ist, nach Jerusalem hineinzugehen, dass sehr bald Gottes Königtum offenbar werden, Gott das Verlorene retten wird: das Volk, das im Finstern lebt (1,79). Die Hoffnung auf das Königtum Gottes ist in dieser Zeit von den verzweifelten Menschen öfter mit einer prophetischen Aktion, die sein Kommen einleitet, in Verbindung gebracht worden. Josephus erzählt von solchem Messianismus, der in seinen Augen antirömisch und verbrecherisch ist. Doch sein Bericht erlaubt es, sich ein Bild von messianischen Gruppen zu machen, wenn man seine Polemik beiseite lässt.

»Infolge des Treibens der Räuber war die ganze Stadt ein Schauplatz der nichtswürdigsten Verbrechen. Gleichzeitig traten auch Gaukler und Betrüger auf und beredeten die Menge, ihnen in die Wüste zu folgen, wo sie mit Gottes Beistand offenbare Zeichen und Wunder thun würden. Viele glaubten ihnen, mussten aber für ihren Unverstand schwer büssen, da Felix sie zurückholen und hinrichten liess. Um diese Zeit kam auch ein Mensch aus Aegypten nach Jerusalem, der sich für einen Propheten ausgab und das gemeine Volk verleiten wollte, mit ihm auf den Ölberg zu steigen, der in einer Entfernung von fünf Stadien der Stadt gegenüberliegt. Dort, sagte er, wolle er ihnen zeigen, wie auf sein Geheiss die Mauern Jerusalems zusammenstürzten, durch welche er ihnen dann einen Eingang in die Stadt bahnen würde. Als Felix hiervon Kunde erhielt, liess er die Besatzung alarmieren, machte mit einer starken Abteilung von Reitern und Fusssoldaten einen Ausfall aus Jerusalem und griff den Aegyptier und dessen Anhänger an. Von den letzteren fielen viertausend, und zweihundert wurden gefangen genommen; der Ägyptier selbst aber entkam aus dem Treffen und wurde unsichtbar. Jetzt reizten die Banditen abermals das Volk zum Kriege gegen die Römer, denen man keinen Gehorsam erweisen dürfe, und wo man auf ihre Hetzereien nicht einging, verheerten sie die Dörfer durch Brandstiftung und Plünderung.«[36]

Die Erwartung des Königtums Gottes, die Jesus lehrt, unterscheidet sich von dieser Erwartung einer wunderbaren Befreiung Jerusalems: Er hofft auf die Umkehr des ganzen Volkes (13,1-9), dafür arbeitet er. Aber selbst seine Jünger missverstehen seine Botschaft vom Königtum bis zum Schluss: Sie erhoffen, dass Gott jetzt, »sogleich« (*parachrema* 19,11), »in dieser Zeit« (Apg 1,6) eingreifen werde, um das Volk zu befreien (vgl. Lk 24,21). Jesus dagegen[37] sieht die Gefahr, die auf Jerusalem und das Volk zukommt. Jerusalem wird zerstört werden, weil das Volk die Zeit nicht erkannt hat (19,44). Aber die Botschaft der Umkehr zu Gott wird weitergehen auch nach Jesu Tod, und Gott wird sein Königtum aufrichten (Lk 24,47; Apg 1,8). Sein Königtum ist nahe (Lk 21,30.31).

---

36. Josephus, Ant. 20,8,6 (§ 167-172); Übersetzung H. Clementz.
37. Die Königreicherwartung Jesu und seiner Jünger und Jüngerinnen ist hier eine politische Hoffnung. Es gibt keinen Grund im Text, die lukanische Vorstellung vom Königtum Gottes zu entpolitisieren, wie es z. B. A. Prieur 1996, 269f. tut.

Das Gleichnis erläutert den Umstehenden also, warum Jesus ihre messianische Hoffnung für einen Irrweg hält. Seine politische Analyse ist radikal: Das römische Imperium ist gnadenlos auf Geld und Gewalt aufgebaut. Ihr wisst doch, wie dieses Imperium funktioniert. Wer aufbegehrt, wird umgebracht (19,27). Jerusalem wird zerstört werden (19,41-44; 21,5-6.20-24). Jesus gibt keine explizite abschließende Deutung des Gleichnisses. Seine Deutung ist seine vorangehende Begegnung mit Zachäus und sein Aufbruch nach Jerusalem (19,28), wo er von eben dieser imperialen Macht umgebracht werden wird und wo er – nach Lukas – auferstehen wird. Was es bedeutet, dass Jesus ein König ist, zeigt sich in seiner Passion, für die er bei seinem Einzug nach Jerusalem als König begrüßt wird (19,38).

Methodische Erläuterung

In dieser Auslegung habe ich – wie in diesem Buch insgesamt – den Text in seinem literarischen Kontext ausgelegt. Ich habe also nicht nach der Vorgeschichte dieses Gleichnisses in mündlicher oder schriftlicher Tradition gefragt, obwohl ich davon ausgehe, dass alle Elemente der synoptischen Tradition eine solche Vorgeschichte haben. Es ist in diesem Falle aber so eindeutig wie selten, dass es destruktiv ist, den Text im Blick auf seine mögliche Vorgeschichte zu zerteilen. Diese Zerteilung zerstört das vorhandene Gesamtbild in seinem Kontext, dem Lukasevangelium. Solche Zerteilung ist für Lk 19,11-27 besonders nachdrücklich diskutiert worden. Besonders der Vergleich mit Mt 25,14-30 verleitete dazu, nach einer beiden Texten vorausliegenden Urform zu suchen. Damit wird die Tatsache, dass wir in Mt 25,14-30 und Lk 19,11-27 zwei völlig unterschiedliche Parabeln vor uns haben, die sich teilweise gleichartiger Motive bedienen, unsichtbar oder zur Nebensache. Lk 19,11-27 erzählt eine ganz andere Geschichte als Mt 25,14-30. Lk 19,11-27 fügt auch nicht zwei unabhängige Gleichnisse von Sklaven und von einem Thronanwärter zusammen, sondern erzählt eine in sich stimmige Geschichte vom Regierungsbeginn eines Vasallenkönigs und seinem Management der Verwaltung seines Königtums und der Durchsetzung seiner Macht.

Literatur zur Vertiefung

William R. Herzog 1994; Schirmer 1995

8. Zu Gott schreien.
Lukas 11,5-13 und 18,1-8.
Der unverschämte Freund und die hartnäckige Witwe

Der unverschämte Freund.
Lukas 11,5-13

Übersetzung

5 Und er sagte zu ihnen: Wer unter euch, der einen Freund hat, wird mitten in der Nacht zu ihm gehen und sagen: Freund, borge mir drei Brote.

6 Mein Freund ist nämlich auf der Durchreise bei mir eingetroffen und ich habe nichts, das ich ihm vorsetzen kann.

7 Und jener antwortet[1] von drinnen: Lass mich in Ruhe. Die Tür ist schon verschlossen, meine Kinder sind bei mir im Bett. Ich kann nicht aufstehen und dir (Brot) geben.

8 Ich sage euch: Wenn er auch nicht aufsteht und ihm[2] gibt, weil er sein Freund ist, so wird er doch wegen seiner Unverschämtheit aufstehen und ihm alles geben, was er braucht.

9 Und ich sage euch: Bittet, und Gott wird euch geben, sucht, und ihr werdet finden, klopft, und Gott wird euch öffnen.

10 Alle die bitten, erhalten, und die suchen, finden, und die klopfen, denen wird die Tür geöffnet.

11 Wer unter euch, der Vater ist und sein Sohn bittet ihn um einen Fisch, wird ihm anstelle eines Fisches eine Schlange geben?

12 Oder wenn er um ein Ei bittet, wird er ihm einen Skorpion geben?

13 Wenn nun ihr, die ihr böse seid, euren Kindern gute Gaben zu geben fähig seid, um wieviel mehr wird euer Vater im Himmel denen, die ihn bitten, den Heiligen Geist geben.

---

1. Die rhetorische Frage von V. 5 ist nicht konsequent durchgeführt. V. 7 beschreibt die erwartbare Reaktion des nachts gestörten Freundes: Wird er nicht ablehnen? Die zu erwartende Antwort ist: ja, er wird ablehnen im Stil von V. 7. Anders z. B. A. J. Hultgren 2002, 229: Die Ablehnung sei zwar vorstellbar, aber »things like that simply do not occur in the usual course of events«. Hier kann nur mit dem Gefälle des Textes argumentiert werden. V. 7 beschreibt die Ablehnung ausführlich, V. 8 benennt die Erfüllung der Bitte als nicht der Freundschaft wegen erfolgt. V. 8 setzt also auch die Nichterfüllung als das Normale voraus.
2. Die rhetorische Struktur der Anrede in V. 5-7 ist hier aufgegeben.

Sozialgeschichtliche Analyse

Das Gleichnis und seine Anwendung (11,8-13), die ihrerseits zunächst im Gleichnisbild bleibt (V. 8) und dann ein neues Gleichnis hinzufügt (V. 11.12), nehmen auf zwei Lebenssituationen Bezug: 1. Ein Mensch weckt nachts seinen Freund, um Brote zu borgen. 2. Kinder bitten ihren Vater um Nahrung, einen Fisch und ein Ei. Die erste Situation ist ungewöhnlich. Ein Mensch bekommt nachts Besuch von einem Freund. Der ist auf Reisen. Normalerweise versuchen Reisende, nachts nicht unterwegs zu sein, aber es gibt Situationen, die einen Reisenden zwingen weiterzugehen, z. B. wenn er keinen Platz in einer Unterkunft findet (Lk 2,7). Es gehört zur Freundschaft, Gastfreundschaft zu gewähren. Der Gastgeber versucht nun, in der Nacht ein Abendessen für seinen späten Gast aufzutreiben. Er geht zu seinem befreundeten Nachbarn, der schon im Bett liegt. Der ist nicht so selbstverständlich bereit, nachts einen Freundschaftsdienst zu gewähren. Es ist hier schwierig zu erkennen, ob er damit gegen die gesellschaftlichen Regeln, die Freundschaften definieren, verstößt oder nicht. Der Text will ihn nicht negativ darstellen und macht deutlich, dass er sich nicht wegen der Freundschaft verpflichtet fühlt, aufzustehen und das Brot zu holen, sondern weil er den lästigen Besuch los sein will. Während ein Reisender in der Nacht auf die Gastfreundschaft eines Freundes rechnen kann, der ihn nicht zurück auf die Straße schickt, darf ein Freund ärgerlich sein, wenn er wegen einer fehlenden Mahlzeit nachts aus dem Bett geholt wird. Die vorausgesetzten sozialen Verhältnisse sind die von Menschen, die von der Hand in den Mund leben und keine über den Tag hinausreichenden Vorräte haben. Der Text setzt auch voraus, dass Menschen sich gegenseitig helfen: den reisenden Freunden und den Nachbarn, denen Brot fehlt – nur muss es nicht gerade nachts sein.

Das Gleichnis beschreibt die Solidarität unter Freunden, die sich nachts Obdach gewähren und eventuell auch bereit sind, über die Grenze des Anstands hinweg Solidarität einzufordern. Die rhetorische Frage »wer unter euch?« erwartet weder schnelle Ablehnung noch Zustimmung, sondern ein Nachdenken darüber, ob die Hörenden sich so aufdringlich verhalten würden oder nicht. Die Situation beschreibt die Vernetzung von Menschen und ihre Transparenz für die Gottesbeziehung.

Eschatologische Deutung

Es geht um das Gebet und die Gabe Gottes, die Gabe des Heiligen Geistes. Wenn selbst ein befreundeter Nachbar, der eigentlich ärgerlich ist, nachts Brot gibt, um wieviel mehr wird Gott eure Bitte erhören. Ich halte den Schluss a minore ad maius, der in V. 13 folgt, auch für V. 8.9 für angemessen. Wenn Kinder sich darauf verlassen, dass ihre Väter sie nicht in Gefahr bringen, um wieviel mehr könnt ihr euch auf Gott verlassen, der euch den Heiligen Geist geben wird, wenn ihr darum bittet. Der Geist Gottes ist die von Gott geschenkte Kraft zur Erneuerung des Lebens nach dem Willen Gottes. Der Geist Gottes macht fähig, Kranke zu heilen, das Evangelium der Armen auszubreiten und vor Gericht mutig zu sein. Im Lukasevangelium werden Jesus selbst, der Täufer, Maria, Elisabeth, Zacharias und Simeon als geisterfüllte Menschen beschrieben (Lk 1,15.25.41.67; 2,25-27; 3,22; 4,1; 4,18 usw.). Die Apostelgeschichte ist mit Erzählungen von der Kraft des Geistes Gottes angefüllt. Im Lukasevangelium wird die Nachfolgegemeinschaft nur hier und 12,12 mit dem Geist explizit in Verbindung gebracht. Doch ihre Kraft, zu heilen, und ihre Vollmacht, prophetisch vom Königtum Gottes zu reden (s. nur 10,1.17.23), ist implizit nichts anderes als Ausdruck der Geistgabe Gottes. Dieser Geist Gottes ist nicht eine Eigenschaft, die mit der Nachfolge immer und jederzeit verbunden ist, sondern Ausdruck der jeweils lebendigen Erfahrung von göttlicher Offenbarung. In Lk 11,5-13 wird ein Gleichnis erzählt, das die Jünger und Jüngerinnen zur Aufdringlichkeit und Unverschämtheit in ihrer Bitte Gott gegenüber ermutigen will. Die Gottesbeziehung, die sich in der Anwendung des ersten Gleichnisses (V. 8) ausdrückt, ist kein bisschen unterwürfig, bis an die Grenze des Peinlichen ist sie bereit zu gehen. Geschichten von solcher Gottesbeziehung erzählt das Erste Testament oder erzählen die Rabbinen.

Methodische Bemerkung

Das Gleichnis Lk 11,5-8.9-13 hat manche Ähnlichkeit mit Lk 18,1-8, ist aber keine Parallelgeschichte, die dasselbe mit anderen Worten sagt. In Lk 11,5-13 geht es um die Kraft des Heiligen Geistes, die Glaubende sich manchmal von Gott erkämpfen müssen, die ihnen nicht einfach zufällt. In Lk 18,1-8 geht es um die Gerechtigkeit zwischen Menschen, die Gott verheißen hat. Die *anaideia*/Unverschämtheit (Lk 11,8) ist viel diskutiert worden, weil das Wort eine negative Konnotation hat. Es ist versucht worden, eine positive Deutung des Wortes zu entwickeln oder die »Unverschämtheit« dem Freund, der im Bett bleiben möchte[3], anzulasten, nicht dem, der ihn stört. Doch das Wort hat eine negative Konnotation und V. 8 ist sprachlich darin

3. Diese Deutung fände den Gebetenen unverschämt, wenn er nicht aufsteht: »weil er sich schämen müsste, wenn er dem Freund nicht helfen würde« (H. Paulsen 1984, 27 als ein Beispiel für eine verbreitete Deutung; vgl. J. Jeremias 1965, 157). Der Text V. 7.8 setzt die Ablehnung der nächtlichen Bitte jedoch als das Naheliegende voraus.

eindeutig, dass der Störenfried unverschämt ist. Das Gleichnis hat seine Stärke gerade darin, dass es mit der Unverschämtheit in einer Situation der Solidarität zur Unverschämtheit Gott gegenüber einlädt. Die Diskussion über die »Unverschämtheit«, die sie abmildern will, geht an der Eigenart dieses Gleichnisses vorbei.

Die hartnäckige Witwe.
Lukas 18,1-8

Übersetzung

1 Er erzählte ihnen ein Gleichnis, damit sie lernten, andauernd zu beten und nicht zu verzweifeln.
2 Er sagte: Es war einmal ein Richter in einer Stadt, der Gott nicht fürchtete und Menschen nicht achtete.
3 Und eine Witwe lebte in jener Stadt. Sie kam immer wieder zu ihm und sagte: Schaffe mir mein Recht gegen meinen Prozessgegner.
4 Aber der wollte nicht – für eine längere Zeit. Danach sprach er bei sich selbst: wenn ich auch Gott nicht fürchte und Menschen nicht respektiere –
5 weil diese Witwe da mich belästigt, werde ich ihr ihr Recht schaffen. Sonst kommt sie am Ende und schlägt mir unters Auge.
6 Da sagte Jesus: Hört, was der ungerechte Richter sagt!
7 Wird Gott etwa seinen Erwählten kein Recht verschaffen, die Tag und Nacht zu ihm schreien? Wird er nicht nachsichtig mit ihnen umgehen?
8 Ich sage euch: Ganz schnell wird er ihnen Recht verschaffen! Nur, wenn der Menschensohn kommt, wird er überhaupt Treue zu Gott auf der Erde vorfinden?

Sozialgeschichtliche Analyse

Beide Gestalten in diesem Gleichnis sind im Licht der Tora zu lesen. Der ungerechte Richter verkörpert den Missbrauch des Rechtes der Tora, der in ihr selbst immer wieder eine wichtige Rolle spielt; s. z.B. Jes 5,7: »Gott wartete auf Rechtsspruch, siehe, da war Rechtsbruch«. Der Richter verkörpert das Gegenteil dessen, was Richter in Israel sein sollen: »... ihr haltet Gericht nicht im Namen von Menschen, sondern im Namen Gottes ... Lasst die Furcht Gottes bei euch sein, haltet und tut das Recht; denn bei Gott ... ist kein Ansehen der Person noch Annehmen von Geschenken« (2 Chr 19,6-7).

Gott selbst verkörpert das Gegenbild zum ungerechten Richter: »Bringe deine Gabe nicht, um Gott zu bestechen … Gott ist ein Richter und vor ihm gilt kein Ansehen der Person. Gott hilft den Armen ohne Ansehen der Person … Er verachtet das Gebet der Waisen nicht noch die Witwe, wenn sie klagt. Die Tränen der Witwe fließen die Backen herab und schreien gegen den, der sie hervorgerufen hat« (Sir 35,14-19).

Die Witwen und Waisen werden in der Tora unter den besonderen Schutz des göttlichen Rechts gestellt. In den patriarchalen Gesellschaften der Alten Welt waren sie strukturell die ersten Opfer wirtschaftlicher und sozialer Ungerechtigkeit, rechtlicher Übergriffe und Ziele von Betrug und Ausbeutungsversuchen.

Das *Unrecht*, das dieser Witwe angetan wurde, liegt auf zwei Ebenen. Sie ist Opfer eines Mannes geworden, der ihre wirtschaftliche Lebensgrundlage angetastet hat und gegen den sie sich mit Hilfe eines Richters zu wehren versucht. Sie klagt vor Gericht gegen ihn. Im Gleichnis taucht er als der ›Widersacher‹ auf. Sie wird aber darüber hinaus auch Opfer einer ungerechten Rechtsprechung, die auf ihr Recht keine Rücksicht nimmt. Der Richter hat sie mehrfach abgewiesen, wie das Gleichnis erzählt. Das doppelte Unrecht, das dieser Frau geschieht, ist Gegenstand der Daueranklage der Hebräischen Bibel gegen die Täter des Unrechts und das Volk, in dessen Mitte dieses Unrecht geschieht. Sowohl aus dem alttestamentlichen Material als auch aus dem Gleichnis selbst ist zu entnehmen, dass diese Texte dieses doppelte Unrecht gegen Witwen als *strukturelles* Unrecht ansehen. Die alttestamentlichen Texte sprechen schon durch die dauernde Wiederholung dieser Anklage das Unrecht als strukturell an. Das neutestamentliche Gleichnis tut dasselbe, indem es die Notlage als typischen Fall darstellt. So wird aus diesem Text deutlich, dass im frühen Christentum wie in der jüdischen Tradition auch sonst ein Bewusstsein dafür vorhanden war, dass eine patriarchale Gesellschaft strukturelles Unrecht begeht, gegen das Gott einschreitet. Wenn es im Gleichnis heißt, der Richter fürchte Gott nicht (V. 2.4), so dokumentiert er seine mangelnde Gottesfurcht auch in seinem Verhalten der Witwe gegenüber, denn der Gott der hebräischen Bibel fordert eine gerechte Rechtsprechung für Witwen.

Der Widerstand der Witwe gegen das doppelte Unrecht, das ihr und vielen Witwen angetan wird, besteht darin, dass sie wegen des Übergriffs vor Gericht zieht und dass sie sich vom ungerechten Richter nicht abweisen lässt. Sie kommt so häufig zurück und verhält sich dabei offensichtlich noch zusätzlich lästig, so dass der Richter sagt, sie bereite ihm Mühe (V. 5). Er schafft ihr Recht, um von ihrer Hartnäckigkeit nicht mehr behelligt zu werden[4].

4. Zu wirtschaftlichen Übergriffen gegen Witwen nach der Hebräischen Bibel s.

Widerstand vor Gericht ist ein viel verhandeltes Thema in antiken Texten aller Bereiche: Eine altägyptische Erzählung berichtet von einem »beredten Bauern«, der neunmal zum Richter zurückkehrt, obwohl er erfolglos bleibt und einmal sogar von den Dienern des Richters mit Peitschen geschlagen wird. In seinen Reden behaftet er den Richter bei seiner Aufgabe, den Schwachen Recht zu verschaffen: »Man vertraute dir, und du bist zum Frevler geworden. Du wurdest als Damm für den Elenden gesetzt, der verhüten soll, dass er ertrinke – und siehe, nun bist du sein See«. Er klagt den Richter immer wieder an, selbst Räuber geworden zu sein: »Wer zu den Gesetzen leiten sollte, befiehlt zu rauben«. Er wünscht dem ungerechten Richter Böses für ihn selbst und sein Vieh. Er versteht sich selbst in seinem Widerstand als Vertreter des Rechts, der seinen Mund nicht mehr schließen wird: »Der schweigt nicht (mehr), den du zum Reden gebracht hast; der schläft nicht (mehr), den du aufgeweckt hast; … der ist nicht (mehr) unwissend, den du wissend gemacht hast. Das sind solche, die das Böse vertreiben«[5].

Auf einem Oxyrhynchus Papyrus aus dem Anfang des 1. Jahrhunderts n. Chr. findet sich die Eingabe einer »schwachen Witwe«, die bereits vorher eine Eingabe wegen eines Übergriffs gegen ihren Schwiegersohn gemacht hat. Der Übeltäter »brachte es fertig, dass die Eingabe unwirksam wurde, so daß man nicht gegen ihn vorgehen konnte«. Sie lässt sich von diesem Scheitern nicht abhalten, das alte Unrecht erneut zu benennen und gegen ein neues Unrecht eine neue Eingabe einzubringen[6].

Die Witwe im Gleichnis Lk 18,1-8 leistet Widerstand, indem sie den Richter auf ihr Recht, das heißt auf die Tora verweist[7]. Ihre Beharrlichkeit ist möglich, weil sie Gottes Recht auf ihrer Seite weiß. Sie drückt ihren Widerstand auch im Überschreiten ihrer gesellschaftlichen Grenzen aus: Sie verhält sich öffentlich laut und aggressiv, vielleicht schreit sie sogar (V. 7 könnte so verstanden werden). Frauenwiderstand durch öffentliches Geschrei und andere Überschreitungen der Grenzen, die Frauen, besonders

---

Stählin, ThW IX, 434,8 ff. und den umfassenden Artikel zur Situation von Witwen bei W. Schottroff 1999, 134-164.

5. Deutsche Übersetzung in: A. Erman 1923, 157 ff. H. Brunner 1988, 359 datiert den Text in die Zeit der 9. oder 10. Dynastie (zwischen 2155-2030 v. Chr.). Der Text berichtet, der Richter und der König hätten bereits nach dem ersten Auftritt die Bitte des Bauern erfüllen wollen, aber es ihm nicht mitgeteilt, um weitere Proben seiner Beredsamkeit zu hören. Diese fiktive Redesituation kann bei der Analyse des Verhaltens des Bauern aus sozialgeschichtlicher Perspektive unberücksichtigt bleiben.

6. Papyrus Oxyrhynchus VIII 1120. Deutsche Übersetzung in: H. Thierfelder 1963, 63. Weiteres Material und Diskussion des Widerstands vor Gericht und von Frauenwiderstand bei L. Schottroff 1994, 152-179.

7. W. R. Herzog 1994, 215-232 arbeitet diesen Zug besonders deutlich heraus.

Witwen, gesetzt werden, ist auch in anderen Quellen belegt[8]. Das Selbstgespräch des Richters spiegelt ihre Grenzüberschreitung: Dieser Frau ist es
sogar zuzutrauen, dass sie ihn gewalttätig angreift, ins Gesicht schlägt[9].
Frauen, die sich widerständig verhalten, Gewalttätigkeit zuzuschreiben, ist
eine sexistische Stereotype und bewusste Übertreibung. Die Frau und ihr
Handeln steht im Mittelpunkt des Gleichnisses. Von ihr sollen die Hörenden
lernen. Und so bezieht sich auch die Deutung des Gleichnisses in Einleitung
und Schluss auf sie allein, nicht auf den Richter (V. 1.7.8).

Eschatologische Deutung

Das Gleichnis schließt eine eschatologische Rede Jesu an die Adresse von
Jüngerinnen und Jüngern (17,22) ab, die durch eine Frage von Pharisäern
ausgelöst wird. Sie fragen (17,20): Wann kommt das Königtum Gottes? Die
Jüngergruppe fragt: »wo?« wird es kommen (17,37). Wie 19,11 antwortet
Jesus auf Sehnsüchte nach einem baldigen Beginn der Befreiung, die ihm
illusionär erscheint. Jetzt ist die Zeit des Leidens des Menschensohnes, nicht
die des Weltgerichtes (17,25). Jetzt sind es die Tage Noahs vor der großen
Flut und die Tage Lots vor der Katastrophe Sodoms. Die Menschen leben ihr
kurzsichtiges und gewalttätiges Leben (17,26-33), als ginge es immer so weiter.

In 18,1-8 schließt Jesu Rede ab mit der Ermahnung zu tun, was in dieser
Situation der Gewalterfahrungen notwendig ist: immerfort und mit der
ganzen Existenz beten und zu Gott schreien nach Gerechtigkeit (V. 1.8).
Gott wird bald und gerecht handeln. Der Menschensohn wird zum Gericht
kommen. Es ist die Zeit der Umkehr, denn alle missachten Gottes Willen, die
Tora (18,9-14). Die Treue zu Gott ist rar geworden auf der Erde (18,8). Der
ungerechte Richter ist das Gegenbild Gottes. Zugleich verkörpert er die
Strukturen der Unterdrückung, an der die Menschen, zu denen Jesus
spricht, leiden.

Gebet und Schrei zu Gott gegen das erfahrene Unrecht beschreiben das
ganze Leben der Glaubenden, ihre Anstrengung, ihren Protest gegen Unrecht, ihr Vertrauen zu Gott, denn sie wissen, dass er ganz anders handelt
als der ungerechte Richter. Auch Röm 8,15.26 redet von diesem Gebet als
dem Verhalten der Glaubenden. Sie schreien wie die gebärenden Frauen in
der Geburt, sie geben nicht auf, sie behalten die geduldige Widerstandskraft
(*hypomone*), die aus der Hoffnung auf Gottes Nähe kommt. Das Gleichnis

---

8. L. Schottroff 1994, 157-179.
9. G. Delling 1970, 213 diskutiert das Wort gründlich. Eine Verwendung im übertragenen Sinn ist nicht belegt.

konzentriert den Blick auf dieses widerständige Verhalten der Glaubenden, für das eine hartnäckige Witwe das Vorbild abgibt. Diese Art von Gebet und hartnäckiger Hoffnung bleibt aber nicht in der isolierten Beziehung Einzelner zu Gott, wie moderner Dualismus das Beten einordnet. Dieses Gebet kennzeichnet das Handeln und Beten der Gemeinde auch in ihrer Umgebung; es macht ihre Kraft und Hartnäckigkeit auch im Umgang mit Menschen aus. Sie haben die Hoffnung, dass Gottes Gericht Gerechtigkeit herstellen wird[10].

Methodische Bemerkung

Dass Gott mit dem ungerechten Richter gleichzusetzen sei, hat in der Auslegungsgeschichte selten jemand behaupten wollen; es war zu deutlich, dass dieser ein Gegenbild zu Gott darstellt. Man hat jedoch den Schluss sehr häufig a minore ad maius angenommen: Wenn schon ein ungerechter Richter Recht schafft, um wieviel mehr Gott. Doch der Richter ist nicht eine Miniversion Gottes, sondern sein Gegenbild. Dieses Gleichnis bietet geradezu eine Hilfestellung zur Einübung einer Gleichnislektüre, die die Allegorisierung überwindet. Die Anwendung des Gleichnisses in V. 1.7.8 bezieht sich nicht allegorisierend auf das Gleichnis, sondern deutet das Verhalten der Witwe als Verdeutlichung dessen, was Widerstand gegen Unrecht und Schreien zu Gott, Tag und Nacht, bedeutet. Zugleich verdeutlicht das »Bild« des ungerechten Richters die Ungerechtigkeit, unter der die Menschen leiden: Die Rechtsprechung verrät die Tora und vertritt die Interessen der wirtschaftlich Mächtigen[11].

10. Lk 18,1 benutzt ein Verb – *egkakein* –, das das Gegenteil von *hypomone* = widerständiger Geduld ausdrückt. Beide Wörter können die Erfahrung gebärender Frauen bezeichnen, s. Röm 8,25 (im Kontext von 8,18-25) und 2 Klem 2,2. Zu *ekdikesis* V. 3 und V. 7 s. besonders G. Delling 1970, 209 ff. Die Vorstellung ist mehrschichtig: Gott bzw. der Richter soll Unrecht, das der Witwe bzw. den Glaubenden angetan wurde, vergelten und die Gerechtigkeit wiederherstellen, Menschen zu ihrem Recht verhelfen. Gott als eschatologischer Richter vergilt Unrecht – eine Vorstellung, die im frühen Christentum grundlegend ist, aber wegen der antijudaistischen Abgrenzung vom Gott Israels als Gott der Rache oft aus der christlichen Wahrnehmung des Neuen Testaments verdrängt wird. Zur Notwendigkeit des Zorns in Beziehungen sind die Überlegungen von Beverly W. Harrison, »Die Kraft des Zorns in der Arbeit der Liebe« (in: dies. 1991, 9 ff.) hilfreich.

11. Der »Widersacher« (18,3), also Prozessgegner der Witwe, wird de facto vom ungerechten Richter bevorzugt, entweder weil er Bestechungsgeld gezahlt hat oder weil dieser Richter wie viele andere generell die Interessen der Wohlhabenden und Mächtigen bevorzugt. Dazu s. besonders W. R. Herzog 1994, 215-232.

Die unübersehbar eschatologische Deutung des Gleichnisses ist unter dem Einfluss der Vorstellung von der Naherwartung Jesu und der faktischen Verzögerung des Kommens Gottes ekklesiologisch umgedeutet worden: Jetzt ist die Zeit der Kirche, in der Gott abwartet, denn das Königtum Gottes ist in die Ferne gerückt. Das *makrothymein* Gottes (V. 7) ist seit dem 19. Jahrhundert zeitlich gedeutet worden: Gott wartet ab[12]. Doch das Wort hat eine ausgeprägte biblische Geschichte. Gott gibt seinen Zorn über das Unrecht der Menschen auf (Ex 34,6 f.) [13], das ist seine Langmut. Die »Erwählten« Gottes (Lk 18,7) sind nicht die Kirche, sondern diejenigen Menschen aus allen Völkern, die zu Gott um Gerechtigkeit auf der Erde schreien und von Gott ins Recht gesetzt werden. Die Erwählung ist eschatologische Verheißung.

Lk 18,1-8 ist häufig mit Lk 11,5-13 zusammen gelesen worden. Auch ich habe beide Gleichnisse zusammengestellt. Obwohl beide über das Beten sprechen, sollten sie doch gerade in ihrer Unterschiedlichkeit wahrgenommen werden. Lk 11,5-13 redet von der Belastbarkeit von Netzen der Solidarität unter den Menschen und 18,1-8 vom Widerstand gegen Unrechtsstrukturen. Und beide Gleichnisse öffnen den Blick für die Verlässlichkeit der Nähe und Barmherzigkeit Gottes für diejenigen, die nach ihm schreien, Tag und Nacht, aufdringlich und unverschämt.

Literatur zur Vertiefung

William R. Herzog 1994, 215-232

Eigene Vorarbeiten

Luise Schottroff 1994, 152-179

---

12. S. dazu die Informationen in Bauer, WB.
13. Dazu F. Horst, ThW IV, 378 f.

9. Gleichnisse im Lukasevangelium. Zusammenfassung

Im Lukasevangelium werden zwei Themen schwerpunktartig in jeweils einem eigenen Gleichniskapitel abgehandelt: die Vision eines messianischen Festes der Erneuerung Israels und der Völker in den drei Gleichnissen vom Verlorenen (Lk 15) und eine radikale Analyse der Geldwirtschaft und der sozialen Gerechtigkeit, die der Tora entspricht, in Lk 16. Die Gleichnisse zeigen eine radikale Auslegung der Tora durch Jesus auch bei anderen Themen: dem Thema Sünde (Lk 18,9-14) und Nächstenliebe (10,25-37). Die politische (Lk 19,11-27) und sozialpolitische Thematik ist im Lukasevangelium sehr ausgeprägt. Der Text redet Sklavenbesitzer (17,7) und wohlhabende Menschen (12,13-21; 14,12-14) an, doch ist seine Perspektive vom Leiden versklavter und verarmter Menschen bestimmt.

Auch im Lukasevangelium wird Jesus als Lehrer dargestellt, der Gleichnisse erzählt, weil sie verständlich sind. Sie sind auch von jenen verstanden worden, die sich gegen Jesu Wort entscheiden, weil »Versuchung«, »Sorgen«, »der Reichtum« und die »Freuden des Lebens« für sie stärkere Mächte sind als der Geist Gottes (8,9-15).

10. Gottes Vergebung und die Welt der Finanzen. Matthäus 18,21-35

Übersetzung

21 Da kam Petrus hinzu und sagte zu ihm: Meister, wie oft wird sich eines meiner Geschwister gegen mich verfehlen und ich werde ihr oder ihm vergeben? Bis zu siebenmal?

22 Jesus sagt zu ihm: Ich sage dir, nicht bis zu siebenmal, sondern bis zu siebenundsiebzigmal.

23 Deshalb ist die gerechte Welt Gottes mit folgender Geschichte von einem Menschenkönig zu vergleichen, der mit seinen Sklaven abrechnen wollte.

24 Als er mit der Abrechnung begann, wurde ihm einer vorgeführt, der schuldete 10.000 Talente.

25 Da er nicht zahlen konnte, befahl der Herr, ihn, seine Frau, seine Kinder und seinen gesamten Besitz zu verkaufen und so eine Zahlung zu leisten.

26 Der Sklave fiel vor ihm unterwürfig nieder und sagte: Hab' Geduld mit mir, dann will ich dir die ganze Schuld zahlen.

27 Der Herr erbarmte sich über diesen Sklaven, ließ ihn frei und erließ ihm die Schuld.

28 Als dieser Sklave herauskam, traf er auf einen seiner Mitsklaven, der ihm 100 Denare schuldete. Er ergriff ihn, würgte ihn und sagte: Zahle, was du schuldest.

29 Da fiel sein Mitsklave vor ihm nieder und flehte ihn an: Hab' Geduld mit mir, dann will ich dir zahlen.

30 Der aber wollte nicht, sondern ging her und warf ihn ins Gefängnis, bis er die Schuld bezahlt habe.

31 Seine Mitsklavinnen und Mitsklaven sahen, was geschehen war, und wurden sehr traurig. Sie gingen hin und berichteten ihrem Herrn alles, was geschehen war.

32 Da rief ihn sein Herr herbei und sagte zu ihm: Du schlechter Sklave! Ich habe dir jene Schuld ganz erlassen, als du mich darum batest.

33 Hättest du dich nicht auch über deinen Mitsklaven erbarmen müssen, wie ich mich über dich erbarmte?

34 Und sein Herr wurde wütend und übergab ihn den Folterern, bis er die gesamte Schuld gezahlt habe.

35 Vergleicht: Mein himmlischer Vater wird euch auch zur Rechenschaft ziehen, wenn ihr nicht alle euren Geschwistern von ganzem Herzen vergebt.

Sozialgeschichtliche Analyse

Der König in diesem Gleichnis ist ein Herrscher, der zur Durchsetzung seiner Ziele kein Gericht bemühen muss[1]. Er ist also nicht nur ein sehr wohlhabender Mann, sondern Herrscher über ein Land. Ein wohlhabender Mann hätte sich zur Zahlungserzwingung gerichtlicher Instanzen bedienen müssen, jedenfalls frei geborenen Schuldnern gegenüber (Lk 12,57-59; Mt 5,25-26). Dieser Herr kann den Verkauf einer Familie und des Besitzes eines Sklaven anordnen (18,25) und ihn foltern lassen, bis er – d. h. seine Familie – die Schuld bezahlt hat (18,34).

Die Sklaven sind nicht nur seine Diener, sondern Sklaven, die keine Rechte gegenüber ihrem Herrn haben. Er verfügt als König und als Sklavenbesitzer über doppelte Macht ihnen gegenüber. Sklaven können gefoltert werden[2] und werden deshalb gern für die Finanzverwaltung verwendet. Auch wenn sie in hohe Positionen aufsteigen, wie hier der erste Sklave, bleiben sie Sklaven, die gefoltert werden können. Diese Sklaven können auch eigenen Besitz und Familie (*peculium* und *contubernium*) haben, doch entspricht ihr rechtlicher Status dabei nicht dem freigeborener Personen und ihren Ehe- und Besitzrechten. Dass es sich um Königssklaven handelt, also um Sklaven in dem Haushalt und der Verwaltung eines Herrschers, ist besonders daran zu erkennen, dass der erste Sklave den ihm gegenüber verschuldeten zweiten Sklaven ins Gefängnis werfen kann (18,30), ohne irgendwelche Ordnungsinstanzen zu bemühen. Hier wird ein durch Sklaven verwaltetes Finanzwesen erkennbar, das auch Verfügung über Erzwingungsmaßnahmen einschließt.

Das Geld, um das es in diesem Gleichnis geht, wird »Schuld« genannt. Die griechische Wortgruppe (*opheilo*) wird generell auf finanzielle Verpflichtungen angewendet und zugleich auch auf Verpflichtungen Gott gegenüber wie z. B. im Vaterunser (Mt 6,12). Um welche Geldverpflichtungen handelt es sich? Wegen der enormen Höhe des Betrages von 10.000 Talenten, die der erste Sklave schuldet, sind private Schulden für den Lebensbedarf oder Wirtschaftsbedarf eines privaten Haushaltes oder eines Betriebes auszuschließen. Die Höhe des Betrages deutet eindeutig auf Summen, die durch Steuern und andere Abgaben in Herrschaftsgebieten zusammenkommen[3]. Dass Steuern

1. D. Nörr 1961, 135 f.
2. Dazu L. Schumacher 1982.
3. Materialzusammenstellung bei M. Leutzsch 1992, 112-116; A. J. Hultgren 2002, 24 hält die Summe für unrealistisch hoch, doch das von Leutzsch vorgelegte Material beweist, dass sie realistisch ist. Natürlich setzt die Erzählung Akzente: Der erste Sklave ist Schuldner in der Größenordnung von Abgaben für ein ganzes Land, der zweite Sklave hat die typischen Schulden der kleinen Bauern. Die Erzählung will den Kontrast betonen, bleibt aber realistisch in ihren Annahmen.

und Abgaben von Finanz»beamten« eingetrieben werden, die Sklaven sind, ist eher die Regel als die Ausnahme[4]. Der erste Sklave ist dem Sklaven von Lk 19,17 vergleichbar, der vom frisch ernannten König über 10 Städte eingesetzt wird. Sein Auftrag ist damit klar: Er hat die Interessen des Herrschers gegenüber den Städten, vor allem die finanziellen Forderungen, durchzusetzen. Nicht umsonst war das Gebiet seiner Qualifikation für diesen Auftrag das Geld seines Herrn (Lk 19,16.17). Dass der Auftrag, Geld einzutreiben, in Mt 18,23-35 als »Schuld« gegenüber dem König erscheint, ist plausibel. Die Schuld ist nicht durch ein Darlehen zustande gekommen, sondern durch den Auftrag, Geld einzutreiben[5]. Die Kontrolle über die Arbeit des Finanzsklaven findet durch die Abrechnung mit dem König statt (18,23.24). Über Augustus schreibt Sueton[6]: »In einem dritten (Dokument gab Augustus) einen knappen Überblick über das gesamte Imperium: wieviel Militär jeweils wo stationiert war, wieviel Geld in der Staatskasse und den (kaiserlichen?) Kassen vorhanden war, sowie über rückständige Einkünfte. Ferner nannte er namentlich diejenigen Freigelassenen und Sklaven, von denen man Rechenschaft einfordern (ratio exigi) konnte«. Die Vulgata benutzt das Wort »ratio« ebenfalls als Übersetzung für Mt 18,23: »qui voluit rationem ponere cum servis suis«.

Der zweite Sklave gehört ans untere Ende der Sklavenhierarchie der Königssklaven – so wie der erste Sklave das obere Ende darstellt. Er schuldet nur hundert Denare, etwa den Halbjahresverdienst eines Tagelöhners in der Landwirtschaft (Mt 20,1). Da ein deutlicher innerer Zusammenhang zwischen der Situation des ersten und des zweiten Sklaven durch die Erzählung nahegelegt wird, wird auch diese Schuld aus einem Auftrag zur Eintreibung von Geld für den König stammen. Der zweite Sklave ist vermutlich ein Unterling des ersten Sklaven in einer Sklavenhierarchie. Er hat von armen Leuten Abgaben einzufordern. Das Gleichnis setzt zwei Grundsituationen der antiken Finanzwirtschaft voraus, die wegen ihrer Brutalität von den Betroffenen gefürchtet waren: die Eintreibung von Abgaben und die Einforderung von Schulden. Philo beschreibt die Brutalität der Eintreibung von Abgaben:

»So hat jüngst ein bei uns zum Steuereinnehmer bestellter Mann, als Leute, die wohl aus Armut im Rückstand waren, aus Furcht vor den unerträglichen Strafen das Weite gesucht hatten, deren Frauen, Kinder, Eltern und alle übrigen Verwandten gewaltsam fortgeschleppt, sie geschlagen, misshandelt und schändliche Gewalttaten aller Art an

---

4. Dazu s. J. Friedländer (1922) 1964, Bd. 1, 70.
5. W. R. Herzog 1994, 141 analysiert überzeugend: »As a part of the ruler's strategy of exerting control, he designates the contract for collecting tribute as a ›loan‹ (*daneion*) that he can call in at will«; s. auch W. Carter 2002.
6. Sueton, Cäsarenleben, Augustus 101,4 (zum Jahr 14 n.Chr.); Übersetzung W. Eck; J. Heinrichs 1993, 107 f.

ihnen verübt, damit sie entweder den Flüchtling verrieten oder dessen Rückstände bezahlten, wiewohl sie beides nicht vermochten, jenes (nicht), weil sie (seinen Aufenthalt) nicht wussten, dieses (nicht), da sie nicht minder arm waren als der Entflohene. (Der Steuereinnehmer) gab sie aber nicht eher frei, als bis er mit Folter- und Marterwerkzeugen ihre Körper gepeinigt und sie durch unerhörte Tötungsarten ums Leben gebracht hatte: Einen mit Sand gefüllten Korb befestigte er an Stricken, hing ihnen diese schwere Bürde auf den Nacken und stellte sie unter freiem Himmel auf offenem Markte hin, damit sie durch den furchtbaren Druck der auf sie gehäuften Strafen, durch Wind und Sonnenbrand, durch die Schande vor den Vorübergehenden und durch die aufgebürdeten Lasten zur Verzweiflung gebracht würden, die anderen aber, die deren Bestrafung mit ansehen mussten, im Voraus Schmerz empfänden. Manche von den letzteren, die mit der Seele schärfer schauten als mit dem (leiblichen) Auge und in der Person der anderen sich selbst misshandelt fühlten, haben zuvor durch das Schwert oder durch Gift oder durch den Strang ihrem Leben ein Ende bereitet, da der Tod ohne Folterqualen ihnen als ein großes Glück in ihrem Unglück erschien. Die aber, die nicht zuvor Hand an sich gelegt hatten, wurden der Reihe nach, wie bei Erbschaftsprozessen, herangeholt, zuerst die Nächstverwandten und nach ihnen die Verwandten zweiten und dritten Grades bis zu den entferntesten; und als von den Verwandten keiner mehr übrig war, da schritt das Unheil noch weiter zu den Nachbarn, gelegentlich auch in (ganze) Dörfer und Städte, die bald ihre Einwohner verloren und einbüßten, weil sie fortzogen und sich dahin zerstreuten, wo sie erwarteten unentdeckt zu bleiben. Aber es ist wohl nicht verwunderlich, wenn bei der Steuererhebung Barbarenseelen, die keine edle Bildung genossen haben, gehorsam den Geboten ihrer Herren, die jährlichen Abgaben einziehen, wenn sie nicht bloß aus dem Vermögen, sondern auch aus den Körpern sie herauspressen und dabei die einen für die anderen mit Gefahren bedrohen, die sie bis zur Lebensgefahr steigern.«[7]

Diese Beschreibung kann helfen, sich die in Mt 18,23-35 angedeuteten Situationen vorzustellen. Das Gleichnis skizziert die Struktur der Eintreibung öffentlicher Finanzen ohne Beschönigung aus der Perspektive derer, die auf Schuldenerlass angewiesen sind, Leute, die dem zweiten Sklaven mit den 100 Denaren Schulden vergleichbar sind. Auf seine Situation richtet sich die Sympathie der Erzählung.

Der Schuldenerlass des Königs wirkt sich sicher nicht nur auf den ersten Sklaven aus, sondern auf sein ganzes Herrschaftsgebiet. Solche Schuldenerlässe von Herrschern sind belegt und waren durchaus in bestimmten Situationen zum Machterhalt sinnvoll[8]. Das Gleichnis idealisiert diesen Schulderlass nicht. Am Schluss der Erzählung fordert der König erneut die 10.000

7. Philo, De specialibus legibus III, 159-163 (Übersetzung I. Heinemann).
8. Materialsammlung bei H. Kloft 1970, 120-124; M. Leutzsch 1992, 109; F. Crüsemann, Schuld 1992, 96. Es gibt keinen Grund, hier eine messianische Durchbrechung der Realität anzunehmen (W. R. Herzog 1994, 146f.; erwogen von S. H. Ringe 1995, 210f.).

Talente von dem ersten Sklaven. Damit aber entsteht auch erneut der finanzielle Abgabendruck auf die Bevölkerung. Dass der Sklave oder seine Familie so viel aus ihrem Besitz auftreiben können, ist nicht anzunehmen. Am Schluss also nimmt der König erbarmungslos den Schuldenerlass zurück, um einen seiner obersten Finanzsklaven zu strafen, der seinen Schuldenerlass nicht im Kleinen nachgeahmt hat. Um es zuzuspitzen: 18,34 erzählt eine Situation, die auch voll den zweiten Sklaven treffen wird, der nun bestimmt seine Schuld bezahlen muss. Der Herrscher hat die absolute Macht, sein Erbarmen und seine Wut haben Folgen für die Bevölkerung, nicht nur für seine Sklaven. Der Schluss der Erzählung zeigt nicht einen erbarmungsvollen Herrscher, sondern einen Gewalthaber, der erbarmungslos seine Interessen durchsetzt. Nach Mt 18,22 hätte er dem Sklaven wenigstens eine zweite Chance geben müssen[9]. Auch wenn jemand die sozialgeschichtliche Situation des Gleichnisses nicht in der staatlichen Finanzverwaltung, sondern im Bereich privater Verschuldung ansiedeln sollte[10], das theologische Problem, dass 18,34 im Widerspruch zu 18,22 steht, bleibt voll erhalten.

Eschatologische Deutung

Die Anwendung des Gleichnisses 18,35 mutet an wie brutale Pädagogik, wenn wir das Gleichnis – wie üblich – allegorisch lesen: Der himmlische Vater wird euch »so« behandeln wie der König den Sklaven, der nicht vergeben hat, wenn ihr nicht vergebt (18,35). Wird Gott die Nichtvergebenden foltern, bis sie ihre Verfehlungen »bezahlt« haben? Der Widerspruch zur Gleichniseinleitung 18,21.22 könnte nicht frontaler sein. Soll Vergebung gelehrt werden mit der Androhung eines – am Ende jedenfalls – gnadenlosen Gottes?

Vergebung zwischen Menschen ist das klare Ziel der abschließenden Anwendung. Offensichtlich ist es dem Text, den Erzählenden damals jedoch selbstverständlich, dass niemand Gott in diese von mir brutale Pädagogik genannte Analogie bringt, die die heute übliche Deutung ist. Für diese nicht – allegorische Anwendung von Gleichnissen gibt es viele rabbinische Parallelen[11], auch ein Gleichnis mit einem vergleichbaren Bildstoff[12]: Eine Stadt

---

9. Dieser Widerspruch zwischen 18,22 und 18,34 wird oft gesehen, dennoch wird in der Regel daraus keine Konsequenz gezogen. Der Gleichniskönig wird trotzdem als Gottesbild gedeutet. S. A. J. Hultgren 2002, 30; dort weitere Belege.
10. In der Regel wird von Verschuldung durch Darlehen ausgegangen. A. Jülicher II, 1910, 305 verbindet bereits vorsichtig die Vorstellung von Darlehen mit der von einem hohen Beamten »Kassenverwalter, Zollpächter oder Satrapen«.
11. Besonders drastisch: das Gleichnis vom gemeinen Ehemann, s. o. Teil 2.
12. Tanch zu Lev. 23,40; H. Bietenhard 1982, Bd. 2, 140f. und Billerbeck I, 799 mit Parallelen.

kann dem König die Steuern nicht bezahlen. Er zieht mit den Hauptleuten des Schlosses »gegen sie«, also wohl mit seinem Militär. Unterwegs kommen ihm die Großen der Stadt entgegen und flehen um Barmherzigkeit; es kommen die einfachen Leute, zum Schluss kommen alle Einwohner. Der König erlässt die Schuld zunächst teilweise, zum Schluss ganz. »… um euretwillen erlasse ich euch alles. Allein, von jetzt an beginnt eine neue Rechnung«. In der Übersetzung von Billerbeck lautet die anschließende Anwendung dann so: »Der ›König‹ ist der König aller Könige … Die ›Bewohner der Stadt‹ sind die Israeliten, die alle Tage des Jahres Sündenschulden aufhäufen«. Gott sagt ihnen: Tut Buße. Sie fasten in Gruppen und Etappen des Jahres. Schließlich am Versöhnungstage fasten alle Israeliten und bitten um Erbarmen … »und Gott erlässt ihnen alles«. Sie loben Gott. Es fängt eine neue Sündenrechnung an. Die Angst und der (militärische) Druck sind in der Anwendung ohne Entsprechung. Entsprechungen haben vor allem die Unterteilungen in Gruppen der Bevölkerung, der umfassende Schulderlass und der Neubeginn mit einer neuen Schuldrechnung. Das Gleichnis will Analogien herstellen, aber die Erzählung ist völlig klar darin, dass es zwei Welten sind: die Welt des politischen Herrschers und die Welt Gottes. Wenn also die Anwendung sagt: Der »König« ist der König aller Könige … dann zielt diese Formulierung nicht auf eine allegorische Deutung, in der der Gleichniskönig ein Abbild Gottes ist. Gott kommt nicht mit militärischer Gewalt, um Zahlungsunfähige zu vernichten wie der Gleichniskönig. Gott erwartet, dass Menschen wegen ihrer Sünden Gott um Erbarmen bitten. Gott erlässt ihnen ihre Schuld. Es sind zwei völlig unterschiedliche Inhalte, die das Gleichnis und seine Anwendung erzählen. Beide Teile sind nur durch einige Brücken miteinander verbunden, die in der Anwendung benannt werden. Eine Deutung des Gleichniskönigs als Gleichnis für Gott ist nicht im Blick.

Der Schulderlass Gottes in Mt 18,23-35 wie in diesem rabbinischen Gleichnis nimmt seine Anschauung aus herrscherlichen Schulderlässen – wie schon im Ersten Testament[13]. Der Schulderlass wird auch nicht zufällig mit der Welt der Finanzen in Beziehung gesetzt. Denn dass Menschen von Gott gefordert sind, ihren Mitmenschen Kredite, Schulden, Darlehen zu erlassen, gilt auch im materiellen Sinn[14], in der ersttestamentlichen Tradition wie im Neuen Testament. Nicht zufällig spielt die finanzielle Metaphorik eine zentrale Rolle für die Sprache über Sünde, Schuld und Vergebung. Die Zuhörenden wissen, dass sie die Erzählung nicht allegorisch zu verstehen haben und Gott nicht mit einem Menschenkönig gleichzusetzen ist. Sie verstehen, dass es um bestimmte Einzelheiten der Erzählung geht, die in der Anwendung eine Rolle spielen. Diese Einzelheiten gewinnen Klarheit und

13. F. Crüsemann, Schuld 1992, 96.
14. Dazu s. besonders F. Crüsemann, Schuld 1992.

Gewicht durch das Gleichnis. – Und zugleich wird das Erbarmen Gottes von dem eines politischen Herrschers unterschieden. Gewalt, Druck und Angst der politischen Erfahrungen sind nicht vergleichbar mit der Zuwendung Gottes. Im rabbinischen Gleichnis wird von ihr gesagt, dass sie immer wieder und schließlich umfassend geschieht – und immer wieder neu, wenn die neue Schuldrechnung aufgetürmt sein wird. In der Geschichte vom »König« und der Stadt wie in Mt 18,23-35 lässt sich einiges auf Gott anwenden, aber der Gleichniskönig und sein Handeln sind kein Abbild Gottes. Das wäre Blasphemie im Sinne jüdischer Tradition.

Die eschatologische Deutung liegt in Mt 18,21-22.35 vor. Es geht um die Vergebung zwischen Menschen, ihre absolute Wichtigkeit. Ich möchte an einem Mischnatext erläutern, welchen Verstehenshorizont diese Deutung anspricht. In der rabbinischen Literatur wird Dtn 13,18 auf den Zusammenhang von Vergebung Gottes und Vergebung der Menschen untereinander ausgelegt[15]. Diese Vergebung der Menschen ist unerlässlich. In der Mischna (Joma 8,9) wird das besonders unmissverständlich ausgedrückt: »Sünden des Menschen gegen Gott sühnt der Versöhnungstag, Sünden des Menschen gegen seinen Nebenmenschen sühnt der Versöhnungstag nicht, bis man dessen Verzeihung erlangt hat«. In Sir 28,1-9 findet sich eine Ermahnung in diesem Sinne: »Vergib deinem Nächsten, was er dir zu Leide getan hat, so werden auch dir deine Sünden vergeben, wenn du darum betest«. Die christlich-dogmatische Fragestellung, ob die Vergebung der Menschen etwa Bedingung der Gottesvergebung sei, geht an diesen Texten vorbei. Sie sind erfüllt von dem Lob Gottes, dessen Erbarmen unendlich ist. Zugleich wird klar gemacht, dass Versöhnung unter Menschen Zeichen der Gegenwart dieses Gottes ist: »Das sei ein Zeichen in deiner Hand: Sooft du barmherzig bist …, erbarmt sich der Allmächtige deiner«[16]. Auch in der Mischna (Joma 8,9) fährt der Text nach der Klarstellung, dass selbst der Versöhnungstag die Sünde gegen den Nebenmenschen nicht sühnen kann, fort: »R. Aqiba sprach: Heil euch, Israel! Wer ist's, vor dem ihr euch reinigt, und wer ist's, der euch reinigt? Euer Vater im Himmel«. Die negativen Formulierungen des Zusammenhangs von Menschenvergebung und Gottesvergebung (wenn ihr nicht vergebt …) sagen wie der Satz über den Versöhnungstag in Joma 8,9, dass Gottes Vergebungswille machtlos ist, wenn Menschen sich verhärten. Und zugleich gilt, dass Gottes Vergebung, auf die das ganze Volk hoffen kann, schon jetzt die Grundlage des Lebens ist.

Die eschatologische Versöhnung ist im Matthäusevangelium besonders

---

15. S. die Materialsammlung Billerbeck I, 425. Weiterhin (ohne expliziten Bezug zu Dtn 13,18): Sir 28,1-9 und die Sachparallelen im Neuen Testament: Mt 6,14f.; Mk 11,25.26; Lk 17,4; 11,4; Mt 5,7.
16. TBQ 9,29f. (365f.); Billerbeck I, 425.

mit dem Vaternamen Gottes verbunden. Das Königtum Gottes ist das Königtum des Vaters, der Vater ist wie *kein* menschlicher Vater (23,9): »... denn *einer* ist euer Vater, der himmlische«. Der Vatername Gottes drückt die Hoffnung auf die Heilung der Welt aus. Diese Heilung ist jetzt schon erfahrbar, wenn Hungernde satt werden, Kranke geheilt werden und Feindschaft überwunden wird (dazu s. nur 5,48). Welche konkreten Situationen der zwischenmenschlichen Verfehlung und Vergebung in Mt 18,35 und Mt 18,21f. (6,14f.) gemeint sind, ist nicht zu erkennen, wohl aber, dass hier konkret gedacht wird. Darum ist die Unerlässlichkeit der Vergebung unter Menschen so wichtig, dass der Jesus des Matthäusevangeliums das Gleichnis von dem König und seinen Finanzsklaven erzählt. V. 35 wendet das Gleichnis nur auf *einen* Gedanken an, die Unerlässlichkeit der Vergebung zwischen Menschen. Den Vorgang der Vergebung stellt das Matthäusevangelium nicht als Zudecken von Konflikten, sondern als öffentliche Klärung dar, die beide Seiten verändert (18,15).

Das Gleichnis und seine Anwendung werden missverstanden, wenn der König im Gleichnis mit Gott identifiziert wird, deshalb habe ich das griechische Wort *houtos*/»so« in 18,35 in meiner Übersetzung umschrieben (wie ist ... zu vergleichen?). Zu Recht ist in der Auslegungstradition Mt 18,34 oft als befremdlich empfunden worden[17]. Das Gleichnis wird erzählt, um den Gedanken von Mt 18,35.22 (6,14f.) zu vertiefen. Das Bild des Gleichniskönigs unterscheidet sich fundamental von dem Gottes. Gottes Vaterschaft führt die Menschheit in die umfassende Heilung. Der Gleichniskönig endet am Schluss dort, wo das Gleichnis begann: mit der Überbelastung eines Einzelnen – und der Bevölkerung – mit Abgaben, die mit Gewalt aus ihnen herausgepresst werden. Das »so« in der Gleichnisanwendung des griechischen Textes Mt 18,35 konzentriert den Blick auf die Notwendigkeit der Menschenvergebung und enthält zugleich die große Differenz: *So ist Gott*

---

17. Verbreitet ist eine traditionsgeschichtliche oder literarkritische Lösung des Problems: V. 35 oder V. 34.35 seien sekundär. Die düstere Pädagogik der üblichen Interpretation wird damit Matthäus zugeschrieben und Jesus wird von ihr befreit. Doch solche apologetische Lösung zeigt indirekt noch einmal das Problem der üblichen Interpretation. Weiterführend ist der Aufsatz von B. Reid 2004. Sie benennt das Problem unmissverständlich: Wie passt der Gott der Feindesliebe mit einem Gott zusammen, für den eine metaphorische Sprache benutzt wird, die Strukturen brutaler Gewalt beschreibt? Ihre Lösung: Die Ethik Jesu ist eindeutig in ihrer Forderung von Vergeltungsverzicht und gewaltlosem Widerstand. Doch Gottes eschatologisches Gericht wird mit Gewaltmetaphern beschrieben, die heute in Frage zu stellen sind. Ich stimme dieser Sicht zu, doch nicht ihrer Einordnung von Mt 18,23-35; 21,33-46; 22,1-14; 24,45-51; 25,14-30 als allegorische Darstellung der Brutalität Gottes im Gericht. Diese Gleichnisse reden vom Unrecht der Gewalt in der Gesellschaft, dem Gott widerspricht.

nicht wie dieser König. Er wird am Ende die Unbarmherzigen vom Heil ausschließen (s. z. B. Mt 25,41;8,12), jetzt aber ist es Zeit zur Umkehr.

»Komm und sieh, was für ein Unterschied zwischen dem Tun der Menschenkinder und dem Tun Gottes ist«: Sie fangen Streit an, wenn jemand die Schulden nicht bezahlen kann. »Gott aber ist nicht so«: In Gottes Schöpfung entleiht der Tag Zeit von der Nacht (im Sommer) und die Nacht vom Tag (im Winter), ohne dass es Streit und Beschimpfungen gibt[18]. Das Matthäusevangelium ist inhaltlich sehr nah verwandt mit den späteren rabbinischen Gedanken über die Notwendigkeit der Vergebung zwischen Menschen und ihrer Grundlage in Gottes Verheißung. Diese Verheißung wird sichtbar, wenn Gott Vater genannt wird. Ja, der Vater setzt auch Grenzen im eschatologischen Gericht – denen die Böses tun. Aber jetzt ist die Zeit der Umkehr und der Vergebung, die ein Zeichen ist für die Gegenwart des Gottes, der das Heil aller Menschen will. V. 35 will heilendes Handeln unter Menschen eröffnen. V. 34 dagegen skizziert ein aussichtsloses Festschreiben von Gewalt in dem System von Steuern, Schulden und Schuldenerlässen.

Dass die Vergebung und der Schuldenerlass unter Menschen unbegrenzt sein müssen (77-mal 18,22), wird in 18,35 nicht wiederholt. Hier heißt es: Vergebt einander »von Herzen« – also umfassend. Im Matthäusevangelium wie in der gesamten Jesustradition kommt eine Hoffnung zum Ausdruck, die eine neue Welt entstehen sieht, wo finanzielle Schulden und Schuld radikal vergeben werden. Darum geht es und um den Gott, dessen Barmherzigkeit und Gerechtigkeit unendlich sind. Auch Mt 18,23-35 ist ein antithetisches Gottesgleichnis. Seine Grundlage ist einerseits die Gottesvorstellung des Ersten Testaments (Ps 103.32.51; Dtn 15,1 ff.), andererseits die politische Erfahrung mit der Eintreibung von Abgaben für Herrscher. Im Matthäusevangelium wird von Beginn an das Leiden der Menschen an der politischen Herrschaft in seiner Bedeutung für Jesu Auftrag betont. Herodes ist ein Kindermörder (Mt 2,16-18). Der Teufel präsentiert Jesus in der Versuchung »die Herrschaften der Welt« und bietet sie ihm an. Jesus antwortet mit dem *Schema' Israel*: »Du sollst *Adonaj*, deinen Gott, anbeten und ihm allein dienen« (Mt 3,10; Dtn 6,13). Zur Verwechslung des Gleichniskönigs mit Gott gibt es keinen Anlass. Sie entsteht allein aus der Füllung des »so« *houtos* in 18,35 mit einer Theorie der Allegorie.

Unter dem Einfluss der Jahrhunderte alten Leseweise des »so« in 18,35 als Aufforderung zur allegorischen Gleichsetzung des Königs mit Gott ist es schwer, das »so« neu zu lesen. Es beinhaltet eine Aufforderung zu vergleichen, wo Parallelen und wo Unterschiede zwischen Gleichnis und Anwendung sind. Parallel soll die Notwendigkeit zwischenmenschlicher Vergebung gesetzt werden. Dafür wird das Gleichnis erzählt. Zugleich veranlasst es die

18. Tanch zu Ex 22,24; H. Bietenhard 1980, Bd. 1, 380; Billerbeck I, 800.

Hörenden, Gottes Anderssein zu bedenken. Es ist kein Zufall, dass in den Evangelien das Königtum Gottes nicht ausgemalt wird. Vom Königtum Gottes wird in Gleichnissen erzählt, die es möglich machen, von Gott zu reden – in der tiefen Differenz zur Erfahrung von Herrschaft und Gewalt. Explizit wird nicht von Gott gesprochen, auch nicht in Analogien. Von Gott zu sprechen bleibt dem Herzen der Hörenden überlassen. Ihre explizite Sprache ist ihre Antwort im Gotteslob. Ich habe das »so« in meiner Übersetzung darum so wiedergegeben, dass sein Aufforderungscharakter deutlich wird: »Wie ist das nun mit dem Königtum Gottes zu vergleichen?«

Die eschatologische Deutung in 18,35 sagt: Gott wird euch im Gericht zur Rechenschaft ziehen, wenn ihr einander nicht vergeben habt. Jetzt aber ist die Zeit der Vergebung. Diese Vergebung ist nach Matthäus umfassend: Sie umfasst materielle Schulden und Hass zwischen Menschen. Das Matthäusevangelium drückt eine umfassende Vision von Gottes Vaterschaft aus, die Vision eines geheilten Volkes. Jetzt leidet das Volk an Krankheiten, Schulden, Gewalt und Hass. »Das geknickte Rohr« wird nicht zerbrochen werden (Mt 12,20). Auch weitere Gleichnisse des Matthäusevangeliums werden diese Vision zeigen.

Literatur zur Vertiefung

Martin Leutzsch 1992 – Frank Crüsemann 1992 (Schuld) – William R. Herzog 1994, 131-149

11. Das Brot und die Hoffnung.
Matthäus 13 (Auswahl)

Hören und Verstehen
Die Rede Jesu in Gleichnissen vor dem Volk nach Matthäus 13,1-35

Im ersten Teil dieser Gleichnisrede setzt sich Jesus damit auseinander, dass es im Volk Gottes Menschen gibt, die seine prophetische Botschaft rigoros ablehnen und die Umkehr verweigern. Sie haben »ihr Herz undurchlässig gemacht und ihre Ohren verstopft ...« (13,15), um zu verhindern, dass sie hören und verstehen. Sie wollen nicht umkehren und sich von Gott heilen lassen.[1] Jesus verallgemeinert hier seine und des Täufers Erfahrung mit Pharisäern, Schriftgelehrten und Ältesten. Sie sind unter »jenen« (13,11), denen Gott sein Königtum nicht offenbart hat. Mit verallgemeinern meine ich nicht, dass sie zu Repräsentanten des ganzen jüdischen Volkes gemacht werden, sondern dass die Erfahrung mit bestimmten Führungsgruppen, u. a. den Pharisäern, losgelöst von diesen Gruppen als das Verhalten aller jener Menschen beschrieben wird, die zwar Jesus und den Täufer hören, aber es bewusst ablehnen zu »verstehen«, d. h. sich auf diese Botschaft einzulassen und ihre Lebensrichtung zu ändern, d. h. umzukehren. Jesus redet in Gleichnissen, weil sie (13,13) nicht verstehen wollen, er aber will, dass sie verstehen. Die Gleichnisse Jesu sind Offenbarung des von Gott seit Beginn der Welt bereiteten Heils[2], Offenbarung der »Geheimnisse« des Königtums Gottes (13,35.11). Sie sind Verheißung für diejenigen, die verstehen, und eine zweite Chance für diejenigen, die nicht verstehen wollen. Jesus macht es nachdrücklich in einem Gleichnis deutlich, dass es nicht die Aufgabe irgend-

---

1. Ich lese *mepote* 13,15 final und als innerlich abhängig von der Schwerhörigkeit etc. Sie haben ihre Augen verschlossen, damit sie nicht sehen etc. Dies ist sprachlich die naheliegende Deutung. Der Indikativ »ich werde sie heilen« in V. 15 kann auch als göttliche Heilszusage gelesen werden (M. Vahrenhorst, Gift 2001, 162). Das verstärkt noch die hier vorgetragene Deutung. Zur sprachlichen Analyse M. Karrer 2000, 257-259.
2. 13,35 beschreibt Offenbarung und nicht verhüllende Rede. Eine Deutung der Gleichnisse als Dunkelrede wird hier wie in Mk 4,10-12 (s. dazu Kapitel 1 z. St.) oft zu Unrecht eingetragen, eine Folge der antijudaistischen Deutungstradition, die auch für Mt 13 lange vorherrschend war. 13,35 wird zu Recht als Offenbarungsrede angesehen z. B. bei A. J. Hultgren 2002, 462; I. H. Jones 1994, 283 f.; A.-J. Levine 1988, 256; anders z. B. U. Luz 1990 z. St.

welcher Menschen sein kann, das »Unkraut« auszureißen. Gott allein im Gericht kommt es zu, über diejenigen zu richten, die gesetzlos gelebt und andere zum Abfall verführt haben (13,41 als nachträgliche Verdeutlichung von 13,29-30).

Jesus praktiziert in der Gleichnisrede die Feindesliebe, die er in der Bergpredigt gelehrt hat (5,43-48). Er schwächt den Konflikt, in dem er sich befindet, nicht ab, aber er macht deutlich, dass er nicht mit gleichen Mitteln zurückgeben will und dass es seine Aufgabe ist, die Liebe Gottes zur Schöpfung nachzuahmen (5,45), nicht aber mit Hass oder Gewalt zu reagieren.

Für diejenigen, die hören und verstehen, bedeuten die Gleichnisse die beglückende Erfahrung, das Heil der Welt vor Augen zu sehen. Ihr Verstehen bedeutet, mit der ganzen Existenz nach Gottes Willen zu leben. Wer sich darauf einlässt, sieht das Königtum Gottes, seinen Beginn und seine große Verheißung des Heils für alle Völker (13,32.33). Die Jünger und Jüngerinnen sind am ehesten diejenigen, die im vollen Sinne verstehen (13,11). Doch sind die Heilsverheißungen weder auf sie beschränkt noch können sie die Jüngerschaft in Sicherheit wiegen[3]. Die beglückenden Verheißungen dieser Rede (13,11a.12a.16.17.23.31-33) gelten allen, die »verstehen« – mit ganzem Herzen – wie es das *Schema' Israel* sagt (22,37).

Der Konflikt Jesu mit den Pharisäern und anderen Gruppen, die dem jüdischen Volk vorstehen, wird im Matthäusevangelium als noch schärfer als in den anderen Evangelien dargestellt[4]. Darin spiegelt sich die historische Erinnerung an Konflikte Jesu. Die Schärfe jedoch kommt aus Erfahrungen der jüdischen Menschen, die sich in der Nachfolge Jesu zusammenfinden zur Zeit, als das Matthäusevangelium entstand. Die Pharisäer wollen Jesus umbringen (12,14 vgl. 21,45 f.) und beteiligen sich an dem Versuch, einen Diebstahl des Leichnams Jesu zu verhindern: Niemand soll sagen können, er sei auferstanden (27,63.64). Sie haben völlig andere Vorstellungen davon, wie das jüdische Volk einen Weg in die Zukunft finden kann, als die Jesusleute.

Das Gleichniskapitel ist lange antijudaistisch gelesen worden: Jesus wende sich endgültig in 13,36 vom Volk ab und den Jüngern als den Repräsentanten der Kirche zu. Die Gleichnisse seien Dunkelrede, die verhindern soll,

---

3. Obwohl Matthäus die Jünger-Missverständnisse gegenüber dem Markusevangelium abschwächt, stellt er dennoch auch ihr Nichtverstehen und ihre Kleingläubigkeit dar; s. nur 17,20; 16,9; zum Bild der Jünger im Matthäusevangelium s. besonders A. J. Saldarini 1994, 84-123.

4. Es ist eine wichtige neue Entwicklung für die Deutung des Matthäusevangeliums zu beobachten, die den Antijudaismus der traditionellen Matthäusdeutung gründlich und überzeugend überwindet, s. A.-J. Levine 1988; A. J. Saldarini 1994; I. H. Jones 1995; M. Vahrenhorst, Schwören 2002.

dass das ohnehin schon verstockte Volk versteht. Diese antijudaistische Deutungstradition brauche ich hier nicht im Einzelnen zu kritisieren[5].

Ich werde aus diesem Teil der Rede nur ihren Schluss, das Gleichnis vom Sauerteig, näher betrachten. Für die Gleichnisse von der fruchtbaren und unfruchtbaren Saat und vom Senfkorn verweise ich auf den Abschnitt über Markus 4.

Das Gleichnis von der Brot backenden Frau.
Matthäus 13,33

Übersetzung

33 Er erzählte ihnen ein weiteres Gleichnis: Das Königtum Gottes ist mit Sauerteig zu vergleichen, den eine Frau nahm und in drei *Sat* Mehl verbarg, bis das ganze Mehl durchsäuert war.

34 Dieses alles redete Jesus in Gleichnissen zur Volksmenge; und ohne Gleichnisse redete er nicht zu ihnen.

35 Damit sollte erfüllt werden, was durch den Propheten gesagt wurde: Ich werde meinen Mund öffnen, um in Gleichnissen zu sprechen. Ich werde aussprechen, was von Anfang der Welt an verborgen da war.

Sozialgeschichtliche Analyse und eschatologische Deutung

In einem Satz wird eine Grundsituation des Lebens skizziert. Eine Frau bereitet Brotteig zu. Brot ist in dieser Zeit und Gesellschaft das Grundnahrungsmittel. Das Wort Brot kann alle Lebensmittel auf dem Tisch oder alle Nahrung, die Menschen brauchen (Mt 6,11), bezeichnen. Wenn über dem Brot der Schöpfer gesegnet wird, der das Brot gegeben hat, dann wird das Leben der Menschen als Teil der Schöpfung erfahren. Es wird das Wunder des menschlichen Lebens und seine Abhängigkeit von der Schöpfung bewusst gemacht. Die Geräusche des Teig-Knetens sind von tieferer Bedeutung als andere Geräusche. Sie vergewissern die Hörenden, dass das Leben weitergehen wird – gerade in Situationen, in denen das Weiterleben gefährdet

---

5. Ich beschränke mich auf die Deutung des Textes, die bereits aus der Kritik am Antijudaismus der Deutungstradition erwachsen ist, da ich in dieser Kritik weitgehend mit den Argumenten von A.-J. Levine 1988 und A. J. Saldarini 1994 einig bin.

ist. So nämlich wird im Matthäusevangelium die Situation des jüdischen Volkes beschrieben.

Das Volk, zu dem Jesus hier redet, wird im Matthäusevangelium beschrieben: Das Volk ist so verarmt, dass seine Beziehung zu Gott zerbricht (Mt 5,3[6]) und der Hunger den Sabbat verdrängt (12,1-8[7]). Die Krankheiten, die im Matthäusevangelium angedeutet werden, hängen mit der Hungersituation zusammen. Die Kranken werden in zwei großen Szenen zu Repräsentanten des Volkes vor dem »Thron« des messianischen Königs Jesus (4,23-5,1; 7,28 und 15,29-31), einem Berg in Galiläa[8]. Jesus lädt die Mühseligen und Beladenen ein (11,28-30). Das Volk leidet an seiner schlechten politischen Führung[9] »wie Schafe, die keinen Hirten haben« (9,36; 10,6; 15,24). Die Speisungswunder (14,13-21; 15,32-39) verwandeln das hungrige Volk in Gäste am reich gedeckten Tisch der messianischen Zukunft, dem Gottesreich.

Diesem hungernden Volk erzählt Jesus in Mt 13,1-35 vier Gleichnisse von den Früchten der Erde: zwei vom Getreide und eines vom Senf und am Schluss das Gleichnis vom Sauerteig. Die ersten zwei Gleichnisse berichten von Misserfolg und Erfolg der bäuerlichen Arbeit. Die zwei am Schluss sprechen nur noch vom Erfolg, vom Wunder der Erde und ihrer Produkte. Menschen, Männer und Frauen, müssen arbeiten[10], um Nahrung zu gewinnen. Sie müssen säen und Teig kneten.

Das Gleichnis vom Sauerteig stellt die Arbeit der Brot backenden Frau in den Mittelpunkt. Sie »nimmt« den Sauerteig und »verbirgt«[11] ihn in einer

---

6. Die Armut »im Geiste« Mt 5,3 wird zu Unrecht als spirituelle Armut, die nichts mit materieller Armut zu tun hat, gedeutet. In den Psalmen wird wie hier in Mt 5,3 so und ähnlich von der materiellen Armut gesprochen, die auch die Gottesbeziehung zerstört. Einzelargumente bei L. Schottroff 1983, 162-166.

7. Der Hunger der Jüngerinnen und Jünger nach Mt 12,1-8, der die Verdrängung des Sabbat nach Jesu Toraauslegung notwendig macht, ist im Zusammenhang mit der Situation des Volkes zu verstehen; s. dazu L. Schottroff; W. Stegemann 1979.

8. Dazu weiteres bei L. Schottroff 1983, 151-157.

9. L. Schottroff 1983, 157 f.; A. J. Saldarini 1994, 27-43.

10. Die Wahrnehmung von Versorgungsarbeit von Frauen als der Feldarbeit von Männern vergleichbar liegt auf allen Ebenen der synoptischen Tradition vor und lässt sich auch in der Mischna beobachten. Eine Abwertung der Versorgungsarbeit, die nicht als Arbeit angesehen wird, ist vor allem in den westlichen Mittelschichten des 19. und 20. Jahrhunderts angesiedelt. Zur Frauenarbeit im Neuen Testament und der Arbeit der Brot backenden Frau s. L. Schottroff 1994, 120-137.

11. Das »Verbergen« 13,33 sollte nicht als Durchbrechung der Alltagswelt gelesen werden, da es zum Vorgang der Sauerteigverarbeitung gehört. Zur neueren Auslegungsgeschichte dieses Wortes s. L. Schottroff 1994, 121.131.

großen Menge Mehl[12]. Sie bereitet den Teig für viele, Brot für mehrere Familien. Das Gleichnis lenkt den Blick auf einen bestimmten Zeitpunkt beim Bearbeiten des Brotteiges: Der mit Sauerteig vermischte Teig aus Wasser und Mehl muss warm stehen und zugedeckt aufgehen, »bis das ganze Mehl durchsäuert« ist. Dann wird der Teig noch mal geknetet und zu Broten geformt. Es ist nicht nur die Arbeit der Brot backenden Frau, es ist auch das Wunder der Schöpfung, dass der Teig durchsäuert wird und aufgeht. Die Frau lässt die Hände sinken und wartet[13].

Dass es ein Geschenk Gottes ist, wenn Menschen duftendes Brot in der Hand halten, ist in der jüdischen Religion eine vertraute und in Gebeten und Gesten eingeübte Erfahrung. Das feierliche Brechen und Verteilen des Brotes[14] am Beginn der Mahlzeit gibt dem immer wieder rituellen Ausdruck. Für Menschen, die mit dem Hunger kämpfen, ist diese Gabe nicht selbstverständlich. Sie gibt eine Ahnung davon, wie Gott die Schöpfung haben will, wie es sein wird, wenn nur noch Gott »regiert«.

In der Jesustradition aller Evangelien werden gemeinsame Mahlzeiten der versammelten »Gemeinde« (*ekklesia*[15]) als Vorboten der Eucharistie dargestellt. Im täglichen Gebet, das Jesus seine Nachfolgegemeinschaft lehrt, bittet die Gemeinschaft um das Brot, das Menschen zum Leben brauchen. Das Gleichnis von der Brot backenden Frau fordert dazu auf, das Königtum Gottes mit dem Sauerteig zu vergleichen, in dem Wunder des aufgehenden Teiges die Spuren der messianischen Welt zu erkennen. Eine dualistische Gleichnistheorie, die das Bild »aus der Küche«[16] als reines Bildmaterial für etwas ganz Anderes deutet, wird der Materialität der Brot-Erfahrungen und den mit dem Brot und Mahlzeiten verbundenen messianischen Hoffnungen nicht gerecht.

12. 39,4 l Mehl; die Mehlmenge ist nicht ungewöhnlich, wie oft angenommen wird, dazu L. Schottroff 1994, 121 f.
13. Wie in Mk 4,28 wird die Arbeit von Menschen und das Wunder des Wirkens Gottes nicht als Alternative dargestellt. In der Auslegungsgeschichte wird sehr oft der menschliche Synergismus bekämpft, wo den biblischen Texten völlig selbstverständlich ist, dass Menschen für das Gottesreich arbeiten müssen – und es zugleich Gottes Handeln ist, das dabei sichtbar wird.
14. Sowohl die Speisungs-Wundergeschichten als auch die Abendmahlstradition des Neuen Testaments zeigen diesen jüdischen Ritus als selbstverständlichen Teil der religiösen Mahlpraxis des frühen Christentums (Mk 6,41 etc.; 14,22 etc.).
15. Im Neuen Testament bezeichnen die griechischen Wörter *ekklesia und synagoge* die Versammlung der Gläubigen und nicht Gebäude oder Institutionen, gar noch getrennte Institutionen (Synagoge versus Kirche).
16. Beispiele für diese Auslegungstradition L. Schottroff 1994, 131 f.

Die Rede Jesu in Gleichnissen in der Nachfolgegemeinschaft.
Matthäus 13,36-52

V. 36-52 sagen, dass Jesus mit dieser Rede die Gemeinschaft der ihm Nachfolgenden anredet, damit sie verstehen. Auch zu ihnen spricht er in Gleichnissen, weil diese verstanden werden können; nicht so sehr, weil sie intellektuell leichter verständlich sind, sondern weil sie ein Verstehen mit dem Herzen, eine Lebenspraxis nach Gottes Willen eröffnen können. Die Nachfolgenden sind nicht grundsätzlich in einer vom Volk und den Kritikern Jesu verschiedenen Situation der Gleichnisrede gegenüber.

Jesus erläutert ihnen das vorangegangene Gleichnis vom Unkraut und ergänzt es um ein weiteres Gleichnis vom Gottesgericht, das Gleichnis vom Fischnetz (13,47-50). Beide Male wird hier eine ausdrückliche Erklärung an diese Gerichtsgleichnisse angefügt (V. 40-43 »so wird es am Ende dieser Weltzeit sein …«; V. 49-50 »so wird das Ende dieser Weltzeit sein«). Es geht beide Male um die Scheidung zwischen Gerechten und den »Bösen« (V. 49), die Abfall verursacht haben und gesetzlos gehandelt haben (V. 41). Doch wer das ist, das wird erst Gottes Gericht zeigen. Gerade dies machen die beiden Gleichnisse in diesem Teil der Rede – wie schon das Gleichnis vom Unkraut V. 24-30 – klar. »Gerechte«, »Söhne des Königtums« (V. 38), »Böse« (V. 38 Söhne des Bösen, V. 49) sind eschatologische Begriffe. Die lange Tradition der »ekklesiologischen« Deutung dieser Gegenüberstellungen ist nur als Missverständnis dieser klaren Gleichnisse zu bezeichnen. Die Gleichnisse blicken auf die gesamte Menschenwelt (V. 38). Das Königtum Gottes wird alle Völker umfassen.

Zwischen die beiden Gleichnisse vom Gottesgericht sind zwei kurze Gleichnisse ohne explizite Erklärung eingefügt: vom Schatz im Acker und der wertvollen Perle (V. 44.45-46). Beide enden fast gleichlautend: Er verkauft alles, was er hat, und kauft jenen Acker bzw. die Perle. Im Kontext geht es um das Verstehen, das auf das Hören folgt. Beide Gleichnisse wollen zum Verstehen mit dem Herzen, zum Leben nach Gottes Willen ermutigen. Alles zu verkaufen, was man hat, ist Teil der beiden Geschichten, aber auch die Brücke zur impliziten Gleichniserklärung. Beide, der Finder des Schatzes wie der Perlenkaufmann, tun einen radikalen Schritt, um einen großen Wert zu erwerben. Falls die beiden Gleichnisse zum Verzicht auf eigenen Besitz (verkaufe alles, was du hast vgl. Mt 19,21) auffordern wollen, wären sie bizarr. Sie zeichnen das Bild eines Menschen, dem ein gefundener Schatz – vielleicht Gold und Schmuck – gehört, und eines Perlenkaufmanns, der eine über die Maßen wertvolle Perle besitzt. Beide freuen sich über wertvollen Besitz, wie er für normale Menschen unerreichbar bleibt. Eher könnte ich mir vorstellen, dass Menschen, die von solchem Reichtum nur träumen können, ihren »Schatz im Himmel« (Mt 6,20) als solchen Reichtum bezeichnen, wie ihn selbst »normale« reiche Leute nur selten haben: Wir haben eine unendlich kostbare Perle und eine Schatzkiste. In V. 52 wird denen, die schriftgelehrt und Lernende für Gottes Königtum sind, gesagt, sie seien »einem Hausherrn zu vergleichen, der aus seinem Schatz Altes und Neues hervorholt«, also die Schriftgelehrsamkeit und die Hoffnung auf Gottes Königtum, den »neuen Bund« (Mt 26,28). »Alt« und »Neu« sind hier nicht Gegensatzbegriffe. Torakundigkeit und Hoffnung auf das Königtum gehören zusammen. Das »Neue« ist ein eschatologischer Begriff[17]. Auch dies ist ein Gleichnis aus der Welt der Etablierten, von einem wohlhabenden Hausbesitzer. Wie reich seid ihr, ihr Menschen, Jüngerinnen und Jünger, die ihr in eurem Leben das Königtum Gottes schon erkennen könnt, weil ihr mit ganzem Herzen versteht. Die drei kleinen Gleichnisse sind inhaltlich eine Verstärkung der Seligpreisung derer, die schon hören und sehen (13,11a. 12a.16.17).

Die in den Gleichnissen verwendeten gesellschaftlichen Situationen stehen inhaltlich eher im Kontrast zu dem, was aus dem Gleichnis gelernt werden soll. Eine ähnliche inhaltliche Spannung liegt Mk 4,25; Mt 13,12 vor, einem Spruch, der die brutalen Gesetze der Geldwirtschaft aufzeigt[18]. Die Hoffnung auf Gottes Königtum wird mit dem Besitz von Luxus und dem Wohlstand eines Hausherrn verglichen. Es ist wiederum eine doppelte Botschaft, die diese Gleichnisse vermitteln: Das Kommen Gottes macht euch unendlich reich – aber dieser Reichtum ist gerade *nicht* zu erfahren, wenn man Schätze und Perlen hütet. Aber das ist ohnehin außerhalb der Reichweite der Nachfolgegemeinschaft Jesu oder der Mehrheit des jüdischen Volkes nach der Zerstörung Jerusalems im Jahr 70, der Zeit des Matthäusevangeliums.

Literatur zur Vertiefung

Anthony J. Saldarini 1994

---

17. Es geht nicht um eine »neue« Lehre gegenüber einer alten, wie oft gedeutet wird (s. z.B. A. J. Saldarini 1994 z. St.).
18. S. oben Kapitel 1 zu Mk 4,25.

12. »Ist es mir etwa nicht erlaubt, mit meinem Eigentum zu machen, was ich will?«
Matthäus 20,1-16

Übersetzung

1 Die gerechte Welt Gottes ist mit der Wirklichkeit in der folgenden Geschichte von einem Menschen, einem Grundbesitzer zu vergleichen.
Der ging gleich am frühen Morgen los, um Arbeiter für seinen Weinberg einzustellen.

2 Nachdem er mit den Arbeitern einen Denar für den Tag vereinbart hatte, schickte er sie in den Weinberg.

3 Und als er um die dritte Stunde hinging, sah er andere arbeitslos auf dem Markt stehen.

4 Auch zu ihnen sagte er: Geht auch ihr in den Weinberg, und ich werde euch geben, was recht ist.

5 Und sie gingen dahin. Um die sechste und neunte Stunde ging er wieder hin und tat dasselbe.

6 Als er um die elfte Stunde hinkam, fand er andere dort stehen und sagt zu ihnen: Warum steht ihr hier den ganzen Tag arbeitslos?

7 Sie antworten ihm: Weil niemand uns eingestellt hat. Er sagt zu ihnen: Geht auch ihr in den Weinberg.

8 Als es Abend geworden war, sagt der Weinbergbesitzer zu seinem Aufseher: Rufe die Arbeiter und zahle ihnen den Lohn aus. Fange bei den letzten an, bis zu den ersten.

9 So kamen die von der elften Stunde und erhielten je einen Denar.

10 Als die ersten kamen, meinten sie, dass sie mehr bekommen würden. Doch auch sie erhielten je einen Denar.

11 Sie nahmen ihn und beschimpften den Grundbesitzer:

12 »Diese letzten da haben eine Stunde gearbeitet, und du hast sie uns gleich gemacht, die wir doch die Last des Tages und die Hitze aushalten mussten.«

13 Er sagte zu einem von ihnen: »Mein Lieber, ich tue dir kein Unrecht. Hast du nicht einen Denar mit mir vereinbart?

14 Nimm, was dir gehört, und geh! Ich will nämlich diesem letzten dasselbe geben wie dir.

15 Oder ist es mir etwa nicht erlaubt, mit meinem Eigentum zu machen, was ich will? Bist du etwa neidisch, weil ich gütig bin?«

16 Vergleicht: Die Letzten werden die Ersten sein und die Ersten die Letzten.

Sozialgeschichtliche Analyse

Der Besitzer des Weinbergs (*kyrios* 20,8), der »Hausherr« (*oikodespotes* 20,1.11), wird in dieser Erzählung unter zwei Perspektiven dargestellt: 1. Er ist der Eigentümer des Landes und hat das unbeschränkte Recht, darüber zu verfügen. V. 15a fasst die Vorstellung von Privateigentum vor allem nach römischem Recht zusammen: Ein Eigentümer kann mit seinem Besitz machen, was er will. Es gibt für den frei geborenen Hausherrn und Grundbesitzer kein übergeordnetes Recht[1]. Herzog ist zuzustimmen in seiner Gegenüberstellung von V. 15 zu der Tradition der Tora, nach der Gott Eigentümer des Landes ist. V. 15 ist eine Blasphemie, in der die römische Vorstellung von Privateigentum der Tora und ihrem Recht widerspricht. Die Verfügungsgewalt des Grundbesitzers wird erzählerisch auch in dem Vorgang der Vereinbarungen mit den Arbeitern ausgemalt: Nur die erste Gruppe erfährt die Lohnhöhe im Voraus, die späteren Gruppen sind auf die »Gnade« des Grundbesitzers angewiesen. Er definiert, »was recht (*dikaion* 20,4) ist«. Es ist das absolute Verfügungsrecht eines Hausherrn nach römischem Recht, das ihm dieses »Recht« gibt. Für Cicero und viele andere Staatstheoretiker dieser Zeit ist das Verfügungsrecht des Hausherrn über Besitz, Familie, Sklaven und Sklavinnen und sein Erbe die Grundlage der idea-

---

1. Das deutsche Bürgerliche Gesetzbuch spiegelt das römische Recht: § 903 »Der Eigentümer einer Sache kann, soweit nicht das Gesetz oder Rechte Dritter entgegenstehen, mit der Sache nach Belieben verfahren und andere von jeder Einwirkung ausschließen«. Entsprechend kann auch in der römischen Rechtsdiskussion z. B. das Nachbarschaftsrecht die Rechte des Eigentümers einschränken. Jedoch ist das Rechtssubjekt der frei geborene grundbesitzende Mann mit grundsätzlich uneingeschränktem *dominium* und uneingeschränkter *patria potestas*. Mt 20,1-16 spiegelt die zu dieser Zeit neue Entwicklung im römischen Kaiserreich. Es beschreibt den *dominus/kyrios*, wie er dem vorklassischen römischen Recht entspricht, s. G. Diosdy 1970, 135 f.183. Auch in der Rechtsgeschichte des Alten Israel ist der freie grundbesitzende Mann das Rechtssubjekt. Doch: »Die Gesetze Gottes durchbrechen die ökonomischen Gesetze da, wo sie zu Ausbeutung und Abhängigkeit führen« (F. Crüsemann, Tora 1992, 219 zum Bundesbuch; vgl. 264 zum Deuteronomium). Zum Eigentum im römischen Recht s. auch M. Kaser 1971, 125.448 f.; zur *patria potestas* J.-A. Shelton 1998, 17-20. Plato, Leg 922-923 charakterisiert einen sterbenden Erblasser mit ähnlichen Worten wie Mt 20,15, aber als extremes Negativbeispiel von Willkür, das der Gesetzgeber zu verhindern habe. Der Sterbende behauptet, Herr seines Eigentums zu sein, der Gesetzgeber jedoch versteht Eigentum nicht als solchen Privatbesitz, sondern als Gemeineigentum. C. Hezser 1990, 240 beobachtet die in 20,14-15 dargestellte Willkür, sieht sie dann aber von der Güte überdeckt. W. R. Herzog 1994 zieht zuerst die Konsequenzen aus solcher Beobachtung: Der Weinbergbesitzer ist keine Darstellung Gottes.

len Staatsordnung. Herzog stimme ich auch noch in einem weiteren Aspekt dieser Darstellung des Grundbesitzers zu: In dieser Zeit ist die Erfahrung, dass die kleinen bäuerlichen Betriebe ihr Land durch Schulden verloren haben, eine offene Wunde für viele Menschen. Gerade die Anlage von Weinbergen auf Land, das vorher Lebensgrundlage für Familien war, macht eine ökonomische Veränderung durch Roms wachsenden Welthandel sichtbar. Wein bringt höhere Einnahmen als Getreide, gemessen an der Anbaufläche[2].

Die zweite Perspektive, unter der der Grundbesitzer dargestellt ist, ist die seiner »Güte«: Er ist »gut« (20,15), wie er selbst sagt. Er *sieht* die Arbeitslosigkeit (20,3.6). Er beschließt, denen, die nur Teile des Tages arbeiten konnten, den vollen Tagelohn zu geben. Diese Güte wird im Text an die Seite seiner Profitorientierung gestellt: Er holt sich Arbeiter zu späteren Tagesstunden, um die Arbeitskosten so niedrig wie möglich zu halten[3]. Die Einstellung von Tagelöhnern im Laufe des Tages ermöglicht es ihm, genau abzuschätzen, wie viel Arbeitskräfte er noch braucht, um das Tagesziel, vermutlich das vollständige Abernten des Weinbergs, zu erreichen. Dieses Verfahren erlaubt ihm auch, die Arbeitslosigkeit auszunutzen, um die Arbeitskraft der später Eingestellten billiger als für einen Denar einzukaufen. Seine Güte kommt nach der Erzählung von V. 1-7 überraschend. Doch bleibt seine Güte im Rahmen der Vorstellungen der Grundeigentümer in der römischen Kaiserzeit. Plinius der Jüngere stiftet Geld für bedürftige Kinder[4]. Er handelt damit in der Tradition der aristokratischen *liberalitas*/Freigebigkeit[5]. Diese Freigebigkeit dient primär dem eigenen sozialen und politischen Interesse. Im Lukasevangelium wird diese Freigebigkeit herrscherlicher »Wohltäter« ausdrücklich kritisiert (Lk 22,25): »Die Könige der Völker haben absolute Macht über sie und die die Macht missbrauchen, lassen sich Wohltäter nennen«. In Mt 20,25 fehlt dieses Detail. Doch der Satz über den Machtmissbrauch der politischen Gewalthaber ist im Matthäusevangelium nicht weniger scharf. Es ist auch kein Zufall, dass auf das Gleichnis vom Grundbesitzer Mt 20,1-16 eine Leidens-

2. S. schon oben zu Mk 12,1.
3. Nur die Tagelöhner der ersten Stunde erhalten einen Arbeitsvertrag, der eine Lohnsumme nennt. Die folgenden Gruppen erhalten keine klare Lohnzusage und sind von der Entscheidung des Arbeitgebers am Abend bei der Lohnauszahlung abhängig. Der Weinbergbesitzer nutzt die Arbeitslosigkeit zu seinen Gunsten. Die Tagelöhner sind in einer völlig schwachen Situation, s. dazu L. Schottroff (1979) 1990, 37 f.; W. R. Herzog 1994, 86.
4. Plinius d. J. ep. VII 18; I 8,10; XI 30. H. Kloft 1970, 65.
5. Dazu s. H. Bolkestein 1967, 304 f.; H. Kloft 1970; C. Hezser 1990, 97, allerdings mit der Vorstellung, dieses »Ethos der gehobenen Schichten« solle durch das Gleichnis niedrigeren Schichten zugänglich gemacht werden. D. A. Holgate 1999, 168-191 bietet Material zur Freigebigkeit, allerdings auf einen anderen Zusammenhang bezogen (Lk 15,11-32).

weissagung Jesu und die so genannte Rangstreitperikope mit ihrer fundamentalen Kritik am Römischen Reich folgt.

In dieser Frage nach der Güte des Grundbesitzers in Mt 20,1-16 habe ich meine eigene sozialgeschichtliche Analyse dieses Gleichnisses[6] zu ergänzen. Ich war damals überzeugt, der exegetischen Tradition folgen zu können, die in Mt 20,8-15 die Güte Gottes erkannte. Meine veränderte Sicht ist durch Herzogs weitergehende Analyse und durch das klare sozialgeschichtliche Material zur liberalitas/Freigebigkeit der großen und kleinen »Imperatoren« des Römischen Reiches, der Kaiser wie der reichen Staatsmänner und Privatleute, zustande gekommen. Schuldenerlass und auch andere Wohltaten lagen durchaus im Bereich ihres kühlen politischen Kalküls, wie schon zu den Gleichnissen Mt 22,1-14par. und Mt 18,23-35 dargelegt. Ich kann also nicht mehr sagen: »Mt 20,1-15 stellt in allen Einzelheiten die Lebenswirklichkeit dar – bis auf einen Punkt: das Verhalten des Arbeitgebers bei der Löhnung«[7]. Gerade auch das Verhalten des Arbeitgebers/Grundbesitzers bewegt sich im Rahmen der zeitgenössischen Vorstellungen. Es durchbricht sie nicht. Gottes Güte unterscheidet sich von ihr – auch nach der Vorstellungswelt, die in diesem Gleichnis zum Ausdruck kommt, fundamental. Es ist ein antithetisches Gleichnis, das Gottes Königtum nicht mit dem Verhalten des Grundbesitzers *gleichsetzt*, sondern *verglichen* wissen will. Es ist mir schwer gefallen, diese Konsequenz aus der sozialgeschichtlichen Analyse zu ziehen. Ich kann diejenigen verstehen, die Herzogs Analyse dieser Gleichnisfigur nicht folgen wollten. Hultgren kritisiert Herzog: »But all this is to ruin a good story. It is difficult to deny that the employer is portrayed as unusually generous«[8]. Doch leider: Er ist nicht großzügig, sondern in begrenztem Rahmen wohltätig. Und: Ungewöhnlich ist das nicht. Herzog hat kaum Unterstützung gefunden[9], doch aus rechtsgeschichtlichen und ethikgeschichtlichen Gründen ist seine Sicht sogar noch zu untermauern – wie gezeigt.

Der eine Denar, der in diesem Gleichnis als üblicher Tagelohn eines Landarbeiters in der Landwirtschaft dargestellt wird, ist zur Arbeitslosigkeit der Tagelöhner in Beziehung zu setzen. Ben David hat berechnet, dass ein Tagelöhner bei Vollbeschäftigung 200 Denare pro Jahr verdienen kann und damit eine sechsköpfige Familie an der unteren »Grenze des damaligen Lebensstandards« leben kann[10]. Doch sieht Ben David selbst, dass dieser Ver-

---

6. L. Schottroff (1979) 1990.
7. L. Schottroff (1979) 1990, 44.
8. A. J. Hultgren 2002, 40. Ähnlich V. G. Shillington 1997, 97.
9. N. K. Gottwald 1993, 20 nimmt Herzogs These positiv auf. Der Sache nach geht R. L. Rohrbaugh 1993 in eine ähnliche Richtung (zu Mt 25,14-30 par.).
10. A. Ben-David 1974, 292. Dieser Berechnung Ben-Davids sind seitdem viele Interpretationen direkt oder indirekt gefolgt.

dienst zwar ein Überleben, nicht aber Arbeitsfähigkeit ermöglicht. Der fehlende Verdienst muss also von Frauen und Kindern erarbeitet werden, durch das Betreiben kleiner Hilfswirtschaften und durch eigene, viel schlechter bezahlte Lohnarbeit[11]. Es ist also gerade nicht anzunehmen, dass der eine Denar als das übliche Familieneinkommen am unteren Ende der Gesellschaft genannt wird, sondern als der Verdienst eines männlichen Tagelöhners, der davon keine Familie ernähren kann. Mt 20,1-16 ist ein androzentrischer Text, dem nicht anzusehen ist, dass Frauen und Kinder dieser Tagelöhner ebenfalls arbeiten müssen, vielleicht im Haushalt desselben Hausherrn. Die Güte des Grundeigentümers bewegt sich also in einem engen Rahmen. Er zahlt den ortsüblichen Lohn, zahlt ihn auch korrekt am Abend des Arbeitstages[12]. Aber die Arbeitslosen werden durch den unerwarteten vollen Tagelohn nur für einen Tag von dem Überlebenskampf entlastet.

Warum geht der Weinbergbesitzer selbst auf den Marktplatz, um Tagelöhner einzustellen, wenn er doch einen Aufseher (*epitropos* 20,8) hat? Er scheint nicht zu den Großeigentümern zu gehören, die gar nicht mehr auf dem Land leben, sondern in den Städten. Darin ist er dem Bauern zu vergleichen, der der Vater des »verlorenen Sohnes« ist (Lk 15,11-32). Der lebt auch auf dem Bauernhof, und sein älterer Sohn arbeitet auf dem Feld. Trotzdem beschäftigt er Sklaven, Sklavinnen und Tagelöhner.

Schwieriger ist die Frage zu beantworten, warum der Weinbergbesitzer will, dass die Tagelöhner der ersten Stunde zusehen, wie die letzten ihren einen Denar erhalten. Die Antwort auf diese Frage muss dem anschließenden Streit entnommen werden. Der Streit wird ungewöhnlich ausführlich dargestellt. Die Tagelöhner der ersten Stunde erwarten, dass der Weinbergbesitzer auch ihnen gegenüber entsprechend großzügig ist, also mehr zahlt als den vereinbarten einen Denar. Der Weinbergbesitzer antwortet einem aus der protestierenden Gruppe, indem er auf die Legalität seines Verhaltens verweist: 1. Er hat vertragsgemäß gezahlt; 2. Er hat das Recht, mit seinem Eigentum nach Belieben zu verfahren. Er macht den schimpfenden Tagelöhnern den Vorwurf, geldgierig zu sein. Er hätte allerdings auch darum werben können, dass sie sich mitfreuen über das Geschenk, das er den letzten macht. Er hätte sagen können, dass er nicht mehr übrig hat, um es zu verschenken. Er wollte den Protest provozieren. Er wollte den Streit. Herzog nennt sein Verhalten: »blaming the victim«[13]. Die Gleichniserzählung hat einen offenen Schluss. Es wird nicht erzählt, wie die enttäuschten Arbeiter reagiert haben. Der Weinbergbesitzer hat das letzte Wort gehabt. Befriedigend ist die Erzählung nicht. Die Hörenden können gar nicht anders, als weiter zu diskutieren.

11. Diskussion der einschlägigen Quellen bei L. Schottroff 1994, 140-144.
12. Lev 19,13; Dtn 24,14f.; weiteres Material C. Hezser 1990, 76-79.
13. W. R. Herzog 1994, 79.95.

Die Situation von *freien Landarbeitern* im Römischen Reich dieser Zeit wird von diesem Gleichnis sehr realistisch dargestellt.

Tagelöhner bei der Ernte sind für die römische Landwirtschaft in so analoger Weise bezeugt, dass die Informationen sich gegenseitig stützen und man in *dieser* Frage jedenfalls römische Agrarschriftsteller zur Verdeutlichung der Situation in Palästina heranziehen kann. Im Übrigen zeigt auch das Buch Ruth ähnliche Verhältnisse. Die Schnitter, die auf dem Felde des Boas arbeiten und von einem Aufseher kontrolliert werden (Rut 2,3 ff.), sind vermutlich solche Erntearbeiter auf Tagelohn oder eine Erntekolonne, die für die Ernte gemietet wird, wie sie auch aus der römischen Landwirtschaft bekannt ist[14].

Varro (116-27 v.Chr.) schrieb, als er achtzig Jahre alt war, die »*res rusticae*«. Er interessiert sich, was die Arbeitskräfte in der Landwirtschaft angeht, zwar vor allem für die Aufseher und gibt dem Besitzer Ratschläge, wie er im Interesse einer großen Rentabilität des Landbesitzes mit den Aufsehern verfahren soll. Mehr am Rande ist von den eigentlichen Landarbeitern die Rede: »Alle Felder werden durch Menschen bestellt, und zwar durch Sklaven oder durch Freie oder durch beide; durch Freie, wenn sie den Boden selbst bestellen, wie es viele arme Leute zusammen mit ihren Kindern machen, oder durch Tagelöhner *(mercennarii)*, wenn man schwerere Arbeiten, wie z.B. die Weinlese und die Heuernte, durch das Mieten freier Arbeitskräfte ausführen lässt; und diejenigen, welche unsere Vorfahren *obaerarii* (die eine Schuld durch Arbeit tilgen) nannten und von denen es auch jetzt noch in Asien und Aegypten und in Illyricum viele gibt. Über das alles ist meine Meinung: Ungesunde Gebiete durch Tagelöhner bestellen zu lassen, ist zweckmäßiger als durch Sklaven; und selbst bei gesunden Gebieten ist es zweckmäßiger, so die schwereren Landarbeiten ausführen zu lassen, wie z.B. das Einbringen der Früchte der Weinlese oder der Ernte«[15]. Auch Cato (234-149 v.Chr.) beschäftigte freie Tagelöhner (Agr. 1,3) und empfahl: »(Der Grundbesitzer) soll denselben Arbeiter und Tagelöhner und Ackerknecht nicht länger als einen Tag einstellen«[16].

D.h. er wird auf diese Art zu erreichen versuchen, dass die Tagelöhner sich in möglichst schwacher Position befinden, was Lohnforderungen angeht. Auch noch auf andere Weise wird versucht, den Lohn der Tagelöhner

---

14. CIL 8, Suppl. 11824.
15. Varro, Res rust. I, 17,2-3; vgl. auch Columella I, 7,4. Diese und die folgenden Quellen zur Situation der Tagelöhner in der Landwirtschaft habe ich bereits in einem Aufsatz von 1979 erarbeitet. Sie sind von C. Hezser 1990 übernommen und um weitere Quellen, die das Bild stützen, ergänzt worden.
16. Cato, Agr. 5,4. Übersetzung aus W. Krenkel 1965, 141, dessen Argumenten gegen die Deutung von H. Gummerus 1903, 26 f., zuzustimmen ist.

gering zu halten. Columella (ca. 1-70 n. Chr.) schreibt (3,21,9 f.), man solle unterschiedliche Rebsorten in jeweils abgegrenzten Gärten pflanzen. »Wer jeder Sorte ihren eigenen Garten gibt, kann diese Unterschiede mit allen Möglichkeiten, die das Gelände bietet, in Einklang bringen. Er hat auch den nicht geringen Vorteil, dass die Lese weniger Arbeit und Kosten macht, denn jede Sorte wird, wie sie zu reifen beginnt, rechtzeitig geerntet, und die Lese der noch unreifen Trauben lässt sich ohne Schaden hinausschieben. Demgegenüber führt das gleichzeitige Ernten von schon welken und gerade reifen Früchten zur Überstürzung der Lese und zwingt dazu, ohne Rücksicht auf die Kosten mehr Arbeiter zu dingen«[17]. Mit Hilfe dieser Quellen, die sich noch ergänzen lassen[18], lässt sich die soziale Situation der Tagelöhner weitgehend rekonstruieren. Das Bild deckt sich mit dem von Mt 20,1-15. In der Ernte, auch gerade in der Weinernte, werden auf größeren Bauernhöfen Tagelöhner eingestellt. Auf ihre Gesundheit wird noch weniger Rücksicht genommen als auf die von Sklaven. Ein kluger Bauer sieht zu, dass er nicht im Erntedruck zu viel Lohn an Tagelöhner zahlen muss. Man nimmt gelegentlich an, der Dienstvertrag mit Tagelöhnern sei in der römischen Kaiserzeit von geringer Bedeutung, weil primär Sklaven die Arbeit tun[19]. Zweifellos gibt es lokale Unterschiede in der Menge und der Lage der Tagelöhner. Columella setzt z. B. Knappheit solcher Arbeitskräfte in der Ernte voraus. Mt 20,1-15 setzt ein Überangebot voraus. Dass diese Gruppe von Menschen, die faktisch noch weniger geschützt sind als die Sklaven, keine große Aufmerksamkeit – im Recht z. B. – gefunden hat, darf nicht verwundern. Daraus ist aber noch nicht auf ihre geringe Zahl zu schließen. Ihre Zahl wird unmittelbar zusammenhängen mit der jeweiligen ökonomischen Situation der Landbevölkerung. Mit der Zunahme der Größe von Landgütern dürfte die Zahl der Tagelöhner steigen. Dass das Sklavenelend besser bekannt ist als das noch größere der Tagelöhner, dürfte unmittelbar damit zusammenhängen, dass die Sklaven für die antiken Grundbesitzer Gegenstand von ökonomischem und rechtlichem Interesse sind. Die Erntearbeiter und ihr Elend spielen in ihrer Kalkulation eine Nebenrolle. Insofern ist die Vorstellung von der »Sklavenhaltergesellschaft« unvollständig. In ihr spiegelt sich das Bewusstsein gerade der herrschenden Klasse in der Antike. An der Rentabilität, d. h. der Arbeitskraft und Lebenserwartung von Sklaven, hat der Besitzer ein Interesse. Sie sind sein Besitz, der sich amortisieren und dann noch Gewinn einbringen muss. Stirbt der Sklave zu früh oder ist er zu früh arbeitsunfähig,

17. Übersetzung aus: Columella, Über Landwirtschaft, übers. v. K. Ahrens (Schriften zur Geschichte und Kultur der Antike 4), Berlin 1972.
18. Für weitere Information s. die in Anm. 16 genannte Literatur und P. A. Brunt 1976, 124 ff.; bes. 133 f.
19. So z. B. F. van der Ven 1971, 98 f.; vorsichtiger M. Kaser 1971, 300 f.

dann büßt der Besitzer sein Kapital ein. Der Tagelöhner ist dagegen eine Art Sklave auf eigenes Risiko[20].

Auch jüdische und römische Rechtsquellen bestätigen das Bild der sozialen Situation der Tagelöhner. Im Alten Testament schreibt das Recht (Lev 19,13; Dtn 24,14f.) vor, den Lohn des Tagelöhners noch am Abend auszuzahlen. D.h. es gibt Arbeitsherren, die dem Tagelöhner den Lohn vorzuenthalten versuchen, obwohl er ihn sofort braucht. Der Tagelöhner und seine Familie leben also von der Hand in den Mund. In der Mischna wird sehr detailliert geregelt, welche Rechte der Lohnarbeiter auf Beköstigung während der Arbeitszeit hat. Es soll z.B. verhindert werden, dass er zu hohe Qualität fordern kann bzw. zu viel von den Früchten isst, mit deren Ernte er beschäftigt ist[21]. Auf der anderen Seite soll verhindert werden, dass der Arbeitgeber bei der Verköstigung versucht, unter dem zu bleiben, was ortsüblich ist. Dass der Lohn noch am Abend auszuzahlen ist, wird von der Mischna wie vom Alten Testament verlangt, allerdings in der Mischna mit der Einschränkung, dass der Arbeitgeber den Lohn zurückhalten kann, wenn der Arbeiter ihn nicht eingefordert hat (BM IX 12b). Damit wird die alttestamentliche Vorschrift empfindlich geändert, denn zumindest Tagelöhner, die hoffen können, noch öfter von demselben Arbeitgeber gemietet zu werden, werden es unter diesen Umständen nicht immer wagen, den Lohn einzufordern. Die Notlage von Tagelöhnern wird besonders anschaulich aus einer Regelung, die in der Tosephta zu finden ist: »Der Arbeiter darf nicht in der Nacht für sich arbeiten und am Tage sich für fremde Arbeit vermieten, denn er beraubt dadurch seinen Arbeitgeber (durch geringe Leistungen) in der ihm übertragenen Arbeit«[22].

Den rechtlichen Regelungen lässt sich also in vielfacher Hinsicht entnehmen, wie gefährdet die Lohnforderungen des Tagelöhners in der Realität sind und wie schlecht seine soziale Situation insgesamt ist. Der Spruch des Propheten Jeremia ist wohl für die ganze alte Welt aktuell: »Wehe dem, … der seinen Nächsten umsonst arbeiten lässt und ihm den Lohn nicht bezahlt« (Jer 22,13; vgl. Ijob 7,1; Sir 34,22).

Eschatologische Deutung

In V. 16 wird das Gleichnis von dem Erzähler Jesus eschatologisch gedeutet. Im Königtum Gottes werden »die Letzten die Ersten sein und die Ersten

---

20. Zu diesen Fragen s. vor allem den Aufsatz von W. Krenkel 1965.
21. BM VII, 1-7.
22. Tosephta BM Zuckermandel 387 (25. Aufl.); für die Übersetzung und weitere Information s. bes. D. Farbstein 1896, 45,5.

Letzte«. Dieser Satz ist eine Prophetie über das Königtum Gottes. Das Gleichnis ist bereits als Begründung (20,1) für diese Prophetie eingeführt worden. In 19,30 hat Jesus gesagt: »Viele Erste werden Letzte sein und Letzte Erste«. Hier in 19,30 ist die Prophetie auf das Geschick der Nachfolge-gemeinschaft Jesu bezogen (19,27-29). Die Jünger und Jüngerinnen haben, anders als der reiche Jüngling (19,16-26), ihre Familie und Äcker aufgege-ben, um ihm nachzufolgen durch ganz Galiläa bis nach Jerusalem. Der ab-schließende prophetische Satz will nicht sagen: Und ihr Jünger und Jün-gerinnen seid diejenigen, die zu Ersten werden werden. Dann wäre der Satz kein eschatologischer Satz. Er ist Verheißung für diejenigen, die Familie und Äcker aufgegeben haben. Ebenso wie er Warnung für diejenigen ist, die sich wie der reiche junge Mann verhalten. Aber auch er wird vor Gottes Gericht stehen, nicht jetzt schon als von Gott Verurteilter behandelt, denn bei Gott ist alles möglich (19,26).

Die Deutung wertet die Gleichniserzählung nur in einem Gedanken aus: Auch in Gottes Königtum wird es Letzte geben, die zu Ersten werden wie in dieser Geschichte. V. 16 also knüpft an das Geschick der letzten Gruppe im Gleichnis an. Wie wird es sein, wenn in Gottes Königtum die Letzten zu den Ersten werden? Der Satz ist eine Verheißung, die weit über das im Gleichnis Erzählte hinausgeht[23]. Wer sind die »Letzten«? Das Matthäusevangelium als Ganzes zeichnet ein bewegendes Bild vom Leiden des Volkes. Der Satz 20,16 ist Verheißung für das ganze Volk, wie es auch die Seligpreisungen Mt 5,3-10 sind. In ihnen ist die Erläuterung für 20,16 zu finden. Jesus befindet sich in der Öffentlichkeit. Die Volksmenge ist als anwesend gedacht (19,2) – auch während seines Gesprächs mit dem reichen jungen Mann und den Jüngern und Jüngerinnen. Diese öffentliche Rede wird mit 20,1-16 abgeschlossen. Danach zieht er sich mit den Seinen zurück (20,17).

In den Verheißungen der Seligpreisungen wird denen, die an Armut, Krankheit und der Zerstörung ihrer Gottesbeziehung leiden[24], das Königtum Gottes verheißen (5,3). Für sie gibt es jetzt schon den Weg aus dem Elend: den Weg des Gewaltverzichts (5,5), des Hungers nach (Gottes) Ge-rechtigkeit, der Barmherzigkeit (5,7), der Reinheit der Herzen (5,8) und des Friedenstiftens. Dieses Volk wird die Erde »erben«, auf ihr in Gerechtigkeit

---

23. Es ist diskutiert worden, dass 20,16 eine spätere Ergänzung des Gleichnisses durch ein Wanderlogion ist, das formal auf die Reihenfolge bei der Auszahlung 20,8 Bezug nimmt. Diese Überlegung ist völlig unangemessen. Der Vers 20,16 ist die notwendige Deutung des Gleichnisses und nimmt auf die Güte des Wein-bergbesitzers gegenüber den »Letzten« Bezug. Aber sie stellt diese Güte der Güte Gottes im Gericht, in dem die Letzten zu den Ersten werden, in Opposition ge-genüber.

24. Zu Mt 5,3 s. schon oben zu Mt 13,33.

wohnen. Mt 20,16 lädt alle Hörenden ein, auf diesen Weg mitzukommen. Es sind aber nicht nur Mt 19,30; 20,16 und die Seligpreisungen, in denen im Matthäusevangelium die Hoffnung für das niedergedrückte Volk ausgedrückt wird. Die Verheißung eschatologischer Heilung derer, die jetzt ganz unten sind, durchzieht das Evangelium: Mt 9,36; 10,6; 15,24 – Jesus erbarmt sich über die verlorenen Schafe des Hauses Israel; dieses Erbarmen ist Ausdruck des Heilungswillens Gottes für Israel und die Völker. Auch Mt 11,2-6; 25-30; 12,20 drückt diese Verheißung aus, die in Jesu Auftrag schon sichtbar wird. In diesen Zusammenhang der eschatologischen Perspektive für das Volk Israel und die Völker gehört 20,16[25].

Shillington 1997 vertritt eine interessante Deutung: Er hält das Gleichnis selbst durch seinen zweiten Teil (V. 8-15) für eine Verheißung für die Arbeitslosen: »How can a destitute Israelite honour his religious heritage in the Holy Land given to sustain life«? (98). Ungerechtigkeit und Hunger berauben die Armen der Möglichkeit, den Sabbat zu feiern. Ich halte diese Deutung für 20,16 für zutreffend, allerdings nicht für 20,8-15.

Was ist die Botschaft des Gleichnisbildes, die ja nicht ausschließlich durch die ausdrückliche Deutung in 20,16 zustande kommt? Das Bild selbst hat auch Bedeutung für das Königtum Gottes. In 20,15 endet die Gleichniserzählung mit der Behauptung des Grundbesitzers, er sei »gut« *(agathos)*. In der vorangehenden Erzählung vom reichen jungen Mann weist Jesus diesen zurecht, als er ihn nach dem »Guten« fragt, das er tun soll: Gott allein ist »gut« (19,17). Diese Verbindung des Gleichnisses mit dem Kontext wird meist als Bestätigung, den Hausherrn als Bild für Gott zu lesen, gedeutet. Doch dann müsste Gottes Freiheit zur Güte mit der Freiheit des Grundbesitzers im Römischen Reich gleichgesetzt werden[26]. Das Gleichnisbild ist – wiederum – als Antithese zum Königtum Gottes entworfen. Es zeichnet die Welt der Grundbesitzer und ihre Kehrseite, das Elend der Arbeitslosen und der Tagelöhner. Die Güte dieses Grundbesitzers bietet nur eine schwache Andeutung dessen, was Gottes Güte bedeutet. Gott will, dass die »Sanft-

---

25. Oft wird 20,16 (19,30) »ekklesiologisch«, nicht eschatologisch gelesen, indem Gruppen mit den Letzten bzw. Ersten identifiziert werden, z. B. Reiche oder die Jünger. Auch W. Carter 1994, 160, liest 20,16 als Aufforderung an die Adressaten, einem patriarchatskritischen Lebensstil ohne die Hierarchien und die Orientierung am Reichtum zuzustimmen, also »ekklesiologisch«. Seiner Analyse von Mt 19,20 als Patriarchatskritik stimme ich weitgehend zu, beurteile nur den Grundbesitzer in 20,8-15 anders und verstehe 20,16 (19,30) eschatologisch: als Verheißung für das Volk und die Völker, die bei Mt auch im Blick sind, nicht nur als Einladung, den alternativen Haushalt zu leben.

26. J. M. Nützel 1991, 279 deutet V. 15 als Ausdruck der Freiheit Gottes, seines Willens, seines Wohlgefallens *(eudokia)*. Doch ich sehe zwischen der Freiheit Gottes und 20,15 einen Kontrast.

mütigen«, diejenigen, die in Gerechtigkeit leben[27], die Erde bewohnen sollen (Mt 5,5). Ein Grundbesitzer, der einmal Arbeitslosen einen Denar zahlte, ist ein Gegenbild zu diesem Gott. Eben dies sagt 20,16, und die Zuhörerschaft hat gelernt, sich an Gottes Taten zu erinnern und daraus Hoffnung zu schöpfen. Denn das ist Inhalt vieler Gebete in jüdischer Tradition[28]. Wer immer diese Gebete spricht, wird Gott nicht in dem Grundbesitzer erkennen. Im Gegenteil, das Gleichnis beleuchtet in einer scharfen Analyse das wirtschaftliche Elend und seine Ursachen zur Zeit des Matthäusevangeliums. Privateigentum im Sinne von Mt 20,13-15 widerspricht frontal der Tora Gottes. Wenn Gottes Tora die Freiheit des Land besitzenden freien Mannes sichert, so doch immer so, dass das Leben auf diesem Land nur gesegnet ist, wenn alle, die Unfreien, die Frauen, die Fremden, an diesem Segen Anteil haben[29].

Mt 20,16 ist eine eschatologische Verheißung, die Konsequenzen für das Zusammenleben hat. Das zeigt der Zusammenhang der Kapitel 19.20. Die jüdischen Menschen zur Zeit des Matthäusevangeliums waren kaum noch in der Lage, Gott für die Nahrung und das Land zu danken, so wie es vermutlich auch schon um diese Zeit das Gebet nach der Mahlzeit (Birkat Hamazon) ausdrückt. Mt 20,16 im Kontrast zum Gleichnis zeigt den Weg aus dieser Zerstörung der Lebensgrundlagen. Ich zitiere einige Zeilen aus dem Tischgebet. Es könnte für die Hörenden die Antwort auf das Gleichnis sein, eine Antwort der Hoffnung und des Vertrauens:

»Gesegnet seist du, Adonaj unser Gott, König der Welt,
der die ganze Welt speist durch seine Güte!
…
Wir danken dir, Adonaj unser Gott, daß du unseren
Eltern als Erbteil gegeben hast das liebwerte, gute und weite Land,
daß du uns, Adonaj unser Gott, aus dem Lande Ägypten herausgeführt
und uns aus dem Sklavenhaus erlöst hast …«

Die Ökonomie Gottes ist eine Ökonomie der Gerechtigkeit, wie sie im Mannawunder (Ex 16) dargestellt ist.

---

27. Die »Sanftmütigen« (Mt 5,5) verkörpern den Kontrast zu den Mächtigen auf den Thronen und ihrer Hybris/Arroganz (z. B. Mt 20,25; Lk 1,51-52).
28. P. F. Bradshaw 1995, 45-56.
29. S. dazu F. Crüsemann, Tora 1992, 264.

Methodische Erläuterung

Die »ekklesiologische« Deutung von Mt 20,1-16 hat starke Tradition. Das Gleichnis wurde im 20. Jahrhundert fast durchweg antijudaistisch gelesen: Der Gott Israels ist ein Gott, der Leistung verlangt, der Gott Jesu ist barmherzig (Mt 20,8-15). Die Pharisäer oder gesetzestreuen Juden seien in den Arbeitern der ersten Stunde abgebildet, die Zöllner und Sünder und/oder die Völkerkirche seien in den Letzten dargestellt. Diese antijudaistische Deutungstradition[30] ist in den letzten Jahren mehr und mehr einer jüngerkritischen = kirchenkritischen Deutung gewichen. Damit aber wird das hermeneutische Muster einer ekklesiologischen Deutung noch nicht aufgegeben. Gerade das Matthäusevangelium mit seiner starken Betonung des alleinigen Richtens Gottes im endzeitlichen Gericht widerspricht selbst solchen ekklesiologischen Deutungsmustern.

Literatur zur Vertiefung

William R. Herzog 1994 – Warren Carter 1994 – V. George Shillington 1997

Eigene Vorarbeiten

Luise Schottroff (1979) 1990

---

30. Umfassende Information C. Hezser 1990.

13. Das Ende der Gewalt. Jesu Rede im Tempel.
Matthäus 21,23-22,14

Jesus lehrt im Tempel (21,23), er lehrt das Volk. Dass eine Volksmenge und seine Nachfolgegemeinschaft anwesend sind, wird nicht eigens beschrieben, aber vorausgesetzt (s. nur 21,26.46). Es geht um die Zukunft des Volkes Israel und aller anderen Völker. In einem ersten Teil der Rede zeigt Jesus den Hohenpriestern und Ältesten, also der politischen Führung in Jerusalem, wie er sie einschätzt und was er für sie für notwendig hält. Er bedient sich dazu eines Gleichnisses, des Gleichnisses von den zwei Kindern (21,28-32). In einem zweiten Teil der Rede beschreibt er Strukturen der Gewalt, zuerst innerhalb des jüdischen Volkes (21,33-46), dann im Römischen Reich (22,1-14). Beide Male bedient er sich eines Gleichnisses. In den Gleichnisanwendungen entwickelt Jesus seine Zukunftshoffnung für das Volk und die Völker. In diesem Abschnitt möchte ich das erste dieser Gleichnisse besprechen und den Gedankengang dieser Rede Jesu nach Matthäus insgesamt nachzeichnen. Die beiden Gleichnisse 21,33-46 und 22,1-14 sind bereits in Teil 1 analysiert worden.

Das Gleichnis von zwei Kindern
Matthäus 21,28-32

Übersetzung

28 Wie denkt ihr über folgenden Fall? Ein Mann hatte zwei Kinder. Er kam zum ersten und sagte: Mein Kind, geh' heute und arbeite im Weinberg.
29 Der Junge antwortete: Ich will nicht. Später tat es ihm leid und er ging.
30 Der Vater kam zum zweiten und sprach genauso. Dieser Junge antwortete: Ja, Herr, aber er ging nicht.
31 Wer von beiden hat den Willen des Vaters getan? Sie antworteten: das erste Kind. Jesus sagt zu ihnen: Ich sage euch mit allem Ernst: Die Zöllner und die Prostituierten werden vor euch ins Königtum Gottes gelangen.
32 Johannes kam zu euch mit der Praxis der Gerechtigkeit, und ihr habt ihm nicht geglaubt. Die Zöllner und die Prostituierten haben ihm geglaubt. Und ihr – obwohl ihr das gesehen habt – seid doch nicht umgekehrt, um ihm endlich doch zu glauben.

Sozialgeschichtliche Analyse

Ein zweites Mal erzählt Jesus ein Gleichnis von Kindern, um Menschen zu gewinnen, die sich gegen seine Botschaft entschieden haben. Mt 11,16-19 sind es Kinder, die sich über Spielverderber beschweren. Auch dort wird die Ablehnung der Botschaft des Täufers und Jesu im Gleichnis und seiner Anwendung beklagt. Hier sind es zwei Kinder, die beide keine Lust haben, im Weinberg zu arbeiten. Beide verhalten sich unterschiedlich gegenüber dem Vater und gegenüber ihrem Auftrag. Es gibt rabbinische Texte, aus denen hervorgeht, dass Kinder ab sechs Jahren arbeiten mussten[1]. Es wird nicht gesagt, dass der Weinberg, in den der Vater die Jungen zur Arbeit schickt, dem Vater gehört. Es ist möglich, dass der Text das voraussetzt, aber das Milieu ist das der armen Familien, für die es selbstverständlich ist, dass Kinder Geld verdienen müssen und dass dieses Geld beim Vater abzuliefern ist. Der Text sagt nicht, dass der Vater den ersten Jungen, der ihm offen widerspricht, tadelt. Die Sympathie der Erzählung gehört ihm und nicht dem devoten Kind, das übertrieben unterwürfig redet und seinen Widerstand verschweigt.

Eschatologische Deutung

Die Anwendung des Gleichnisses beginnt mit der Frage an die Zuhörenden, wer den Willen des Vaters getan hat. Sie geben die zu erwartende Antwort: das erste Kind. Dann wendet Jesus das Gleichnis auf die von ihm angesprochenen Führungsleute in Jerusalem an: Ihr hättet euch besser so verhalten sollen wie das erste Kind. Ihr habt die Botschaft des Täufers von Anfang an abgelehnt. Als ihr saht, dass die Zöllner und Prostituierten ihm folgten, hättet ihr euch besinnen können. Aber ihr habt es nicht gewollt. Ihr seid also – so könnte mit Mt 13,14 fortgefahren werden – solche, die sehen und doch nicht sehen. Und nun erzählt ihnen Jesus das Gleichnis, um sie erneut zu gewinnen[2]. Sie sollten endlich der Praxis der Gerechtigkeit glauben und auf den Weg ins Königtum Gottes gehen. Jesus sagt nicht: Ihr werdet diesen Weg nicht finden, ihr seid schon verloren. Das Gleichnis und seine Anwendung wollen eine schwierige Situation öffnen. Die Führungsleute sollen den Zöll-

---

1. Materialsammlung S. Krauss II, 1966, 18-21.
2. A.-J. Levine 1988, 206 versteht 21,31b *proagein*/vorangehen als exklusiv. Die jüdische Führung hat eine zweite Chance gehabt, sie wird nun definitiv vom Heil ausgeschlossen. Ich möchte dagegen nicht nur mit der Wortbedeutung von *proagein* argumentieren, vor allem aber mit der Vorstellung vom Gericht Gottes, das bevorsteht, aber auch von Jesus nicht vorweggenommen wird.

nern und Prostituierten hinterher gehen, von ihnen lernen. Das Urteil bleibt Gott überlassen. Jesus praktiziert die von ihm gelehrte Feindesliebe, die nicht aufhört, um die Menschen zu kämpfen, auch wenn sie sich immer wieder abwenden.

Die verbreitete »ekklesiologische« Deutung gibt es vor allem in zwei Versionen: Die jüdische Führung ist bereits verloren, vom Reich Gottes ausgeschlossen, das die Kirche, sei es die Völkerkirche oder eine Kirche aus Juden und den Völkern, bereits verkörpert. Die zweite Version der »ekklesiologischen« Deutung liegt in jenen Handschriften vor, die die Reihenfolge der Kinder umstellen, so dass das devote Kind am Anfang steht. Dieses erste Kind wird dabei heilsgeschichtlich – allegorisch als Israel, das Gottes Willen nicht getan hat, – gedeutet[3].

Die zwei Gleichnisse Mt 21,33-46 und 22,1-14 im Zusammenhang der Rede Jesu im Tempel 21,23-22,14

Trotz des ungelösten Konfliktes mit der Führung des jüdischen Volkes wird Jesus immer wieder im Dialog mit ihr dargestellt. Das Gleichnis von den gewalttätigen Pächtern ist auf das ganze Volk bezogen, wird aber zu Recht von den »Hohenpriestern und Pharisäern« (21,45) als Kritik ihrer Politik verstanden. Sie haben es so weit kommen lassen, dass die Opfer ökonomischer Gewalt anfangen, die Sklaven ihres Peinigers zu töten[4]. Es ist eine aussichtslose gewalttätige Wut im Volk. Das zweite Gleichnis beschreibt die Strukturen imperialer Gewalt im Römischen Reich[5]. Nach diesem Gleichnis wollen die Führungsleute Jesus zum politischen Offenbarungseid zwingen (22,15-22). Er soll sagen, dass er die römische Kopfsteuer ablehnt, weil sie nicht mit dem Bekenntnis zum Gott Israels zu vereinbaren ist. Aber Jesus hält in der gegebenen Situation das Bekenntnis zum Gott Israels mit der Zahlung der Kopfsteuer für vereinbar – wie viele jüdische und christliche

3. Die Textumstellung in Handschriften könnte schon auf das 2. Jahrhundert zurückgehen, die heilsgeschichtliche Deutung ist seit Origenes bezeugt, s. dazu U. Luz 1997, 213; A. J. Hultgren 2002, 218f. Doch ist aus textgeschichtlichen und gleichnistheoretischen Gründen die hier übersetzte Version, die der 26. und 27. Ausgabe des von Nestle-Aland herausgegebenen griechischen Neuen Testaments, vorzuziehen: Diese Version hat die etwas bessere handschriftliche Bezeugung, und eine allegorische Lektüre ist den Gleichnissen der Evangelien unangemessen. Das zweite Kind bildet nicht die Gegner Jesu ab. Vielmehr sollen sie von dem ersten Kind lernen.
4. S. o. Teil I zu Mk 12,1-12 und Mt 21,33-46.
5. S. o. Teil I zu Mt 22,1-14.

Menschen in dieser Zeit[6]. Erst wenn der römische Staat religiöse Unterwerfung fordert, ist die Grenze erreicht, die das *Schema' Israel* zieht.

Doch die beiden Gleichnisse 21,33-46; 22,1-14 werden nicht wegen der Führungsleute allein erzählt[7]. Ihre Anwendungen reden von der Hoffnung auf das Ende dieser Gewalt. Sie sind vor der Volksmenge gesprochen und entfalten die Perspektive auf das Königtum Gottes. Das Volk, das in seiner Erniedrigung dargestellt ist, »ist zum Eckstein geworden« (21,42). Gott hat die Erniedrigten erhöht. Das »Wunder vor unseren Augen« (21,42) ist sichtbar geworden: Gottes Königtum, in dem das Volk leben wird, das die Früchte bringt, die Gottes Gerechtigkeit entsprechen: das Volk aus allen Völkern.

Das zweite Gleichnis über das Römische Imperium neben dem Gleichnis von den Winzern wirkt umso düsterer, als es erneut Gewalt beschreibt. Niemand kann sich noch Illusionen von einem friedlichen Leben machen. Wie anders ist Gottes Königtum, das schon zu sehen ist! Die knappe Anwendung des Gleichnisses Mt 22,1-13 in V. 14 erinnert an die Verheißung Gottes für alle Völker und ganz besonders für Israel. Alle Völker sind berufen, und das kleine Israel ist Gottes geliebtes Kind.

Die beiden Gleichnisse von der Gewalt rufen die Sehnsucht nach Gottes Königtum hervor, nach dem Gott, der das Volk mit Manna in der Wüste ernährte und es vor der endlosen Sklaverei bewahrte. Jedes Gebet der jüdischen Tradition zeichnet das Gegenbild zu Mt 21,33-41; Mt 22,1-13: Gesegnet seist du, Gott, denn du hast die Erniedrigten erhöht.

---

6. Detaillierte Analyse L. Schottroff 1990, 184-216.
7. Die Verheißungen Mt 21,42-33 und 22,14 werden sehr oft »ekklesiologisch« gelesen und damit als Verwerfung von Gruppen. A. J. Saldarini 1994, 60 liest 21,43 unter kritischer Aufarbeitung des traditionellen ekklesiologischen Antijudaismus dennoch als Verwerfung der jüdischen Führung und versteht das Volk *(ethnos)*, das die Früchte des Königtums bringt, als die Nachfolgegruppe des Matthäusevangeliums, die die neue Führung Israels sein soll. Auch hier verweise ich auf den eschatologischen Horizont von 21,43 (s. dazu schon oben zu Mk 12,1-12; Mt 22,33-46), der einer solchen Deutung widerspricht.

14. Das Gleichnis von den Talenten und das Gericht Gottes über die Völker.
Matthäus 25,14-46

Übersetzung

14 Denn die gerechte Welt Gottes solltet ihr auch mit der Geschichte von einem Mann vergleichen, der im Aufbruch zu einer Reise seine Sklaven rief und ihnen sein Vermögen zur Verwaltung übergab.

15 Dem einen gab er fünf Talente, dem nächsten zwei, dem dritten drei, jedem nach seiner Tüchtigkeit. Dann reiste er ab. Sofort

16 ging der mit den fünf Talenten los, machte mit ihnen Geschäfte und erwirtschaftete weitere fünf dazu.

17 Ebenso erwirtschaftete der mit den zwei Talenten weitere zwei.

18 Der mit dem einen Talent ging los, grub ein Loch in die Erde und versteckte das Geld seines Besitzers.

19 Nach langer Zeit kommt der Besitzer dieser Sklaven und rechnet mit ihnen ab.

20 Der mit den fünf Talenten trat herzu und brachte weitere fünf mit den Worten: Herr, du hast mir fünf Talente übergeben, hier sind die weiteren fünf, die ich erwirtschaftet habe.

21 Sein Besitzer sprach zu ihm: Richtig gemacht, du guter und treuer Sklave. Du warst im Kleinen zuverlässig, ich beauftrage dich nun mit einer großen Aufgabe. Du bist eine Freude für deinen Besitzer.

22 Der mit den zwei Talenten trat herzu mit den Worten: Hier sind die weiteren zwei, die ich erwirtschaftet habe.

23 Sein Besitzer sprach zu ihm: Richtig gemacht, du guter und treuer Sklave. Du warst im Kleinen zuverlässig, ich beauftrage dich nun mit einer großen Aufgabe. Du bist eine Freude für deinen Besitzer.

24 Auch der mit dem einen Talent trat herzu und sprach: Herr, ich wusste, dass du ein harter Mensch bist, der erntet, wo er nicht gesät hat und einsammelt, was er nicht ausgeteilt hat.

25 Ich bin aus Furcht vor dir losgegangen und habe dein Talent in der Erde versteckt. Hier hast du dein Geld zurück.

26 Der Besitzer antwortete ihm: Du böser und fauler Sklave, du wusstest also, dass ich ernte, wo ich nicht gesät habe, und einsamme, was ich nicht ausgeteilt habe?

27 Du hättest also mein Geld zur Bank bringen sollen. Dann könnte ich jetzt mein Eigentum mit Zinsen zurückbekommen.

28 Nehmt ihm das Talent weg und gebt es dem mit den zehn Talenten.

29 Die schon etwas haben, denen wird mehr gegeben, sogar bis zum Überfluss. Die nichts haben, denen wird das wenige, das sie haben, noch weggenommen.

30 Werft diesen nutzlosen Sklaven in den finstersten Kerker. Dort wird er schreien und vor Todesangst mit den Zähnen knirschen.

31 Wenn aber die himmlische Menschengestalt in ihrem göttlichen Glanz kommt, und alle Engel mit ihr, dann wird sie sich auf den himmlischen Richterstuhl setzen.

32 Und alle Völker werden sich versammeln und sich ihrem Gericht stellen. Sie wird die Menschen voneinander scheiden, wie ein Hirt die Schafe von den Ziegen trennt.

33 Sie wird die Schafe zu ihrer Rechten aufstellen und die Ziegen zu ihrer Linken.

34 Dann wird die königliche Gestalt denen zur Rechten sagen: Kommt heran, ihr gehört zu Gott, meinem Vater und meiner Mutter; ihr werdet im Königtum leben, das Gott von Anfang der Welt an für euch geschaffen hat.

35 Ich war hungrig, ihr gabt mir zu essen; ich war durstig, ihr gabt mir Wasser; ich war fremd, und ihr habt mich aufgenommen.

36 Ich war nackt, ihr habt mich gekleidet, ich war krank, ihr habt mich gepflegt; ich war im Gefängnis und ihr seid zu mir gekommen.

37 Dann werden ihm die Gerechten antworten: Jesus, wann haben wir dich hungern sehen und dir zu essen gegeben, oder durstig, und gaben dir Wasser?

38 Wann haben wir dich in der Fremde gesehen, und haben dich aufgenommen, oder nackt und haben dich gekleidet?

39 Wann haben wir dich krank oder im Gefängnis gesehen und sind zu dir gekommen?

40 Und die königliche Gestalt wird ihnen antworten: Wahrhaftig, ich sage euch, alles was ihr für eines dieser meiner geringsten Geschwister getan habt, habt ihr für mich getan.

41 Dann wird sie zu denen zur Linken sagen: Geht fort von mir, ihr seid fern von Gott; geht in das endlose Feuer, das von Gott für den Teufel und die, die ihm dienen, bestimmt ist.

42 Ich war hungrig, und ihr gabt mir nicht zu essen, ich war durstig, ihr gabt mir kein Wasser.

43 Ich war fremd, und ihr nahmt mich nicht auf, ich war nackt, und ihr habt mich nicht gekleidet, ich war krank und im Gefängnis, und ihr habt euch nicht um mich gekümmert.

44 Dann werden auch sie antworten: Jesus, wann haben wir dich hungrig oder durstig oder fremd oder nackt oder krank oder gefangen gesehen und haben dich nicht versorgt?

45 Dann wird die himmlische Menschengestalt ihnen antworten: Wahrhaftig,

ich sage euch, alles was ihr für eine oder einen von diesen Geringsten nicht getan habt, habt ihr auch für mich nicht getan.

46 Und sie werden in die endlose Strafe fortgehen, die Gerechten aber ins Leben bei Gott.

Das Gleichnis von den Talenten (Mt 25,14-30) war das Gleichnis, das mich schon seit langem an der Deutung der Gleichniskönige und Gleichnisherren auf Gott hat zweifeln lassen. Der dritte Sklave spricht die Wahrheit. Er wirft dem Sklavenbesitzer Diebstahl vor[1]. Der Sklavenbesitzer fühlt sich dadurch auch gar nicht beleidigt. Er wirft dem Sklaven vor, dass er das Geld nicht so eingesetzt hat, dass es sich verdoppelt – oder wenigstens Bankzinsen erbracht hätte. Der dritte Sklave wird ins Gefängnis[2] geworfen, wo er schreien wird und in Todesangst mit den Zähnen knirschen. Er hat sich so verhalten, wie Jesus es in der Bergpredigt gelehrt hat. Er hat nicht dem Mammon gedient (Mt 6,24). Er hat sich geweigert, sich als Handlanger an der Enteignung[3] der kleinen Bauern zu beteiligen. Diesen dritten Sklaven als Verkörperung von Menschen anzusehen, die Gottes Gerechtigkeit und Gottes Tora ablehnen, ist mir unerträglich. Diese Deutung ist nur möglich, wenn die Gleichnisbilder ohne Bezug zum Leben der Menschen gelesen werden, als fast abstrakte Chiffren für etwas anderes, also allegorisch. Diese Deutungstradition ist so mächtig, dass ich immer wieder in sie zurückfalle, wenn ich nicht für die Sozialgeschichte aufmerksam bleibe – und für die inhaltlichen Widersprüche zwischen der Botschaft Jesu, in diesem Fall nach dem Matthäusevangelium, und dem Verhalten der Gleichniskönige und Gleichnisherren.

Das Gleichnis wird bei Matthäus ohne eine explizite Anwendung erzählt. Auf das Gleichnis folgt sofort die große mythische Vision[4] des endzeitlichen Gerichts des Menschensohnes über alle Völker (V. 32)[5].

Die Hungernden, die Durstenden, die Flüchtlinge, die Nackten, die

---

1. Dazu s. o. zu Lk 19,21. Zur sozialgeschichtlichen Analyse der Aufgabe der Sklaven in Mt 25,14-30 s. zu Lk 19,11-27. Die Geldbeträge hier in Mt 25,14-30 sind höher, doch das Milieu und die Methoden, solche Profite zu erwirtschaften, sind mit Lk 19,11-27 vergleichbar. Zur sozialgeschichtlichen Analyse s. auch R. L. Rohrbaugh 1993.

2. S. oben zu Mt 22,13.

3. S. oben zu Lk 19,11-27 und zu Lk 16,14-31.

4. Mt 25,31-46 ist kein Gleichnis, wird jedoch in der Tradition zu Unrecht oft »das Gleichnis vom großen Weltgericht« genannt.

5. Die Frage, wer die Völker V. 32 sind, sollte aus dem Gesamtkontext des Matthäusevangeliums beantwortet werden. Es sind alle Völker der Menschheit wie in 28,19, zu denen auch das jüdische Volk gehört; s. dazu besonders A.-J. Levine 1988, 233-139; A. J. Saldarini 1994, 80.

Kranken und die Gefangenen sind die Geringsten und sie sind Geschwister Jesu (25,40). Wie in Mt 28,19-20 werden alle Völker angesprochen, Juden wie Nichtjuden vom Menschensohn gerichtet. Es geht allein darum, was sie getan haben. Es spielt keine Rolle, ob sie Jesus für den Messias hielten oder sich dem Gott Israels zugehörig wussten. Alle Menschen sollen die Botschaft Jesu, seine Auslegung der Tora, hören und danach handeln (vgl. auch 13,38; 24,14). Das Matthäusevangelium hat durchweg die Vision, dass die Gerechten aus dem jüdischen Volk und aus allen Völkern am messianischen Mahl teilhaben werden (s. nur 8,11-12)[6]. Das Gericht Gottes wird Gerechte von Ungerechten scheiden. Kriterium ist die Tora und Jesu Toraauslegung, und das heißt: die Taten der Gerechtigkeit. Jesus ruft die Kranken, Mühseligen und Beladenen, die »Letzten«, die verlorenen Schafe des Hauses Israel und Armen im Geist und wendet sich ihnen mit Gottes Erbarmen zu. Die Aufzählung der Notleidenden in Mt 25,31-46 entspricht dem, was das Evangelium von Jesu Taten erzählt hat (s. auch die Zusammenfassung der Werke des Messias 11,2-6). Die universale Auslegung von Mt 25,31-46, die ich hier vertrete, entspricht der Botschaft des Matthäusevangeliums selbst. Es ist genau diese Vision vom Gericht Gottes, das der Menschensohn halten wird, die allen Einzelerzählungen und Gleichnissen des Matthäusevangeliums zugrunde liegt.

Dass Mt 25,31-46 unmittelbar auf das Gleichnis von den Talenten folgt, zeigt, dass diese Vision als Anwendung des Gleichnisses (und der vorangehenden Gleichnisse) gelesen werden soll. Der dritte Sklave im Talentegleichnis wird zu denen gehören, die erstaunt fragen: Wann haben wir dich hungrig gesehen? Er hat sich geweigert, bei der ungerechten Enteignung des Landes der kleinen Bauern mitzumachen. Die Vision vom messianischen Gericht wird erkennbar mit dem Bewusstsein erzählt, dass es sich um eine Erzählung handelt, die etwas auszumalen versucht, das niemand wirklich wissen kann. Der Text ist fast spielerisch inszeniert. Aber er malt etwas aus, das in Israel alte Tradition und Grundlage des Lebens ist: Gott wird ein gerechter Richter sein. Es kommt darauf an, jetzt daraus die Konsequenzen zu ziehen. Jesus der Gleichniserzähler redet über das Heil für alle Völker. Niemand wird jetzt die Möglichkeit verweigert, das zu hören und zu sehen, was getan werden muss. Gleichnisse sollen auch von jenen verstanden werden, die sich bisher hartnäckig verweigert haben. Sie sind eschatologische Hoffnungstexte, und sie zu erzählen, ist praktizierte Feindesliebe.

Das gesellschaftliche Unrecht, das junge Mädchen zurichtet und Sklaven zu Handlangern der Enteignung kleiner Landwirtschaften macht (Mt 25,1-30), wird der Erwartung des göttlichen Gerichtes (Mt 25,31-46) konfrontiert. Die Dramatik ist der von Offb 18,2 zu vergleichen. »Babylon«, die

---

6. S. dazu A. J. Saldarini 1994, 42 u.ö.

mächtige Stadt, die Rom und das römische Imperium in seiner Macht und seinem Reichtum verkörpert, wird der Gerechtigkeit Gottes konfrontiert: Der Engel »rief mit mächtiger Stimme: Sie ist gefallen, sie ist gefallen, Babylon, die grosse ...«. Das Gericht Gottes wird noch erwartet. Doch die Stimme des Weltenrichters oder dieses Engels kann schon gehört werden. Gottes Gerechtigkeit lässt sich nicht außer Kraft setzten.

Anhang

1. Wie lese ich ein Gleichnis Jesu?

1. Die Gleichniserzählung verstehe ich als stilisierte und fiktive Zusammenfassung von Alltagserfahrungen. Ich versuche, den Zusammenhang mit Strukturen der Gesellschaft zu erkennen. Die Gleichniserzählungen enthalten häufig Darstellungen von Gewalt und Unrecht in der Gesellschaft.
2. Ich suche im literarischen Kontext nach der expliziten oder impliziten Aussage über das Wirken Gottes, die mit der Gleichniserzählung zusammengehört. Sie kann in Form einer spruchartigen »Anwendung« oder auch in vielen anderen Formen vorliegen.
3. Die Gottesgeschichte ist durch wenige Brücken mit der Erzählung verbunden. Die Erzählung enthält oft auch eine Antithese zur Gottesgeschichte. »So« houtos oder »gleich« homoios sind als Aufforderung zum kritischen Vergleichen zu lesen, nicht als Aufforderung zum Gleichsetzen (z. B. nicht: Gott ist wie ein König, der ...). Ich bezeichne solche Gleichnisse als »antithetische Gleichnisse«, die ein Gegenbild zu Gott zeichnen. Ich frage: Wo ist der Gott der Tora und die Tora neben, hinter oder auch im Gleichnis zu erkennen?
4. Die Gleichniserzählung und die mit ihr verbundene Gottesgeschichte sind Teil eines Dialoges. Dieser Dialog hat in mündlicher Form stattgefunden – in der Zeit Jesu und danach. Seine schriftlichen Überlieferungen in den Evangelien setzen mündliche Antworten voraus, die oft nicht aufgeschrieben sind. Sie sind in der jüdischen Tradition der Anrede an Gott oder des Lobpreises Gottes zu suchen. Ich versuche, mir diesen Dialog auszumalen.
5. Ich versuche, die triumphalistische Ekklesiologie der christlichen Deutungstradition zu verlernen. Sie arbeitet mit den Gegenüberstellungen von Wir gegen die Anderen, gut gegen böse, Völkerkirche gegen Judentum. Sie beruht auf der Identifizierung auf Gruppen und deren Zuordnung oder Gegenüberstellung zum »Wir« der Kirche, das immer auf der richtigen Seite ist.
6. Ich versuche, eschatologisch zu denken, zu beten und mit und über Gott zu sprechen. Das bedeutet:
   - Das Urteil über gut und böse Gott zu überlassen
   - Die Gegenwart als Stunde des Beginns der Gerechtigkeit Gottes in der Welt zu begreifen, die mich vor die Aufgabe stellt, das Gute zu tun –, d. h. die Tora zu halten.

2. Verzeichnis der besprochenen Gleichnisse der Evangelien
   (die nicht behandelten Parallelen sind eingeklammert)

Mk 4,3-20; Mt 13,3-23; (Lk 8,4-15): Vom Hören und Tun der Tora

Mk 4,26-29: Politische Prophetie – Gottes Gericht über die Völker

Mk 4,30-32; Mt 13,31-32; Lk 13,18-19: Politische Prophetie – das Senfkorn und die Weltherrschaft Gottes

Mk 12,1-12; Mt 21,33-44; Lk 20,9-18: Von den Winzern und der Gewalt

Mk 13,28-29; Mt 24,32-33; (Lk 21,29-31): Frühlingszeit

Mk 13,33-37; Lk 12,35-38: Nachtwache

(Mt 5,25-26); Lk 12,58-59: Alptraum der Verschuldeten

Mt 11,16-19; (Lk 7,31-35): Die spielenden Kinder

Mt 13,24-30: Unkraut

Mt 13,33; Lk 13,20-21: Sauerteig

Mt 13,44: Schatz

Mt 13,45-46: Perle

Mt 13,47-48: Fischnetz

Mt 18,12-14; Lk 15,4-7: Das verlorene Schaf

Mt 18,23-35: Gottes Vergebung und die Welt der Finanzen

Mt 20,1-16: Ein freigebiger Besitzer und Gottes Gerechtigkeit

Mt 21,28-32: Zwei Kinder

Mt 22,1-13; Lk 14,15-24: Gastmahl – Politik mit Zuckerbrot und Peitsche; der beleidigte Gastgeber

Mt 24,43-44; Lk 12,39-40: Einbrecher

Mt 24,43-51; Lk 12,35-48: Von Sklavinnen und Sklaven

Mt 25,1-13: Die geschlossene Tür

Mt 25,14-30; Lk 19,11-27: Sklavenwiderstand

Lk 10,25-37: Der barmherzige Samaritaner

Lk 11,5-13: Der unverschämte Freund

Lk 12,16-21: Vom Horten des Getreides

Lk 13,1-9: Unfruchtbarer Feigenbaum

Lk 15,8-10: Die verlorene Drachme

Lk 15,11-32: Der verlorene Sohn

Lk 16,1-13: Betrug im großen Stil

Lk 16,19-31: Der arme Lazarus

Lk 17,3-10: Sklavenverachtung

Lk 18,1-8: Die hartnäckige Witwe

Lk 18,9-14: Von einem Pharisäer und einem Zöllner

3. Literatur

Abkürzungen nach Siegfried M. Schwertner, IATG 2 = Internationales Abkürzungs-
verzeichnis für Theologie und Grenzgebiete, Berlin/New York 1992

Zusätzlich:

Billerbeck = Hermann L. Strack; Paul Billerbeck, Kommentar zum Neuen Testament
aus Talmud und Midrasch, München Bd. 1-6, 1961-63.

WBFTh = Elisabeth Gössmann u. a. (Hg.), Wörterbuch der Feministischen Theologie, Gütersloh 2. Aufl. 2002.

Alföldy, Géza, Römische Sozialgeschichte, 3. Aufl. Wiesbaden 1984.

Ammicht-Quinn, Regina, Körper, Religion, Sexualität. Theologische Reflexionen zur
Ethik der Geschlechter, 2. Aufl. Mainz 2000.

Antoine, Gérald u. a., Exegesis: problèmes de méthode et exercises de lecture (Genèse
22 et Luc 15): travaux publiés sous la direction de François Bovon et Grégoire
Rouiller, Neuchâtel/Paris: Delâchaux et Niestlé 1975; engl. Übersetzung Pitts-
burgh: Pickwick 1978.

Applebaum, Shimon, Prolegomena to the Study of the Second Jewish Revolt (A.D.
132-135), Oxford: British Archaelogical Reports 1976.

Applebaum, Shimon, Judaea as a Roman Province; the Countryside as a Political and
Economic Factor, in: Aufstieg und Niedergang der Römischen Welt, Bd. II.8, Berlin 1977, 355-396.

Arnal, William E., The Parable of the Tenants and the Class Cousciousness of the
Peasantry, in: Stephen G. Wilson; Michael Desjardins (ed.), Text and Artifact in
the Religions of Mediterranean Antiquity, Waterloo: Wilfrid Laurier University
Press 2000, 135-157.

Bailey, Kenneth E., Poet and Peasant and Through Peasant Eyes. A Literary-Cultural
Approach to the Parables of Luke. Combined Edition, Grand Rapids: Eerdmanns
1983 (Nachdruck von: Poet and Peasant 1976; Through Peasant Eyes 1980).

Balabanski, Vicky, Opening the Closed Door: A Feminist Rereading of the ›Wise and
Foolish Virgins‹ (Mt 25,1-13), in: Mary Ann Beavis (ed.), The Lost Coin. Parables
of Women, Work and Wisdom, London/New York: Sheffield Academic Press 2002,
71-97.

Bauckham, Richard, The Rich Man and Lazarus: The Parable and Parallels, in: NTS
37, 1991, 225-246.

Beavis, Mary Ann, Mark's Audience. The Literary and Social Setting of Mark 4.11-12,
London/New York: Sheffield Academic Press 1989.

Beavis, Mary Ann, Ancient Slavery as an Interpretive Context for the New Testament
Servant Parables with Special Reference to the Unjust Steward (Luke 16:1-8), in:
JBL 111/1, 1992, 37-54.

Beavis, Mary Ann, ›Making Up Stories‹: A Feminist Reading at the Parable of the
Prodigal Son (Lk 15.11b-32), in: M. A. Beavis (ed.), The Lost Coin. Parables of
Women, Work and Wisdom, Sheffield: Sheffield Academic Press 2002, 98-122.

Ben-David, Arye, Talmudische Ökonomie. Die Wirtschaft des jüdischen Palästina zur Zeit der Mischna und des Talmud, Bd. 1, Hildesheim/New York 1974.

Berger, Klaus; Colpe, Carsten, Religionsgeschichtliches Textbuch zum Neuen Testament, Göttingen/Zürich 1987.

Bietenhard, Hans, Midrasch Tanhuma B, Bd. 1.2, Bern/Frankfurt a.M./Las Vegas 1980.1982.

Bietenhard, Hans, Sifre Deuteronomium, übersetzt und erklärt von H. Bietenhard, Bern u.ö. 1984.

Billerbeck, Paul [Hermann L. Strack], Kommentar zum Neuen Testament aus Talmud und Midrasch, München Bd. I 1965 (1926) Bd. II-IV 1961 (1924-1928).

Black, Max, Models and Metaphors: Studies in language and philosophy, Ithaca: Cornell University Press 1962.

Blinzler, Josef, Die Niedermetzelung von Galiläern durch Pilatus, in: Novum Testamentum 2, 1957, 24-49.

Bloch, Ernst, Atheismus im Christentum. Zur Religion des Exodus und des Reiches, Frankfurt a.M. 1980.

Böhm, Martina, Samarien und die Samaritai bei Lukas, Tübingen 1999.

Bolkestein, Hendrik, Wohltätigkeit und Armenpflege im vorchristlichen Altertum, Groningen 1967 (Nachdruck der Ausgabe von 1939).

Borg, Marcus J., Jesus in Contemporary Scholarship, Valley Forge: Trinity Press 1994.

Boring, M. Eugene; Berger, Klaus; Colpe, Carsten, Hellenistic Commentary to the New Testament, Nashville: Abingdon Press 1995.

Bovon, François, Das Evangelium nach Lukas, 1.-3. Teilband, Düsseldorf/Zürich/Neukirchen-Vluyn 1989-2001 (EKK III/1-3).

Boyarin, Daniel; Stern, David, An Exchange on the Mashal. Rhetoric and Interpretation: The Case of the Nimshal, in: Prooftexts. A Journal of Jewish Literary History, Vol. 5, 1985, 269-280.

Bradshaw, Paul F., Two Ways of Praying, Toronto: United Church Publishing House 1995.

Bradshaw, Paul F., The Search for the Origins of Christian Worship, Oxford: University Press 2002.

Braude, William G., Pesikta Rabbati. Discourses for Feasts, Fasts, and Special Sabbaths, Vol. 1.2., New Haven/London: Yale University Press 1968.

Brightman, F. E., S. Luke 19,21: Aireis ho ouk ethekas, in: JTS 29, 1927-28, 158.

Broshi, Magen, Agriculture and Economy in Roman Palestine: Seven Notes on the Babatha Archive, in: Israel Exploration Journal 42, 1992, 230-240.

Brunner, Hellmut, Altägyptische Weisheit, Darmstadt 1988.

Brunt, Peter A., Die Beziehungen zwischen dem Heer und dem Land, in: Zur Sozial- und Wirtschaftsgeschichte der späten römischen Republik, Darmstadt 1976.

Bultmann, Rudolf, Die Geschichte der synoptischen Tradition, 4. Aufl. Göttingen 1958.

Busse, Ulrich, Dechiffrierung eines lukanischen Schlüsseltextes (Lk 19,11-27), in: Rudolf Hoppe; Ulrich Busse (Hg.), Von Jesus zum Christus, Berlin/New York 1998, 423-441.

Callender, Dexter E. Jr., Servant of God(s) and Servants of Kings in Israel and the Ancient Near East, in: Allen Dwight Callahan, Richard A. Horsley, Abraham

Smith (eds.), Slavery in Text and Interpretation, in: Semeia vol. 83/84, Society of Biblical Literature 1998, 67-82.

Camponovo, Odo, Königtum, Königsherrschaft und Reich Gottes in den frühjüdischen Schriften, Freiburg/Göttingen 1984.

Carroll, John T., Luke's Portrayal of the Pharisees, in: Catholic Biblical Quarterly 50, 1988, 604-621.

Carter, Warren, Households and Discipleship. A Study of Matthew 19-20, Sheffield: Sheffield Academic Press 1994.

Carter, Warren, Resisting and Imitating the Empire. Imperial Paradigms in Two Matthean Parables, in: Interpretation: A Journal of Bible and Theology 2002, 260-272.

Cassidy, Richard J., Jesus, Politics, and Society: A Study of Luke's Gospel, Maryknoll: Orbis 1978.

Cathcart, Kevin J.; Gordon, Robert P., The Targum of the Minor Prophets. Tanslated, with a Critical Introduction, Apparatus, and Notes, Wilmington, Delaware: Glazier 1989.

Choi, J. D., Jesus' Teaching on Repentance, Binghamton: Binghamton University 2000.

Chrysostomus, Johannes, Commentarius in sanctum Matthaeum Evangelistam PG 57.58; Übersetzung J. C. Baur, 4 Bde., 1915/16 (BKV I/23.25.26.27).

Columella, Über Landwirtschaft, übers. v. K. Ahrens (Schriften zur Geschichte und Kultur der Antike 4), Berlin 1972.

Columella, Über Landwirtschaft. Ein Lehr- und Handbuch der gesamten Acker- und Viehwirtschaft aus dem 1. Jahrhundert u. Z. Aus dem Lateinischen übersetzt, eingeführt und erläutert von K. Ahrens, 2. Aufl. Berlin 1976, I. 7.7.

Conzelmann, Hans, Die Mitte der Zeit. Studien zur Theologie des Lukas, Tübingen 1954 (weitere Auflagen).

Crossan, John Dominic (ed.), Paul Ricoeur on Biblical Hermeneutics, in: Semeia 4, 1975, 29-148.

Crüsemann, Frank, »... wie wir vergeben unseren Schuldigern«. Schuld und Schulden in der biblischen Tradition, in: Marlene Crüsemann; Willy Schottroff (Hg.), Schuld und Schulden, München 1992, 90-103.

Crüsemann, Frank, Die Tora. Theologie und Sozialgeschichte des alttestamentlichen Gesetzes, München 1992.

Crüsemann, Marlene; Crüsemann, Frank, Das Jahr das Gott gefällt. Biblische Traditionen von Erlaß- und Jobeljahr, in: Bibel und Kirche 55, 2000, 19-24.

Culpepper, R. Alan, The Gospel of Luke, in: The Interpreter's Bible Vol. IX, Nashville: Abingdon Press 1995, 340-343.

Dalmann, Gustaf, Arbeit und Sitte in Palästina, Bd. 1-7 (1928-1942), Hildesheim 1964.

Daube, David, Inheritance in two Lucan Pericopes, in: Zeitschrift der Savigny-Stiftung für Rechtsgeschichte, Romanist. Abt. 72, 1955, 326-334.

De LaTorre, Miguel A., Reading the Bible from the Margins, Maryknoll/New York: Orbis 2002.

Debout, Jacques, Vernünftige Kritik des barmherzigen Samaritans, in: Gewissenserforschung eines mittleren Christen. Christ heute – Erste Reihe – Viertes Bändchen, Einsiedeln 1948.

Deissmann, Adolf, Licht vom Osten. Das Neue Testament und die neuentdeckten Texte der hellenistisch-römischen Welt, 4. Aufl. Tübingen 1923.

Delling, Gerhard, Studien zum Neuen Testament und zum hellenistischen Judentum, Göttingen 1970.

Derrett, J. Duncan M., Fresh Light on St Luke XVI, in: NTS 7, 1960/61, 198-219.

Derrett, J. Duncan M., Studies in the New Testament, vol. 2, Leiden: Brill 1978.

Derrett, J. Duncan M., Fresh Light on the Lost Sheep and the Lost Coin, in: NTS 26, 1980, 36-60.

Dexinger, Ferdinand, Artikel Erwählung II. Judentum, in: TRE Bd. 10, 1982, 189-192.

Dietzfelbinger, Christian, Das Gleichnis vom ausgestreuten Samen, in: Der Ruf Jesu und die Antwort der Gemeinde (FS J. Jeremias), Göttingen 1970, 80-93.

Diosdy, Gyorgy, Ownership in ancient and pre-classical Roman law, Budapest 1970.

Dodd, Charles H., The Parables of the Kingdom (1935), Glasgow 1961.

Dodd, Charles H., The Fall of Jerusalem and the ›Abomination of Desolation‹, in: The Journal of Roman Studies, Vol. XXXVII, 1947, 47-54.

Donahue, John R., The Gospel in Parable: Metaphor, Narrative, and Theology in the Synoptic Gospels, Philadelphia: Fortress 1988.

Donahue, John R.; Harrington, Daniel J., The Gospel of Mark, Sacra Pagina Series, vol. 2, Collegeville: Liturgical Press 2002.

Ebach, Jürgen, Apokalypse. Zum Ursprung einer Stimmung, in: Einwürfe 2, München 1985, 5-61.

Ebach, Jürgen, Sozialgeschichtliche Bibelauslegung [zu Lukas 10,25-37], in: Junge Kirche 52, 1991, 428-429.

Ebach, Jürgen, Apokalypse und Apokalyptik, in: Zeichen der Zeit. Erkennen und Handeln, in: Salzburger Hochschulwochen 1998 (hg. von Heinrich Schmidinger) Innsbruck/Wien 1998, 213-273.

Eck, Werner; Heinrichs Johannes, Sklaven und Freigelassene in der Gesellschaft der Römischen Kaiserzeit. Textauswahl und Übersetzung, Darmstadt 1993.

Erlemann, Kurt, Gleichnisauslegung. Ein Lehr- und Arbeitsbuch, Tübingen/Basel 1999.

Erman, Adolf, Die Literatur der Ägypter (1923), Nachdruck Hildesheim 1971.

Esler, Philip Francis, Community and Gospel in Luke – Acts, The Social and Political Motivations of Lucan Theology, Cambridge: Cambridge University Press 1987.

Farbstein, D., Das Recht der unfreien und freien Arbeiter nach jüdisch-talmudischem Recht, Frankfurt a. M. 1896.

Fiebig, Paul, Altjüdische Gleichnisse und die Gleichnisse Jesu, Tübingen/Leipzig 1904.

Fiebig, Paul, Die Gleichnisreden Jesu im Lichte der rabbinischen Gleichnisse des neutestamentlichen Zeitalters, Tübingen 1912.

Fitzmyer, Joseph A., The Gospel According to Luke, 2 vol., Garden City, New York: Doubleday 1981.1985.

Flusser, David, A New Sensitivity in Judaism and Christian Message, in: Harvard Theological Review 61, 1968, 107-127.

Flusser, David, Die rabbinischen Gleichnisse und der Gleichniserzähler Jesus. 1. Teil: Das Wesen der Gleichnisse, Bern/Frankfurt a. M./Las Vegas 1981.

France, Richard T., The Gospel of Mark. A Commentary on the Greek Text, Grand Rapids: Eerdmans; Carlisle: Paternoster 2002.

Friedländer, Ludwig, Darstellungen aus der Sittengeschichte Roms in der Zeit von Augustus bis zum Ausgang der Antonine, Bd. 1-4, 10. Aufl. Aaalen 1964 (Neudr. der Ausg. Leipzig 1921-23).

Gebara, Ivone, The Face of Transcendence as a Challenge to the Reading of the Bible in Latin America, in: Elisabeth Schüssler Fiorenza (ed.), Searching the Scriptures, Vol. I, New York: Crossroad 1993, 172-186.

Gerhardsson, Birger, The Testing of God's Son (Matt 4:1-11 & par), Lund 1966.

Gerhardsson, Birger, The Parable of the Sower and its Interpretation: in: NTS 14, 1967/68, 165-193.

Glancy, Jennifer A., Slavery in Early Christianity, Oxford: University Press 2002.

Gnilka, Joachim, Das Evangelium nach Markus, Bd. 1.2, Zürich/Neukirchen-Vluyn 1978.1979.

Goodman, Martin, The First Jewish Revolt: Social Conflict and the Problem of Debt, in: Geza Vermes; Jacob Neusner (eds.), Essays in Honor of Yigael Yadin, Totowa N.J.: Allanheld 1983, 417-427.

Goodman, Martin, The Ruling Class of Judaea, Cambridge: Cambridge University Press 1987.

Gottwald, Norman K., Social Class as an Analytic and Hermeneutical Category in Biblical Studies, in: JBL 112/1, 1993, 3-22.

Gowler, David B., Host, Guest, Enemy and Friend. Portraits of the Pharisees in Luke and Acts, New York/Bern/Frankfurt a. M./Paris: Peter Lang 1991.

Green, Joel B., Hearing the New Testament. Strategies for Interpretation, Grand Rapids/Carlisle: Eerdmans/Paternoster 1995.

Gummerus, H., Der römische Gutsbetrieb, Leipzig 1903.

Guttmann, Theodor, Das Masal-Gleichnis in tannaitischer Zeit, Diss. phil. Frankfurt a. M. 1929.

Haenchen, Ernst, Das Gleichnis vom großen Mahl, in: ders., Die Bibel und wir, Bd. 2, Tübingen 1968, 133-155.

Harnisch, Wolfgang (Hg.), Die neutestamentliche Gleichnisforschung im Horizont von Hermeneutik und Literaturwissenschaft, Darmstadt 1982, 248-339.

Harnisch, Wolfgang, Die Gleichniserzählungen Jesu. Eine hermeneutische Einführung, Göttingen 1985.

Harrington, Daniel J., The Gospel according to Mark, in: Raymond E. Brown et al. (eds.), The New Jerome Biblical Commentary, Englewood Cliffs, N.J.: Prentice Hall 1990, 596-629.

Harrison, Beverly Wolf, Die neue Ethik der Frauen. Kraftvolle Beziehungen statt bloßen Gehorsams, Stuttgart 1991.

Heidenheim, Wolf, Gebete für das Neujahrsfest mit deutscher Übersetzung, Rödelheim 1892.

Hengel, Martin, Das Gleichnis von den Weingärtnern. Mc 12,1-12 im Lichte der Zenonpapyri und der rabbinischen Gleichnisse, in: ZNW 59, 1968, 1-39.

Herzog II, William R., Parables as Subversive Speech. Jesus as Pedagogue of the Oppressed, Louisville, Kentucky: Westminster John Knox Press 1994.

Hezser, Catherine, Lohnmetaphorik und Arbeitswelt in Mt 20,1-16, Freiburg (Schweiz)/Göttingen 1990.

Hezser, Catherine, Rabbis and Other Friends: Friendship in the Talmud Yerushalmi and in Graeco-Roman Literature, in: Peter Schäfer; Catherine Heszer (Hg.), The Talmud Yerushalmi and Graeco-Roman Culture, vol. II, Tübingen 2000, 189-254.

Hintzen, Johannes, Verkündigung und Wahrnehmung: über das Verhältnis von Evangelium und Leser am Beispiel Lk 16,19-31 im Rahmen des lukanischen Doppelwerkes, Frankfurt a.M. 1991.

Hock, Ronald F., Lazarus and Micyllus: Greco-Roman Backgrounds to Luke 16:19-31, in: JBL 106, 1987, 447-463.

Holgate, David A., Prodigality, Liberality and Meanness in the Parable of the Prodigal Son. A Greco-Roman Perspective on Lk 15.11-32, Sheffield: Sheffield Academic Press 1999.

Horn, Friedrich Wilhelm, Glaube und Handeln in der Theologie des Lukas, Göttingen 1983.

Horne, Edward H., The Parables of the Tenants as Indictment, in: Journal for the Study of the New Testament 71, 1998,11-116.

Horsley, Richard A., Jesus and the Spiral of Violence. Popular Jewish Resistance in Roman Palestine, San Francisco: Harper and Row 1987.

Horsley, Richard A., The Slave Systems of Classical Antiquity and Their Reluctant Recognition by Modern Scholars, in: Allen Dwight Callahan; Richard A. Horsley; Abraham Smith (eds.) Slavery in Text and Interpretation, in: Semeia vol. 83/84, Society of Biblical Literature 1998, 19-66.

Hultgren, Arland J., The Parables of Jesus. A Commentary, Grand Rapids/Cambridge: Eerdmans 2000 (Paperback 2002).

Ilan, Tal, Jewish Women in Greco-Roman Palestine. An Inquiry into Image and Status, Tübingen 1995.

Janssen, Claudia, Elisabet und Hanna – zwei widerständige Frauen in neutestamentlicher Zeit. Eine sozialgeschichtliche Untersuchung, Mainz 1998.

Janssen, Claudia, Leibliche Auferstehung? Zur Diskussion um Auferstehung bei Karl Barth, Rudolf Bultmann, Dorothee Sölle und in der aktuellen feministischen Theologie, in: Claudia Janssen; Luise Schottroff; Beate Wehn (Hg.), Paulus. Umstrittene Traditionen – lebendige Theologie. Eine feministische Lektüre, Gütersloh 2001, 84-102.

Janssen, Claudia, Eschatologie und Gegenwart. Die Körpertheologie des Paulus als Schlüssel für das Verständnis von Auferstehung (1 Kor 15), Habilitationsschrift, Marburg 2003.

Jeremias, Joachim, Die Gleichnisse Jesu, 7. Aufl. Göttingen 1965 (1947).

John, V. J., The Ecological Vision of Jesus. Nature in the Parables of Mark, Bangalore 2002.

Jones, Ivor H., The Gospel of Matthew, London: G. Chapman 1994.

Josephus, Flavius, De bello Judaico, siehe O. Michel; O. Bauernfeind.

Jülicher, Adolf, Die Gleichnisreden Jesu, erster Teil: Die Gleichnisreden Jesu im Allgemeinen, 2. Aufl. Tübingen 1910 (2. unveränderter Nachdruck); zweiter Teil: Auslegung der Gleichnisreden der drei ersten Evangelien, 3. Aufl. Tübingen 1910 (2. unveränderter Nachdruck).

Jüngel, Eberhard, Paulus und Jesus. Eine Untersuchung zur Präzisierung der Frage nach dem Ursprung der Christologie, 3. Aufl. Tübingen 1967.

Karrer, Martin, »Und ich werde sie heilen«. Das Verstockungsmotiv aus Jes 6,9 f. in

Apg 28,26 f., in: Martin Karrer; Wolfgang Kraus; Otto Merk (Hg.), Kirche und Volk Gottes, Neukirchen 2000, 255-271.

Kaser, Max, Römisches Privatrecht. Ein Studienbuch I, 2. Aufl. München/Berlin 1971 (1962).

Kazantzakis, Nikos, The Last Temptation of Christ, New York: Simon and Schuster 1960.

Kim, Kyoung-Jin, Stewardship and Almsgiving in Luke's Theology, Sheffield: Sheffield Academic Press 1998.

Klauck, Hans-Josef, Allegorie und Allegorese in synoptischen Gleichnistexten, Münster 1978.

Klawans, Jonathan, Notions of Gentile Impurity in Ancient Judaism, in: AJS Review. The Journal of the Association for Jewish Studies. Vol. XX, Number 2, 1995, 285-312.

Klawans, Jonathan, Impurity and Sin in Ancient Judaism, Oxford/New York: Oxford University Press 2000.

Klemm, Hans Gunther, Das Gleichnis vom Barmherzigen Samariter. Grundzüge der Auslegung im 16./17. Jahrhundert, Stuttgart 1973.

Klinghardt, Matthias, Gesetz und Volk Gottes, Tübingen 1988.

Kloft, Hans, Liberalitas principis. Herkunft und Bedeutung. Studien zur Prinzipatsideologie, Köln/Wien 1970.

Kloppenborg, John S., The Dishonoured Master (Luke 16:1-8a), in: Biblica 70, 1989, 474-495.

Kloppenborg Verbin, John S., Isaiah 5:1-7, The Parable of the Tenants and Vineyard Leases on Papyrus, in: Stephen G. Wilson; Michael Desjardins (eds.), Text and Artifact in the Religions of Mediterranean Antiquity, Waterloo: Wilfrid Laurier University Press 2000, 111-134.

Klostermann, Erich, Das Lukasevangelium, Handbuch zum Neuen Testament, 2. Aufl. Tübingen 1929.

Kögel, Julius Paul, Der Zweck der Gleichnisse Jesu im Rahmen seiner Verkündigung, Gütersloh 1915.

Krause, Jens-Uwe, Gefängnisse im Römischen Reich, Stuttgart 1996.

Krauss, Samuel, Monumenta Talmudica, Bd. 5, Geschichte, I. Teil: Griechen und Römer, Wien/Leipzig 1914 und Darmstadt 1972.

Krauss, Samuel, Talmudische Archäologie, Bd. 1 1910; Bd. 2 1911; Bd. 3 1912; Nachdruck Bd. 1-3, Hildesheim 1966.

Krenkel, Werner, Zu den Tagelöhnern bei der Ernte in Rom, in: Romanitas 6/7, 1965, 141.

Krondorfer, Björn, Of Faith and Faces: Biblical Texts, Holocaust Testimony and German ›After Auschwitz‹ Theology, in: Tod Linafelt (ed.), Strange Fire: Reading the Bible after the Holocaust, New York: NY University Press 2000, 86-105.

Lémonon, Jean-Pierre, Pilate at le Gouvernement de la Judée. Textes et Monuments, Paris: Gabalda 1981.

Lenski, Gerhard E., Power and Privilege. A Theory of Social Stratification, Chapel Hill/London: University of North Carolina Press, 1984.

Leutzsch, Martin, Verschuldung und Überschuldung, Schuldenerlaß und Sündenvergebung. Zum Verständnis des Gleichnisses Mt 18,23-35, in: Marlene Crüsemann; Willy Schottroff (Hg.), Schuld und Schulden, München 1992, 104-131.

Levine, Amy-Jill, The Social and Ethnic Dimensions of Matthean Social History, Lampeter/Lewiston/New York/Queenston: Mellen 1988.

Levine, Amy-Jill, Matthew, Mark, and Luke: Good News or Bad?, in: Paula Frederiksen; Adele Reinhartz (eds.), Jesus, Judaism, and Christian Anti-Judaism. Reading the New Testament after the Holocaust, Louisville/London: Westminster 2002, 77-98.

Lieu, Judith M., The Gospel of Luke, Peterborough: Epworth Press 1997.

Luz, Ulrich, Das Evangelium nach Matthäus II.III, Zürich/Düsseldorf/Neukirchen 1990.1997.

Luz, Ulrich, Das Evangelium nach Matthäus, Zürich u. a., 5. Aufl. 2002.

Maier, Christl, Das Buch der Sprichwörter, in: Luise Schottroff; Marie-Theres Wacker (Hg.), Kompendium Feministische Bibelauslegung, Gütersloh 1998, 208-220.

Maloney, Linda, ›Swept under the Rug‹: Feminist Homiletical Reflections on the Parable of the Lost Coin (Lk 15.8.9). Parables of Women, Work and Wisdom, London/New York: Sheffield Academic Press 2002, 34-38.

Marcus, Joel, Mark 1-8. A New Translation with Introduction and Commentary, The Anchor Bible vol. 27, New York u.a.: Doubleday 1999.

Marquardt, Joachim, Das Privatleben der Römer, Bd. 1.2, Nachdruck Darmstadt 1975 (1886).

Marshall, J. Howard, The Gospel of Luke, Grand Rapids: Eerdmans 1978.

Martin, Dale B., The Corinthian Body. New Haven/London: Yale University Press 1995.

Martin, Joan M., A Sacred Hope and Social Goal. Womanist Eschatology, in: Margaret A. Farley; Serene Jones (eds.), Liberating Eschatology, Louisville, Kentucky: Westminster John Knox Press 1999, 209-226.

McArthur, Harvey K.; Johnston, Robert M., They Also Taught in Parables. Rabbinic Parables from the First Centuries of the Christian Era, Grand Rapids, Michigan: Zondervan 1990.

McDonald, J. Ian H., Alien Grace (Lk 10:30-36). The Parable of the Good Samaritan, in: V. George Shillington (ed.), Jesus and His Parables. Interpreting the Parables of Jesus Today, Edinburgh: T & T Clark 1997, 35-51.

Mell, Ulrich, Die Zeit der Gottesherrschaft. Zur Allegorie und zum Gleichnis von Markus 4,1-9, Stuttgart/Berlin/Köln 1998.

Metternich, Ulrike, »Sie sagte ihm die ganze Wahrheit«. Die Erzählung von der »Blutflüssigen« – feministisch gedeutet, Mainz 2000.

Metz, Johann Baptist, Glaube in Geschichte und Gesellschaft. Studien zu einer praktischen Fundamentaltheologie, 2. Aufl. Mainz 1978, 149-158.

Michel, Otto; Bauernfeind, Otto (Hg.), Flavius Josephus, De Bello Judaico. Der jüdische Krieg. Griechisch und Deutsch, Bd. 1-3, München 1959-1969.

Milavec, Aaron A., A Fresh Analysis of the Parable of the Wicked Husbandmen in the Light of Jewish-Catholic Dialogue, in: Clemens Thoma; Michael Wyschogrod (eds.), Parable and Story in Judaism and Christianity, New York: Paulist 1989, 81-117.

Mineshige, Kiyoshi, Besitzverzicht und Almosen bei Lukas, Tübingen 2003.

Moloney, Francis J., S.D.B., The Gospel of Mark. A Commentary, Peabody, Mass.: Hendrickson 2002.

Monselewski, Werner, Der barmherzige Samariter. Eine auslegungsgeschichtliche Untersuchung zu Lukas 10,25-37, Tübingen 1967.

Moore, George F., Judaism in the First Centuries of the Christian Era. The Age of the Tannaim, Volume II, Cambridge: Harvard University Press 1954, 364f.

Moore, Stephen D., Deconstructive Criticism: The Gospel of the Mark, in: Janice Capel Anderson; Stephen D. Moore, Mark and Method. New Approaches in Biblical Studies, Minneapolis: Fortress 1992, 84-102.

Munro, Winsome, Jesus, Born of a Slave. The Social and Economic Origins of Jesus' Message, Lewiston/Queenston/Lampeter: Mellen 1998.

Neusner, Jacob, From Politics to Piety; the emergence of the Pharisaic Judaism, Englewood Cliffs: Prentice Hall 1973.

Neusner, Jacob, Das pharisäische und talmudische Judentum, Tübingen 1984.

Neusner, Jacob, Judaism and Scripture. The Evidence of Leviticus Rabbah, Chicago/London: The University of Chicago Press 1986.

Nörr, Dieter, Die Evangelien des Neuen Testaments und die sogenannte hellenistische Rechtskoine, in: Zeitschrift der Savigny-Stiftung für Rechtsgeschichte, Romanist. Abt. 78, 1961, 92-141.

Nolland, John, Luke 9:21-18:34, Word Biblical Commentary vol. 35 B, Dallas: Word Books 1993.

Nützel, Johannes M., »Darf ich mit dem Meinen nicht tun, was ich will?« (Mt 20,15a), in: Lorenz Oberlinner; Peter Fiedler (Hg.), Salz der Erde – Licht der Welt, Stuttgart 1991, 267-284.

Oeming, Manfred, Biblische Hermeneutik. Eine Einführung, Darmstadt 1998.

Oesterley, William O. E., The Gospel Parables in the Light of their Jewish Background, London: SPCK 1936.

Oldenhage, Tania, Parables for Our Time. Rereading New Testament Scholarship After the Holocaust, American Academy of Religion, Cultural Criticism Series, New York: Oxford University Press 2002.

Paoli, Ugo Enrico, Das Leben im alten Rom, 3. Aufl. Bern/München 1979.

Park, Eung Chun, Either Jew or Gentile. Paul's Unfolding Theology of Inclusivity, Louisville/London: Westminster John Knox Press 2003.

Patterson, Orlando, Slavery and Social Death. A Comparative Study, Cambridge: Harvard University Press 1982.

Paulsen, Henning, Die Witwe und der Richter (Lk 18,1-8), in: Theologie und Glaube 74, 1984, 91-110.

Pesch, Rudolf, Naherwartungen. Tradition und Redaktion in Mk 13, Düsseldorf 1968.

Phillips, Thomas E., Reading Issues of Wealth and Poverty in Luke-Acts, Lewiston/Queenston/Lampeter: Mellen 2001.

Plummer, Alfred, A critical and exegetical commentary on the Gospel according to St. Luke, Edinburgh: T & T Clark 1896.

Pöhlmann, Wolfgang, Die Abschichtung des Verlorenen Sohnes (Lk 15,12f.), und die erzählte Welt der Parabel, in: ZNW 70, 1979, 194-213.

Pöhlmann, Wolfgang, Der Verlorene Sohn und das Haus. Studien zu Lukas 15,11-32 im Horizont der antiken Lehre von Haus, Erziehung und Ackerbau, Tübingen 1993.

Porter, Stanley E., Handbook to Exegesis of the New Testament, Leiden/New York/ Köln: Brill 1997.

Priest, J., A Note on the Messianic Banquet, in: James H. Charlesworth (ed.), The Messiah. Developments in Earliest Judaism and Christianity, Minneapolis: Fortress 1992, 222-238.

Prieur, Alexander, Die Verkündigung der Gottesherrschaft, Tübingen 1996.

Rau, Eckhard, Reden in Vollmacht. Hintergrund, Form und Anliegen der Gleichnisse Jesu, Göttingen 1990.

Reid, Barbara, E., Violent Endings in Matthew's Parables and Christian Nonviolence, in: The Catholic Biblical Quarterly 66, 2004, 237-255.

Richter Reimer, Ivoni, Frauen in der Apostelgeschichte des Lukas. Eine feministisch- theologisch Exegese, Gütersloh 1992.

Ricoeur, Paul, Stellung und Funktion der Metapher in der biblischen Sprache, in: Paul Ricoeur; Eberhard Jüngel (Hg.), Metapher. Zur Hermeneutik religiöser Spra- che, Sonderheft Evangelische Theologie, München 1974, 45-70.

Ricoeur, Paul, Figuring the Sacred. Religion, Narrative, and Imagination, Minnea- polis: Fortress 1995.

Ringe, Sharon H., Solidarity and Contextuality: Readings of Matthew 18:21-35, in: Fernando Segovia; Mary Ann Tolbert (eds.), Reading from this Place, Vol. I, Min- neapolis: Fortress 1995.

Robinson, John A. T., The Body. A Study in Pauline Theology, 4. Aufl. London: SCM Press 1957.

Rohrbaugh, Richard L., A Peasant Reading of the Talents/Pounds: A Text of Terror?, in: Biblical Theology Bulletin 23, 1993, 32-39.

Royle, J. Forbes, On the Identification of the Mustard Tree of Scripture, in: The Jour- nal of the Royal Asiatic Society of Great Britain and Ireland, vol. 8, London 1846, 113-137.

Ruether, Rosemary R., Sexismus und die Rede von Gott, Gütersloh 1985.

Saldarini, Anthony J., Pharisees, Scribes and Sadducees in Palestinian Society: A So- ciological Approach, Wilmington, DE: Michael Glazier, 1988.

Saldarini, Anthony J., Matthew's Christian-Jewish Community, Chicago/London: The University of Chicago Press 1994.

Sanders, E. P., Jesus and the Sinners, in: JSNT 19, 1983, 5-36.

Sanders, E. P., Jesus and Judaism, London: SCM Press 1985.

Sanders, E. P., Jewish Law from Jesus to the Mishnah: Five Studies, Philadelphia: Tri- nity Press 1990.

Sanders, E. P., Judaism: Practice and Belief, 638CE-66CE, Philadelphia: Trinity Press 1992.

Schirmer, Dietrich, »Du nimmst, wo du nichts hingelegt hast« (Lk 19,21). Kritik aus- beuterischer Finanzpraxis, in: Kuno Füssel; Franz Segbers (Hg.), »… So lernen die Völker des Erdkreises Gerechtigkeit«. Arbeitsbuch zu Bibel und Ökonomie, Lu- zern/Salzburg 1995, 179-186.

Schnider, Franz; Stenger, Werner, Die offene Tür und die unüberschreitbare Kluft, in: NTS 25, 1979, 273-283.

Schniewind, Julius, Das Evangelium nach Markus, NTD 1, 5. Aufl. Göttingen 1949.

Schottroff, Luise, Das Gleichnis vom verlorenen Sohn, in: ZThK 68, 1971, 27-52.

Schottroff, Luise, Die Erzählung vom Pharisäer und Zöllner als Beispiel für die theologische Kunst des Überredens, in: Luise Schottroff; Hans-Dieter Betz (Hg.), Neues Testament und christliche Existenz. Festschrift für Herbert Braun, Tübingen 1973, 439-461.

Schottroff, Luise, Das geschundene Volk und die Arbeiter in der Ernte Gottes nach dem Matthäusevangelium, in: Luise Schottroff; Willy Schottroff (Hg.), Mitarbeiter der Schöpfung. Bibel und Arbeitswelt, München 1983, 149-206.

Schottroff, Luise, Wir sind Samen und keine Steinchen. Das Gleichnis vom Sämann (Mk 4,3-8 parr), in: G. Casalis; K. Füssel u.a., Bibel und Befreiung. Beiträge zu einer nichtidealistischen Bibellektüre, hg. von den Tübinger Theologischen Fachschaftsinitiativen, Freiburg (Schweiz)/Münster 1985, 112-133.

Schottroff, Luise, »We are Seeds, not Pebbles«. The Parable of the Sower Mk 4,3-8 parr., in: Ecumenical Institute for Theological Research, Dialogue Toward Interfaith Understanding, Yearbook 1984-1985, Tantur/Jerusalem 1986, 225-243.

Schottroff, Luise, Die Befreiung vom Götzendienst der Habgier, in: Luise Schottroff; Willy Schottroff, Wer ist unser Gott?, München 1986, 137-152.

Schottroff, Luise, Verheißung und Erfüllung aus der Sicht einer Theologie nach Auschwitz in: Albrecht Grözinger; Henning Luther (Hg.), Religion und Biographie, Festgabe für G. Otto, München 1987, 93-100.

Schottroff, Luise, Das Gleichnis vom großen Gastmahl in der Logienquelle, in: Evangelische Theologie 47, 1987, 192-211.

Schottroff, Luise, Die befreite Eva, in: Christine Schaumberger; Luise Schottroff, Schuld und Macht. Studien zu einer feministischen Befreiungstheologie, München 1988.

Schottroff, Luise, Die Schreckensherrschaft der Sünde und die Befreiung durch Christus nach dem Römerbrief des Paulus, in: dies., Befreiungserfahrungen. Studien zur Sozialgeschichte des Neuen Testaments, München 1990, 57-72.

Schottroff, Luise, Die Gegenwart in der Apokalyptik der synoptischen Evangelien, in: dies., Befreiungserfahrungen. Studien zur Sozialgeschichte des Neuen Testaments, München 1990, 73-95.

Schottroff, Luise, Befreiungserfahrungen. Studien zur Sozialgeschichte des Neuen Testaments, München 1990.

Schottroff, Luise, Die Güte Gottes und die Solidarität von Menschen. Das Gleichnis von den Arbeitern im Weinberg (1978), in: dies., Befreiungserfahrungen. Studien zur Sozialgeschichte des Neuen Testaments, München 1990, 36-56.

Schottroff, Luise, DienerInnen der Heiligen. Der Diakonat der Frauen im Neuen Testament, in: Gerhard K. Schäfer; Theodor Strohm (Hg.), Diakonie – biblische Grundlagen und Orientierungen, 2. Aufl. Heidelberg 1994, 222-242.

Schottroff, Luise, Lydias ungeduldige Schwestern. Feministische Sozialgeschichte des frühen Christentums, Gütersloh 1994.

Schottroff, Luise, Gesetzesfreies Heidenchristentum und die Frauen?, in: Luise Schottroff; Marie Theres Wacker (Hg.), Von der Wurzel getragen. Christlich-feministische Exegese in Auseinandersetzung mit Antijudaismus, Leiden 1995, 227-245.

Schottroff, Luise, Feministische Hermeneutik des ersten Briefes an die korinthische Gemeinde, in: Erhard S. Gerstenberger; Ulrich Schoenborn (Hg.), Hermeneutik – sozialgeschichtlich, Münster 1999, 149-155.

Schottroff, Luise, Gewalt von oben und Gottes Zorn. Evangelium nach Markus 12,1-

12, in: Claudia Janssen; Beate Wehn (Hg.), Wie Freiheit entsteht. Sozialgeschichtliche Bibelauslegungen, Gütersloh 1999, 35-39.

Schottroff, Luise, Artikel Schuldschein, in: Neues Bibel Lexikon, Bd. III, 2001, 528.

Schottroff, Luise, Vom Mut, Gott nachzuahmen, in: Bibel und Kirche 2003.

Schottroff, Luise; Stegemann, Wolfgang, Der Sabbat ist für den Menschen da, in: Willy Schottroff; Wolfgang Stegemann, Der Gott der kleinen Leute. Sozialgeschichtliche Bibelauslegungen, Bd. 2, München 1979.

Schottroff, Luise; Stegemann, Wolfgang, Jesus von Nazareth. Hoffnung der Armen, 2. Aufl. Stuttgart 1981.

Schottroff, Luise; Schottroff, Willy, Die Parteilichkeit Gottes. Biblische Orientierungen auf der Suche nach Frieden und Gerechtigkeit, München 1984.

Schottroff, Luise; Wacker, Marie-Theres (Hg.), Kompendium Feministische Bibelauslegung, Gütersloh 1998.

Schottroff, Willy, Das Gleichnis von den bösen Weingärtnern (Mk 12,1-9parr.). Ein Beitrag zur Geschichte der Bodenpacht in Palästina, in: ZDPV 112, 1996, 18-48.

Schottroff, Willy, Gerechtigkeit lernen. Beiträge zur biblischen Sozialgeschichte, hg. von Frank Crüsemann; Rainer Kessler, Gütersloh 1999.

Schumacher, Leonhard, Servus index. Sklavenverhör und Sklavenanzeige im republikanischen und kaiserzeitlichen Rom, Wiesbaden 1982.

Schürer, Emil, Geschichte des jüdischen Volkes im Zeitalter Jesu Christi, Bd. 1-3, Hildesheim 1970; Nachdruck der Ausgabe Leipzig 1901.1907.1909.

Schüssler Fiorenza, Elisabeth, The Ethics of Interpretation: Decentering Biblical Scholarship, in: JBL 107, 1988, 3-17.

Shelton, Jo-Ann, As the Romans Did. A Sourcebook in Roman Social History. 2. Aufl. New York/Oxford: Oxford University Press 1998.

Shillington, V. George, Saving Life and Keeping Sabbath (Mt 20:1b-15), in: V. George Shillington (ed.), Jesus and His Parables, Edinburgh: T & T Clark 1997, 87-101.

Snodgrass, Klyne, The Parable of the Wicked Tenants: An Inquiry into Parable Interpretation, Tübingen 1983.

Sölle, Dorothee, Mystik und Widerstand, Hamburg 1998.

Sonnen, Johann, Landwirtschaftliches vom See Genezareth, in: Biblica 8, 1927, 65-87; 188-208; 320-337.

Sprenger, Peter P., Historische Untersuchungen zu den Sklavenfiguren des Plautus und Terenz, AAWLM Jg. 1960, Nr. 8, Mainz 1961.

Stendahl, Krister, Der Jude Paulus und wir Heiden, München 1978.

Stern, David, Rhetoric and Midrash: The Case of the Mashal, in: Prooftexts. A Journal of Jewisch Literary History, John Hopkins University Press, vol. 1, 1981, 261-291.

Stern, David, Jesus' Parables from the Perspective of Rabbinic Literature: The Example of the Wicked Husbandmen, in: Clemens Thoma; Michael Wyschograd (eds.), Parable and Story in Judaism and Christianity, New York/Mahwah: Paulist 1989, 42-80.

Stern, David, Parables in Midrash. Narrative and Exegesis in Rabbinic Literature, Cambridge, Mass./London: Harvard University Press 1991.

Stern, David, Imitatio Hominis: Anthropomorphism and the Character(s) of God in Rabbinic Literature, in: Prooftexts. A Journal of Jewish Literary History: The John Hopkins University Press, Vol. 12, 1992, 151-174.

Strange, James F., First Century Galilee from Archaeology and from the Texts, in:

Douglas R. Edwards; C. Thomas McCollough, Archaeology and the Galilee. Texts and Contexts in the Graeco-Roman and Byzantine Periods, Atlanta: Scholars 1997, 39-48.

Stuhlmann, Rainer, Beobachtungen und Überlegungen zu Markus 4,26-29, in: NTS 19, 1972/73, 153-162.

Sugranyes de Franch, Ramon, Études sur le droit Paléstinien à l'époque Evangélique, 1946.

Sutter Rehmann, Luzia, »Geh, frage die Gebärerin ...« – Feministisch-befreiungs-theologische Untersuchungen zum Gebärmotiv in der Apokalyptik, Gütersloh 1995.

Tamez, Elsa, Gegen die Verurteilung zum Tod. Paulus oder die Rechtfertigung durch den Glauben aus der Perspektive der Unterdrückten und Ausgeschlossenen, Luzern 1994.

The Bible and Culture Collective, The Postmodern Bible, New Haven/London: Yale University Press 1995.

Theißen, Gerd, Der Bauer und die von selbst Frucht bringende Erde. Naiver Synergismus in Mk 4,26-29?, in: ZNW 85, 1994, 167-182.

Theißen, Gerd; Merz, Annette, Der historische Jesus. Ein Lehrbuch, Göttingen 1996, 2. Aufl. 1997.

Thierfelder, Helmut, Unbekannte antike Welt, Gütersloh 1963.

Thoma, Clemens; Lauer, Simon, Die Gleichnisse der Rabbinen, erster Teil, Pesiqta deRav Kahana (PesK), Bern/Frankfurt a. M./New York 1986.

Thoma, Clemens; Lauer, Simon, Die Gleichnisse der Rabbinen, zweiter Teil: Von der Erschaffung der Welt bis zum Tod Abrahams: Bereschit Rabba 1-63, Bern/Berlin u. a. 1991.

Thoma, Clemens; Ernst, Hans-Peter, Die Gleichnisse der Rabbinen, dritter Teil: Von Isaak bis zum Schilfmeer: BerR 63-100; ShemR 1-22, Bern/Berlin u. a. 1996.

Thoma, Clemens; Ernst, Hans-Peter, Die Gleichnisse der Rabbinen, vierter Teil: Vom Lied des Mose bis zum Bundesbuch: ShemR 23-30, Bern/Berlin u. a. 2000.

Tilborg, Sjef van, An interpretation [of Lk 12,35-48] from the ideology of the text, in: Neotestamentica 22, 2, 1998, 205-215.

Tolbert, Mary Ann, Perspective on the Parables. An Approach to Multiple Interpretations, Philadelphia: Fortress 1979.

Tolbert, Mary Ann, Sowing the Gospel. Mark's World in Literary-Historical Perspective, Minneapolis: Fortress 1979.

Tolbert, Mary Ann, When Resistance becomes Repression: Mark 13,9-27 and the Poetics of Location, in: Fernando Segovia; M. A. Tolbert (eds.), Reading from This Place, Vol. 2: Social Location and Biblical Interpretation in Global Perspective, Minneapolis: Fortress 1995, 331-346.

Townes, Emilie M., In a Blaze of Glory. Womanist Spirituality As Social Witness, Nashville: Abingdon Press 1995.

Ukpong, Justine S., The Parable of the Shrewd Manager, in: Semeia 73, 1996, 189-210.

Vahrenhorst, Martin, »Ihr sollt überhaupt nicht schwören«. Matthäus im halachischen Diskurs, Neukirchen 2002.

Vahrenhorst, Martin, Gift oder Arznei? Perspektiven für das neutestamentliche Verständnis von Jes 6,9 f. im Rahmen der jüdischen Rezeptionsgeschichte, in: ZNW 92, 2002, 145-167.

van der Ven, F., Sozialgeschichte der Arbeit, Bd. 1, München 1971.

Via, Dan Otto, Die Gleichnisse Jesu, München 1970.

Wartenberg-Potter, Bärbel, Über die Frage, ob der Verlorene Sohn eine Halbwaise war, in: Dorothee Sölle (Hg.), Für Gerechtigkeit streiten, Gütersloh 1994, 30-34.

Weder, Hans, Die Gleichnisse Jesu als Metaphern. Traditions- und redaktionsgeschichtliche Analysen (FRLANT 120), Göttingen 1978.

Wegner, Judith Romney, Chattel or Person? The Status of Women in the Mishnah, New York/Oxford: Oxford University Press 1988.

Weinrich, Harald, Sprache in Texten, Stuttgart 1976.

Wendebourg, Nicola, Der Tag des Herrn. Zur Gerichtserwartung im Neuen Testament auf ihrem alttestamentlichen und frühjüdischen Hintergrund, Neukirchen 2003.

Wengst, Klaus, Demut – Solidarität der Gedemütigten, München 1987.

Wengst, Klaus, Das Johannesevangelium, 2 Bde., Stuttgart 2001.

White, K. D., The Parable of the Sower, in: Journal of Theological Studies 15, 1964, 300-307.

Wikenhauser, Alfred, Die Liebeswerke in dem Gerichtsgemälde Mt 25, 31-46, in: BZ 20, 1932, 366-377.

Wilken, Karl-Erich, Biblisches Erleben im Heiligen Land, Bd. 1, Lahr-Dinglingen 1953.

Wright, Benjamin G., III, ebd/doulos: Terms and Social Status in the Meeting of Hebrew Biblical and Hellenistic Roman Culture, in: Allen Dwight Callahan; Richard A. Horsley; Abraham Smith (eds.), Slavery in Text and Interpretation, in: Semeia vol. 83/84, Society of Biblical Literature 1998, 83-112.

Wright, Stephen J., Studies in the Interpretation of Six Gospel Parables, Carlisle/ Waynesboro: Paternoster 2000.

Wünsche, August, Bibliotheca Rabbinica. Eine Sammlung alter Midraschim, Bd. 1-5, Leipzig 1880-1885 (Nachdruck Hildesheim 1967).

Wünsche, August, Bibliotheca Rabbinica, 13. und 14. Lieferung: Der Midrash Echa Rabbati, Leipzig 1881 (Nachdruck Hildesheim 1967).

Wünsche, August, Midrasch Tehillim oder haggadische Erklärung der Psalmen I/II, Trier 1892.1893 (Nachdruck Hildesheim 1967).

Yee, Gale A. The Author/Text/Reader and Power: Suggestions for a Critical Framework for Biblical Studies, in: Fernando F. Segovia; Mary Ann Tolbert (ed.), Reading from this Place, Vol. I, Minneapolis: Fortress 1995, 109-118.

Young, Brad H., The Parables. Jewish Tradition and Christian Interpretation, Peabody, Mass.: Hendrickson 1998.

Ziegler, Ignaz, Die Königsgleichnisse des Midrasch beleuchtet durch die römische Kaiserzeit, Breslau 1903.

Ziesler, John A., Luke and the Pharisees, in: NTS 25, 1979, 146-157.

Zohary, Michael; Feinbrunn-Dothan, Naomi, Flora Palestina, Part One, Jerusalem 1966.

4. Register der Bibelstellen

14,11	237	20,35	213
14,12-24	69-77, 186	20,36	212, 213
14,15	47	21,5-6.20-24	245
14,18-20	186	21,30.31	246
15,1-32	177-204	21,34	73
15,1-3	71	22,2.66	189
15,3-7	197-200	22,24-27	228
15,4-32	71	22,25	84, 276
15,8-10	200	23,10	189
15,11-32	278	23,50	190
15,32	208	24,21	245
16	205-224	24,44-47	218
16,1-13	124, 205-214	24,47	141, 245
16,7	124		
16,14-31	214-224	*Johannes*	
16,15	20, 216	10,1 f.	159
16,19-31	118	10,9	49
16,31	71	11,48	34
17,3-10	235-239	18,16	159
17,4	263		
17,7-10	229, 234	*Apostelgeschichte*	
17,20	253	1,6	245
17,22	253	1,8	194, 245
17,25	253	2,18	232
17,26-33	253	2,42-47	185, 212
17,27-28	73, 186	2,42-45	71
17,27	217	2,46 f.	76
17,34-35	200	4,11	37
17,37	253	4,12	37
18,1-8	129, 249, 250-255	4,32-5,11	185
18,9-14	18-26, 174, 190, 216, 253	4,32-35	71, 212
18,9	169, 216	4,36-37	212
18,14	237	5,1-11	212
18,18-23	185	10,2	169
18,18	168	10,22	190
18,28-30	212	12,13-17	232
19,1-11	20, 189, 199	12,14	159
19,1-10	192		
19,7	189, 190	*Römer*	
19,8	24	1,28-32	25
19,9.10	244	2,17-24	23
19,11-27	239-246	2,21.22	175
19,11	253	3,9	175
19,16.17	259	8,15.26	253
19,28	246	8,25	254
19,38	246	13,1	116
19,41-44	245		
19,44	245	*1. Korinther*	
20,9-19	31-33	3,7	150
20,20	169	5,9	191
20,34-36	212	5,10	210
20,34.35	217	7,29-35	208